을의 민주주의

프리즘 총서 026

을의 민주주의 : 새로운 혁명을 위하여

발행일 초판1쇄 2017년 12월 15일 | 초판2쇄 2018년 6월 30일

지은이 진태원

펴낸이 유재건 | **펴낸곳** (주)그린비출판사 | **신고번호** 제2017-000094호

주소 서울시 마포구 와우산로 180, 4층 | **전화** 02-702-2717 | **이메일** editor@greenbee.co.kr

ISBN 978-89-7682-279-6 93340

이 도서의 국립중앙도서관 출판예정도서목록(CIP)은 서지정보유통지원시스템 홈페이지(http://seoji.nl.go.kr)와
국가자료공동목록시스템(http://www.nl.go.kr/kolisnet)에서 이용하실 수 있습니다.(CIP제어번호: CIP2017032420)

을의 민주주의

새로운 혁명을 위하여

진태원 지음

프리즘총서 **026**

영B
그린비

서문

1.

지난해 가을과 겨울 전국을 뜨겁게 달구었던 촛불집회의 열기에 힘입어 새로운 정부가 들어선 지 6개월의 시간이 흘렀다. 문재인 대통령은 지난 5·18 기념사에서 문재인 정부는 5·18 광주 정신과 '촛불혁명'의 기반 위에서 탄생했다고 선언하면서 국민주권의 새로운 시대를 열겠다고 다짐한 바 있다. 그 이후 촉발된 북한 핵실험 및 미사일 발사로 인해 한반도가 살얼음판 같은 위태로운 국면에 접어들면서 온 국민의 관심은 북한의 통치자와 미국의 통치자가 주고받는 살벌한 '말의 전쟁'에 쏠려 있었다. 다행스럽게도 일촉즉발의 상황에서는 벗어났지만, 여전히 '우리'는 근본적인 존재론적 수동성의 상황에 놓여 있다. 우리가 무엇을 할 것인지, 우리가 무엇을 원하는지가 우리 자신에 의해 규정될 수 없는 상황, 아니 그 이전에 우리가 누구인지 자체가 타자에 의해 압도적으로 규정되는 상황에 우리가 놓여 있음을 다시 한 번 절감하게 되었다.

우리를 규정하는 이러한 외재적 조건은 내재적 조건과도 연결되어 있다. 지난 촛불혁명이 존재하지 않았다면, 한반도의 위기 상황은 더욱 예측할 수 없고 불안한 방향으로 흘렀을 것이다. 수구 세력과 언론이 촛불혁명 이후 급격하게 위축된 보수 세력의 결집을 도모하려는 목적으로 이번 위기를 더욱 조장하고 군사적 대결의 양상으로 몰고 가려는 모습을 보이는 데서 이를 짐작할 수 있다. 이는 역으로 현재 당면한 위기 상황을 우리가 현명하게 헤쳐 나가기 위한 가장 중요한 조건은 내부의 민주적 역량을 더욱 강화하는 길임을 말해 준다. 그것은 우리가 '을의 민주주의'를 얼마나 구현하는가에 달려 있다.

지난 6개월간 문재인 정부는 참신하고 파격적인 인사를 통해 희망을 보여 주기도 했고, 다른 한편에서는 고개를 갸우뚱하게 만드는 인사 실패와 정책의 혼란을 드러내기도 했다. 문재인 정부가 보여 주는 이러한 다소 불안한 행보는 '국민주권'이라는 말이 지닌 한계와도 무관하지 않다.

'국민'이라는 말은 한국 현대사에서 한편으로는 독재 정권에 순응하고 그것을 지지하는 수동적인 집단을 가리키는 말로 사용되어 왔으며, 다른 한편으로는 민중이라는 말과 더불어 독재에 저항하는 민주주의의 주체로 호명되어 왔다. 독재자들이나 야당의 정치 지도자들 모두가 국민이라는 말을 즐겨 사용했다는 사실이 이를 잘 보여 준다. 그리고 2008년 광우병 쇠고기 수입 반대 집회나 2016년의 촛불집회에서 "대한민국은 민주공화국이다. 대한민국의 모든 권력은 국민으로부터 나온다"라는 헌법 1조를 가사로 한 노래 「헌법 제1조」가 널리 사랑을 받은 것도 국민이라는 말이 갖는 저항적 성격을 보여 주는 또 다른 사례다.

하지만 우리가 국민이라는 말이 지닌 이러한 저항적이고 민주주의적인 성격을 감안한다고 해도, 그것이 새로운 시대의 민주주의적 가치를 담는 데는 여러 가지 한계를 지니고 있음을 간과할 수 없다. 무엇보다 국민이라는 말에 담긴 동질성은 실제 국민을 구성하는 계급적·성적·지역적 차이와 대립을 은폐하는 기능을 수행할 수 있다. 신자유주의적인 세계화 및 사회화가 산출한 가장 심각한 문제점은 '10 : 90', '1 : 99' 같은 숫자로 표현되어 왔다. 이 숫자들은 사회를 구성하는 극소수의 부자들이 점점 더 많은 부를 차지함에 따라 나머지 대다수의 사람들은 줄어드는 몫을 둘러싸고 더욱 치열하고 가혹한 경쟁에 빠져들 수밖에 없는 상황을 보여 주고 있다. 그리고 이러한 경쟁에서 늘 피해자 내지 패배자의 위치를 강요당하는 것은 성적·경제적·사회적 약소자들이다. 또한 국민이라는 말의 전체성에는 다양한 개인들 및 소수자들이 감당해야 하는 차별이 식별되고 정정될 여지도 존재하지 않는다. 국민이라는 말이 정상성의 기준이 될 때 그것에 미달하는 사람들은 배제와 차별, 무시의 폭력에 시달릴 수밖에 없는 것이다.

그렇다면 국민이라는 말에서, 그리고 국민주권이라는 말에서 한 걸음 더 나아가, 실제 국민의 대다수를 이루는 '을'乙들을 정치적으로 재현하고 대표할 수 있는, 그리고 그들이 실질적인 정치적 주체로 참여할 수 있는 '을의 민주주의'를 이제 사고하고 실험해 볼 때가 되지 않았을까? '촛불혁명'이 혁명이라는 이름에 걸맞은 새로운 정치적 실천의 신기원으로 기억되기 위해서라도 말이다.

2.

이 책은 제목이 말해 주듯 '을의 민주주의'에 관한 화두를 제기해 보려고 한다. 내가 말하는 을의 민주주의가 무엇을 뜻하는가에 관해서는 3부에 수록된 글들에서 충분히 논의했으므로, 여기에서는 왜 내가 을의 민주주의라는 화두를 제기하게 되었는가에 대해서만 간략하게 제시해 보겠다.

최근 몇 년 동안 갑과 을의 문제는 우리 사회의 중요한 사회적 담론으로 부상했다. 정규직 노동자에 비해 임금·복지·안정성·지위 면에서 심각한 차별의 대상이 되는 비정규직 노동자들, 여성·동성애·장애인·다문화 혐오 등 각종 혐오의 피해자가 되고 있는 많은 소수자와 약소자들, 프랜차이즈 본사의 갑질의 피해자인 영세 프랜차이즈 가맹점주들 및 알바생들, 교수의 횡포에 시달리는 많은 대학원생들, 서울 중심의 나라에서 차별과 소외의 대상이 되는 지방 주민들……. 이 많은 사람들의 이야기는 신문·방송 및 SNS의 주요 주제가 되어 왔고, 여전히 그렇다. 최근 며칠 사이에도 의사 교수의 횡포에 시달린 수련의들의 이야기, 제빵 프랜차이즈의 제빵 기사와 가맹점주 이야기, 치킨 프랜차이즈 가맹점 이야기, 현장 실습 도중 사망한 고등학생에 관한 이야기 등이 신문·방송의 사회면 주요 기사로 보도된 바 있다.

그런데 이러한 이야기들을 접하다 보면, 각종 혐오와 폭력, 갑질과 무시의 대상이 되는 을들이 사실 대다수 국민 또는 시민과 다르지 않다는 것을 깨닫게 된다. 각자 정도의 차이는 있어도 우리들 대부분은 을의 지위, 때로는 '을의 을'의 지위에 놓여 있다. 때로는 비정규직 노동자로서의 을이기도 하고, 정규직이지만 여성으로서의 을이기도 하며, 또는 정규직이지만 여러 종류의 경쟁과 압력에 시달릴 수밖에 없는 정규직으로서의 을이기도 하다. 그런가 하면 일용직 노동에 여성으로서 장애인으로서 이주노동자 내지 '불법체류자'로서 또는 성적 소수자로서 가중된 을의 지위에 놓여 있는 을 중의 을이기도 할 것이다. 그렇다면 각자 을의 상황에 있는 이들이 서로의 처지를 이해하고 협력하여 불공정한 갑을 관계를 개선할 수 있도록, 더 나아가 을로부터도 갑질과 무시의 대상이 되는 을의 을이 배제되거나 차별받는 일이 일어나지 않도록 공동으로 노력하는 것이 필요하지 않을까? 그리고 갑질을 구조화하고 확산시키는 사회구조 및 권력 관계를 개혁하도록 공동으로 요구해야 하지 않을까?

물론 당연히 그렇게 해야 하며, 사실 많은 지식인·활동가·시민들이 때로는 비정규 노동자들의 투쟁의 현장에서, 또 여성 및 성적 소수자에 대한 혐오와 폭력에 맞서, 장애인들의 인권과 지위 향상을 위해, 그리고 그 밖에 다른 분야, 다른 싸움의 장에서 이러한 노력을 기울이고 있다. 하지만 많은 사람들의 값진 노력에도 불구하고 여전히 을들에 대한 혐오와 폭력, 무시와 배제가 지속되고 있다면, 그러한 노력에 더하여 과연 우리 사회의 어떤 구조와 제도, 문화와 관행들로 인해 이러한 갑질의 행태가 지속되는지를 면밀히 따져 볼 필요가 있다.

혹시 이러한 갑과 을의 관계는 일시적인 현상이거나 특정한 분야 및 영역에서만 나타나는 특수하거나 사소한 문제가 아니라, 정치와 권력, 문화의 핵심과 연결된 근본적인 쟁점이 아닐까? 특히 노동자 해방을 부르짖는 민주 노조 내에서도 끊임없이 여성 차별과 성추행의 문제가 제기된다면, 진보적 지식인들마저 자신들의 제자인 대학원생에 대해 일상적으로 갑질을 행한다면, 반정부 투쟁을 위해 여성 폭력이나 혐오같이 '사소한' 문제는 덮어 두도록 강요된다면, 더욱이 여성의 평등과 자유를 위한 투쟁이 동성애에 대한 배제나 주변화를 조건으로 한다면, 우리가 말하는 해방, 진보, 평등과 자유는 결국 누군가의 희생과 주변화, 침묵과 배제를 늘 전제한 것, 따라서 역설적이게도 구속을 전제한 해방, 반동을 조건으로 한 진보, 누군가의 불평등과 억압을 수반하는 평등과 자유인 것은 아닌가?

따라서 나는 갑과 을의 문제를 특수한 사회적 영역에서 나타나는 주변적인 문제로 이해하거나, '갑질', '을의 눈물' 같은 담론을 왜곡된 담론 내지 '을질하는' 담론이라고 윽박지를 것이 아니라, 이 문제를 좀 더 보편적인 쟁점으로 이해해야 한다고 생각한다. 지금까지 수많은 해방운동, 급진적인 변혁 운동이 존재해 왔지만, 그중 어느 것도 **을로서의 을의 해방**, 1장에서 다룬 시인 김남주의 표현을 빌리면 "외롭고 가난한 사람들이 아직까지 한 번도 맛보지 못한 자유"에 이르지는 못했다. 보편적인 해방과 근본적인 사회 변혁, 독재 타도와 민주화를 내세웠지만, 그것은 때로는 프롤레타리아 독재가 프롤레타리아에 대한 독재로 전도되는 것이었거나 민족 해방의 투사가 새로운 독재자로 역전되는 것이었으며, 모든 국민의 승리가 '우리 편'의 승리로 축소되는 과정이었다. 이것은 그러한 해방 투쟁들이 갑과 을의 관계를 당연한 것으로 전제하거나 간과했기 때문이 아니었을까? 그렇다면 우리 시대의 해방의 정치, 또는 진보 정치는 갑과 을의 관계를 자신의 중심 과제로 삼아야 할 텐데, 이러한 과제는 단순히 보편적인 정치를 넘어서는 **보편적이면서 독특한, 독특하면서도 보편적인 정치**만이 감당할 수 있을 것이다(5장의 보론 「개인―보편적이면서 독특한」 참조). 내 생각에 이것은 '새로운 혁명'이라고 부를 만한, 정치에 대한 혁명적 개조를 요구하는 것이다.

3.

1부에는 세 편의 글을 수록했다. 1980년대의 대표적인 민중 시인 김남주, 우리 시대의 비극 세월호 참사, 그리고 포퓰리즘을 다룬 이 세 편의 글은 별로 연관성이 없을 것처럼 보이지만, 내 생각에는 뚜렷한 주제상의 관련성을 지니고 있다. 그것은 민중의 분할이라는 문제, '과소주체'로서의 민중, 이질적이고 갈등적인 을들의 집합으로서의 민중이라는 문제다.

  이제는 진보 지식인들조차도 거의 읽지 않는 김남주의 시들을 읽어 보면, 민중에 대한 깊은 신뢰와 민중 해방에 대한 뜨거운 열망의 한편에, 민중에 대한 배신감, 진보 정치에 대한 실망감, 그리고 진정한 해방의 정치에 대한 갈구만큼이나 깊은 그 정치의 불가능성에 대한 비극적 자각을 엿볼 수 있다. 그것은 민중은 근본적인 해방의 주체가 되어야 하지만 사실 그렇지 못하며, 진보 정치 역시 민중의 희생 위에 서 있다는 통찰에서 나오는 자각이었다.

이 문제를 포퓰리즘이라는 개념으로 이론화하려고 한 사람이 이제는 고인이 된 에르네스토 라클라우였다. 라클라우는, 우리나라 보수 언론 및 정치가들이 복지 정책이나 진보 정책을 공격할 때 주로 '대중 영합주의'라는 뜻으로 써먹는 용어, 따라서 정쟁의 수사법이 된 이 용어의 깊은 의미를 살려내서, 이를 진보 정치 전체의 중심적인 개념으로 이론화했다. 라클라우가 이해하는 포퓰리즘은, 민주주의 정치가 민주주의이기 위해서는 전제하지 않을 수 없지만(인민주권 내지 국민주권이 민주주의의 토대를 이루는 한에서), 동시에 현재 민주주의의 지배적인 정치제도를 구성하는 자유민주주의 질서가 그것이 실제로 주체로 등장하는 것을 될 수 있는 한 억제하고 배제하려고 하는 정치의 주체, 곧 인민people 내지 민중을 어떻게 구성할 것인가의 문제이기 때문이다.

따라서 포퓰리즘의 문제는 어떻게 민주주의 정치의 주체로서 인민 내지 민중이 자유주의 정치 질서 내로 **포함되면서 동시에 배제되는가 또는 내적으로 배제되는가** 하는 문제를 포함할 수밖에 없는데, 이는 과소주체로서의 인민 내지 민중이라는 문제, 따라서 을들의 분할과 갈등이라는 문제와 연결되어 있다. 그리고 우리가 세월호 참사에서부터 지난해 가을과 겨울의 촛불집회와 이른바 '태극기집회'에서 목격하고 있는 것, 또는 여성 혐오와 동성애 혐오로 표출되고 이른바 '미러링'과 '메갈리아' 또는 '워마드' 등과 같은 기표들로 나타나는 젊은 여성들과 남성들 사이의 또는 페미니즘 내부의 격렬한 '젠더 전쟁'에서 살펴볼 수 있는 것 역시 이러한 을들의 분할과 갈등이라는 문제와 무관하지 않다. 그렇다면 민중은 진보 정치 및 민주주의 정치의 당연한 전제가 아니라 매우 문제적인 쟁점이 되었다고 할 수 있다.

2부에 수록된 글들은 현대 민주주의 이론의 여러 쟁점들을 고찰하고 있다. 특히 민주주의, 주체화, 폭력 등이 2부에서 다루고 있는 주요 주제들이다. 나는 주로 에티엔 발리바르의 개념과 문제의식을 전유하여 이 쟁점들을 살펴보려고 했다.

오늘날 한국 사회에서 민주주의 이론에 관해 논의하기 위해서는 최장집의 한국 민주주의론을 우회할 수 없다. 그의 이론만큼 체계적으로 구성되고 학문적·사회적으로 큰 영향을 미친 이론은 존재하지 않기 때문이다. 하지만 2000년대 초부터 체계적으로 전개된 그의 이론은 지난 몇 년간 그 자신의 행보를 통해 잘 드러났듯이 뚜렷한 한계를 지니고 있으며, 더욱이 '진보적인' 민주주의 이론으로 간주되기에는 여러모로 부족한 이론이다. 나는 발리바르의 민주주의 이론과의 비교를 통해 이 점을 부각시켜 보려고 했다. 내가 볼 때 발리바르 이론의 강점은 민주주의의 봉기적 성격(또는 해방의 운동으로서 민주주의)을 포기하지 않으면서 동시에 민주주의의 구성적 성격(또는 절차와 제도로서 민주주의)을 중시한다는 점에서 찾을 수 있다. 반면 최장집의 이론은 민주주의의 봉기적 성격을 포기하거나 최소화한 가운데 절차와 제도로서의 민주주의에만 배타적 중요성을 부여하고 있다. 스피노자 식으로 말하면 **대중들에 대한 공포**에 시달리고 있는 것이 최장집의 한국 민주주의론이라고 할 수 있다. 그 또는 그의 제자들이 '촛불혁명'이 지닌 봉기적 성격을 최소화하면서 그것을 하루빨리 제도 정치('적폐 청산'에 반대하는 '통합의 정치')의 문제로 대체하려고 하는 것은 우연이 아니다.

대중들의 해방적 봉기로서의 민주주의라는 문제는 과거에도 그랬거니와 오늘날에도 여전히 좌파 정치 이론가들과 활동가들의 주요 관심거리다. 특히 대중들의 반역이나 해방운동을 봉쇄하는 것으로 보였던 신자유주의적 통치가 지난 2008년 미국의 금융 위기 이후 균열을 드러내고 아랍의 민주화 운동, 미국의 월스트리트 점령 운동, 스페인의 '분노한 사람들'Indignados 운동 등을 통해 불평등하고 불공정한 세계 질서와 지역 통치에 대한 대대적인 저항이 표출되고 있는 만큼 더욱 그렇다. 하지만 봉기 그 자체는 늘 일시적으로 '드물게' 표출될 수밖에 없다는 점을 감안하면, 우리가 더 관심을 기울여야 할 문제는 이러한 해방의 열망의 표출을 어떻게 조직할 것인가, 어떻게 이러한 봉기를 절차와 제도로서의 **민주주의 내부에 포함시킬 것인가**의 문제다. 무정부주의적 시민성이라는 관념은 여기에서 생겨난다.

무정부주의적 시민성은 다른 식으로 표현하면 세계시민적 시민성 cosmopolitan citizenship이라고 할 수 있을 것이다. 하지만 하버마스 계열의 학자들이나 영미권의 세계시민주의 이론가들이 주로 위로부터의 제도화 및 절차적 정당성의 문제에 관심을 기울이고 있는 반면, 나는 한나 아렌트, 자크 랑시에르, 에티엔 발리바르로 이어지는 이론적 흐름 속에서 이러한 위로부터의 세계시민주의와 구별되는 아래로부터의 세계시민주의의 가능성에 주목하고 싶었다. 내가 이를 '무정부주의적 시민성'이라는 좀 더 도발적인, 어떻게 보면 용어 모순적인 개념으로 표현하려고 한 이유는, 이것이 담고 있는 아포리아적인 성격을 부각시키고 싶었기 때문이다. 곧 이는 우리가 기존에 보유하고 있는 민주주의 개념들이나 제도들로는 온전하게 표현하기 어려운 것이며, 따라서 이를 제대로 개념화하기 위해서는 기존의 개념들과 제도들(가령 국민 국가와 여기에 기반을 둔 시민권, 인권, 주권, 대표 등)의 근본적인 해체와 재구성이 필요한 것이다.

다른 한편 봉기로서의 민주주의는 다중의 정치라는 문제와 연결되어 있다. 주지하다시피 이탈리아의 철학자 안토니오 네그리와 그의 미국인 동료 마이클 하트는 『제국』(2000), 『다중』(2004), 『공통체』(2009) 3부작을 통해 우리 시대에 가장 영향력 있는 좌파 정치 이론 중 하나를 구성했으며, 그 중심에는 다중multitude이라는 개념이 놓여 있다. 네그리와 하트의 다중 개념은 네그리가 자신의 유명한 저서 『야생의 별종: 스피노자에서 권력과 역량에 관한 시론』(1981)에서 재해석한 스피노자의 물티투도multitudo 개념에 근거를 두고 있다. 네그리의 스피노자 해석은 여러모로 혁신적인 것이었으며, 특히 이전에는 거의 주목받지 못했던 물티투도 개념이 스피노자 정치학 및 형이상학의 핵심에 위치해 있음을 보여 줌으로써 스피노자 연구사에서 한 획을 그었다. 하지만 이러한 장점에도 불구하고 스피노자 철학 및 물티투도 개념에 대한 그의 해석은 다분히 편향적인 것이며, 이 개념에 기반을 둔 네그리와 하트의 다중의 정치학 역시 여러 가지 난점을 지니고 있다. 이러한 한계와 난점은 이들과 더불어 다중 또는 대중들의 봉기적 역량이 민주주의, 더 나아가 모든 정치의 토대를 이루고 있음을 믿고 있는 (나 자신을 포함한) 사람들의 관점에서는 더욱 문제적인 것이다. 따라서 대중의 정치에 대한 더 정확한 인식과 실천을 위해서도 그들의 관점에 담긴 문제점을 분명히 드러내는 일은 여전히 중요한 의미를 지닌다고 생각한다.

네그리와 하트의 다중의 정치학의 중요한 한계 중 하나는 정치적 주체화의 문제를 제대로 사고하기 어렵게 만든다는 점에서 찾을 수 있다. 푸코가 개념화한 주체화 개념은 오늘날 인문사회과학의 주요 어휘 중 하나로 널리 쓰이고 있지만, 충분히 인식되고 있지는 못하다. 주체화 개념이 중요한 것은 몇 가지 이유 때문이다. 우선 이 개념은 예속화 assujettissement/subjection가 지배 권력의 핵심을 이룬다는 것을 전제한다. 이런 관점에 따르면 지배 권력이 자신의 지배를 재생산할 수 있는 것은 바로 지배의 대상이 되는 사람들을 예속화의 메커니즘 내지 기술을 통해 예속적 주체로 생산하기 때문이다. 따라서 알튀세르와 푸코가 각자 이데올로기 이론과 규율권력 이론을 바탕으로 제시한 예속화 개념은 서양 근현대 철학의 근간을 이루는 주체가 자율적이고 주권적인 어떤 것이 아니라 권력의 지배 장치의 효과라는 점을 드러내는 매우 전복적이고 도발적인 개념이다.

둘째, 이렇게 되면 맑스주의를 포함한 급진 정치, 더 나아가 민주주의 정치 일반의 토대를 이루는 해방의 주체(프롤레타리아든 민중이든 민족이든 아니면 여성이든 간에)라는 가정이 크게 약화될 수밖에 없다. 근대 정치 질서 내에 존재하는 주체는 정의상 지배 권력의 근간을 이루는 예속적 주체화의 메커니즘에 의해 생산된 주체들이기 때문이다. 알튀세르와 푸코가 각자 이데올로기의 바깥은 없다, 권력의 바깥은 없다고 말할 때 염두에 둔 것이 이것이다. 알튀세르와 푸코는 이른바 복지국가 내지 사회국가(또는 발리바르 식으로 말하면 '국민사회국가')가 정치된 20세기 후반 서구 사회의 □토릭·제모직 조건을 이론화하려고 한 것으로 이해할 수 있다. '요람에서 무덤까지'라는 구호가 말해 주듯 사회국가에서 개인들은 태어날 때부터 죽을 때까지 국가와의 관계 바깥에서 살아갈 수 없다. 그런데 이러한 국가는 계급 중립적이고 공동체의 보편적인 가치를 구현하는 국가이기 이전에 지배계급 내지 지배 권력의 이해관계를 표현하고 강제하는 국가이기도 하다. 그러므로 모든 개인은 지배계급 내지 권력의 이해관계를 강제하는 국가를 통해 탄생하고 살아가며 국가 안에서 사망하는 것이다.

셋째, 알튀세르와 푸코에 대해 기능주의 내지 허무주의라는 비판들이 제기되었지만, 내가 볼 때 이것이 해방의 정치 내지 급진 정치의 가능성을 부정하거나 봉쇄하는 것은 아니다. 오히려 그들은 급진 정치의 현실적 조건들에 관한 문제를 제기하려 했다고 이해할 수 있다. 곧 이데올로기 국가장치들 내지 규율권력(및 생명권력)의 작동이 오늘날 정치적·사회적 관계의 보편적 조건이 되었다면, 이러한 조건 속에서 급진 정치는 어떻게 가능한가? 따라서 예속화가 권력의 지배 메커니즘의 중심으로 이해되면, 급진 정치의 핵심 과제는 어떻게 이러한 예속적 주체화의 질서를 깨뜨리거나 변화시킬 수 있는가의 문제가 된다. 이는 해방의 주체, 정치의 주체를 이미 주어진 것으로 가정하지 않고 생산과 재생산 및 전화의 관점에서 사고하는 것이다.

이런 의미에서 정치적 주체화의 문제를 자신들의 정치철학의 핵심 주제로 삼고 있는 동시대의 철학자들이 바로 랑시에르와 발리바르이며, 나는 푸코와의 관계 속에서 이들의 작업을 비교·고찰하고 싶었다.

이들 이외에도 주체화의 문제를 중시하는 여러 이론가들이 존재하지만, 내가 볼 때 랑시에르와 발리바르의 작업은 (급진)민주주의의 새로운 개념화와 실천을 위해 중요한 통찰을 제공해 준다는 점에서 특별히 숙고해 볼 만한 가치를 지니고 있다.

이처럼 정치적 주체화를 그 가능성의 조건의 문제만이 아니라 동시에 그 불가능성의 조건이라는 문제와 함께(데리다 식으로 말하면 유사초월론quasi-transcendentalism의 관점에서) 사고하게 되면, 폭력의 문제를 다루지 않을 수 없다. 우리 시대의 폭력의 문제는 지배계급 내지 권력의 폭력(또는 국가 폭력)과 이에 맞서는 피지배 집단의 대항폭력의 관점만으로는 충분히 해명되기 어렵다는 점은 이미 많은 철학자와 이론가들이 제시한 바 있다. 이를 이해하기 위해서는 발터 벤야민이나 한나 아렌트 또는 자크 데리다의 저작을 읽어 보는 것으로 충분하다. 이들과 비교할 때 폭력의 문제에 관한 발리바르의 독창성은 내가 볼 때 극단적 폭력과 시민다움의 관점에서 폭력을 고찰한다는 점에서 찾을 수 있다.

극단적 폭력은 단순히 폭력의 규모나 강도 또는 잔인성이 극심한 폭력을 지칭하는 개념이 아니다. 내가 글에서 상세하게 밝히려고 했지만, 이 개념은 알튀세르의 이데올로기론이나 푸코의 권력론보다 한 걸음 더 나아가 **주체화의 (불)가능성의 조건**이라는 문제를 극한적으로 사고하기 위한 개념이다. 이런 관점에서 이해하면 극단적 폭력은 아프리카나 중남미 등에서 또는 대규모 종교 분쟁이나 민족 분쟁이 벌어지고 있는 곳에서 전형적으로 나타나는 폭력이지만, 다른 한편으로 사람을 일회용 상품서림 취급하는 곳에서, 초월적 수체(이것이 '하느님'이든 민족이든 아니면 '나라 경제'든 '국가 안보' 등이든 간에)의 이름으로 개인과 공동체에 대한 폭력을 정당화하는 곳에서는 어디든지 나타나는 폭력이기도 하다.

그렇다면 반反폭력의 정치로서 시민다움의 정치는 국가의 문명화와 봉기의 문명화, 따라서 정치 그 자체의 문명화를 요구하는 정치라고 이해할 수 있다. 내가 시민다움이라고 번역한 프랑스어의 시빌리테 civilité나 영어의 시빌리티civility는 일상적인 용법에서는 그 자체로는 정치에 포함되지 않는 일상적인 예절이나 공공 도덕을 가리키는데, 발리바르가 마키아벨리의 '시민적 삶'vivere civile으로서 치빌리타civilità 개념을 염두에 두고 시민다움의 정치를 극단적 폭력에 맞서는 정치로 제시한 것은 폭력의 문제가 시민들의 삶을 문명화하는 문제, 곧 갑과 을의 관계를 문명화하는 문제와 결부되어 있음을 보여 주는 것이다. 이는 역으로 시민들의 삶의 양식으로서 민주주의는 그 일상적 삶에 내재해 있는 극단적 폭력('갑질')의 문제, 곧 시민적 주체성을 잠식하는 폭력의 문제를 주요 과제로 다루어야 함을 의미한다. 시민다움은 반폭력의 정치이자 윤리이며, 시민적 삶의 기술의 문제다.

4.

이 책에 수록된 글들은 내가 고려대학교 민족문화연구원(이하 '민연')의 인문한국(HK)연구단에 재직하는 기간(2008년 2월~2017년 8월) 동안 발표한 글들 중 일부를 선별한 것이다. 이 주제와 관련된 기존에 발표한 다른 글들, 그리고 현재 작업 중에 있는 몇몇 글은 '을의 민주주의'를 주제로 한 또 다른 책으로 출간될 예정이다.

민연에 근무하게 된 것은 여러모로 나의 지적 작업에서 하나의 전환점이 되었다. 무엇보다 내가 '한국'에 대해서, '한국학'에 대해서 새로 눈을 뜨게 된 것은 전적으로 민연 동료들과의 작업과 토론 덕분이다. 만약 민연에 오지 않았다면 나는 여전히 '한국'이라는 준거에 대한 고민 없이 추상적인 보편성 위에서 철학을 공부하고 있었을 것이다. 내가 보편적인 이론이라고 생각한 철학들, 나 자신의 문제라고 생각했던 유럽 및 영미 철학자들의 문제가 사실은 철저하게 그들의 준거에 기반을 둔 '그들의 철학'이고 '그들의 문제'라는 것을 구체적으로 생각할 수 있게 된 것은 그들 덕분이다. 따라서 나를 포함하여 한국에서 철학하는 이들이 일차적으로 숙고해야 하는 것은 그들과 나의 존재론적 괴리를 인정하고 그 위에서 그들을 우리의 맥락에서 어떻게 수용하고 변용할 것인가의 문제이며, 우리의 기반 위에서 어떻게 보편성(들)을 구축할 것인가의 문제라는 것을 깨닫게 된 것 역시 그들 덕분이다.

더욱이 민연의 동료들은 그들의 관점에서 보면 이질적이고 낯선 공부를 하는 나에게 자신들의 관점을 수용하고 자신들의 영역으로 들어올 것을 강요하지 않았다. 오히려 내게 묻고 도움을 청하고 나의 작업에서 무언가 배우려고 했다. 따라서 '융합 연구'니 '학제 연구'니 하는 관료적인 용어를 동원하지 않고서 내게 공동 연구가 어떤 것인지 깨칠 수 있는 기회를 준 것 역시 그들이었다.

그들이 보기에 이 책에 수록된 여러 글들은 너선히 너무 서구 중심적이고 유럽 중심적일 수도 있을 것이다. 또한 너무 추상적인 것으로 비칠지도 모르겠다. 그래도 그들은 아마 앞으로 내가 이를 스스로 깨치도록 지켜볼 것이다. 그들의 이러한 무관심한 관심이 지난 10년간 나의 공부를 이끌어 온 중요한 동력 중 하나였음을 고백하며, 깊은 감사의 마음을 전하고 싶다.

아울러 이 책은, 여전히 서툴고 부족하고 초보적이지만, 여기 수록된 여러 글들을 함께 읽고 토론하고 때로는 날카로운 비평을 아끼지 않은 다른 동료들과 독자들, 그리고 여러 강의를 통해 만날 수 있었던 수강생들과 지인들의 도움의 산물이다. 그들이 이 책에서 그들 각자가 남긴 흔적을 발견할 수 있으면 기쁘겠다.

그린비출판사의 여러분께는 다시 한 번 큰 빚을 지게 됐다. 여러 권의 번역서와 한 권의 편서를 내면서, 프리즘 총서를 기획하고 운영하면서, 그린비출판사의 친구들에게 겉으로 드러나지는 않지만 깊고도 넓은 도움을 받았다. 그들과의 우정이 앞으로도 오래 지속되기를 바란다.

2017년 겨울의 문턱에서

차례

1부

민중의
이름으로

1장

김남주 이후

낮 놓고 ㄱ 자도 모른다고
주인이 종을 깔보자
종이 주인의 모가지를 베어 버리더라
바로 그 낫으로.
— 김남주, 「낫」

뒤틀린 세월.
아, 저주스런 낭패로다,
그걸 바로잡으려고 내가 태어나다니.
— 윌리엄 셰익스피어, 『햄릿』

1. 아직도 김남주야?

지난 2013년, 『실천문학』 편집위원이자 고려대 민족문화연구원의 동료
인 김정한 선생에게 『실천문학』에서 김남주 시인 20주기를 맞아 특집
호를 준비하고 있고, 그와 관련된 학술 모임을 기획하고 있는데 참여해
볼 생각이 있느냐는 제안을 받았을 때, 나는 주저 없이 승낙을 했다. 그

에 관해 무언가를 써야겠다는 구체적인 계획이나 구상을 한 적은 없었지만, 우연히 전해 듣게 된 김정한 선생의 제안은 쉽게 거절할 수 없는, 아니 어떤 의미에서는 도저히 피할 수 없는 어떤 필연성을 지닌 과제로 다가왔다. 그것은, 형식논리상으로는 모순적이지만, 사실 우리가 살아가면서 여러 번 마주치게 되는, 일종의 우연적 필연의 순간이었다. 우리가 그전까지 의식하지 못하고 있던 어떤 잠재적인 또는 무의식적인 욕망이 표출되는 순간일 수도 있겠고 아니면 감당하기 어려운 어떤 사건이나 외상外傷을 사후적으로 또는 소급적으로 정당화하는 것일 수도 있겠지만, 어쨌든 잠깐의 망설임이나 숙고의 과정도 거치지 않은, 거의 즉각적인 그 승낙의 말 한마디로 인해 지금 나는 이 글을 써 내려가고 있는 중이다.

　김남주라는 이름을 듣는 순간 (그의 이름을 여자 탤런트 이름과 혼동하지 않는다면) 아마 많은 독자들이 겉으로든 속으로든 한 번쯤 해볼 만한 생각은, '아직도 김남주야?' 같은 반문反問이 아닐까 싶다. 실로 그렇다. 김남주는, 이 글을 쓰고 있는 내게도 참으로 오랜만에 들어 보는 이름이고, 그의 시집을 들춰 보며 이런저런 시들을 읊어 보는 것 역시 정말 오랜만의 일이다. 오늘날 김남주는 그렇게 드문드문 떠오르는 기억들 속에서 힘겹게, 간신히 살아가는 이름이다. 더욱이 그 이름은 '아직도?'라는 의문문의 형식을 띠게 되는 이름이다. 마치 이제는 잊히는 게 당연하다는 듯이, 이제는 상실된 것으로, 죽은 것으로, 더 이상 불러낼 필요가 없는 것으로 이해하는 게 당연하다는 듯이, 그 이름에는 늘 의문문이 수반된다. '아직도 김남주야?'

그렇다면 왜 나는 김남주에 대해 무언가를 써야 한다고 느꼈을까? 왜 아직도 김남주라는 이름을 호명하고, 그를 초혼招魂하는 것이 필요하다고 느꼈던 것일까? 그것은 적어도 나에게, 김남주라는 이름은 80년대의 다른 이름이었기 때문이다. 광주가 그렇듯이, 김남주 역시 내게는 80년대의 동의어다. **광주, 김남주, 80년대.** 이 이름들에 공통점이 있다면, 그것은 아마도 이것들 모두 '아직도?'라는 의문문의 대상이 될 만한 대표적 이름들이라는 점일 것이다. 아직도 광주야? 아직도 김남주야? 아직도 80년대야? 내가 김남주라는 이름을 우연적 필연으로 받아들였다면, 그것은 아마도 이러한 의문문들에 대해, 그러한 의문문들을 지탱하고 있는 오늘날의 어떤 심성에 대해, 그러한 심성과 공모하고 있는 어떤 정치적 효과들에 대해, 무언가 역으로 질문을 던지고 싶었기 때문이리라. '아직도 아직도야?'라고.

2. 김남주라는 시금석

나는 지난 2012년 몇 명의 동료들과 함께 '탈근대·탈민족·탈식민: 포스트 담론 20년의 성찰'을 주제로 심포지엄을 개최한 바 있다.[1] 이것은 1990년대 이후 오늘날에 이르기까지 약 20여 년 동안 한국의 지식계를 변화시킨 포스트 담론의 흐름을 비판적으로 조망하기 위한 목적에서

---

1 이 심포지엄에서 발표된 글들 중 일부는 민족문화연구원에서 발행하는 학술지 『민족문화연구』 57호(2012년 12월 31일 간행) 특집호에 수록되었다.

이루어진 것이었다.

이 심포지엄에서 내가 발표한 글에서 밝힌 바 있듯이,[2] 1980년대는 한국 인문사회과학에서 꽤 의미 있는 시기였다. 그 학문적인 수준이 어떠했든 간에, 또 그 도식성과 관념적 급진성이 어떠했든 간에, 1980년대는 한편으로 식민사관에서 벗어나 이른바 '내재적 발전론'에 입각하여 독자적인 민족사를 구성하는 것이 국문학, 국사학을 비롯한 인문사회과학의 중심적인 학문적 과제로 제시된 시기였으며, 다른 한편으로는 군사독재에 대한 저항의 수단이자 한국 사회를 과학적으로 이해하고 변혁하기 위한 지적 원천으로서 맑스주의의 복권이 이루어진 시기였다. 그런데 1988년 직선제 대통령 선거 이후 매우 불완전하고 부분적인 방식으로나마 이른바 '민주화'가 시작되고, 1989년 베를린장벽의 붕괴 이후 현실 사회주의 체제가 와해되는 것과 동시에 국내에 수입되기 시작한 포스트 담론, 곧 '포스트'라는 접두어가 붙은 포스트맑스주의, 포스트모더니즘, 포스트구조주의, 포스트식민주의 등과 같은 일련의 담론들은 한국 사회의 지적 풍경을 완전히 뒤바꿔 놓았다. 이것은 "가히 인식론적 단절 내지 절단이라고 부를 만한 변화였다. 이것이 충격적인 이유는 국내의 그 누구도 몇 년 전만 하더라도 전혀 알지 못했던 사상, 담론, 용어들이 갑자기 시대의 주류 사상과 담론으로 등장했기 때문이다".[3] 1980년대에 누가 데리다, 푸코, 들뢰즈 같은 사상가들의 이름을

2 진태원, 「'포스트' 담론의 유령들: 애도의 애도를 위하여」, 『민족문화연구』 57호, 고려대학교 민족문화연구원, 2012. 이 글은 『을의 민주주의』 후속 권에 수록될 예정이다.
3 같은 글, 11쪽.

알고 있었을까? 또 해체, 시뮬라크르, 규율권력, 파놉티콘, 대상 a 또는 담론 등과 같은 개념들을 누가 들어 본 적이 있을까? 그럼에도 불과 몇 년 사이에 이 사상가들과 이 개념들은, 비판을 위해서든 찬양을 위해서든 또는 단순한 수사적 장식을 위해서든, 학술적 논의 및 저널리즘적 담론에서 공용어로 자리 잡았다. 불과 몇 년 사이에, **아무도 알지 못했던** 개념들과 이론들이 너무나 **자명한** 것들로 변신한 것이다.

왜 이러한 급격한 변화가 일어났던 것일까? 그것은 세계사의 어떤 객관적인 필연성에 따른 불가피한 변화였을까? 또 만약 그렇다고 한다면, 그 변화의 방식이 반드시 지난 20여 년 동안 일어났던 것과 같은 그런 방식을 띠어야만 했던 것일까? 이를 해명하기 위해 나는 포스트 담론의 수입과 급속한 수용을 일종의 애도의 표현으로 이해할 것을 제안했다. 곧 상실된 대상, 이미 죽었거나 떠나 버린 대상을 돌이킬 수 없이 상실된 것으로 인정하고 받아들이는 것이 애도의 작업이라면, 애도 작업으로서 포스트 담론은 지난 100여 년간 전 세계 해방운동의 지적·정치적 기초를 제시해 준 바 있는 역사적 맑스주의가 종말을 고했음을 받아들이는 것을 뜻한다. 하지만 이러한 애도는 동시에 고유한 맹목을 지닌 것이었다. 왜냐하면 현실 사회주의의 몰락은 동시에 **신자유주의적 세계화**라는 이름으로 요약되는 새로운 종류의 갈등과 적대, 또는 **새로운 종류의 계급투쟁의 시작**이었음에도, 이러한 애도는 현실 사회주의와 맑스주의의 몰락을 현실 역사의 종말로 또는 적어도 정치적·사회적 갈등 자체의 종말로 받아들였기 때문이다. 이것은 다른 말로 하면, 한국 사회에서 사회 변혁에 관한 담론은 자유민주주의의 제도화에 대한 논의로 대체되었다는 뜻이며, 골치 아프고 힘겨운 정치와 투쟁 대신 이제 선진국 문턱에 진입한 먹고살 만한 국민들이 즐길 수 있는 문화적 향유와 심미적 쾌락의 담론이 시대의 주류로 등장하게 되었다는 의미다. 또한 그것은, 현실에서 전개되는 불평등의 심화와 새로운 예속화 양식들의 확산에 대해 맹목적이게 된 결과, 포스트 담론은 그것에 내장된 전복적 함의를 거세당한 채 점점 더 이데올로기화되었다는 뜻이다.

그런데 노무현 정권 이래 한국 사회에는 새로운 종류의 담론, 말하자면 '포스트-포스트 담론'이라고 할 만한 담론이 첨단 인문학의 흐름으로 유행하고 있다. 슬라보예 지젝, 알랭 바디우, 조르조 아감벤, 자크 랑시에르, 안토니오 네그리·마이클 하트 같은 이름들을 필두로 한 이 새로운 담론은 포스트 담론에 비해 훨씬 더 급진적인 정치적 주장을 내세우고 있다. 가령 지젝과 바디우는 지난 2008년 금융 위기 이후 유럽과 북미의 주요 도시들(파리, 베를린, 뉴욕 등)을 순회하면서 '공산주의의 이념'을 주제로 한 일련의 학술회의를 개최하면서 공산주의의 복권을 위해 노력하고 있다. 또한 네그리와 하트는 다중이라는 새로운 정치적 주체를 내세우면서 다중의 공산주의라고 부를 수 있는 정치철학을 제창하고 있다. 아감벤은 유대·기독교 메시아주의 전통에 대한 재해석에 기반을 두고 역시 이들 못지않게 급진적인 정치철학을 제안하고 있다. '몫 없는 이들의 몫'이라는 개념 아래 일종의 무정부주의적 민주주의를 주장하는 랑시에르의 사상 역시 급진 정치 담론으로 전혀 손색이 없다.

그렇다면 이제 한국의 인문학은 이전의 포스트 담론이 갇혀 있던 이데올로기의 질곡에서 벗어나 다시 한 번 급진적이고 해방적인 담론의 지평을 복원할 수 있게 되지 않을까? 안타깝게도 상황은 그리 낙관적인 것 같지는 않다. 왜냐하면 지젝이나 바디우, 아감벤의 사상이 지닌 이런저런 문제점들 이외에도, 포스트 담론 및 그것의 대체물 내지 계승물인 이 새로운 담론을 수용하는 국내의 지적·이데올로기적 기반은 전혀 바뀌지 않았기 때문이다.[4] 포스트 담론에 제일 열광했던 사람들이 이제 다시 새로운 담론에 또다시 열광하고 있을뿐더러, 그것을 글로벌한 최신 학문, 첨단의 유행으로 받아들이고 있는 것이다. 선거 때가 되면 민주당에(또는 심지어 때로는 한나라당이나 새누리당에) 투표하기 위해 투표소로 가면서. 따라서 이들이 아무리 급진적인 정치적 주장을 제시하든 간에, 그것이 공산주의든 무정부주의든 메시아주의든 간에, 이들의 주장은 세계적인 석학이 설파하는 고상한 담론들로 이해되고 문화적 사치품으로 재빨리 소비될 뿐,[5] 한국 인문학의 담론 구조를 변형시키거나 새로운 인식론적·정치적 실천을 산출하지는 못하고 있다.

만약 그렇다면, 이제 김남주를 하나의 시금석으로 삼아 볼 수 있지 않을까? 김남주를 좋아하는 사람이든 싫어하는 사람이든 간에, 김남주

---

4 이 문제에 관한 좀 더 상세한 논의는 진태원, 「좌파 메시아주의라는 이름의 욕망: 알랭 바디우, 슬라보이 지젝, 조르조 아감벤의 국내 수용에 대하여」, 『황해문화』 82호, 2014 참조. 이 글 또한 『을의 민주주의』 후속 권에 수록될 예정이다.

5 2008년 랑시에르가 방한했을 때나 2013년 지젝과 바디우가 한국에서 '공산주의의 이념'을 위한 학술대회를 개최했을 때, 한겨레와 경향신문 등만이 아니라 조선일보를 비롯한 보수적인 신문들도 열띤 취재 경쟁을 벌였다는 사실만큼 이런 상황을 단적으로 입증해 주는 것은 없을 것이다.

가 한국 시의 역사상 가장 혁명적인 시인 중 한 사람이라는 및, 시깡 뭘 저하고 급진적으로 혁명과 시를, 전사戰士와 시인을 일체화한 시인이라는 것을 부인하지 않을 것이다. 그렇다면 바디우, 지젝, 아감벤, 랑시에르 같은 이들의 정치사상 및 그들의 급진적인 정치 담론에 열광하는 사람들의 이론적·정치적 진지함을 평가하기 위한 한 척도로 김남주를 제시해 볼 수 있을 것이다. 가령 지젝이 최근 일련의 저작에서 제창하는 메시아적 폭력, 신적 폭력을 김남주만큼 가장 정확하게 구현한 시인이 있을까? 그의 「낫」이라는 시만큼, 자신을 경멸하는 주인의 목을 가차 없이 베어 버리는 노예를 노래하는 이 시만큼 전복적이고 파괴적인 시가 있을까? 그렇다면 이제 좌파 메시아주의가 유행하는 그만큼, 많은 이들이 그 사상에 열광하는 그만큼, 김남주가 다시 한 번 한국 문학 및 인문학의 중심으로 복권될 시기가 멀지 않았다고 예상해 봐도 되리라.

3. 이후에 대하여

나는 이 글에 '김남주 이후'라는 제목을 붙였다. 이후라는 이 짧은 단어는 흔하게 사용하는 말이지만, 생각보다 복잡한 의미망을 지니고 있다.

이것은 우선 시간적인 의미에서 **다음에**를 뜻한다. 1946년에 태어나 1979년 남민전 사건으로 구속되어 감옥에서 저항과 투쟁의 시를 쓰고 1988년 형 집행정지로 출소하여 짧은 자유의 시간을 맛보다가 1994년 젊은 나이로 타계한 시인에 대해 '이후에', '그다음에'라고 말하는 것은 아주 자연스럽고 당연한 일이다.

하지만 또한 우리가 쓰는 '이후에'라는 말은 그가 어떤 **기점**이 되고 있음을 가리킨다. 그는 그의 이전과 이후를 나누는 것이 의미 있고 중요한 어떤 분수령이다. 세상에는 여러 시인들이 존재했지만, 그들 하나하나에 대해 '이후에'라는 말을 쓰지는 않는다. 연대기적인 시간상의 의미에서 그들 모두에 대해 '이후에'라는 말을 쓸 수 있겠지만, 상징계의 질서에서 본다면 특정한 시인들만이 이후를 거느릴 자격을 지닌다. 이런 의미에서 '김남주 이후'라고 말하는 것은, 김남주를 하나의 상징적 기점으로, 어떤 **정초의 사건** 내지 **기원**으로 세우는 것이다. 이 시인은 어떤 자격으로 기원으로서 기억될 수 있는 것일까? 내가 보기에 어떤 상징적 기점이라는 의미에서 '김남주 이후'라고 말할 수 있다면, 그것은 그의 시를 통해 절절이 구현된 혁명과 해방, 민주주의에 대한 열망 때문이다. 다른 많은 시인들이 김남주와 마찬가지로 혁명과 해방, 민주주의를 노래했지만, 김남주만큼 그것을 비타협적인 투쟁의 정신 아래, 적들(곧 독점자본과 군사독재, 미 제국주의)에 대한 강렬한 분노와 민중에 대한 끝없는 사랑, 자신에 대한 엄격한 규율 속에서 추구했던 이는 찾기 어렵다. 따라서 '김남주 이후'라는 말은 해방의 시 이후, 혁명의 시 이후라는 다른 말로 표현될 수 있을 것이다.

시간적인 다음과 상징적 기점이라는 의미 이외에, 이후는 또한 **상속의 책임**이라는 뜻을 지니고 있다(바디우 같으면 '충실성'이라고 말했을 것이다). 어떤 사건이나 인물이 상징적 기점으로 존재할 수 있다면, 그것은 그러한 사건이나 인물을 상징적 기점이나 준거로 기입하고 인정하는 그 이후의 누군가가 존재하기 때문이다. 그들은 이러한 기점을 통해 자신의 정체성을 획득하지만, 또한 비판 그들을 통해 ㄴㅣ긴지 끼민은 상징적 기점으로 작용할 수 있다. 따라서 어떤 사건이나 인물이 상징적 기점의 자리를 얻기 위해서는 항상 물려받고 계승할 누군가가 필요하다. 당연한 말이지만, 계승자가 끊어진 기원은 더 이상 기원으로 존립할 수 없다. 이런 의미에서 데리다는 기원은 바로 그 후속 사건들의 계열을 통해 비로소 기원으로 성립한다고 말한 바 있다.

하지만 또한 상속은 항상 선별의 과제를 부과한다. 누구도 모든 것을 상속할 수는 없으며, 거기에는 항상 구별과 선별, 비판의 노력이 요구된다.[6] 따라서 누군가에 대해 이후라고 말하는 사람들은 동시에, 그 이후를 정당화하고 입증하는 과제만이 아니라, 이후를 늘 새롭게 개조해야 하는 과제, 그렇게 하기 위해 이후를 선별하고 비판해야 하는 과제를 떠맡게 된다. 오직 그럴 경우에만 이후가 설정하는 기원의 사건은 지속적으로 되풀이되고 쇄신될 수 있는[7] 가능성을 얻을 수 있다. 비판을 통한 변용과 쇄신이 없는 기원은, 박제화된 기념물로 남을 뿐 더 이상 상징적 기점으로 작용할 수 없다. 그렇다면, 오늘 김남주의 시를 어떻게 상속할 수 있을까? 김남주가 무엇보다도 해방과 혁명의 시인이고, 해방과 시, 혁명과 삶을 일체화한 시인이라면, 우리는 오늘날 그것을 어떻게 상속해야 할까? 우리에게 부여된 계승과 선별, 비판의 과제는 어떤 것일까? 이것이 '김남주 이후'라는 이 글의 제목이 지닌 세 번째 의미다.

---

6 자크 데리다, 『마르크스의 유령들』, 진태원 옮김, 수정 2판, 그린비, 2014, 1장 참조.
7 또는 데리다 자신의 개념을 빌리자면 '되풀이 (불)가능한' 사건이라고 말할 수 있다.

이제 이것으로 이후의 의미론은 종결될 수 있을까? 아마 아직도 또 다른 이후의 의미, 어쩌면 가장 중요한 의미가 남아 있을 것이다. 그것은 말하자면 **상징적 기점 내지 기원 자체를 하나의 이후로 만드는 이후**라는 의미다. 이리힌 이후는 상징적 기점을 더 이상 초월적인, 또는 칸트나 후설 식으로 말하면 초월론적인transcendental 위치에 놓지 않는다. 이러한 이후의 의미론에 입각하면, 상징적 기점은 더 이상 하나의 초월(론)적 기원, 곧 다른 것들이 그것을 기점으로 하여 자신의 정체성을 얻게 되고, 모두 그것에 후속하는 것으로 자신의 위치를 정하게 되는, 그러한 기원의 자리, 초월(론)적 아버지의 자리에 놓이지 않게 된다. 또는 **놓이지 않아야 한다.** 그보다 그러한 상징적 기점은, 그것에 앞서는 다른 기점(들)에 대하여 **하나의 이후**로 자리 지어지고, 또 그것에 후속하는 다른 기점(들)에 대하여 **기원이 아니라** (데리다가 강조한 바 있듯이[8]) **하나의 흔적**으로서 존립하는 것이 된다.

사실 김남주 스스로 자신을 자기 자신에 앞서는 어떤 기점(들)의 후예로, 하나의 이후로 위치 짓고 있다. 그는 녹두장군 전봉준의 이후가 되기를 자처하며(「황토현에 부치는 노래: 녹두장군을 추모하며」), 또한 전봉준을 "김시습 / 정여립 / 정인홍 / 최봉주 / 김수정 / 허균 / 이필제 / 김옥균 / 김개남 / 전봉준" 같은 다른 기점들(즉, "민중의 지도자" 혹은 "하늘의 별"로 불리는 사람들)의 계열 속에 위치시키면서 그 끝자락에

---

8 Jacques Derrida, *De la grammatologie*, Paris: Minuit, 1967 참조. 지나치는 김에 지적하자면, 『그라마톨로지에 대하여』는 무려 3종의 국역본이 있지만 심한 오역들로 인해 국역본으로는 데리다의 논의를 이해하기가 거의 불가능하다.

시기를 열망한다(「역사에 부치는 노래」).

> 그들은 지금 우리와 함께 여기 있다
> 민족이 해방을 요구하고
> 나라가 통일을 요구하고
> 민중이 자유와 평등을 요구하고 있는 이 시대에
> [……]
> 어제의 그들이 꿈꾸었던 사상의 세계를
> 오늘의 우리가 꽃으로 피우는 일이다
> 그들이 못다 부른 노래를 우리의 입으로 부르며
> 그들이 남기고 간 무기를 우리의 손으로 들고서
> (「역사에 부치는 노래」 부분)

이러한 계열은 위대한 혁명가들, 하이네, 마야콥스키, 네루다, 브레히트, 아라공 같은 저명한 유물론적 시인들의 계열(「그들의 시를 읽고」)이나 역사책에 이름을 남긴 위인들의 계열인 것만은 아니다. 그것은 망이와 망소이 같은, 만적 같은 고려 시대 노예들(「노예라고 다 노예인 것은 아니다」)과 "불의의 세계와 싸우다가 / 도끼와 총알에도 굴하지 않았던 형제들"(「한 매듭의 끝에 와서: 80년대, 저 짓밟힌 풀들과 함께」)의 계열이기도 하며, "지하로 흐르는 물", "밤으로 떠도는 별"(「혁명의 길」)의 계열이기도 하다. 이러한 흔적들의 흐름, '지하로 흐르는' 이러한 흔적들의 흔적들의 줄기는 김남주 이후에도 계속되고, 그 이후에도 멈추지 않을 그런 흐름이고 계열이다. 이것은 **이후들**의 흐름이다.

따라서 상징적 기점의 자리에 위치하여 <u>스스로</u> 자신의 이후들을 거느리고 또 앞으로 계속 거느리게 될 김남주가 초월성의 숙명에서 벗어나 내재적인 유물론[9]의 사리를 마련하기 위해서는 김남주 이후는 이**후의 김남주, 이후들의 흐름 속의 김남주**가 되어야 할 것이다. 이것이 바로 알튀세르가 말한 바 있는, '기원도 없고 목적도 없는 과정', 또는 '마주침의 유물론의 은밀한 흐름', 곧 진정한 의미에서 유물론적인 역사 과정의 한 가지 뜻일 터이다.

4. 뒤틀린 세월

이제 다소간 장황한, 또는 너무 간략한 이후의 의미론에 기대어 김남주의 시 몇 편을 읽어 보도록 하자. 앞서 말했듯이 김남주의 시를 하나의 상징적 기점으로, 정초 사건으로 만드는 힘을 그의 시에서 찾을 수 있다면, 그것은 무엇보다 시와 혁명, 삶과 해방을 일체화하려는, 따라서 그 자신을 시인-전사로 만들려는, 비견될 수 없는 그의 투철한 열정에서 찾아야 할 것이다. 그렇다면 이러한 열정과 의지는 어디에서 유래할까? 내가 보기에 그것은, 햄릿의 표현을 빌리면 '뒤틀린 세월'the time is out of joint에 대한 깊은 분노에서 나온다. 억압과 착취, 불의와 폭력 및 치욕으로 얼룩진 시대에 대한 끊임없는 분노야말로 그의 시를 지탱하

---

9 아마도 데리다라면 유사초월론(quasi-trancendentalism)이라고 말했을 것이다.

는 능력이다.

뒤틀린 세월에 대한 분노는 그의 가족의 삶의 이력에 뿌리를 두고 있다. 그것은 머슴으로 살다가 주인집 애꾸눈 딸과 결혼하여 한평생 죽도록 열심히 일했지만, "제 노동의 주인이 되어 이 손이 / 제 입으로 쌀밥을 가져가는 것을 / 노동의 기쁨이 되어 이 손이 / 춤이 되고 노래가 되는 것을 / 제 노동의 계산이 되어 이 손가락이 / 나락금을 셈하는 것을 나는 한 번도 본 적이 없"(「손」)는 그의 아버지의 삶에 대한, 그의 가족의 삶에 대한 연민과 분노다. 하지만 이것은 단순한 가족사 및 개인사의 차원에 국한되는 분노는 아니다. 그것은 그의 동네 다른 농민들의 삶에서도 고스란히 되풀이되고, 아무런 권력도 재산도 지식도 빽도 없는, 있는 것이라고는 몸뚱아리 하나뿐인 사람들, 곧 민중들의 삶에서 전형적으로 되풀이되는 삶의 곤경에 대한 연민과 분노다.[10] 더욱이 이러한 고난과 비참은 우리 시대, 우리 현대사에만 고유한 것이 아니라, 세계 도처에서 유구한 역사를 거쳐서 계속 되풀이되어 온 것이다. 그는 12세기 프랑스의 한 시인의 시에서 이러한 고통의 역사를 발견하고,[11] 서정시인으로 알려진 푸시킨의 저항시에서, 미 제국주의 및 중남미 매판자본을 고발하는 네루다의 시에서도 민중에 대한 착취와 수탈이 되풀이되고 있음을 찾아낸다.

민중의 고통에 대한, 민중이 억압받고 착취당하고 모욕당하는 뒤

---

10 김남주, 「아버지, 우리 아버지」, 『불씨 하나가 광야를 태우리라』, 시와사회, 1994 참조.
11 김남주, 『불씨 하나가 광야를 태우리라』, 58~59쪽에 인용된 「클레티앙 드 트루아: 셔츠의 노래」 참조.

틀린 세월에 대한 분노는 김남주의 투쟁심을 이끌어 가는 원동력이다. 그러한 분노는 그의 정체성과 일체화되어 있다. 「명줄」이라는 제목의 시만큼 이것을 잘 표현하는 것은 없다.

칠 년 가뭄에도
우리 어머니 살았습니다 죽지 않고
시원하게 물 한 모금 없이
한낮의 불 같은 더위 먹고 살았습니다
보릿고개 너머로 불어오는 황사 바람이
우리 어머니 노한 숨결이었습니다
칡뿌리 나무껍질이 아침저녁의 밥이었고
손톱 끝에 피나는 노동이
칠십 평생 우리 어머니 명줄이었습니다

그 명줄 한 매듭 끊고 태어나 나 이 땅에 갇혀 삽니다
가뭄의 자식 칠 년 옥살이에도 시들지 않고
주먹밥 세 덩이로 살아 있습니다
철창 끝에 때리는 북풍한설이 나의 숨결입니다
내 어머니 노동의 착취에 대한 증오가 내 명줄입니다
증오 없이 나 하루도 버틸 수 없습니다

증오는 나의 무기 나의 투쟁입니다

1, 동과 그날그날이 우리 어머니 명줄이듯이

나의 명줄은 투쟁과 그날그날입니다

노동과 투쟁 이것이 어머니와 나의 통일입니다

(「명줄」전문)

따라서 뒤틀린 세월에 대한 시인의 인식은, 미 제국주의의 역사에 대한 얼마간의 사회과학적 지식과 한반도의 역사에 대한 좌파적 인식에 기초를 두고 있기는 하되, 엄밀한 의미에서 맑스주의적인 역사유물론에 입각한 '과학적 인식'은 아니며, 계급투쟁 이론에 입각한 것도 아니다. 그것은 오히려 넓은 의미의 민중, 못 가지고 못 배우고 "배운 자로부터는 가진 자로부터는 / 값싼 동정밖에 받아 본 적이 없었던 사람들" (「역시」)에 대한 연민과 그들의 고통에 대한 분노에 기반을 둔 것이다. 못 가지고 못 배우고 빽도 없고 배경도 없는 이 사람들에 대한 차별은 보편적이고 전면적이다. 그들은 심지어 감옥에서도 차별 대우를 받고, 민주화의 투사들과도 다른 대접을 받는다.

오 선생이 나갔다

[……]

경북고 서울대 동창생들이 면회 왔다더니

그래서 멀지 않아 곧 나가게 될 것이라고

소문이 옥내에서 파다하게 돌더니

정말 나갔다 포승 풀려 자유의 몸으로

김근태도 나갔다

얼마 전에 케네디상인가 인권상인가 받았다더니

[······]

더 이상은 미국의 압력을 견디지 못할 것이라고들 하더니

정말 나갔다 사슬 풀려 자유의 몸으로

재일교포도 나갔다

[······]

영락없이 나갔다 족쇄 풀려 자유의 몸으로

남은 것은 개털들뿐이다

나라 안에 이렇다 할 빽도 없고

나라 밖에 저렇다 할 배경도 없는

개털들만 남았다 감옥에

(「개털들」 부분)

그러므로 김남주가 연민과 동일시의 대상으로, 투쟁의 동력으로 삼는 이들은 자크 랑시에르가 말하는 의미에서 '몫 없는 이들'sans part 이라고 할 수 있다.[12] 몫 없는 이들은 사회과학적인 의미에서의 피착취 계급, 곧 노동자·농민·빈민 등일 뿐만 아니라, 그러한 계급적 분류에서

---

12 자크 랑시에르, 『불화: 정치와 철학』, 진태원 옮김, 도서출판 길, 2015 참조.

빗이닌 사람들, 탁취의 수탈의 내상에노 세내로 들지 못하는 사람들, 넓은 의미에서 배제된 사람들이기도 하다.

5. 민중의 이름으로, 혁명

못 없는 이들에 대한 억압과 수탈, 차별과 배제가 보편적이고 역사적으로 뿌리가 깊은 만큼, 이러한 상황을 해결하는 길은 오직 혁명의 한길, 가열찬 투쟁과 반역의 한길뿐이다. 이들의 처지에 대한 시인의 연민과 분노가 깊은 그만큼, 이러한 혁명과 반역에 대한 시인의 열망은 강하고 뜨겁다.

김남주에게 혁명 또는 해방은 말 그대로 전복적인 것이다. 그것은 세상을 지배하는 자본가들, 독재자들, 주인들, 미 제국주의자들의 질서를 뒤집고, 일하는 사람들, 착취당하는 사람들, 억압당하는 사람들, 굴욕당하는 사람들의 평등과 자유, 존엄을 되찾아 주는 것이다. 그리고 둘로 나뉜 조국을 하나로 만드는 것이기도 하다.

내가 지금 걷고 있는 이 길은

억압의 사슬에서 민중이 풀려나는 길이고

외적의 압박에서 민족이 해방되는 길이고

노동자와 농민이 자본의 굴레에서 벗어나는 길이다

[……]

해방의 길 이 길을 어디메쯤 가다 보면 거기 자본가와 점령군에 고용

된 용병의 무리가 있고

마침내 우리가 무찔러야 할 총칼의 숲이 있다

그렇다 자유와 해방과 통일의 길 이 길을 가면 거기 틀림없이

압제와 자본의 턱을 보아 가며 재판 놀음을 하는 검사와 판사가 있고

마침내 우리가 벗겨야 할 정의의 가면이 있고 불의가 있고

인간성의 공동묘지 감옥의 밤이 있고 마침내

우리가 무너뜨려야 할 증오의 벽이 있다

그러니 가자 우리 이 길을

길은 가야 하고 언젠가는 역사와 더불어 이르러야 할 길

아니 가고 우리 어쩌랴 아픈 다리 서로 기대며 어깨동무하고 가자

(「길」 부분)

하지만 김남주에게 혁명이나 해방은 **승산이 없는 싸움, 늘 패배와 죽음을 각오해야 하는 싸움**이다. 김남주는 혁명과 해방의 구체적인 상을 제시하지도 않을뿐더러, 혁명에 대한, 혁명 이후의 세상에 대한 낙관적 전망을 제시하지도 않는다. 그것은 그가 혁명가, 민중 해방의 지도자의 전범으로 삼는 녹두장군 전봉준에 대한 시에서 잘 나타난다. 전봉준을 "이 위대한 혁명가"로 만드는 것은 그가 "암울한 시대 한가운데 / 말뚝처럼 햇불처럼 우뚝 서서 / 한 시대의 아픔을 / 온몸으로 한 몸으로 껴안고 / 피투성이로 싸웠던 사람 / 뒤따라오는 세대를 위하여 / 승리 없는 투쟁 / 어떤 불행 어떤 고통도 / 결코 두려워하지 않았던 사람"이고

"한 시대와 더불어 사라지는 데 / 기꺼이 동의했던 사람"(「화도현에 부치는 노래」)이었기 때문이다. 그가 싸웠던 싸움은 "죽음으로써만이 끝장이 나는 / 이 끝임없는 싸움"(같은 시)이었다. 또한 혁명과 해방을 위한 싸움은 "죽음에 값하는 싸움 하나 있기에 / 피 흘리는 싸움에 값하는 죽음 하나 있기에"라고, "죽음 위에 죽음 하나 쌓아 올려 꽃봉오리로 살아 있기에"라고 할 수 있는 싸움이고(「싸움」), "가시로 사납고 바위로 험한 벼랑의 길 [……] / 끝이 보이지 않는 도피와 투옥의 길이고 / 죽음으로써만이 끝장이 나는 긴긴 싸움"이다(「혁명의 길」). 혁명과 해방의 싸움은 늘 **죽음의 이미지**와 겹쳐진다.

몫 없는 이들의 싸움, 민중의 혁명 투쟁의 **비극성**에 대한 이러한 인식은 물론 시인 자신의 투쟁이 좌절된 경험의 반영일 수 있고, 동학농민전쟁의 패배의 기억일 수 있으며, 4·19에 대한 반동으로서 그리고 5·16, 5·18 광주의 비극에 대한 쓰라린 반추의 결과일 수도 있다. 또한 그것은 시인의 많은 시들이 오랜 수감 생활 속에서 쓰인 것들이라는 상황과도 무관하지 않으리라. 하지만 좀 더 근본적으로 본다면, 그것은 시인이 생각하고 참여하려고 하는 싸움이 그만큼 **역사의 근본적인 싸움**이라는 데서 기인한다. 그 싸움은 한 번의 전투에서 승리한다고 해서, 한 차례 또는 두 차례의 선거에서 이긴다고 해서, 권력을 쟁취한다고 해서 끝나는 싸움이 아니며, 심지어 사회주의 혁명에 성공한다고 해서 종결될 수 있는 싸움도 아니다. 그것은 "외롭고 가난한 사람들이 / 아직까지 한 번도 맛보지 못한 / 자유"(「황토현에 부치는 노래」)를 얻기 위한 싸움이며, "형제와 누이와 아버지와 아들이 / 민중이 나라의 주인이 되게 하는 기술을"(「사랑의 기술」) 배워 가는 싸움이다.

왜 승산이 없는 이 싸움, 죽음을 감수해야 하는 이 싸움을 벌이는 것일까? 그것은 그러한 싸움 말고는 달리 다른 방법이 존재하지 않기 때문이다. 차취와 수탈, 억압과 차별, 배제에서 벗어나기 위해서는 민중들 자신의 단결된 투쟁 이외의 다른 길은 존재하지 않기 때문이다.

> 단결 없이
> 가난한 이들의 목숨을 건 단결 없이
> 밥 한 그릇 공짜로 부자들이 내준 적 있었는가
> 투쟁 없이
> 짓밟힌 이들의 목숨을 건 투쟁 없이
> 한 발이라도 스스로 압제자들이 물러난 적 있었던가
> 4·19 이래 있었던가
> 5·18 이래 있었던가
> 6·29 이래 있었던가
> 대한민국 반세기 이래 있었던가
> (「숨막히는 자유의 이 질곡 속에서」 부분)

이러한 목숨을 건 투쟁이 없다면, 민중에게는 노예의 삶, 종의 삶만이 있을 뿐이며, "삶 / 종놈의 삶 / 가난의 삶 / 거기에는 치욕이 있을 뿐이었다 / 거기에는 모욕이 있을 뿐이었다 / 거기에는 굴욕이 있을 뿐이었다"(「굴레」).

따라서 민중의 고통에 공감하고 분노하는, 그들의 삶과 고통을 일 체화하는 시인은 자신의 시가 민중을 각성시키고 분노하게 만드는, 못 없는 이들을 싸움에 나서게 만드는 혁명의 무기가 되기를 바란다.

총검의 그늘에 가위눌린
한낮의 태양 아래서 나의 시가
탄압의 눈을 피해 손에서 손으로 건네지기를
미처 먹지도 마시지도 못하고
배부른 자들의 도구가 되어 혹사당하는 이들의 손에 건네져
깊은 밤 노동의 피곤한 눈들에서 빛나기를
한 자 한 자 손가락으로 짚어 가며
그들이 나의 시구를 소리 내어 읽을 때마다
뜨거운 어떤 것이 그들의 목젖까지 차올라
각성의 눈물로 흐르기도 하고
누르지 못할 노여움이 그들의 가슴에서 터져
싸움의 주먹을 불끈 쥐게 하기를
[……]
때로는 나의 시가 탄광의 굴 속에 묻혀 있다가
때로는 나의 시가 공장의 굴뚝에 숨어 있다가
때를 만나면 이제야 굴욕의 침묵을 깨고
들고일어서는 봉기의 창끝이 되기를
(「나는 나의 시가」 부분)

6. 민중의 이중성, 또는 이후의 김남주

따라서 오늘날 우리가 김남주 이후를 말할 수 있다면, 그 이유는 민중의 고통에 대한 시인의 깊은 분노와 일체감, 그리고 착취와 억압, 차별과 배제에 맞선 민중들의 기나긴 투쟁, 패배와 죽음을 감수하지 않으면 안 되는 그 투쟁에 기꺼이 동참하려는, 자신의 시를 그 투쟁의 무기로 삼으려는 시인의 태도에 있다. 이것은 **계급투쟁보다 더 오래되고 더 뿌리 깊은** 지배와 억압, 차별과 배제에서 기인하는 싸움에 대한 시인의 깊은 인식에서 비롯하는 태도이며, 못 없는 이들 스스로 단결하여 이러한 싸움에 참여하지 않고는 그러한 지배를 변화시킬 수 없다는 실천적 자각,[13] 그리고 자신의 시를 그러한 싸움의 무기로 삼으려는 시의 당파성에 대한 투철한 소명감에서 생겨나는 태도이기도 하다. 신자유주의적 예속화의 확산과 심화에 따라 못 없는 이들, 곧 비정규직과 불안정 노동에 시달리는 사람들이 점점 증대하고, 유신의 망령이 나라 전체를 휘감고 있는 시점에서, **김남주 이후**라는 것은 비단 시문학만이 아니라 인문학 전체에까지 의미 있고 중요한 화두가 될 수 있을 것이다.

하지만 마지막으로 여기에서, '김남주 이후'를 넘어선 '이후의 김남주'라는 문제를 간략하게나마 짚어 보지 않을 수 없다. 내가 보기에 이

---

13 이는 "피압제자들의 해방은 그들 스스로 쟁취할 수 있을 뿐"이라는 맑스에서 유래하는 테제의 다른 표현이다. 에티엔 발리바르는 이러한 테제를 **정치에 대한 보편적 권리**의 표현으로 간주한 바 있다. 진태원, 「랑시에르와 발리바르: 어떤 민주주의?」, 『실천문학』 110호, 2013 참조.

우의 김남주를 위한 안 가지 실마리는 민중에 대한, 넋 없는 이들에 대한 시인의 두 가지 상반된 태도에서 찾을 수 있다. 시인은 그가 "룸펜프로들"이라고 부르는, 전형적인 몫 없는 이들을 몇 차례에 걸쳐 시적 주제로 삼고 있는데, 그중에서도 특히 다음 두 개의 시는 이들에 관한 매우 대조적인 시인의 시선을 담고 있다. 첫 번째 시는 그가 감옥에서 작성한, 5·18 광주항쟁에 대한 시이고, 두 번째 시는 출소한 뒤에 1988년 대통령 선거에서의 패배를 겪으면서 쓴 시다.

> 5월 그날 누가 가장 잘 싸웠습니까
>
> 압제에 반대하여 자유를 위해
>
> 착취에 반대하여 밥을 위해
>
> 학살에 반대하여 밥과 자유와 민주주의를 위해
>
> 누가 과연 최후까지 싸웠습니까
>
> 가장 잘 배운 그런 사람들이었습니까
>
> [……]
>
> 가장 많이 아는 그런 사람들이었습니까
>
> [……]
>
> 가장 많이 가진 그런 사람들이었습니까
>
> [……]
>
> 오늘 그날 착취와 압제와의 싸움에서
>
> 무기를 들고 최후의 그날까지
>
> 승리 아니면 죽음을 외치면서 싸운 사람은

가장 잘 싸운 사람은

여러분처럼 배운 것이 없는 그런 사람들이었습니다

여러분처럼 아는 것이 없는 그런 사람들이었습니다

여러문저넘 가진 것이 없는 그런 사람늘이었습니다

가장 많이 일하고 가장 적게 받는 공장의 노동자들이었습니다

가장 힘든 일을 하고 일 년 삼백예순 날

쉬는 날 하루도 없는 들녘의 농민들이었습니다

가장 험하게 일하고 매일처럼

가장 천하게 일하고 매일처럼

천 길 굴 속에서 빠져 죽는 광부들이었습니다

만 길 하늘에서 떨어져 죽는 현장 인부들이었습니다

배운 것이라고는 여러분처럼

부잣집 담밖에 넘을 줄 모르는 그런 사람들도 있었습니다

[……]

몸 팔아 상품으로 팔아 쾌락의 도구로 팔아

[……]

그런 사람들도 있었습니다

[……]

여러분 무엇이 그들로 하여금

가진 것 없는 노동자 농민들로 하여금

배운 것 없는 무식쟁이들로 하여금

아는 것 없는 부랑아들로 하여금

즐기 이니면 살기구 치후끼지 싸우게 훼꿨습니까

[……]

여러분들처럼 그들도 뒤를 돌아봐야

잃어서 아까울 게 아무것도 없었기 때문입니다

잃을 것은 압박과 가난의 쇠고랑밖에 없었기 때문입니다

(「오월 그날이 다시 오면」 부분)

이 시에서는 비극적인 광주항쟁에서 가장 영웅적으로 싸웠던 사람들을 못 없는 이들, 곧 "배운 것이 없는", "아는 것이 없는", "가진 것이 없는" 사람들로 제시한다. 이들은 곧 "배운 자로부터는 가진 자로부터는 값싼 동정밖에 받아 본 적이 없었던 사람들"이다(「역시」). 그들이 이렇게 잘 싸울 수 있었던 것은, 이 두 시에 따르면, "잃을 것은 압박과 가난의 쇠고랑밖에 없었기 때문"이다. 이러한 인식은 프롤레타리아는 무소유계급이기 때문에 환상을 지니지 않는다는 『공산당선언』의 인식을 고스란히 계승하고 있다.

반면 두 번째 시에서 시인은 이렇게 한탄하고 저주한다.

환상이었다 그것은

권력 앞에 꿇지 않는 무릎 없고

돈뭉치 앞에서 걷어 올리지 않는 치마가 없고

부패와 타락이 그 본색인 부르조아 사회에서

들치기 날치기 소매치기 업어치기 사기꾼 협잡꾼 노름꾼 갈보 뚜쟁이

깡패 전과자 실업자 가난뱅이 부랑아……

이른바 계급의 찌꺼기들이

술 한 잔에 점심 한 그릇 값이면

언제라도 누구에게라도 매수될 수 있는 룸펜프로들이

도시마다 거리마다

하늘 아래 산동네 꼬방동네마다

기어 다니고 숨어 다니고 내빼 다니는

그런 범죄의 나라에서

맨입의 빈손으로 표를 모아

착취의 성을 무너뜨린다는 것은

환상이었다 그것은

[……]

가진 것이라고는

원숭이 앞발로부터 물려받은 손재간밖에는 없어

하루라도 그것을 자본가에게 팔지 못하면

한시라도 그것으로 부자들의 배를 채워 주지 못하면

그날 저녁으로 잠자리를 잃게 되고

다음날 아침이면 끼니를 걱정하게 되는 노동자들까지도

공산주의 어쩌고저쩌고 하면

아예 사람 살 곳이 못 되는 지옥쯤으로밖에 생각할 줄 모르고

이북 어쩌고저쩌고 하면

잉닝쌕네 뿔 빈 피발의 세게가 아니년

아버지와 아들이 강냉이죽 한 사발을 놓고 드잡이하는

아귀도쯤으로밖에 상상할 줄 모르는

그런 꽉 막힌 나라에서

무조직의 사상과 그 표현인 연설의 힘이

철벽으로 무장한 반공의 벽을 무너뜨린다는 것은

(「환상이었다 그것은」 부분)

앞의 시와 달리 이 시에서는 동일한 민중이 "계급의 찌꺼기들"로, "룸펜프로들"로 비난을 받는다. 그들은 아무것도 가진 게 없기 때문에 "술 한 잔에 점심 한 그릇 값이면 / 언제라도 누구에게라도 매수될 수 있는" 이들이며, 하루라도 노동력을 팔지 못하면 잠자리를 잃고 끼니를 걱정하는 처지임에도 반공 의식에 찌들어 공산주의에 대한 환상에 젖어 있는 이들이다. 따라서 이들은 가진 게 아무것도 없기 때문에 아무런 환상도 지니지 않고 누구보다 영웅적으로 투쟁할 수 있는 이들이 아니라, 누구보다도 더 쉽게 매수될 수 있고, 더 쉽게 환상에 젖어들 수 있는 이들이다.

이 두 편의 시에서 나타나는 민중에 대한 김남주의 상반된 태도는 상황의 변화로 설명될 수 있는 성질의 것이 아니다. 곧 첫 번째 시가 감옥에서 민중에 대한 다소간 낭만적이고 이상화된 관점에 입각하여 쓴 시들인 반면, 두 번째 시는 감옥에서 출소한 후, 그가 직접 현실 세계의 민중들을 경험한 뒤 쓴 시라는 점을 감안한다고 해서 문제가 해명되는 것은 아니다. 왜냐하면 김남주가 두 편의 시에서 제시하는 민중은 민중의 현실적인 두 가지 모습이기 때문이다. 민중들, 특히 가난하고 못 배우고 가진 것 없는 민중들은 때로는 가진 자들과 배운 자들이 할 수 없는 위대한 투쟁을 선개하기노 하지만, 때로는 바로 그늘이야말로 히틀러와 박정희와 조지 부시 또는 장 마리 르펜을 열광적으로 지지하는 이들이기도 하기 때문이다.

김남주가 제대로 인식하지 못한 것은 민중의 양면성만이 아니다. 그는 두 번째 시에서 "무조직의 사상과 그 표현인 연설의 힘이 / 철벽으로 무장한 반공의 벽을 무너뜨린다는 것은" 환상이었다고 토로한다. 그리고 그는 "물질적인 힘은 물질적인 힘에 의해 무너진다 / 그리고 어떤 사상도 그것이 / 물질적인 힘으로 되는 것은 그것이 / 대중을 조직적으로 전투적으로 유물론적으로 사로잡을 때이다"라고 말한다(같은 시). 그런데 환상에 젖어 있고 쉽게 매수되는 대중을 "조직적으로 전투적으로 유물론적으로 사로잡"는 것은 어떻게 가능한가? 이것은 유물론적인 방법이라기보다는, 냉엄한 현실에 좌절하여 단순히 주관적 당위를 강조하는 것에 불과한 것 아닌가? 더욱이 이는 발리바르가 제시한 바 있는 통찰, 곧 "자신들이 무기력하다고 느끼면서도 동시에 국가의 무기력을 두려워하는 시민들은 국가에 대해 그들이 항상 '좋은 쪽'에 있고, 희생자, 전형적인 불쌍한 사람들[……]은 자신들이 아니라 다른 이들이라는 점이 확실히 보장될 수 있도록 가시적인 안전 중심적 조치들을 취하고 아파르트헤이트와 같은 것[……]을 제도화할 것을 요구"하며[14] 이것이 오늘날 극우 정치의 주요 온상 중 하나라는 통찰에 대해 맹목적으로 외

  따라서 오늘날 김남주 이후를 넘어, 이후의 김남주로 나아가기 위해서는 민중의 이러한 양면성을 어떻게 극복할 것인가라는 문제야말로 절실한 과제라고 할 수 있다. 1%의 부자들이 세계의 부를 독점한다고 해서 99%의 사람들이 **자동적으로** 단결하는 것은 아니며, 오히려 1%의 부자들을 위해 50%가 넘는 사람들, 그러므로 **과반의 민중들**은 박정희와 그의 딸과 부시, 대처 등을 선택하기 때문이다. 자신을 모욕하는 주인의 목을 낫으로 베는 종의 태도는 반역적이고 전복적이지만, 프랑스혁명에서 왕의 목이 기요틴의 칼날 아래 잘린 이후 약 200여 년 뒤 푸코가 "우리는 아직 정치 이론에서 왕의 목을 베지 못했다"라고 말하면서, 주권적 권력이 아니라 그 기저에 놓인 규율권력의 메커니즘을 분석할 것을 주장했듯이,[15] 주인의 목을 베는 것에는 여러 가지 방식이 존재한다. 특히 주인과 지배자의 목을 베어야 할 종 또는 민중이 다른 종과 민중의 목을 겨눌 때는 더 그러하다.

  그러므로 오늘의 김남주, 이후의 **김남주(들)**은 햄릿의 한탄을 다시 한 번 새겨 볼 필요가 있다. 적어도 데리다에 의해 재해석된 햄릿의 한탄을. 데리다에 따르면 햄릿의 탄식은 단순히 아버지로부터 복수의 명을 받고도 그것의 이행을 망설이는 소심하고 우유부단한 그의 성격을

---

14 에티엔 발리바르, 『정치체에 대한 권리』, 진태원 옮김, 후마니타스, 2011, 146쪽.

15 Michel Foucault, "Entretien avec Michel Foucault", interview by Alexandro Fontana and Pasquiale Pasquino, *Dits et écrits*, Quarto edition, vol. 2, Paris: Gallimard, 2001 참조.

표현하는 것이 아니다. 그것은 오히려 복수하거나 반역하기 위해서는 "징벌하고 처벌하고 살해"해야 한다고 강요하는 폭력과 대항폭력의 악순환에서 벗어나려는, "복수의 숙명에서 벗어날 정의"[16]를 추구하려는 햄릿의 염원을 표현하는 것이다. 그러한 정의는 민중을 민중 자신으로부터 갈라 놓는 그 분열, 그 원한과 폭력의 심연에 대한 해법을 발명하지 않고서는 도래하지 않을 것이다. 이후의 민중이 없이는.

16 데리다, 『마르크스의 유령들』, 58쪽.

포퓰리즘, 민주주의, 민중

1. 문제로서의 포퓰리즘

2000년대 한국 정치의 특징 중 하나는 '포퓰리즘'이 담론과 실천의 두 측면에서 전면적으로 나타나고 있다는 점이다. 그리고 이 두 가지는 모두 노무현 정권의 등장과 맥을 같이하고 있다. 1997년 IMF 외환위기를 배경으로 야당의 김대중 후보가 대통령에 당선됨으로써 이른바 '민주화 정권'이 시작되고 2002년 노무현 후보가 연이어 집권하게 되면서 해방 이후 60여 년 동안 한국 사회를 지배해 온 보수 우익 세력 및 그들과 결탁된 보수 언론은 '잃어버린 10년'을 되찾기 위해 다양한 경로를 통해 노무현 정권을 공격했다. 이 와중에 동원된 용어 중 하나가 포퓰리즘이었는데, 이는 2007년 이명박 정권이 들어선 이후에도 사라지지 않고 지속적으로 재생산되고 있다. 특히 무상 급식 논쟁을 기점으로 포퓰리즘이라는 용어는 주로 '복지 포퓰리즘'이라는 형태로 사용되고 있다.

이러한 상황을 고려해 볼 때 국내에서 사용되는 포퓰리즘의 용법은 몇 가지 뚜렷한 특징을 보여 준다. 첫째, 포퓰리즘이라는 용어가 주로 '대중 영합주의', '대중 선동주의' 같은 부정적인 의미로 사용되고 있으며, 특히 '복지 정책'으로 표현되는 재분배 정책이나 다양한 형태의 사회권에 대한 공격을 함축하고 있다. 위에서 언급한 무상 급식 논쟁이 대표적이거니와, 최근에는 18대 대선 박근혜 대통령의 주요 공약이었던 노인 기초 연금 20만 원 지급 공약이 공식적으로 폐기·수정되면서, 포퓰리즘은 재정 형편을 고려하지 않은 채 보다 많은 표를 얻기 위한 선심성 공약이나 정책을 지칭하는 명칭으로 굳어져 가고 있다. '표票퓰리즘'이라는 언론의 신조어는 이를 집약적으로 표현해 준다.

두 번째 특징은 국내에서 포퓰리즘은 주로 보수적인 정치가들 및 언론들에 의해 언급되고 있고, 야당이나 시민사회단체를 공격하기 위한 부정적인 용어법으로 정착되고 있다는 점이다. 유럽의 경우 포퓰리즘이라는 명칭이 대개 프랑스의 국민전선FN, le Front national이나 이탈리아의 북부동맹LN, Lega Nord 또는 오스트리아자유당FPÖP, Freiheitliche Partei Österreichs 등과 같은 우파 정당을 지칭하고 비판하기 위해 사용된다는 점을 고려하면, 이는 주목할 만한 특징이라고 할 수 있다.[1] 사실 서구 학계에서 최근 포퓰리즘에 관한 논의가 급격하게 증

---

1 1990년대 이후 유럽의 포퓰리즘에 관한 최근의 논의로는 진태원 엮음, 『포퓰리즘과 민주주의』, 소명출판, 2017 중 3부에 수록된 글들과 더불어 정병기, 「서유럽 포퓰리즘의 성격과 특징」, 『대한정치학회보』 20집 2호, 2012; Daniele Albertazzi and Duncan McDonnell eds., *Twenty-First Century Populism: The Spectre of Western European Democracy*, New York: Palgrave Macmillan, 2008 참조. 하지만 유럽의 포퓰리즘이 반드시 우파적인 경향을 띠고 있는 것은 아니다. 서유럽과 달리 동유럽에서는 말하자면

내어세 본 식섭석인 세기가 (석설한 벙가인시 니부는 사시안나 해노) 극우파 정당이 주도하는 포퓰리즘 정치가 민주주의에 큰 위협이 된다는 인식 때문이었다는 점을 감안하면,[2] 복지의 확대와 인권 및 사회권의 강화에 대한 요구들이 포퓰리즘으로 지칭되고 비난받는 것은 극히 역설적인 현상이라 할 만하다.

하지만 좀 더 주목할 만한 것은 정치적 현상으로서의 포퓰리즘이다. 2000년대 한국 정치를 표현하는 대표적인 용어 중 하나는 '촛불시위'라고 할 수 있다. 특히 지난 2004년 탄핵 정국 때 벌어졌던 촛불시위와 2008년 미국산 쇠고기 수입 문제를 둘러싸고 전개되었던 대규모 촛불시위, 또한 2009년 여름 김대중·노무현 전 대통령의 연이은 죽음을 빌미로 표출되었던 격렬한 애도의 정치는 2000년대의 한국 정치가 계급적 기반이나 조직적인 운동과 거의 관계가 없는 포퓰리즘적인 정치의 양상을 띠고 있음을 단적으로 보여 준다.[3] 1987년 민주화 투쟁 및 노

'좌파 포퓰리즘' 역시 나타나고 있다. 이 점에 관해서는 Luke March, "From Vanguard of the Proletariat to *Vox Populi*: Left-Populism as a 'Shadow' of Contemporary Socialism", *SAIS Review*, vol. 27, no. 1, 2007 참조.

2 Cristóbal Rovira Kaltwasser, "The Ambivalence of Populism: Threat and Corrective for Democracy", *Democratization*, vol. 19, no. 2, 2012, p. 185.

3 우리는 이 글에서 '포퓰리즘'을 잠정적으로 다음과 같이 규정하고자 한다. 약한 중심을 갖는 이데올로기(thin-ideology)로서의 포퓰리즘은 ① 사회가 평범한 '인민' 내지 '민중'과 지배적인 '엘리트'의 대립에 의해 분할되어 있다고 간주하고 ② '일반 의지'를 구성하는 평범한 인민대중의 목소리와 이해관계를 표현하는 것이 진정한 정치, 진정한 민주주의라고 파악하며 ③ 이를 실현해 줄 수 있는 탁월한 지도자에 대한 절대적인 지지와 믿음을 보여 준다. 이러한 정의는 최근 포퓰리즘을 연구하는 상당수의 학자들이 채택하는 정의다. 이 장 각주 10번의 문헌들 및 각주 44번에 나오는 라클라우의 정의를 참조하라.

동자 대투쟁을 경험했던 이들이라면, 2000년대의 촛불시위들이 1987년 투쟁의 강도에 미치지 못한다는 것을 잘 알고 있을 것이다. 하지만 다른 한편으로 보면 1987년 투쟁과 2004년 및 2008년의 촛불집회는 수십만의 대규모 군중이 한 달 이상 동안 거리에서 전개한 대규모 정치운동이었다는 점에서는 공통점이 있다. 더욱이 전자가 학생 및 재야 조직, 노동자 운동이 중심이 된 것이었다면, 후자는 조직적 동원과 지도가 뒷받침되지 않은 상태에서 이루어진 운동이었다는 점에서 어떤 측면에서는 더 괄목할 만한 성격을 지니고 있다. 그러나 전자가 (그것이 지닌 한계에도 불구하고) 한국 민주주의의 새로운 단계를 열어 놓은 투쟁이었다는 점에서는 대부분의 사람들이 동의하는 반면, 후자에 대해서는 사뭇 평가가 엇갈린다. 가장 적극적으로 평가하는 사람들은 네그리와 하트의 다중multitude 개념을 동원하여 촛불집회가 새로운 정치적 주체로서의 다중이 드디어 한국에도 등장했음을 알리는 신호탄이라고 반겼던 반면, 주로 사회운동권에 속한 좌파 쪽 사람들은 촛불집회는 엄밀한 의미의 정치적 운동이라고 할 수는 없으며, 광우병 쇠고기 수입이라는 문제, 따라서 전형적으로 중간계급의 관심사와 결부된 대중적 불만의 표현이었을 뿐이라고 평가한다. 두 명의 전직 대통령의 죽음이 낳은 격렬한 정서적 반응에 대해서는 평가가 더 엇갈리게 나타난 바 있다.

따라서 촛불시위를 비롯한 2000년대 한국 정치(또는 어쩌면 그 이전 시기를 포함한 한국 현대 정치 일반)는 포퓰리즘 정치로 평가하는 게 더 적절하지 않을까 생각한다. 이 경우 포퓰리즘 정치는 비단 이른바 '민주화 정권'의 정치적 행태를 지칭할 뿐만 아니라, 이명박 정권이

⋯ 비근에 민민을 포괄한 고 ⋯ 우 의 에디니 ⋯ ⋯ ⋯ ⋯ ⋯ .

2007년 대선 당시 이명박 후보나 2012년 대선의 박근혜 후보 모두 박
정희의 카리스마적인 권위에 기대면서 고도 경제성장의 신화를 동원
하고 있는 데서 이를 알 수 있으며, 특히 여야를 막론하고 정책의 형성
이나 결정에서 여론의 동향에 민감한 반응을 보이는 현상은 이들이 전
형적인 포퓰리즘적인 정치를 전개하고 있음을 보여 준다. 상시화된 여
론조사가 국민 내지 인민 그 자체('민심')로 간주되는 것이 2000년대 한
국 정치의 가장 뚜렷한 특징 중 하나라고 할 수 있다.

그런데 이런 특징들을 염두에 둔다면, 현재 국내에서 통용되는 포
퓰리즘의 용법은 매우 부적절할 뿐만 아니라 지극히 협소하다는 점을
알 수 있다. 매우 부적절한 이유는 포퓰리즘의 역사나 전개 과정, 외국
의 사례들에 대한 분석에 기반을 둔 용어법이 아니라 자의적이고 정치
수사법적인 의도에 따라 진보·개혁 정당을 공격하거나 복지 정책을 비
난하기 위한 목적으로 사용되기 때문이며(포퓰리즘이라는 용어가 친재
벌적인 경제신문들에서 많이 사용되는 것은 우연이 아니다), 지극히 협소
한 이유는 주로 진보·개혁 정당의 특정한 정책을 지칭하고 공격하기 위
한 용도로 사용될 뿐, 여당과 야당 모두에서 살펴볼 수 있는 정치 현상
및 새로운 정치적 논리로 파악되는 경우는 드물기 때문이다.[4]

---

4 홍윤기는 이처럼 '대중 영합주의'나 '대중 추수주의'를 가리키는 영어 단어는 'popular-
ism'이지 'populism'이 아니라는 점을 지적하면서, 포퓰리즘의 뜻을 좀 더 정확히 이해
할 필요성을 제기한 바 있다. 홍윤기, 「한국 "포퓰리즘" 담론의 철학적 검토」, 『시민사회
와 NGO』 4권 1호, 한양대학교 제3섹터연구소, 2006.

외국의 경우를 살펴보면 국내에서 통용되는 포퓰리즘의 용법이 협소하고 부적절하다는 점이 훨씬 더 뚜렷하게 드러난다. 포퓰리즘이라는 용어는 알렉산드르 헤르첸의 영향 아래 1870년대 러시아의 농민들을 계몽하려고 했던 러시아의 젊은 혁명가들(나로드니키narodniki)의 농촌개혁운동(나로드니체스트보narodnichestvo) 및 19세기 후반 미국에서 대지주 및 금융 재벌에 맞서 소작인이나 자작농의 이익을 옹호하려고 했던 미국 민중당People's Party의 운동에서 유래한다.[5] 따라서 포퓰리즘이라는 용어는 처음에는 전혀 부정적인 명칭이 아니었고, 우파나 극우파의 정치 운동을 가리키는 용어도 아니었다. 포퓰리즘 운동의 기원은 기층 민중의 저항 운동이었으며, 이 운동에 참여한 이들, 특히 미국의 민중주의자들은 포퓰리즘을 자랑스러운 명칭으로 생각했다.[6] 또한 서유럽에서 인종주의와 민족주의에 기반을 둔 극우파 포퓰리즘이 등장하기 이전인 1960~1980년대 초의 유럽에서는 공산당 중심의 전통적인 좌파와 자본주의 국가의 지배 엘리트에 맞서 평범한 사람들의 이익을 옹호하고 그들의 삶이 직면하는 절실한 문제들을 제기하려고 했던 신좌파New Left 운동이나 신사회운동 또는 생태운동 같은 진보적 포퓰리즘 운동이 전개되었다.[7] 포퓰리즘의 대륙이라고 할 수도 있을 만

---

5 Paul Taggart, *Populism*, Buckingham: Open University Press, 2000, ch.3~4 참조.

6 미국의 포퓰리즘 또는 '민중주의' 운동에 관한 연구로는 안윤모, 「미국 민중주의의 기원: 제퍼슨, 페인, 잭슨의 경우」, 『미국사연구』 13권, 한국미국사학회, 2001; 『미국 민중주의의 역사』, 이화여자대학교 출판부, 2006 참조.

7 이 점에 관해서는 Cas Mudde, "The Populist Zeitgeist", *Government and Opposition*, vol.39, no.4, 2004 참조.

큼 다양한 형태의 포퓰리즘이 나타나고 오랜 뒤르네은 급신민주주의의 새로운 실험장이 되고 있는 라틴아메리카의 역사적 경험과 현실 역시 포퓰리즘을 '대중 영합주의'나 '대중 추수주의' 따위의 저널리즘적인 용어로 표현하는 것이 얼마나 피상적이고 천박한 태도인지 극명하게 보여 준다.[8]

이에 따라 현재 서양 인문사회과학계에서 광범위하게 수행되고 있는 포퓰리즘 연구에서 포퓰리즘을 극우 정치에 한정된 정치 이데올로기나 수사법적인 기만술로 파악하는 경우는 이제 거의 찾아보기 어렵다. 더욱이 포퓰리즘은 더 이상 일시적이거나 특정한 지역에서 출현하는 병리적인 정치 현상이 아니라 20세기 말 자유민주주의의 구조적 위기와 결부된 보편적인 현상으로 이해되며, 새로운 민주주의의 출현을 촉구하는 대중운동으로 간주된다. 한 연구자의 표현을 빌리면, 포퓰리즘은 이제 하나의 '시대정신'Zeitgeist이 되었다.[9]

이런 이론적 경향을 대표하는 이들로는 마거릿 캐노번, 벤저민 아르디티, 에르네스토 라클라우, 캐스 머드 등을 꼽을 수 있으며, 본격적인 포퓰리즘 이론가라고 할 수는 없지만 자크 랑시에르의 정치철학 역시 현대 포퓰리즘 연구에 많은 이론적 영감을 제공하고 있다는 점에서

---

8 라틴아메리카 포퓰리즘에 관한 국내의 연구로는 이성형, 『라틴아메리카 영원한 위기의 정치경제』, 역사비평사, 2002; 김은중, 「라틴아메리카 포퓰리즘에 대한 정치철학적 재해석」, 『이베로아메리카연구』 23권 2호, 서울대학교 라틴아메리카연구소, 2012; 안태환, 「라클라우의 포퓰리즘 담론의 시각으로 본 차베스 체제」, 『이베로아메리카연구』 23권 2호, 2012를 참조. 또한 진태원 엮음, 『포퓰리즘과 민주주의』, 2부에 수록된 글들 참조.
9 Mudde, "The Populist Zeitgeist".

관련된 이론가로 간주될 수 있다. 이들의 공통적인 이론적 지향은 1980년대까지 지배적이었던 포퓰리즘 연구의 기본적인 관점(곧 포퓰리즘을 막연한 수사법과 선전술 및 카리스마적인 지도자의 개인적인 권위에 기반을 둔 병리적인 정치 현상으로 파악하는 경향)을 비판하면서, 포퓰리즘이 포함하고 있는 민주주의적 요소에 주목한다는 점이다.[10] 더 나아가 라클라우는 특정한 정치적 지향에 따라 포퓰리즘의 긍정성과 부정성을 평가하는 대신(곧 남미의 경우처럼 좌파적인 지향을 띠고 있는지 아니면 유럽처럼 우파적인 성향을 보여 주는지), 포퓰리즘 자체를 정치적인 것의 일반적인 논리로 이론화하려고 시도한다. 『포퓰리즘적 이성에 대하여』[11]라는 그의 저작의 제목으로 쓰인 '포퓰리즘적 이성'이라는 표현은

---

10 1990년대 이후 포퓰리즘과 민주주의 사이의 관계를 좀 더 객관적이고 정교하게 파악하려는 시도로는 다음과 같은 문헌들을 참고할 수 있다. Benjamin Arditi, *Politics on the Edges of Liberalism: Difference, Populism, Revolution, Agitation*, Edinburgh: Edinburgh University Press, 2007; Margaret Canovan, "Trust the People! Populism and the Two Faces of Democracy", *Political Studies*, vol.47, no.1, 2002; "Populism for Political Theorists?", *Journal of Political Ideologies*, vol.9, no.3, 2004; *The People*, Cambridge: Polity Press, 2005[『인민』, 김만권 옮김, 그린비, 2015]; Cristóbal Rovira Kaltwasser, "The Ambivalence of Populism"; "The Responses of Populist to Dahl's Democratic Dilemmas", *Political Studies*, vol.62, no.3, 2013; Yves Mény and Yves Surel eds., *Democracies and the Populist Challenge*, London: Palgrave, 2002; Benjamin Moffitt and Simon Tormey, "Rethinking Populism: Politics, Mediatisation and Political Style", *Political Studies*, vol.62, no.2, 2014; Mudde, "The Populist Zeitgeist"; *Populist Radical Right Parties in Europe*, Cambridge: Cambridge University Press, 2007; Cas Mudde and Cristóbal Rovira Kaltwasser eds., *Populism in Europe and the Americas*, Cambridge: Cambridge University Press, 2012; Francisco Panizza ed., *Populism and the Mirror of Democracy*, London & New York: Verso, 2005. 또한 포퓰리즘을 특집으로 다룬 *SAIS Review*, vol.27, no.1, 2007에 수록된 여러 논문들 참조.

(마치 칸트의 수수이서이니 실천이성, 따는 ㅐㄱㅡㄴㄱ의 변증법석 이성과 비견될 수 있는) 보편적인 정치적 합리성의 원리를 포퓰리즘 운동에서 찾으려는 라클라우의 야심을 잘 드러내 준다.

이런 점을 염두에 두고서 이 글에서는 다음과 같은 쟁점들을 살펴보려고 한다. 첫째, 이 글이 화두로 삼고 있는 질문은 포퓰리즘과 민주주의의 관계에 대한 것이다. 포퓰리즘은 국내의 많은 사람들이 생각하듯이 민주주의의 적이거나 타자인가, 아니면 최근 몇몇 분석가들이 주장하는 것처럼 민주주의의 조건인가? 또 만약 포퓰리즘이 민주주의의 조건이라고 할 수 있다면, 그것은 민주주의의 **어떤 조건**이며, 또한 **어떤 민주주의**를 위한 조건인가?

이러한 질문을 제기하게 되면 자연히 라클라우의 논의를 다루지 않을 수 없다. 『포퓰리즘적 이성에 대하여』에 집약되어 있는 라클라우 작업의 독창성은 포퓰리즘을 하나의 독자적인 정치적 논리로 이론화하려고 했다는 점이다. 그는 심지어 포퓰리즘을 정치적인 것의 논리와 동일시하기까지 한다. 그의 작업은 특히 좌파적인 포퓰리즘을 설명하는 데 해석학적인 또는 방법론적인 장점을 지니고 있는 것으로 보인다. 하지만 과연 그의 이론으로 우파적인 포퓰리즘, 더 나아가 극우파 포퓰리즘을 설명할 수 있을까? 그리고 만약 그것이 어렵다면, 이러한 사실은 정치적인 것의 논리, 급진민주주의 정치의 가능성을 해명하려는 시도로서 그것이 지닌 난점과 어떻게 연결되어 있을까? 이것이 바로 두

---

11 Ernesto Laclau, *On Populist Reason*, London & New York: Verso, 2005.

번째 질문이다.

셋째, 이러한 질문은 다시 처음의 문제로 우리를 되돌아가게 만든다. 만약 포퓰리즘이 단순히 민주주의의 타자 내지 적이 아니라 민주주의의 조건이라면, 포퓰리즘이 민주주의에 관해 밝혀 주는 것은 무엇인가? 그것은 과연 어떤 민주주의에 대한 조건이 되는 것인가? 여기에서 특히 흥미로운 쟁점은 라클라우와 랑시에르 사이의 이론적 동일성과 차이점이라는 문제인 것으로 보인다. 왜냐하면 라클라우 자신이 랑시에르 정치학과 자신의 이론 사이의 친화성을 지적하면서 동시에 이론적 간격을 지적하고 있거니와, 이러한 동일성과 차이점은 모두 자유민주주의의 한계를 둘러싸고 전개되는 것으로 보이기 때문이다. 그것은 배제된 부분이 전체를 대표하는 민주주의는 어떻게 가능한가, 또는 개념사적으로 본다면, 플레브스plebs가 포풀루스populus를 대표하는 것은 어떻게 가능한가라는 질문을 핵심으로 삼고 있다. 마지막으로 결론 부분에서는 이러한 쟁점과 관련하여 포퓰리즘이라는 용어를 우리말로 어떻게 옮길 것인가라는 문제를 간단히 지적해 보려고 한다.

2. 포퓰리즘, 민주주의의 타자인가 민주주의의 조건인가?

1) 민주주의의 타자로서 포퓰리즘

포퓰리즘이라는 용어는 사회과학계만이 아니라 대중 언론에서도 흔히 접할 수 있는 개념이다. 최근에 포퓰리즘이라는 용어가 널리 쓰이게 된

데에는 몇 가지 배경이 있다. 우선 이 0어는 지난 1980년대 이후 유럽
전역에서 다양한 형태로 표출된 우익 정치 운동을 표현하고 분석하기
위해 널리 사용되고 있다. 프랑스의 장 마리 르펜이라든가 오스트리아
의 외르크 하이더 또는 이탈리아의 실비오 베를루스코니 같은 이들이
주도하는 극우파 운동이 그 대표적인 사례들이다. 하지만 포퓰리즘이
꼭 우파의 전유물이라고 할 수는 없다. 베네수엘라의 우고 차베스나 볼
리비아의 에보 모랄레스, 에콰도르의 라파엘 코레아의 집권이 보여 주
듯 중남미에서는 특히 좌파적인 성격을 띤 포퓰리즘 정치가 다양한 형
태로 나타났으며, 또 상당히 광범위한 지지 기반을 구축하고 있기 때문
이다. 이에 따라 포퓰리즘을 (자유)민주주의를 위협하는 병리적인 현상
으로 간주하는 견해들은 점차 줄어들고 있으며, 포퓰리즘을 좀 더 폭넓
은 비교정치학인 관점(유럽, 남미, 북미 등)에서 분석하거나 포퓰리즘과
민주주의 사이의 복합적인 관계를 좀 더 정치하게 설명하려는 시도들
이 많이 나타나고 있다.[12]

하지만 포퓰리즘은 국내에서는 주로 부정적이거나 심지어 병리적
인 현상으로 간주된다. 이는 국내에 출판된 두 권의 포퓰리즘 연구서
에서도 잘 나타난다.[13] 『인민주의 비판』에서 포퓰리즘은 "대중의 원한
에 호소함으로써 세력을 확대하지만 시민권과 인민주권에 기초한 현

---

12 라틴아메리카 포퓰리즘과의 비교 속에서 유럽의 포퓰리즘을 조망하려는 시도로는
 특히 Mudde and Kaltwasser eds., *Populism in Europe and the Americas*; *SAIS
 Review*, vol. 27, no. 1, 2007 참조.
13 정인경·박정미 외, 『인민주의 비판』, 공감, 2006; 서병훈, 『포퓰리즘: 현대 민주주의의
 위기와 선택』, 책세상, 2008.

대 정치에 미달"하는 것으로 간주되며,[14] 다양한 종류의 포퓰리즘의 공통 요소는 "인민의 반대편에 존재하는 특권적인 세력을 악마화함으로써 그 호소력을 극대화"하는 데에서 찾을 수 있다고 주장된다.[15] "인민주의[포퓰리즘]는 기존의 정치제도와 정치기에 대한 인민의 원한을 동원한다. 그러나 이를 통해 적과 우리라는 이분법적 대립 구도가 확산되면서 현실에 대한 비판적 인식과 해방과 변혁을 위한 정치의 발전은 제약된다. 이러한 점에서 인민주의의 득세는 대중의 수동화의 지표가 될 수 있다."[16] 국내의 경우 김대중과 노무현 전前 대통령들이 대표적인 포퓰리즘 정치가로 언급된다.

또한 서병훈은 『포퓰리즘』에서 "'인민에 대한 호소'와 '선동적 정치인에 의한 감성 자극적 정치'를 중심축으로 포퓰리즘을 정의할 것을 제안"한다.[17] 이러한 두 가지 규정이 중심축이 되는 것은, 포퓰리즘은 항상 인민주권이나 인민권력의 복권을 내세우고 있지만 그 주장에도 불구하고 "포퓰리즘의 실체는 대단히 비민주적"이기 때문이다. 곧 "인민을 내세우는 것과는 달리, 무게중심은 소수 포퓰리스트 지도자들에게 쏠려 있다. 엄밀히 말하면 인민은 동원되는 객체일 뿐, 운동의 열매는 몇몇 선동 정치인의 몫이다".[18] 따라서 포퓰리즘이란 "민주주의로 포장된" 대중 영합적 정치 노선이라고 할 수 있는데, 여기에 대해 그가

---

14 정인경·박정미 외, 『인민주의 비판』, 6쪽.
15 같은 책, 64쪽.
16 같은 책, 64쪽.
17 서병훈, 『포퓰리즘』, 19쪽.
18 같은 책, 20쪽.

제시하는 개념은 "대중의 감시와 신진가의 능력이 조화를 이루는 균형 민주주의'" 또는 "대중 지배의 틀 속에서 전문가가 능력을 발휘하는 '숙련 민주주의'"다.[19] 단, 그는 앞의 책과 달리 한국에서 포퓰리즘이 운위되는 것은 "김대중-노무현 정권으로 이어지는 이른바 '좌파 정부'의 여러 부정적 양상을 설명하기" 위한 것이라고 언급하면서도[20] 노무현 정권을 포퓰리즘 정권으로 규정하는 데는 반대하고 있다. 그것은 감성 자극적 단순 정치 행태가 부분적으로 표출되기는 하지만 "'인민주권 회복론'에 대한 명시적이고 전략적인 언급은 눈에 띄지 않는다"는 이유 때문이다.[21] 더욱이 그가 보기에 보수 성향의 정치 세력 역시 필요에 따라 노무현 정권을 포퓰리즘이라고 비난하지만, 그들 역시 필요에 따라 포퓰리즘 전술을 동원한다는 점에서는 마찬가지다. 요컨대 "비이성적인 단순 논리가 먹혀들고 장기적인 공익보다 눈앞의 사익에 관심을 두는 사람들이 더 많은 한, 포퓰리즘의 출현은 막을 길이 없다"[22]는 결론인 셈이다.

이 두 책은 각각 맑스주의적인 입장과 자유주의적인 입장을 채택하고 있지만, 포퓰리즘을 부정적이거나 병리적인 현상으로 규정하고 있다는 점에서는 동일하다. 특히 전자의 입장은 이른바 개혁 자유주의 정치 세력 일반을 포퓰리즘으로 규정하는 과감성을 보이고 있다. 하지

19 같은 책, 246쪽.
20 같은 책, 247쪽.
21 같은 책, 256쪽.
22 같은 책, 257쪽.

만 내가 보기에 이런 식의 평가를 통해서는 포퓰리즘에 대해 올바른 인식을 얻기 어려울뿐더러 포퓰리즘에 대한 정치적 대안을 모색하는 것이 불가능에 가까울 수밖에 없다.

첫째, 이런 식의 관념으로는 왜 포퓰리즘이 생겨나는지 그 이유를 해명할 길이 없다. 전자에 따르면 "자본축적의 위기와 헤게모니적 이념으로서 자유주의의 쇠퇴는 개별 국가의 특수한 조건과 결합하여 인민주의가 등장하는 조건을 형성한다".[23] 그러나 위기에 대한 저항이 반드시 인민주의로 표출되는 것은 아니며 "기존 정치에 대한 반감을 동원하는 인민주의의 부상은 자유주의의 부재 또는 무능력과 관련되는 동시에 대안적 이념의 부재 또는 무능력이라는 조건과 상호작용한다".[24] 그런데 자유주의의 부재 내지 무능력과 동시에 그것을 대체할 이념의 부재 내지 무능력이 인민주의 내지 포퓰리즘이 출현하는 조건이라면, 그것은 사실상 근대의 시작부터 근대 정치에 내재해 있는 조건이라고 할 수 있다. 근대의 헤게모니 이념이 자유주의이고 자유주의는 근 200여 년 동안 끊임없는 위기를 겪으면서 새로운 형태로 변화해 왔다면, 그리고 지금까지도 자유주의를 대신하는 이념이 존재하지 않는다면(사회주의 체계가 존재하던 시절을 제외한다면), 사실 포퓰리즘은 자유주의가 존재하는 동안에는, 그리고 사회주의가 다시 정치적 지배 이념으로 등장하기 전까지는 계속 나타날 수밖에 없다. 따라서 이러한 관점은 사회주의

---

23 정인경·박정미 외, 『인민주의 비판』, 21쪽.
24 같은 책, 21쪽.

저이기 않은 정치 운동은 모두 병리적인 징치 운동으로서 포퓰리즘에 포괄될 수밖에 없다. 지극히 환원주의적인 관점이 아닐 수 없다.

이것은 후자의 책의 경우에도 마찬가지다. 서병훈은 포퓰리즘의 특징을 "인민주권의 회복"에 대한 주장, "지배 엘리트에 대한 적개심 고취", "기성 체제에 대한 저항"이라는 것으로 요약하고 또 정치 스타일상으로는 "카리스마 리더십"과 "선정적 이분법에 바탕을 둔 '단순 정치'"로 규정하고 있다.[25] 하지만 이런 식의 규정은 이미 19세기 중엽 프랑스혁명 이후 대중 정치가 전면에 등장하는 데 충격을 받은 보수적인 군중심리학자들이 대중운동을 평가하기 위해 제시한 규정들과 대동소이하며,[26] 특별한 역사적 설명력을 갖고 있는 것은 아니다.

더 나아가 이런 식의 비판으로는 왜 현대 정치에서 포퓰리즘이 광범위하게 등장하고 또 현대 정치 자체에서 여러 가지 포퓰리즘적인 특성이 나타나는지 해명하기 어렵다. 가령 캐노번이 지적하듯이 오늘날 서구의 거의 모든 정당은 전통적인 계급 노선을 포기하고 '전체 인민' 내지 '전체 국민'에게 호소하는 범국민적 정치 노선catch-all-politics을 표방한다. '새로운 노동당'New Labour이라는 가치 아래 탈이념을 내세우며 정권을 탈취했던 토니 블레어의 영국 노동당이 대표적인 사례다.[27]

---

25 각각 서병훈, 『포퓰리즘』, 97쪽, 101쪽, 112쪽, 126쪽, 129쪽에서 인용했다.

26 세르주 모스코비치, 『군중의 시대』, 이상률 옮김, 문예출판사, 1996; 귀스타프 르봉, 『군중심리』, 이상돈 옮김, 간디서원, 2005 참조. 또한 르봉에서 발원하여 가브리엘 타르드, 윌리엄 맥두걸 및 프로이트의 대중심리학으로 이어지는 군중심리학에 대한 Laclau, *On Populist Reason*, ch.2~3의 분석도 참조.

27 Canovan, "Populism for Political Theorists?", p.243.

또한 아르디티가 지적하듯이 많은 사람들이 쉽게 이해할 수 있는 집약적인 슬로건을 내세우고 감성에 호소하는 것은 현대 정치에 공통적인 현상이다.[28] 이런 상황에서 민주주의와 포퓰리즘을 구별하는 기준으로 감성에 호소한다든가 선동적인 성치를 펼친다든기 이니면 인민이나 국민에게 직접 호소한다는 근거를 내세우는 것은 거의 설득력을 얻을 수 없다.

2) 민주주의의 증상으로서 포퓰리즘

따라서 그다지 설득력 없는 논거들을 들어 포퓰리즘을 부정적이거나 병리적인 현상으로 비난하려고 하기보다는 또는 자유민주주의의 규범적 보편성을 전제한 가운데 포퓰리즘을 '정상화'하려고 하기보다는 포퓰리즘의 불가피성의 이유가 무엇인지, 또 그것이 지닌 긍정적 측면은 어떤 것인지 해명하려고 시도하는 것이 더 낫다. 사실 국내 정치에서도 2000년 이후에는 넓은 의미에서 포퓰리즘의 한 사례로 간주될 수 있을 '노사모'(또는 '박사모') 활동이나 국민경선제 또는 촛불집회 이외에 대중들이 광범위하게 정치의 장에 참여하는 현상이 나타난 적이 없다. 또한 2012년 대선 정국을 뜨겁게 달궜던 '나꼼수' 방송 역시 포퓰리즘적인 대중 동원의 한 사례로 간주될 수 있다. 고故 노무현이라는 카리스마적인 지도자(또는 그 유령)의 이름 아래 광범위한 대중을 동원했으며,

---

28 Arditi, *Politics on the Edges of Liberalism*, p.56 이하.

강력한 저치적 펠대 진신을 형시비닌더 성식政敵의 모락식·성세석·성치적 약점을 공격하여 자신들이 지지하는(노무현 전 대통령의 정치 노선을 계승하는) 정치인이 집권할 수 있도록 총력을 기울였기 때문이다. 그렇다면 포퓰리즘 운동을 배제한 가운데 2000년대 이후의 한국 정치를 분석하거나 평가하는 것은 가장 중요한 알맹이 중 하나를 처음부터 제거하는 것과 다를 바 없다.

이런 관점에서 보면 포퓰리즘을 부정적이거나 병리적인 현상이 아니라 증상symptom으로 이해하는 벤저민 아르디티의 분석이 좀 더 설득력이 있다. 여기서 증상이라는 개념은 프로이트가 제시한 의미대로 이해해야 한다. 프로이트는 통상적인 의학적인 용법에서 말하는 증상, 곧 어떤 병의 징표나 표현이라는 의미 이외에 좀 더 본질적으로는 "중지 상태에 머물러 있는 본능적 만족의 징후 아니면 대리 표상이며, 억압 과정의 결과"인 것으로 증상을 개념화한다. 특히 아르디티는 다음과 같은 프로이트의 규정에 주목한다. "증상들은 억압된 것으로부터 파생되며, 그것들은 말하자면 자아에 대한 억압된 것들의 대표들이다. 하지만 억압된 것은 자아에게는 [……] 외국 영토 ― 내부의 외국 영토 ― 같은 것이다."[29] 이러한 규정에 따르면 증상은 내부에 속한 어떤 것이되, 고유하게 내부에 속하지 않는, "외국의/이질적인"foreign 영토다. 그러나 동시에 그것이 낯설고 이질적인 어떤 것이기는 하지만, 그것은 분명히 그것에 속한, 그것의 내부에 존재하는 것이기도 하다. 아르디

29 *Ibid.*, p.75.

티는 증상과 자아의 관계와 마찬가지로 포퓰리즘과 민주주의의 관계도 증상의 관계라고 말한다. 곧 포퓰리즘은 민주주의에 대한 적대적인 타자이거나 그것과 전혀 무관한 이질적인 어떤 것이 아니라, 민주주의에 속하면서 농시에 민주주의에 대해 불안과 소요를 불러일으키는 어떤 것인 셈이다. 이런 의미에서 포퓰리즘은 "민주주의의 내적 주변부"[30]라고 할 수 있다.

그렇다면 왜 포퓰리즘은 민주주의에 속하는 것이면서 동시에 민주주의에 대해 불안과 소요를 불러일으키는 것일까? 아르디티는 그 이유를 정치, 특히 민주주의 정치에 고유한 **부정성**에서 찾는다. 민주주의는 일상적으로는 정치인들 및 정당 관료들 및 행정 관료들 같은 전문가들이 수행하는 영역으로서 존재한다. 보통의 경우는 이러한 정상적인 흐름이 중단되거나 소요를 겪을 염려가 없다. 하지만 동시에 민주주의는 아무리 오랜 전통과 잘 정비된 전문적인 체계를 갖추었다 하더라도, 적어도 주기적으로는 정치의 영역 안으로 대중의 개입이라는 소란을 겪을 수밖에 없다. 곧 정상적인 민주주의 국가라면 정기적으로 대중들, 인민들 자신의 손으로 새로운 대표자들을 뽑는 선거를 치러야 한다. 그러한 선거가 없이는 민주주의는 자신의 정당성, 자신의 근거를 상실하게 된다. 따라서 민주주의는 그것이 아무리 세련된 전문가들이 관리하는 영역이라 하더라도 반드시 비전문가들의 주기적인 개입을 허용할 수밖에 없으며, 또 바로 거기에서 자신의 정당성의 근거를 얻게 된다. 이

---

30 Arditi, *Politics on the Edges of Liberalism*, p.75.

처럼 전문적인 대의민주주의 체제가 불가피하게 비선출가들의 개입과 그것이 불러일으키는 소요를 포함할 수밖에 없다는 사실이 바로 민주주의에 고유한 부정성이며, 그것이 포퓰리즘의 존재론적 뿌리가 된다.

캐노번의 어법을 빌리자면 민주주의는 '실용성'의 측면과 '구제' redemption의 측면을 동시에 갖는다.[31] 대의적인 틀 안에서 전문가들의 미묘한 협상과 타협을 통해 정치의 문제들을 해결해 나가는 것이 실용성의 측면이라면, 대중의 열망과 인민의 의지를 직접 표현하는 것은 민주주의가 지닌 구제의 측면이다. 어떤 민주주의도 대의적인 제도 체계만으로는 온전히 민주주의라는 이름을 얻을 수 없으며, 반대로 (아주 특수한 경우를 제외한다면) 어떠한 민주주의도 인민 내지 대중의 의지를 직접적으로 표현하고 인민 자신이 스스로 통치하는 형태로 운영될 수 없다. 따라서 민주주의가 이러한 두 가지 측면을 모두 포함할 수밖에 없는 한, 인민의 의지의 직접적인 표현에 대한 열망으로서 포퓰리즘은 민주주의에서 결코 사라질 수 없다. 그것은 '민주주의의 그림자'라고 할 수 있다.

이렇게 본다면 포퓰리즘은 배척하거나 제거해야 할 부정적인 현상이라기보다는 사실은 정치에 대한 대중의 참여 의지의 표현이라고 할 수 있으며, 따라서 민주주의가 성립하기 위한 조건 중 하나라고 할 수 있다. 그렇다면 모든 포퓰리즘이 다 바람직한 것인가? 이것에 대해서는 부정적으로 답변할 수밖에 없다. 장 마리 르펜이나 외르크 하이더처럼

31 Canovan, "Trust the People!", p.11 이하.

공공연히 극우적인 주장을 일삼으면서 그것을 기반으로 정치권력을 획득하려고 하는 세력들을 긍정적으로 평가할 수는 없기 때문이다. 하지만 그렇다면 좋은 포퓰리즘과 그렇지 못한 포퓰리즘, 또는 포퓰리즘의 긍정적 측면과 병리적 측면을 어떻게 구별할 것인가라는 문제가 첨예하게 제기될 수밖에 없다. 여기에 대해서는 잠정적으로 다음과 같이 생각해 볼 수 있다.

에티엔 발리바르나 자크 데리다가 각자 잘 보여 주었듯이,[32] 모든 이데올로기는 그것이 해방에 대한, 정의에 대한 대중들의 열망을 담고 있는 한에서 항상 어떤 긍정적인 요소를 담고 있다. 그것은 르펜이나 하이더가 주창하는 극우파 민족주의 이데올로기의 경우도 마찬가지다. 문제는 그것이 증상으로서 어떻게 기능하는가 하는 점이다. 다시 말해 그것이 왜곡되고 전위된 형태로 표현하는 대중의 열망은 어떤 것인가 하는 점이다. 이 점은 노무현 전 대통령이 불러일으켰던 포퓰리즘 현상의 경우에도 마찬가지로 이야기될 수 있다. 비판자들이 어떤 식으로 비난하든, 노무현 전 대통령이 아무런 조직도 권력도 없는 상태에서 단번에 권력을 장악하고 또 사후에 이전에 볼 수 없었던 커다란 정서적 반향을 불러일으켰던 것은 그가 대중의 가슴속 깊은 곳에 존재하는 어떤 간절한 열망을 건드리고 그것에 응답할 수 있는 무언가를 지니고 있었음을 의미한다. 따라서 그것을 '원한'이니 '불만'이니 하는 다분히 경멸

---

32 Étienne Balibar, "Les universels", *La crainte des masses*, Paris: Galilée, 1997[「보편적인 것들」, 『대중들의 공포』, 서관모·최원 옮김, 도서출판 b, 2007]; 자크 데리다, 『마르크스의 유령들』, 진태원 옮김, 수정 2판, 그린비, 2014 참조.

걸인 8이든은 동인에서 펼히이너고 여기보다는 그가 파연 내용의 어떤 (해방의) 열망을 건드렸는지, 그럼에도 어떻게 그것을 (말하자면) 배반했는지 해명할 수 있어야 한다. 그렇다면 문제는 노무현을 전적으로 거부할 것인가 아니면 그것과 반동적으로 그를 온전히 숭앙할 것인가 하는 것이 아니라, 지젝의 표현을 빌리자면 **노무현이라는 '증상과 동일화하는 것'**identification with the symptom,[33] 곧 노무현에 맞서 노무현이라는 정신, 노무현이라는 유령을 끊임없이 불러오는 것이라고 할 수 있다.

지젝은, 아르디티와 마찬가지로 증상이라는 개념을 어떤 구조가 포함하고 있는 역설적인 요소로 이해한다. 여기서 역설적이라는 것은, 이 요소가 이 구조에 대하여 외재적이거나 모순적인 위상을 지니고 있음에도, 그 구조는 이 요소가 없이는 하나의 구조로 성립할 수 없다는 점을 뜻한다. 지젝은 자본주의 체계에서 프롤레타리아를 이러한 증상의 한 사례로 제시한다. 프롤레타리아의 노동력은 자본이 가치를 증식하기 위한 원천이지만, 동시에 정치적 주체로서의 프롤레타리아는 자본주의를 파괴하고 해체하는 존재라는 점에서 자본주의 체계에 대하여 역설적인 위치에 놓여 있으며, 따라서 자본주의의 증상이라고 볼 수 있는 것이다. 그렇다면 증상과 동일화한다는 것은, 어떤 구조의 증상에서 그 구조를 성립시키고 또한 재생산시키는 측면에 맞서 그 구조를 해체하고 파괴하는 또는 변혁하는 측면을 발전시키는 것이라고 이해할

---

33 Slavoj Žižek, *The Sublime Object of Ideology*, London & New York: Verso, 1989[『이데올로기의 숭고한 대상』, 이수련 옮김, 새물결, 2013] 참조.

수 있다. 포퓰리즘의 경우라면, 이는 포퓰리즘이 표현하는 부정적 측면, 곧 복잡한 민주주의적 과정을 단순화하고, 카리스마적인 지도자와의 정서적 동일시를 통해 쉽게 선동이나 반민주주의적 정치에 휩쓸리는 경향을 비판하거나 해체하면서 그 대신 그것에 맞서 그것이 포함하는 민주주의적 측면, 곧 인민주권이나 반反엘리트주의 내지 반反과두정치적인 참여 정치에 대한 열망을 발전시키는 것이라고 이해할 수 있다.

이런 점에서 '증상으로서의 포퓰리즘'이나 '증상과의 동일화'라는 개념은 포퓰리즘에서 민주주의적인 것과 반민주주의적인 것, 긍정적 측면과 병리적 측면을 구별하고 전자를 발전시키기 위한 흥미로운 제안이라고 볼 수 있다. 하지만 이 정도만으로는 어떻게 긍정적인 측면을 부정적인 측면에 맞서 발전시킬 수 있는지(곧 어떻게 증상과의 동일화가 성공을 거둘 수 있는지) 아직 파악하기 어려우며, 나아가 그러한 동일화를 통해 가능해진 정치가 과연 얼마나 새로운 정치이고 얼마나 더 민주주의적인 정치인지 이해하기도 어렵다. 따라서 포퓰리즘과 민주주의 사이의 관계를 해명하려면 여기에서 한 걸음 더 나아가 봐야 한다.

3. 포퓰리즘: 민주주의를 위한 어떤 조건?

1) 정치적인 것의 논리로서 포퓰리즘

포퓰리즘에 관한 서양 인문사회과학계의 논의를 일신한 공은 아마 에르네스토 라클라우에게 돌아가야 마땅할 것이다. 샹탈 무프와 공동으루 저술한『헤게모니와 사회주의 전략』(1985)[34]이 포스트맑스주의 및 급진민주주의라는 신조어를 학문적 유행어로 만들면서 20세기 말 좌파 정치의 새로운 방향을 제시했다면,『포퓰리즘적 이성에 대하여』(2005)는 흔히 대중적인 선동술과 카리스마적인 지도자의 개인적 권위에 기반을 둔 정치적 이데올로기 내지 행태로 이해되는 포퓰리즘을 정치적인 것 일반의 논리로 확장함으로써, 급진민주주의에 관한 기존의 논의를 새로운 차원으로 끌어올리고 있다. 하지만 이론적 야심만큼 정교하고 복합적인 논리를 전개하는 이 책을 이 글에서 온전하게 분석하기는 어렵고, 포퓰리즘과 민주주의의 관계라는 우리의 문제와 관련하여 한 가지 중심적인 쟁점만 살펴보기로 하겠다.

포퓰리즘적 이성, 곧 정치적인 것의 일반적인 논리를 이론화하려는 라클라우의 이론적 야심은 책의 첫머리에서 명시적으로 표현된다. 라클라우는 자신이 이 책에서 목표로 삼고 있는 것이 "집합적 정체성들의 형성의 본성 및 논리"라는 점을 지적한다.[35] 이것은 곧 사회학적으로 주어진 이러저러한 집단, 가령 계급이나 민족 또는 국민 같은 단위를 집합적 정체성의 기본 요소로 받아들이지 않고, 그가 '요구들'demands 이라고 부르는 좀 더 작은 단위를 기반으로 하여 어떻게 계급이나 민족 또는 국민이나 인민 같은 집합적 정체성들이 형성되는지 분석하겠다는 의도를 나타낸다. "나의 견해로는, 집단의 통일성은 요구들의 접합

---

34 에르네스토 라클라우·샹탈 무페,『헤게모니와 사회주의 전략』, 이승원 옮김, 후마니타스, 2012.
35 Laclau, *On Populist Reason*, p.ix.

의 결과다."[36] 그렇다면 어떻게 이러한 요구들이라는 단위로부터 집합적 정체성이 형성될 수 있을까? 라클라우는 차이difference의 논리와 등가equivalence의 논리의 접합이라는 견지에서 이러한 정체성의 형성 과정을 설명하려고 한다. 여기에서 차이의 논리란 특수한 요구들이 구성되는 방식을 설명하는 논리를 뜻하며, 등가의 논리란 각각의 특수한 요구들이 자신들의 특수성을 포기하고 대신 자신들이 공유하는 공통의 속성을 강조함으로써 공동의 정체성을 형성하는 과정을 설명하는 논리를 가리킨다. 이 두 가지 논리 중에서 "두 번째 양식은 적대적 경계선을 긋는 반면, 첫 번째 양식은 그렇게 하지 않는다"[37]는 점에 양자의 차이가 존재한다.

이 두 가지 논리의 차이 및 접합 방식을 설명하기 위해 라클라우는 다음과 같은 예를 든다.[38] 발전 중에 있는 어떤 산업도시의 외곽 빈민가에 한 무리의 농업 이주자들이 거주하게 되었는데, 많은 수의 사람들이 몰려들어서 주택 문제가 제기된다. 이에 따라 이 이주자 집단은 도시의 정책 당국에 문제의 해결책을 요구하게 된다. 이 문제가 원만하게 해결되면, 이 요구는 소멸하게 된다. 그런데 이 문제가 제대로 해결되지 않은 채 지속될 경우, 해당 이주자들은 자기 주변의 다른 집단들도 이와 비슷한 다른 요구들(주택, 물, 전기, 학교 등)이 제대로 충족되지 않아서 고통을 겪고 있음을 발견하게 된다. 그리고 이러한 상황이 얼마간의 기

---

36 Laclau, *On Populist Reason*, p.x.
37 *Ibid.*, p.78.
38 *Ibid.*, p.73 이하.

가 돌아 버려지 않고 지시되면 충족되지 않은 요구들이 숙석되며, 제도적 체계가 이러한 요구들을 각각의 요구들에 알맞게 차별화된 방식으로 수용하지 못하는 무능력이 증가하면서 "이러한 요구들 사이에는 등가적 관계가 설립된다". 그리고 이에 따라 제도 체계와 인민을 분리시키는 "깊어지는 골"이 생겨나게 된다. "그리하여 우리는 여기에서 내적 경계선이 형성되고, 충족되지 못한 요구들의 등가 연쇄의 등장을 통해 지역의 정치적 스펙트럼의 이분화가 이루어지는 것을 보게 된다."[39]

라클라우는 서로 분리된 상태로 남아 있는 요구들을 "**민주주의적 요구들**"이라고 부르고, 반대로 등가 연쇄의 접합을 통해 "더 광범위한 사회적 주체성을 구성하는 다수의 요구들을 **민중적 요구들**popular demands"이라고 부른다.[40] 민주주의적 요구들은 기존의 사회 체계, 또는 헤게모니적 관계 내부에서 수용될 수 있는 반면, 민중적 요구들은 기존 헤게모니적 관계가 변형될 경우에만 해결이 될 수 있다.

이러한 요구들의 의미는 사회의 상징적 틀 내부에서 대부분 규정되며, 이러한 요구들의 좌절을 통해서만 이러한 요구들이 지닌 의미가 새롭게 드러나게 된다. 하지만 만약 충족되지 않은 사회적 요구들이 광범위하게 증가하게 되면, 상징적 틀 자체가 와해되기 시작한다. 하지만 이 경우 민중적 요구들은 점점 더 기존의 차이적 틀 속에서 유지될 수

---

39 *Ibid.*, p.74.
40 *Ibid.*, p.74. 우리는 이 글에서 'people'이나 'popular'를 '민중' 및 '민중적'이라고 번역할 텐데, 그 이유는 마지막 4절에서 제시될 것이다.

없게 되며, 새로운 차이적 틀을 광범위하게 재구성해야 한다.[41]

하지만 이것만으로는 아직 포퓰리즘적인 정치가 수행되지 않는다. 포퓰리즘적인 정치가 성립되기 위해서는 싱이한 요구들의 통합을, 막연한 연대감을 넘어서 안정된 의미작용의 체계로 발전시킬 수 있는 좀 더 높은 수준의 정치적 동원이 이루어져야 한다. 여기에서 필요한 것이 몇 가지 특정한 기표들이다. 곧 '우리'와 '그들' 또는 '적' 사이의 경계선을 뚜렷하게 규정하는 기표들(가령 지배자, 엘리트, 독재자, 이민자 대 서민, 민중, 국민, 프랑스인 등)이 구성되고 그것이 지속성을 얻게 되면, 요구들을 등가적으로 매개하던 보충물이었던 이 기표들은 역으로 등가 연쇄를 규정하고 강화하는 근거로 작용하게 된다.

이러한 민중적 요구들의 등가 연쇄가 민중적 정체성을 형성하기 위해서는 또 다른 조건들이 필요한데, 그중에서도 특히 이러한 요구들을 공통의 정체성으로 묶어 주는 어떤 지도자의 이름이 요구된다. "어떤 사회가 내재적인 차이적 메커니즘에 의해 점점 더 유지되기 어려울수록, 그것은 자신의 일관성을 위해 점점 더 초월적이고 독특한/단수의 singular 계기에 의존하게 된다. 하지만 독특성의 극단적 계기는 개별성이다. 이렇게 해서 등가적 논리는 알아채지 못하는 사이에 독특성으로 인도하고, 독특성에서 집단의 통일성과 지도자의 이름 사이의 동일시로 인도하게 된다."[42] 따라서 라클라우에게 민중적 정체성의 구성은 필

---

41 Laclau, *On Populist Reason*, p.84.

수적으로 어떤 지도자의 이름은 요구에 비해, 그것을 통해 좀 더 공고한 결속력을 획득하게 된다. 라클라우에 따르면 이러한 이름은 어떤 개별적인 지도자의 신체를 뜻하지는 않는다. 그것은 민중적 정체성을 구성하고 결속시켜 줄 수 있는 어떤 이름을 가리킬 뿐이다. "포퓰리즘은 오직 레닌-주의, 마오-주의, 페론-주의 등으로 존재할 뿐이다."[43]

이에 따라 라클라우는 포퓰리즘의 핵심 요소를 다음과 같이 규정한다. "① 다수의 요구들을 하나의 등가 연쇄로 통합하기, ② 사회를 두 개의 진영으로 분할하는 내적 경계선을 구성하기, ③ 등가 연쇄들의 단순한 총합 이상의 것인, 민중적 정체성의 구성을 통해 등가 연쇄를 공고히 하기."[44]

2) 포퓰리즘과 민주주의

라클라우 이론의 강점은 포퓰리즘을 민주주의를 위협하거나 내부로부터 잠식하는 병리적인 현상으로 파악하는 관점을 극복하고, 포퓰리즘이 민주주의와 맺는 내적인 관계를 누구보다 정교하게 이론화했다는 데서 찾을 수 있다. 더 나아가 그는 포퓰리즘을 이런저런 지역에서 나타나는 국지적이고 특수한 현상으로 간주하지 않고, 정치적인 것 자체

---

42 *Ibid.,* p.100.

43 Miguel Vatter, "The Quarrel between Populism and Republicanism: Machiavelli and the Antinomies of Plebeian Politics", *Contemporary Political Theory*, vol.11, no.3, 2012, p.247.

44 Laclau, *On Populist Reason*, p.74.

를 가능케 하는 정치의 보편적 조건으로 이론화했다.[45] 따라서 포퓰리즘과 민주주의, 더 나아가 포퓰리즘과 정치의 관계에 관해 논의하는 데서 라클라우의 작업은 우회할 수 없는 필수적인 준거점이 되었다고 할 수 있다.

라클라우의 포퓰리즘 이론이 민주주의에 관해 어떤 새로운 관점을 가져다주는지 이해하는 한 가지 방식은 그의 관점을 자크 랑시에르의 이론과 비교해 보는 것이다. 이는 라클라우 스스로 랑시에르와 자신의 입장을 비교·고찰하고 있기 때문이기도 하지만, 라클라우 자신의 평가 방식과 다른 각도에서 둘의 입장을 비교해 보면, 두 사람이 공통으로 지향하는 민주주의가 어떤 것인지, 또한 그것이 함축하는 새로운 점과 난점은 어떤 것인지 좀 더 분명히 이해할 수 있기 때문이기도 하다.

두 사람이 공통적으로 지향하는 민주주의는, 라클라우 자신의 용어법을 빌려 표현한다면, **사회를 구성하는 한 부분이 사회 전체를 대표하는 민주주의**라고 말할 수 있다. 그런데 전자의 부분은 단순한 한 부분이 아니라 기존의 사회질서에서 억압되고 배제된 부분이다. 이를 라클라우는 플레브스와 포풀루스라는, 로마 시대의 정치적 집단을 지칭하는 두 가지 상이한 명칭을 통해 표현한다. 포풀루스가 어떤 정치 공동체의 성원 전체를 가리키는 명칭(따라서 가령 국민 공동체의 합법적인 성원들

---

45 이 점에 관해서는 Oliver Marchart, "In the Name of the People: Populist Reason and the Subject of the Political", *Diacritics*, vol.35, no.3, 2005; Rasmus Kleis Nielsena, "Hegemony, Radical Democracy, Populism", *Distinktion: Scandinavian Journal of Social Theory*, vol.7, no.2, 2006을 각각 참조.

전체로서의 '인민')이리며, 플게ﾌﾍﾆ 교빨루ﾆ의 일부분이기는 하되, 기존의 사회 현실과 정치 질서 속에서 제대로 인정받거나 요구를 충족시키지 못한 집단들을 가리키는 명칭이다.[46] 이러한 집단들은 각자 상이한 이해관계 및 정체성을 지니고 있기 때문에, 그들이 서로 연결되지 못한다면 그들은 분산되어 있는 플레브스로 계속 머물게 될 것이다. 반대로 그들이 서로 접합된다면, 다시 말해 공동의 대의를 통해 하나의 정치적 주체로, 곧 포퓰리즘적 주체로 구성된다면, 그들은 분산된 플레브스로 머물지 않고 스스로 전체를 자임하는 부분이 될 수 있다. 이렇게 되면 기존의 포풀루스는 진정한 인민, 곧 민중이 아닌 억압적이고 기만적인 인민으로 드러나며, 반대로 기존의 사회질서에서는 부분으로 나타났던 플레브스는 진정으로 보편적인 포풀루스를 표현하게 된다.

따라서 주어진 것으로서의 포풀루스(현재 존재하는 대로의 사회적 관계의 총화)는 자기 자신을 허위적 총체성으로, 억압의 원천인 부분성으로 드러내게 된다. 반면 플레브스의 경우 그것의 부분적 요구는 온전하게 충족된 총체성의 지평 속에 기입될 것이며, 진정으로 보편적인 포풀루스를 구성하는 것을 열망할 수 있게 된다. 포풀루스에 대한 이러한 두 가지 관점이 엄밀하게 공약 불가능하기 때문에, 어떤 부분성,

---

46 로마 시대의 포풀루스와 파트레스(patres), 플레브스에 대한 좀 더 상세한 논의는 Kurt A. Raaflaub ed., *Social Struggles in Archaic Rome: New Perspectives on the Conflict of the Orders*, Berkeley, CA: University of California Press, 1986에 수록된 글들을 참조.

곧 플레브스는 자기 자신을 이상적 총체성으로 인식된 포풀루스와 동일시할 수 있게 된다.[47]

랑시에르는 『불화』를 비롯한 여러 저작에서 라클라우와 유사하게, '몫 없는 이들의 몫' 또는 '셈해지지 않은 이들의 셈' 같은 개념을 통해 이를 표현하고 있다. 특히 그의 정치철학의 요체를 집약하는 「정치에 대한 열 개의 테제」에서 배제된 부분과 전체, 또는 플레브스와 포풀루스 사이의 관계로 민중을 재규정하는 랑시에르의 관점이 잘 나타난다.

> 테제 5: 민주주의의 주체이며, 따라서 정치의 모체가 되는 주체인 민중은 공동체 성원들의 총합이나 인구 중 노동하는 계급도 아니다. 민중은 인구의 부분들에 대한 모든 셈에 관하여 대체보충적인 부분partie supplémentaire으로, 이것은 공동체 전체를 셈해지지 않는 이들의 셈과 동일시할 수 있게 해준다.[48]

그렇다면 라클라우와 랑시에르 사이에는 어떤 차이점이 존재할까? 라클라우 자신은 현대 이론가들 중 랑시에르에게서 특히 자신의

---

47 Laclau, *On Populist Reason*, p.94.

48 Jacques Rancière, *Aux bords du politique*, Paris: Gallimard, 2004, pp.233~234[『정치적인 것의 가장자리에서』, 양창렬 옮김, 전면개정판, 도서출판 길, 2013, 216쪽. 번역은 수정]. 데리다의 대체보충(supplément) 개념을 원용한 이러한 재정의는 좀 더 심층적인 분석을 해볼 필요가 있다. 이 문제에 관해서는 진태원, 「대체보충, 기입, 자기면역: 데리다와 랑시에르의 민주주의론」, 『프랑스철학회 2012년 가을학회보』, 2012 참조.

민주주의저 과점괴 이주 가까운 관념을 밀신하며, 서의 큰 차이를 느끼지 못한다. 다만 그는 책의 마지막 부분에서, 랑시에르가 정치적 주체로서의 프롤레타리아와 사회학적 집단으로서의 프롤레타리아를 구별하고 있음에도, 이러한 구별의 일관성을 충분히 유지하지 못하고 있음을 비판한다.[49] 민중이라는 정치적 주체와 마찬가지로, 원래 맑스 자신이 사용했던 프롤레타리아 개념도 특정한 사회 계급을 지칭하는 것이 아니라 **불특정하고 이질적인 배제된 집단**을 가리키고 있었으며, 랑시에르 자신도 이 점을 잘 유념하고 있지만, 때로는 이를 혼동하는 경향이 있다는 것이다.

하지만 두 사람 사이에서 나타나는 좀 더 핵심적인 차이점은 오히려 다음과 같은 점에서 찾을 수 있다. 첫째, 라클라우는 민주주의 정치를 위해 지도자가 필수불가결하다는 점을 강조하는 데 반해, 랑시에르는 전혀 그런 주장을 하지 않고 있다. 라클라우가 이처럼 지도자를 강조하는 이유는, 포퓰리즘 운동의 역사적 경험을 반영한 것이기도 하거니와, 다양하고 이질적인 요구들의 차이적인 연쇄를 민중적 요구로 결집하고 또한 이를 단일한 민중의 정체성으로 통일시키기 위해서는 상징적 준거로서의 지도자 또는 좀 더 정확히 말하면 **지도자의 이름**이 필요하기 때문이다('~의 이름으로').[50] 따라서 지도자의 이름에 대한 라클라우의

---

49 Laclau, *On Populist Reason*, p.248.

50 하지만 이 점은 특히 비평가들의 많은 비판의 대상이 되었다. Benjamin Arditi, "Populism is Hegemony is Politics? On Ernesto Laclau's *On Populist Reason*", *Constellations*, vol.17, no.3, 2010; Jean-Claude Monod, "La force du populisme", *Esprit*, January 2009 참조.

강조는, 민중적 정체성 및 요구들의 형성이 쉽지 않은 과제이며, 또한 그것을 공고히 유지하는 게 그만큼 힘든 일이라는 인식을 함축한다.

둘째, 랑시에르에게 정치는 곧 주체화subjectivation를 의미하며[51] 이러한 주체화는 항상 **독특한 보편화**를 의미하는 반면(곧 19세기의 프롤레타리아의 주체화, 20세기 초의 여성의 주체화, 20세기 말의 이민자의 주체화 등과 같이), 라클라우에게는 이와 비견될 만한 것이 존재하지 않는다. 이는 랑시에르 정치학의 강점일 수도 있겠지만, 다른 한편으로는 약점으로 간주될 수도 있다. 왜냐하면 라클라우의 포퓰리즘 이론 및 헤게모니 이론의 궁극적인 관심사는 다양하고 이질적인 투쟁들을 어떻게 접합하고 결속시킬 것인가에 있는 데 반해, 랑시에르는 주체화라는 이름 아래 이러한 투쟁들의 고유성과 이질성을 강조할 뿐, 그것들이 어떻게 서로 연대를 형성하고 결속할 수 있을까라는 문제에는 거의 관심을 보이지 않기 때문이다.

마지막으로, 우파 포퓰리즘에 대한 라클라우의 평가라는 문제가 있다. 몇몇 연구자들이 지적했다시피, 포퓰리즘 연구에서는 연구자가 민주주의에 대해 어떤 관점을 갖느냐에 따라 포퓰리즘을 이해하는 방식이 달라진다.[52] 자유민주주의적인 관점을 갖고 있는 연구자들에게 포

---

51 주체화라는 개념은 미셸 푸코가 1980년대 초에 만들어 낸 신조어로, 규율권력을 통해 생산되는 예속적 주체들과 다른 주체 형성의 가능성을 사고하기 위한 목적에서 고안된 것이다.

52 가령 Kaltwasser, "The Ambivalence of Populism"; "The Responses of Populist to Dahl's Democratic Dilemmas"; Moffitt and Tormey, "Rethinking Populism"; Mudde, "The Populist Zeitgeist" 참조.

포퓰리즘은 병리적인 현상처럼 나타나며, 그런 비정상적이고 일탈적인 것으로 간주된다. 반면 급진민주주의를 옹호하는 관점에서 보면 포퓰리즘은 기존 정치 체계에서 배제되고 억압받던 기층 민중의 목소리가 표출되는 한 방식(표출 방식 그 자체는 아닐지 몰라도)을 가리킨다. 하지만 만약 그렇다면, 급진민주주의적인 관점에서 서유럽에서 오늘날 나타나는 우파 포퓰리즘 현상을 어떻게 설명할 수 있느냐가 중요한 과제 중 하나로 제기된다.

라클라우는 『포퓰리즘적 이성에 대하여』의 한 대목에서 프랑스 국민전선의 사례를 통해 바로 이 문제에 대한 답변을 시도한다. 그에 따르면 전통적으로 프랑스에서는 공산당이 사회 체계로부터 배제된 사람들의 목소리를 대변하는 '호민관 기능'을 수행해 왔다. 그런데 역사적 공산주의가 몰락한 이후 공산당은 더 이상 이런 기능을 수행할 수 없게 되었으며, 사회당은 우파 드골주의 정당과 별로 다를 바가 없는 모습을 띠고 있다. 그렇다면 이제 공산당이나 사회당이 수행하지 못하는 호민관 기능, 곧 소외된 사람들을 대변하는 기능을 누가 수행할 것인가? 라클라우에 따르면 국민전선이 떠맡은 것이 바로 이 역할이다. 이는 국민전선이 전통적인 공산당 지지 세력이었던 많은 노동자들의 표를 얻고 있다는 데서 잘 나타난다. 이러한 현상을 라클라우는 다음과 같이 설명한다.

사회적 분할을 표현해야 할 존재론적ontological 필요성은, 더 이상 이러한 분할을 형성하려고 시도하지 않은 좌파 담론에 대한 존재적ontic

결속보다 더 강력했다. [……] 나는 서유럽에서 오늘날 우파 포퓰리즘이 재등장한 것이 이와 유사한 노선을 따라 대부분 설명될 수 있다고 생각한다. 내가 포퓰리즘에 대해 말하고 있다는 점을 감안하여 나는 존재론적 기능과 그 존재적 충족 사이의 비대칭성을 급진적 변화에 대한 담론과 관련하여 제시했지만, 이는 또한 다른 담론 구성체들에서도 발견할 수 있다. 내가 다른 곳에서 주장한 것처럼 민중이 급진적인 **무질서**anomie에 직면하게 되면, **모종의 질서**에 대한 필요성은, 그것이 실제로 가져오는 존재적 질서보다 더 중요해진다. 홉스의 세계는 이러한 간극의 극단적 버전이다. 곧 사회가 **총체적** 무질서(자연상태)의 상황에 직면해 있기 때문에, 리바이어던이 하는 일은 그것이 어떤 것이든 간에(내용과 관계없이), 그로부터 질서가 귀결되는 한에서 정당한 것이다.[53]

따라서 포퓰리즘이 광범위한 대중 동원을 통해 기존 사회 체계를 급진적으로 변화시키는 기능(존재론적 기능)을 충족시키고, 또 무질서의 시기에는 새로운 질서를 산출하는 기능을 충족시키는 것인 한에서, 그것은 실제로 산출된 변화 및 질서의 내용(존재적 내용)이 어떤 것인가에 대하여 우월한 위치에 놓이게 된다. 라클라우가 포퓰리즘을 정치적인 것의 조건이자 더 나아가 정치적인 것 자체라고 주장하는 것은 바로 이 때문이다. 하지만 여기에서 다음과 같은 의문이 제기된다. 만약

---

53 Laclau, *On Populist Reason*, pp.87~88.

그렇다면 르펜(또는 그를 듬 사끼으로 내세울 수 있는 다른 이름들)을 지
지해서는 안 될 이유가 무엇인가? 만약 그가 다른 좌파 정당이 수행하
지 못하는 사회의 급진적인 변화를 이룩할 수 있다면 말이다. 또는 역
으로 이런 질문을 제기할 수 있다. 만약 좌파 포퓰리즘 내지 진정한 민
주주의적 포퓰리즘과 같은 것이 존재한다면, 그 포퓰리즘을 우파 내지
극우파와 구별되는 **좌파 포퓰리즘**으로, **진정한 민주주의적 포퓰리즘**으
로 만드는 것은 무엇인가?

일종의 초월론적transcendental 기호학에 의지하고 있는 라클라우
의 헤게모니 이론 및 포퓰리즘 이론이 공백으로 남겨 놓는 질문이 바로
이것일 텐데, 그렇다고 해서 그에게 이런 질문을 던지는 '우리'가 더 나
은 처지에 있는 것은 아니다. 포퓰리즘에 관한 논의가 절실한 쟁점으로
제기되고, 또 라클라우를 비롯한 급진민주주의적인 포퓰리즘 이론가
들의 작업이 중요한 의의를 지니는 것은, 오늘날 포퓰리즘 운동 이외에
실제로 정치적 변화를 이끌 수 있는 **아래로부터의 힘**은 거의 존재하지
않는다는 사실 때문이다. 그리고 그렇다면, 오늘날 정치에 관해 무언가
의미 있는 사유를 하기 위해서는 **포퓰리즘 내부에 위치하는 것** 이외에 다
른 길은 존재하지 않을 것이다. 포퓰리즘이 진정한 민주주의의 다른 이
름으로 변화될 수 있을까? 그리고 플레브스로서의 민중은 포풀루스로
서의 민중 또는 인민이 될 수 있을까? 바로 이런 질문을 제기하도록 촉
구한다는 점에서 오늘날 포퓰리즘은 민주주의의, 정치적인 것의 조건
이라고 말할 수 있다.

4. 포퓰리즘을 어떻게 옮길 것인가?

마지막으로 포퓰리즘의 번역 문제에 관해 간략히 지적해 보겠다. 포퓰리즘에 관해 제시된 번역어는 다양하다. '대중 영합주의', '대중 추수주의', '인기 영합주의' 등과 같은 다분히 저널리즘적이고 인상비평적인 용어법은 제외한다면, 몇 가지 제안이 특별히 눈에 띈다. 정인경과 박정미는 '인민주의'라는 용어를 제안한 바 있고,[54] 민중주의라는 번역어를 사용한 경우도 많이 눈에 띄며,[55] 최근에는 서민주의라는 제안도 제시된 바 있다.[56]

나의 입장을 간단히 밝힌다면, 서민주의나 인민주의라는 용어보다는 민중주의라는 용어가 좀 더 적절하지 않은가 생각한다. 이는 다음과 같은 이유 때문이다. 우리말에서 영어의 피플people이나 프랑스어의 푀플peuple 또는 독일어의 다스 폴크das Volk 등에 제일 잘 어울리는 말은 '인민'이라고 할 수 있다. 하지만 최근의 연구들이 밝혀 준 바 있듯이, 해방 이후 제헌 헌법에 관한 논의에서 주권의 담지자에 해당하는 개념으로 널리 거론되던 '인민'이라는 용어는 남한의 단독 정부 구성 및 남

---

54 정인경·박정미 외, 『인민주의 비판』.

55 최초의 사례로는 노재봉, 「민족주의 연구: Populism(민중주의) 논고」, 『국제문제연구』 8권 1호, 서울대학교 국제문제연구소, 1984가 있고, 안윤모는 미국의 포퓰리즘 운동과 관련하여 이 용어법을 일관되게 사용하고 있으며, 중남미 포퓰리즘 연구자들이 이 용어를 사용하는 경우들이 보인다.

56 이희재, 「'포퓰리즘'의 잃어버린 뜻을 찾아서」, 『프레시안』 2013년 7월 26일, http://www.pressian.com/article/article.asp?article_num=50130725185620(검색일: 2017년 11월 6일). 이 기사에 대해 알려준 김정한 선생께 감사드린다.

한과 북한의 좌우 대립 과정을 거치면서 의미 있는 학문적 인식에 용어로서 자취를 감추게 되었다.[57] 그 대신 '국민'이라는 용어가 서양어의 피플이나 푀플에 대응하는 법적·정치적·대중적 용어로 자리잡게 되었다. 하지만 지난 1990년대 이후 국내 학계에서도 다시 '인민'이라는 용어가 비교적 널리 사용되고 있으며, 특히 정치학이나 법학 또는 사회학 분야에서 인민의 용례가 증가하고 있다. 이렇게 본다면, 피플에서 직접 유래하는 포퓰리즘이라는 용어의 우리말 번역어로는 '인민주의'가 적절하다고 할 수도 있을 것이다.

하지만 라클라우와 랑시에르의 논의를 통해 살펴본 것처럼, 포퓰리즘에서 진정한 정치의 주체로 호명되는 피플은 일반적인 의미의 '인민'과는 구별되는 피플, 또는 포풀루스가 아닌 플레브스라고 할 수 있다. 따라서 인민주의라는 번역어는 피플과 포퓰리즘 사이의 연결 관계를 잘 보여 주기는 하지만, 포퓰리즘에서 문제가 되는 주체는 기존의 정치 질서나 사회질서의 전체 성원으로서의 인민이 아니라, 그로부터 배제되고 그 속에서 소외나 억압, 또는 차별을 겪는 집단들이라는 점을 제대로 고려하지 못하고 있다.[58]

이런 점을 감안하면, 민중주의라는 용어가 포퓰리즘에 대한 번역

---

57 특히 김성보, 「남북국가 수립기 인민과 국민 개념의 분화」, 『한국사연구』 144집, 2009; 박명규, 『국민·인민·시민: 개념사로 본 한국의 정치주체』, 소화, 2014 참조.

58 한편 '서민주의'라는 용어는 우리말에서 '서민'이라는 말이 보통 사람을 대표하는 단어라는 점을 감안하면 일리가 있기는 하지만, 서민이라는 표현 자체는 정치적 함의를 거의 지니고 있지 않다는 점에서, '서민주의'를 지극히 정치적인 개념인 포퓰리즘의 번역어로 사용하기는 어려운 것 같다.

어로 좀 더 적합해 보인다. 왜냐하면 일제강점기에서 유래하여 1970년 대에는 민중신학에서 사용되기 시작하고 1980년대에는 한국 인문사회 과학계의 중심 개념이 된 '민중'이라는 개념은, 어떤 정치체의 법적 주체 내지 법적 주권이 담지자를 뜻하는 외국의 '더 피플'이나 우리나라의 '국민'이라는 개념과 달리, 소외되고 억압받는 집단들, 따라서 억압과 지배의 권력에 맞서 저항하고 그러한 지배의 질서를 변화시키려는 정치적 주체라는 뜻을 담고 있기 때문이다.[59] 김수영의 「풀」이라는 시가 민중 개념에 대한 가장 탁월한 문학적 형상화로 널리 간주되고 또 인용되어 온 것은 바로 이런 측면 때문이라고 할 수 있다.

하지만 지난 1990년대 이후 국내 학계나 언론 또는 일상적인 어법에서 더 이상 찾아보기 어려운 민중 개념을 복권시키고, 또 이것을 포퓰리즘과 관련하여 사용하기 위해서는 민중 개념에 대하여 새로운 차원을 보충함으로써 그것을 재구성할 필요가 있다고 생각한다. 특히 민중을 단일한 본질을 지닌 주체나 그 자체로 순수하고 긍정적인 성격을 갖는 주체로 개념화하는 것은 이제는 불가능할 것이다. 왜냐하면 포퓰리즘의 주체로서의 피플 역시 단일한 본질을 갖고 있지 않으며 이질적인 집단들 사이의 연대와 접합을 보증하는 선험적 통일성을 함축하고 있지 않기 때문이다. 따라서 민중주의라는 용어가 포퓰리즘의 번역어로 정착될 수 있는가의 여부는, 민중이라는 개념이, 억압받고 배제되어

---

59 민중 개념에 관해서는 배경식, 「민중과 민중사학」, 역사비평 편집위원회 엮음, 『논쟁으로 읽는 한국사 2』, 역사비평사, 2009 참조.

있는 집단들이며 그런 하에서 공통의 관 기끼 비해 인세 및 태의를 지니고 있지만, 또한 본질적으로 이질성과 내적 분할의 가능성을 지닌 집단들을 지칭하는 명칭으로 개념화될 수 있는가에 달려 있다고 할 수 있다.

3장

세월호라는 이름이 뜻하는 것
폭력, 국가, 주체화

1. 증상과 해석

알다시피 철학자(또는 인문학자라고 해도, 아니면 더 나아가 그냥 학자라고 해도 좋다)는 사실을 있는 그대로, 주어진 그대로 받아들이는 사람이 아니라 그것을 해석하는 사람이다. 맑스를 증인으로 삼아 볼 수 있다. 청년 맑스는 당시 독일 사상계, 특히 젊은 비판적 지식인들에게 막대한 영향력을 행사하던 포이어바흐에 관해 열한 개의 짧은 단상으로 된「포이어바흐에 관한 테제」를 남긴다. 그리고 잘 알다시피 마지막 열한 번째 테제는 다음과 같다. "철학자들은 세계를 다양하게 **해석해** 왔을 뿐이지만, 중요한 것은 세계를 **변혁하는** 것이다." 따라서 맑스는 세계를 다양한 방식으로 해석해 왔을 뿐 세계를 변혁하려 하지 않은 철학자들을 고발하면서 철학의 지양을 선언하고 있는 셈이다. 맑스의 고발에는 논의의 여지가 있지만 어쨌든 그의 고발을 통해서도 철학자들의 일차적인 일은 세계에 대한, 사실에 대한 해석이라는 점을 알 수 있다.

사실을 주어진 그대로 받아들이지 않고 해석한다는 것은, 다른 말로 하면 사실을 하나의 '증상'으로 간주한다는 뜻이다. 국어사전에 따르면 증상이란 "병을 앓을 때 나타나는 여러 가지 상태나 모양"을 가리킨다. 따라서 우리가 어떤 사실이나 현상 또는 상태나 모양을 증상으로 받아들인다는 것은 그것을 어떤 병의 표현으로 간주한다는 뜻이다.

내가 이 글에서 말해 보려고 하는 것은, 세월호라는 이름의 이 사건, 시간이 흘렀지만 아직 적절한 이름을 붙일 수가 없는 무명의 이 사건, 증상으로서의 이 사건에 대한 한 가지 단상이다. 이 사건이 과연 무엇을 뜻하는 것인지, 그것은 과연 어떤 것의 증상인지에 대해서는 아직 자신 있게 말할 수는 없다. 다만 이 글은 앞으로 계속 새롭게 해석되고 재해석되어야 할 이 사건에 대한 한 가지 문제 제기를 시작해 보려는 것이다.

2. 불운과 불의

세월호 사건을 하나의 증상으로 이해할 수 있다면, 아마도 이 사건에 어떤 이름을 붙이는 것, 이 사건을 부르는 방식 자체가 그 증상의 일부, 아마도 그 핵심적인 일부를 이루고 있다고 할 수 있다. 또한 이는 이 사건을 해석하고 이 사건에 관해 발언하고 글을 쓰는 사람은 처음부터 이 사건에 관한, 이 사건을 무엇의 증상으로 이해하는가에 관한 자신의 관점을 제시하지 않을 수 없다는 것을 의미한다. 사건을 이해하고 해석하는 것 자체가 사실은 사건을 만들어 가고 사건을 변혁하는 일인 셈이다.

그것은 이 글 역시 예외가 아니다.

먼저 불운不運과 불의不義라는 두 개의 범주에서 시작해 보자. 사실 이 두 개의 범주는 세월호 사건이 일어난 당시부터 줄곧 세월호 사건을 둘러싼 두 가지 시각, 곧 증상으로서의 세월호 사건을 해석하는 두 가지 관점을 규정하는 것으로 보인다.

한쪽에서는 세월호 사건을 '교통사고'로 해석하려고 되풀이해서 시도한 바 있다. 사건 초기부터 정부 관료 중 일부는 세월호 사건을 교통사고로 규정한 바 있으며, 세월호 사건이 점점 더 중요한 사건으로 부각되고 나라 전체의 관심이 집중되고 정치권의 핵심 쟁점으로 전환되는 과정에서도 일부 (당시의) 여당 정치인들은 세월호 사건을 교통사고로 규정하려는 시도를 계속했다. 이는 세월호 사건이 우발적인 실수로 인해 빚어진 해상 교통사고이며, 안타깝게도 많은 사람들이 희생되기는 했지만, 역시 그 본질이 교통사고라는 점은 변함이 없다는 뜻이다. 또는 세월호 사건에 책임 주체가 있다면, 그것은 해상 교통사고를 제대로 처리하지 못한 해양경찰청 간부들 및 직원들이고, 무리하게 세월호를 운항했던 세월호 소유주 및 그 회사라는 시각이다.

반면 다른 쪽에서는, 곧 세월호 사건의 희생자 가족을 비롯한 많은 시민들은 세월호 사건을 참사로, 그것도 불의의 참사로 규정한 바 있다. 세월호 사건은 단순히 우발적인 실수로 인해 빚어진 교통사고로 볼 수 없으며, 구조적인 요인과 더불어 다양한 주체들의 과실 및 무능력, 무책임으로 인해 빚어진 커다란 참사라는 것이 이들의 주장이었다. 이런 시각에서 보면, 세월호 사건에서 가장 중요한 것은, 아직도 발견하지 못한 세월호 희생자들이 시신을 하루빨리 수습하는 것과 더불어, 이 사건의 진상을 명백히 밝혀내는 것이다. 과연 어떻게 해서 이 사건이 일어나게 됐는지, 이 사건을 발생하게 만든 객관적 요인들은 무엇인지, 또 거기에 디해 이 사건과 관련된 책임 주체들은 누구인지, 누가 이 사건에 대해 책임이 있는지를 분명히, 한 점 의혹 없이 밝혀내는 것이 핵심적인 과제가 된다.[1]

더 나아가 세월호 사건을 불의의 참사로 이해하는 사람들이 주목한 것은, 수백 명의 희생자를 낸 이 커다란 규모의 사건의 **진상을 밝히는 일이 왜 이토록 어려운가** 하는 점이다. 한두 명의 희생자가 발생한 교통사고의 경우에도 피해자 및 가해자는 물론이거니와 경찰과 보험사는 사건이 어떻게 일어나게 됐는지, 이 사건에서 가해자의 책임은 어느 정도인지, 혹시 피해자에게도 과실의 소지는 없었는지 명백히 밝히기 위해 노력하며, 대부분의 경우 충분한 조사와 납득할 만한 분석과 해명이

---

1 이것은 결국 2014년 11월 7일 국회에서 통과되었던 '4·16 세월호 참사 진상 규명 및 안전사회 건설 등을 위한 특별 법안'을 둘러싸고 벌어졌던 정부-여당 안과, 야당 및 세월호 피해자·유가족 안의 대립을 통해서도 그대로 표출된 바 있다. 정부-여당 안은 이른바 '사고-보상'의 틀을 기본으로 하는 것으로, 그 핵심은 세월호 침몰은 '사고'이며, 여기에 대하여 세월호 피해자 및 유가족에게 그 피해에 대하여 보상한다는 것이다. 반면 야당 안도 그렇거니와 세월호 피해자·유가족 안은 '진상 규명을 통한 정의 수립'에 초점을 맞추고 있다. 이것은 곧 세월호 사건이 단순히 교통사고가 아니라 여러 가지 원인이 중첩된 구조적 불의로 인해 생겨난 참사이며, 이러한 참사가 일어나게 된 배경과 원인, 책임 소재에 대한 폭넓고 심층적인 규명이 없이는 이러한 참사의 재발을 막는 것이 불가능하다는 인식에 터하고 있다. 세월호 특별법을 둘러싼 논쟁 과정에 대해서는 강성현, 「진상 규명 어떻게 해야 하나: 과거사와 세월호 참사 진상 규명을 둘러싼 쟁점과 평가를 중심으로」, 『역사비평』 109호, 2014 참조.

이루어지고 그에 따라 책임의 분배가 이루어지게 된다. 하지만 수백 명의 무고한 생명이 희생된 이 사건에 대해서는 기이하게도 3년이 넘는 시간이 흘렀지만 뚜렷하게 밝혀진 것이 없다. 그리고 이런 상황에서 이 사건을 이제 그만 마무리하자고, 디 이상 국가 경제, 서민 경제에 피해를 주어서는 안 되고 대다수의 국민들도 이 사건에 대해 피로감을 느끼고 있으니 적당한 피해 보상액을 지급하고 그만 사건을 마무리하자고, 사건 발생 초기부터 줄곧 주장하는 사람들이 있다. 세월호 사건을 참사로 이해하는 시각에서 보면, 이것은 그야말로 본말이 전도된 주장이 아닐 수 없다.

정상적인 경우라면 세월호 사건은, 우리가 신문 사회면에서 흔하게 접하는 불운한 사고로 그쳤어야 하는 사건이다. 한 고등학교 학생들이 단체로 수학여행을 가던 도중에 운이 나빠 또는 선원의 어떤 실수로 인해 배가 침몰하는 사건이 일어났지만, 선원들의 침착한 대처와 해경의 신속한 대응으로 승객들이 모두 무사히 구조되어 집으로 귀가하는 것으로 마무리되었어야 할 사고가 바로 이 사건이다. 이 사건은 그냥 운이 나빠 즐거운 수학여행 날 겪게 된 작은 사고였고 살아가면서 어쩌다 한 번씩 겪는 재수 없는 일이었어야 한다.

하지만 세월호 사건은 '세월호 참사'라는 언론의 표현이 말해 주듯이 끔찍한 참사, 비극적인 불의의 사건이 되고 말았다. 더욱이 단순한 **배의 참사**로 그칠 수도 있었음에도, 이번 사고는 수백 명의 생명, 그것도 아직 온전하게 자신의 재능과 인생을 펼쳐 보지도 못한 수많은 고등학생들의 생명을 앗아 가는 너무나 안타까운 **인간적인 참사**로 변질되고 맢앐다.

따라서 다음과 같이 질문하지 않을 수 없다. 도대체 무엇이 단순한 불운으로 그쳤어야 마땅할 이 사건을 불의의 참사로 만든 것일까?

3. 객관적인 것, 주체적인 것, 반인간적인 것: 치안 기계로서의 국가

세월호 참사를 가능하게 만든 것은 세 부류의 존재들이다.

우선 참사의 당사자인 세월호 운항사와 선원들이 존재한다. 만들어진 지 수십 년이 된 낡은 배를 수입해서 제대로 안전 관리 점검도 거치지 않은 상태에서 오직 수익성을 높이기 위해 무리하게 배의 설계를 변경하고 과도한 선적을 마다하지 않은 해운사는 이 사고의 핵심적인 책임자라 할 수 있다. 또한 여러 차례 보도되어 많은 국민의 분노를 자아냈던 것처럼, 승객의 안전과 생명에는 무관심한 채 자신들의 목숨만을 구하기 위해 속옷 차림으로 허겁지겁 제일 먼저 배를 빠져나온 선장 및 선원들의 책임도 가볍다고 할 수 없다. 더욱이 이들은 나중에 주검으로 발견된 요리사의 경우에서 볼 수 있듯이, 동료의 안위도 아랑곳하지 않은 채 자신의 목숨만 도모했다는 점에서 어떠한 윤리적 비난에서도 자유로울 수 없다.

두 번째 핵심 책임자는 바로 정부 기관이다. 언론에서 여러 차례 보도된 바 있듯이 정부는 낡고 오래된 배가 아무런 제재 없이 운항될 수 있도록 규제를 완화하고, 배에 관한 안전 점검 및 관리에도 책임을 소홀히 했다는 비난을 면할 수 없다. 더욱이 사건 당시 승객과 선원이 배의 침몰 소식을 알렸음에도 여기에 제대로 반응하지 못하고, 침몰하는 배에 다가와서도 승객 구출에 전력을 다하지 않은 해양경찰청은, 해운사 및 선원들과 더불어 이번 사건에서 가장 무거운 책임자라고 하지 않을 수 없다.

해경만이 아니다. 정부는 사고가 발생한 이후 신속하게 사고를 수습할 수 있는 대책 본부를 구성하고 운영하지 못했고, 이처럼 끔찍한 사고를 접한 상황에서도 책임 있는 정부의 자세 및 태도를 보여 주지 못했다. 오히려 여러 당국자 및 여당 국회의원들은 이번 사고를 단순한 교통사고로 간주하려는 어처구니없는 태도를 보이면서 국민들로부터 날카로운 비판과 불신감을 얻게 되었다.

마지막으로 주류 언론 역시 이번 사고에 대해 막중한 책임을 지지 않을 수 없다. 처음 사고가 발생하고 나서 얼마 되지 않아 승객 전원이 구조됐다는 무책임한 보도를 한 것도 언론이고, 사고 현장에서 제대로 사고 수습이 진행되지 않음에도 마치 일사천리로 활발한 사고 구조 활동이 벌어지고 있는 것처럼 허위 보도를 함으로써 사고 가족들로부터 거센 항의와 불신을 자초한 것 역시 언론이었다. 더욱이 언론은 사건의 진실을 총체적으로 밝히려는 노력보다는 자극적이고 감성적인 보도에 치중했을 뿐이다. 또한 시기상으로 인접해 있던 6·4 지방선거에서 정부와 여당에 미칠 악영향을 최소화하기 위해 사건을 축소 보도하려는 파렴치한 행태를 보임으로써 KBS 총파업이 벌어지고 사장이 해임되는 사태가 일어나기도 했다.

하지만 이처럼 사고의 책임자를 열거하는 것만으로는 이번 사고의 원인과 성격을 밝히기에는 터없이 부족하다. 세월호 침사의 특성은 이 사건이 단순히 객관적인 사고가 아니라 무엇보다 **주체적인 사건**, 또는 좀 더 정확히 말하자면 **과소주체적인 사건**이며, 더욱이 **반反인간적인 폭력을 수반한 사건**이었다는 섬에서 찾을 수 있다. 내가 말하는 과소주체성(영어로 표현한다면 'under-subjectivity' 정도로 표현할 수 있을 것이다)의 의미가 어떤 것인지에 대해서는 뒤에서 조금 더 부연하겠다.

이번 사고의 객관적 원인은, 세월호를 언젠가는 가라앉을 수밖에 없었던, 말하자면 간신히, 운 좋게 참사를 모면해 온 배로 만든 해운사에 있으며, 또한 그러한 배를 문제없이 정상적으로 운항하게 해준 관리 당국에게 있다. 배의 구조 및 운항에 대해 엄격한 규제와 철저한 관리 감독이 있었다면, 이처럼 어처구니없는 참사가 일어날 가능성은 객관적으로 존재하지 않았을 것이다.

하지만 만약 그런 가능성이 존재했다고 하더라도, 주체적인 요인이 작용하지 않았다면, 이번 사고는 단순히 배의 침몰 사고로 그치고 사람들은 큰 문제 없이 배에서 빠져나왔을 것이다. 말 그대로 단순한 불운으로 그쳤을 것이다. 따라서 이번 참사를 단순히 불운한 사고가 아니라 불의의 참사로 만든 것은 바로 **주체적인 원인**이다. 바로 이런 의미에서 이 사건을 **주체적인 사건**이라고 말할 수 있다.

이번 사고를 가능하게 만든 주체적 요인들은 선원들과 해경을 비롯한 정부 당국이었다. 선원들은 승무원으로서 마땅히 해야 할 책임을 다하지 않은 채 제일 먼저 배를 탈출함으로써 단순한 직업윤리의 차원이 아니라 인간적인 윤리를 저버린 책임에서 자유로울 수 없다. 아울러 국민의 생명을 보호하고 안전하게 지켜 주어야 할 일반적인 책임을 다하지 못했고, 더 나아가 많은 인명의 피해를 낳을 수 있는 대형 선박 사고 같은 커다란 사건에 직면했을 때 마땅히 발휘해야 할 위기 관리 능력을 거의 수행하시 못했다는 점에서 당시 박근혜 정부에게 돌아가야 할 책임의 몫은 엄중하다고 하지 않을 수 없다.

하지만 세월호 사건에서 가장 놀라운 것 중 하나는 **반인간적 폭력**이라고 할 만한 일들이 자행되었다는 점이다. 세월호 사건 초기부터 정부의 공직자나 정치인들은 세월호 사건을 단순한 교통사고 중 하나로 지칭함으로써 피해자 가족 및 유가족들에게 상처를 가져다주었다. 또한 세월호와 관련된 국정조사 과정에서도 여당의 한 국회의원은 세월호 유가족들에 대해 폭언을 가함으로써, 정부와 여당이 이 문제를 어떻게 인식하고 있는지 적나라하게 드러내 주었다.

그러나 가장 심각한 폭력은 아마도 세월호 가족에 대한 사복 경찰의 사찰 행위에서 찾을 수 있을 것이다. 이러한 사찰 행위 그 자체가 세월호 사건의 중요한 증상을 이룬다. 팽목항에서부터 경찰은 세월호 피해자 가족들에 대한 면밀한 사찰 행위를 전개했을 뿐만 아니라, 이 사실이 언론에 폭로되고 많은 비난을 받은 이후에도 여전히 사찰을 지속한 바 있다. 이는 어떤 종류의 사건이든 간에 그것이 국가의 치안에 동요를 불러올 수 있는 사건이라면, 국가는 항상 감시와 사찰을 벌인다는 사실을 잘 보여 준다. 더 나아가 세월호가 하나의 참사였다는 점에 대해 대부분의 국민이 동의하고, 수백만 명의 시민이 참사의 희생자를 애도하기 위해 분향소를 찾았으며, 희생자 및 유가족의 억울함과 고통을 하루빨리 덜어내기 위해 국가 및 정치권이 총력을 기울이 를 짓느보 촉구하는 상황에서도, 일부 정부 관료 및 당직자는 기회가 있을 때마다 세월호 사건을 교통사고로 격하시키려는 행태를 중단하지 않았다. 이는 세월호 참사를 교통사고로 재규정함으로써, 정부 및 여당이 지고 있는 책임의 범위를 축소하려는 시도이자 이 사건을 하루빨리 잠재우려는 시도였다.

이런 의미에서 국가는, 적어도 한국이라는 국가는 일종의 **치안 기계**라고 할 수 있다.

다시 말하면 국가의 유일한 관심사는, 치안의 질서를 교란하거나 공백을 초래하는 사건·사고를 가능한 한 빨리, 가능한 한 아무런 흔적을 남기지 않은 채 처리하는 것이라 할 수 있다. 사건에 대한 분석과 평가 및 처리는 오직 치안 질서의 유지라는 측면에서만 이루어질 뿐, 국민 개개인의 생명의 존엄함의 보호나 민주주의적 가치의 보존과 증진이라는 관심은 전혀 부재하거나 아니면 치안 기계의 성격을 은폐하는 단순한 수사법적 차원에 머물러 있다고 할 수 있으리라. 이처럼 국가를 치안 기계라는 측면에서 본다면, 세월호에 관한 정부와 여당의 무관심이나 가급적 하루빨리 세월호에 관한 국민의 관심을 덮고 다른 문제로 전위시키려는 수구 언론의 노력은 그리 놀라운 일이 아니다. 세월호 사건에서 드러난 국가의 반인간적 폭력의 중심에는 바로 치안 기계로서의 국가의 본성이 자리 잡고 있다.

그렇다면 국가는 왜 이처럼 치안 기계라는 성격을 띠게 되는 것일까? 국가는 처음부터, 원래 그런 것일 수밖에 없는 것일까? 고대의 어느 시기에 생겨난 국가는, 그 후 수천 년의 시간이 흘러 자본주의 시대에 이르기까지, 그리고 어쩌면 자본주의 시대가 지나서도 여전히 치안 기계라는 성격을 지닐 수밖에 없는 것일까? 이처럼 거대한 질문에 대해 이 글에서 제대로 답변하기 어렵다는 점은 당연할 것이다. 또한 어쩌면 국가의 초역사적인 본질이 어떤 것인지 묻는 것 자체가 이론적으로 부적절한 문제화 방식일 수도 있다. 따라서 이런 거창한 질문을 던지고 그에 대한 답변을 구하려고 애쓰는 대신 간략하게 처음 질문에 대답해 본다면, 오늘날 '대한민국'이라는 국가가 치안 기계의 본성을 적나라하게 드러내고 있다면 그것은 이 대한민국이라는 국가가 그것이 드러내는 치안 기계의 본성만큼 계급적인 성격을 띤 국가이기 때문이다.

그런데 대한민국이 계급적인 국가라는 명제는 조금 부연이 필요한 주장이다. 이는 고전 맑스주의에서 주장하듯이, 자본주의 국가는 자본가계급의 위원회라는 것, 곧 다른 자본주의 국가들과 마찬가지로 대한민국이라는 국가 역시 철저하게 자본가계급의 이익을 보호하고 관철하기 위한 도구이자 기계라는 것과는 약간 다른 주장이다. 실로 자본주의에서 국가들은 자본가계급의 이익을 보호하고 관철하기 위해 애쓴다. 이는 우리가 일상적인 경험을 통해 날마다 스스로 검증하는 명제다. 국가 경쟁력이라는 이름하에서든, 경제성장과 일자리 창출이라는 이름하에서든 정부는 늘 재벌의 이익을 옹호하기 위해 노력한다. 하지만 이는 자명한 주장인 그만큼 우리에게 이론적으로나 실천적으로 별로 말해 주는 바가 없다. 곧 왜 다 같은 자본주의 국가들이면서 국가들 사이에는 상당한 차이가 존재하는지 설명해 주지 못하며, 계급적인 국가의 문제점을 해결하기 위해서는 오직 사회주의 혁명이 간민계에 났니고 주장한다는 점에서 실천적으로도 별로 말해 주는 바가 없다. 더욱이 사회주의 70년 역사의 공과를 제대로 설명하지 못한다는 점은 말할 필요도 없다.

국가가 치안 기계라는 성격을 띠는 것과 그것이 계급적 성격을 띠는 것은 긴밀하게 연결되어 있으며, 바로 여기에서 국가의 반인간적 폭력이 생겨난다고 우리가 가설 삼아 주장한다면, 이는 오히려 국가가 기본적으로 **주체적인 것**(아마도 영어로는 'the subjective Thing'이라고 표현할 수 있을 것이다)이기 때문이다. 국가에서 주체성이 줄어들고 심지어 소멸할 지경에 이르게 될 때, 국가는 그 객체적 사물성만이 남게 되며, 그때 국가는 적나라한 도구적 성격을 드러내게 된다. 그것은 강한 이들, 권력과 부를 소유한 이들이 손쉽게 활용하고 오용하고 남용할 수 있는 도구가 되며, 자신들의 질서를 유지하기 위해 가동할 수 있는 가장 강력한 폭력 기계가 된다.

그렇다면 세월호 사건이 드러낸 것, 그것은 대한민국이라는 국가에 주체성이 부재한다는 것, 대한민국이라는 국가가 일종의 **검은 구멍**이라는 것이 아닐까?

4. 검은 구멍

돌이켜 보면 그동안 우리는 늘 국가를 이미 주어져 있는 것으로, 우리에게 주민등록증을 주고 병역 의무를 주고 세금을 걷어 가고 복지를 실시하고 선거의 기회를 주는 어떤 것으로 여겨 왔다. 그리고 범죄의 위협으로부터 우리의 생명과 재산을 지켜 주고, (우리 대부분은 다행스럽게도 경험하지 못했지만) 외부의 적들의 침입에 맞서 때로는 전쟁까지 불사하는 것이 국가라고, 우리는 알고 있다. 따라서 그것은 늘 우리 가까이에 있지만, 또한 우리가 거역할 수 없는 어떤 것으로, 우리가 감히 의문을 제기할 수 없는 어떤 것으로 우리 앞에, 우리 이전에 주어져 있는 것으로 존재해 왔고, 또 그렇게 간주되어 왔다. 그것은 단단한, 아마도 **가장 단단한 현실**이었을 것이다.

하지만 세월호 참사를 통해 우리는 자명한 것이라고 믿었던 국가가 사실은 너무나 허망한 어떤 것이라는 점을 깨닫게 되었다. 우리는 늘 그것이 우리 곁에 있다고, 우리의 편이라고 막연히 생각해 왔지만, 사실 그것은 **커다란 공백**이고 **검은 구멍**이었다.

국가가 검은 구멍이라는 것은 다음과 같은 점을 의미한다.

첫째는 국가의 놀라운 무능력이다. 대부분의 국민에게 국가는 전능한 존재로 군림한다. 국가는 막강한 공권력을 바탕으로 개개인의 국민이 지닌 기본적 자유를 제한할 수도 있고 병역을 부과할 수 있고 세금을 걷어 갈 수도 있다. 또한 개인이나 집단이 감히 꿈꾸기 어려운 거대한 사업을 벌이고 국민 개개인의 재산과 안전을 보호하는 역할을 수행한다. 적어도 대부분의 국민은 그렇다고 생각하고 믿고 있다. 하지만 세월호 사건은 현재의 대한민국이라는 국가가 얼마나 무능한 존재인지 뚜렷하게 드러내 주었다. 선진국에 진입했다고, 무역 대국이라고 늘 자신을 홍보하지만, 현실은 한 사람의 국민의 생명도 제대로 구조하지 못하는 무능한 국가가 현재의 대한민국이라는 그것이었다. 따라서 세월호 참사에서 드러난 것은 전능한 것으로 믿었던 국가가 사실은 지극히 무능력한 어떤 것이라는 사실이다.

둘째, 국가가 검은 구멍이라면, 이는 국가가 **우리 편**이, **나의 편**이 아니라는 것을 의미한다. 세월호 사건에서 대중들이 충격을 받은 것은, 이처럼 국가가 피해자들을 제대로 구조하지 못하고 사고 수습 및 사후 처리에서도 무능력을 보인 것이 단순한 무능력이 아니라 **무의지의 표현**이라는 점, 곧 국가는 단지 구조할 **능력**이 없었을 뿐만 아니라 구조할 **생각이나 의지**가 없었던 것으로 보이며, 이 사건에 책임을 지려는 의지를 보이지 않는다는 점 때문이다. 치안 기계로서의 국가가 가장 큰 관심과 공력을 기울이는 것은 더 이상 소란이 일어나지 않도록 질서를 유지하는 것이다. 정부나 여당이 이 사건의 위상이나 의의를 될 수 있는 한 축소하려 하고 경찰을 통해 피해자 가족들을 지속적으로 감시하고 세월호 관련 특별법 제정에 대하여 별다른 관심이나 열의를 보이지 않다가 결국 사고-보상 프레임에 입각하여 원래 세월호 피해자 및 유가족 법안에서 요구된 사항들을 대폭 축소시킨 법안을 통과시킨 것은, 이 사건이 대충 무마되고 마무리되어 그냥 빨리 잊히기를 바라기 때문이다. 마치 아무 일도 없었던 것처럼 질서와 치안이 유지되면 되는 것이다.

"가만히 있으라"라는 명령이 대중적 분노를 일으킨 이유가 바로 여기 있다. 그것은 아무런 책임 의식도 능력도 없는 선장을 비롯한 선원들이 자신들의 목숨을 구할 시간을 벌기 위해 대부분이 고등학생들이었던 승객들의 순진함을 이용한 명령이었다는 점 때문에 생겨난 분노였고 안타까움이었지만, 그것은 곧바로 많은 사람들에게 국가와 국민의 관계를 가리키는 환유적 표현으로 받아들여졌다. 학생들이 조금 더 적극적으로, 능동적으로, 저항적으로 나섰다면, 그들이 조금 더 말을 잘 듣지 않는, 명령에 고분고분하게 순종하지 않는 아이들이었다면, 그들이 한 명이라도 더 목숨을 구할 수 있지 않았을까 하는 안타까운 심정은, 사실은 이번 사건을 바라보는 대중들 자신의 정치적 존재론의 위상에 대한 무의식적 반응이었을 것이다. 가난한 우리를 위한 국가는 없다, 가난한 나를 위한 국가는 존재하지 않는다는 자각, 그리고 다음 차례는 바로 내가 될 수 있다는 자각이야말로 그 분노의 원천이었을 터이다. 과연 세월호 승객들이 안산의 단원고 학생들이 아니라 외국어고 학생들이나 강남의 명문고 학생들이었다면, 정부 당국이 세월호 구조에 이처럼 태만하고 무책임했을까 하고 대중들이 반문하면서 절감하고 또 두려워한 것은 국가는 그들의 편이라는 사실이다. 이것이 검은 구멍으로서의 국가가 두 번째로 뜻하는 것이다.

5. 과소주체성: 구멍의 상상적 봉합

하지만 검은 구멍이고 커다란 공백으로서의 국가가 가장 깊은 외상外傷, trauma으로 체험되는 지점은, 그러한 구멍과 공백을 메울 수 없으리라는 점, 그것은 사실 (언제부터 그랬는지 단언하기는 어렵지만) 늘 구멍과 공백으로 존재해 온 어떤 것이며, 앞으로도 늘 그럴 것이라는 점을 사람들이 부인할 수 없는 실존론적 사실로서 스스로 체험하고 납득하는 지점이라고 할 수 있다. 그 경우 사람들에 넣을 수 있는 실은 무관심과 망각이다. 또는 좀 더 적극적으로 표현된다면(아마도 『니체와 철학』의 들뢰즈라면 '적극적 반동'이라고 말했을 것이다), 사람들은 그들과의 동일시를 통해, 구멍과 공백을 메우려고 할 것이다.

에티엔 발리바르가 '전능한 자의 무기력 증후군'이라고 말한 것이 바로 이것이다.

보호받는 개인들은 이러한 보호가 그들에게 보장된 것인지, 그리고 보호에 대한 대가로 그들의 삶의 양식 및 일상적 실존이 통제되는 것은 아닌지, 또 이러한 보호가 자의적으로 철회될 수도 있는 것은 아닌지 계속해서 자문해 볼 수밖에 없다. 그리고 이러한 불안전에 대한 감정은, 이들이 집합적으로 **자기 자신을 보호**할 수 있다는 또는 자신들에 대한 보호 양상들 및 통제에 대해 능동적으로 개입한다는 느낌을 덜 가질수록 더 강력해진다. 아마도 가장 역설적인 것은, 보호자로서의 국가가 그다지 강력하지 못하다는 것, 또는 우리를 보호하는 국가의 힘이 점점 더 작아지고 있다는 것을 우리가 깨닫는 순간부터 이러한 감정이 더 강력해진다는 점일 것이다. 외관상 우리에 대해서는 전능한 — 왜냐하면 우리는 국가가 없이는 단 하루도 살아갈 수 없기 때문이다 — 국가 자신이 실제로는 무기력한 것이다. 이러한 모순이 낳는 불안감은 때로는 공포감을 불러일으킬 수도 있다.[2]

2 에티엔 발리바르, 『정치체에 대한 권리』, 진태원 옮김, 후마니타스, 2011, 144~145쪽.

이런 상황에서 대개의 개인들은 자신들이 희생자 또는 불쌍한 사람들의 편에 있지 않기를 바란다. 국가가 그들의 편이라면, 그리고 우리는 국가 없이는 하루도 살아가기 어렵다면, 내가, 우리가 살 수 있는 길은 내가 그들에 속하는 길이다. 실제로, 곧 경제적으로 물질적으로 그들에 속할 수 없다면, 상상적인 방식으로라도 그들에 속할 수 있어야 한다.

정치에서 공백에 대한 집합적 불안은 파멸적인 것이다. 여기에서 우리는 다시 파시즘에 근접해 가고 있다. 자신들이 무기력하다고 느끼면서도 동시에 국가의 무기력을 두려워하는 시민들은 국가에 대해 그들이 항상 "좋은 쪽"에 있고, 희생자, 전형적인 불쌍한 사람들 — 나는 "열등 인간"이라는 말까지 쓰려 했었다 — 은 자신들이 아니라 다른 이들이라는 점이 확실히 보장될 수 있도록 [……] 요구한다. 그들은 암묵적으로 다음과 같은 종류의 질문을 제기한다. 국가는 누구를 우선시하는가? 곧 국가는 누구 편인가? 그리고 국가의 결정들은 누가 내리고, 누가 국가로부터 정확히 우선이라는 답변을 얻을 수 있는? 누가 선택된 이들이고 누가 버려진 이들인가?[3]

그렇다면 사실 과소주체성은 대중들 스스로, 국민들 스스로 만들어 내는 양상이라고 할 수 있다. 그것은 주체적인 것으로서의 국가에서 주체성이 부재할 때 드러나는 공백, 그 검은 구멍을 상상적으로 봉합하

3 발리바르, 『정치체에 대한 권리』, 145~146쪽.

는 한 가지 방식인 셈이다.

내가 앞에서 국가를 기본적으로 주체적인 것이라고 말했을 때 염두에 둔 것은, 특히 근대적인 정치체로서의 국민국가의 성격이었다. 짧게 말한다면, 근대 국민국가의 특징은, 이전의 국가들과 달리 더 이상 (신성神聖처럼) 초월적이거나 (혈통처럼) 자연적인 토대에 자신의 정당성의 원천을 두지 않는다는 점이다. 민주주의 정체로서의 근대 국민국가는, 프랑스의 철학자 자크 랑시에르의 표현을 빌린다면, '아르케 없는'an-arkhe 것이다. 아르케라는 말은 크게 세 가지 의미를 지니고 있다. 첫째, 아르케는 만물의 시원이나 근원이라는 뜻을 지니고 있다. 둘째, 이러한 시원이나 근원은 또한 원리나 토대, 근거라는 의미를 함축한다. 마지막으로 아르케는 지배나 통치라는 뜻을 갖고 있다. 따라서 민주주의가 아르케 없는 것이라면, 그것은 민주주의에는 지배나 통치를 정당화하는 자연적이거나 객관적인 원리 또는 토대가 부재하다는 것을 뜻한다. 랑시에르 자신은 이를 민주주의는 아무나의 정치이며, 정치적인 참여에는 아무런 자격이 필요하지 않다는 의미로 해석한다.[4]

플라톤이나 아리스토텔레스 이래의 서양 정치철학이 추구했던 것은, 정치 공동체에 고유한 아르케를 갖고 있지 않기 때문에 누구나 정치적 문제에 관여할 수 있고 대중들이 원하는 바에 따라 마음대로 정치적 결정이 이루어지곤 하는 민주주의에 반대하여, 기하학적 비례에 따라 공동체의 성원들(귀족, 부자, 평민)에게 돌아갈 합당한 자격과 몫을

4 자크 랑시에르, 『불화: 정치와 철학』, 진태원 옮김, 도서출판 길, 2015 참조.

정함으로써 공동체의 아르케를 세우려는 시도였다. 그런데 이러한 시도는 사실은 결국 보통 사람들에게 허울뿐인 자유 이외에는 아무런 정치의 몫도 남겨 두지 않는 것이며, 몫 없는 이들의 배제를 자연적인/본성적인 성지 질서로 정당화하는 것에 불과하다. 따라서 민주주의 또는 정치(랑시에르에게 이 양자는 동의어다)는 아르케의 질서에서 몫을 배제당한, 몫 없는 이들의 몫을 추구하는 일과 다르지 않다.

또는 발리바르 식으로 말한다면, 민주주의 정체로서 근대 국민국가는 **정치에 대한 보편적 권리**라는 토대, 따라서 실제로는 토대 아닌 토대에 근거를 두고 있다고 할 수 있다. 정치에 대한 보편적 권리란, 인간의 권리 및 시민의 권리를 인간의 본성이라는 불변적인 자연적 사실에 기초 짓는 것을 가리키는 게 아니라, "**피압제자들의 해방은 그들 자신에 의해 쟁취될 수 있을 뿐**"[5]이라는 원칙을 가리킨다. 정치 공동체는 공동의 세계를 구성하려는 시민들의 호혜적인 행위 이외의 다른 기초를 지니지 않는 것이다. 따라서 근대 민주주의 정치체가 기본적으로 주체적인 것이라면, 그것은 또한 본질적으로 불안정한 것이라고 할 수 있다. 민주주의는 자연적 토대의 부재 위에, 따라서 존재론적 공백, 검은 구멍 위에 설립된 것이기 때문이다.

---

5 Étienne Balibar, "La proposition de l'égaliberté"(1989), *La proposition de l'égaliberté*, Paris: PUF, 2010, p.72[「'인간의 권리'와 '시민의 권리': 평등과 자유의 현대적 변증법」, 『인권의 정치와 성적 차이』, 윤소영 옮김, 공감, 2003, 23쪽].

따라서 세월호 사건을 통해 드러난 것이 검은 구멍으로서의 국가라면, 그것은 이중적인 의미에서 이해될 수 있다. 첫째, 그것은 주체적인 것으로서의 국가에서 주체성이 상실되거나 약화되면, 국가는 늘 치안 기계의 성격을 띠게 된다는 사실이다. 그런데 치안 기계로서의 국가는 포섭과 배제라는 이중적인 작용을 수행한다. 곧 그것은 활용할 만한 가치가 있는 것들은 끌어들여서 포섭하고 활용하는(또는 '착취하는') 반면, 그만한 가치가 없다고 여겨지는 것들은 배제하는 작용을 수행한다. 이때 배제의 대상이 되는 것은, 랑시에르의 표현을 빌린다면 바로 '몫 없는 이들'이다.

둘째, 그런데 몫 없는 이들이 이러한 포섭과 배제의 작용에 대하여 대응하는 방식 역시 일의적이지 않고 이중적이다. 곧 그들은 배제에 저항하기도 하지만, 다른 한편으로 어떻게 해서든 그러한 포섭 작용에 포함되기 위해 애를 쓰는 것이다. 그들은 힘 있는 자들, 몫 있는 자들의 편에 속하는 것이 삶을 보호받을 수 있는 안전한 길이라는 것을 (역사적 경험을 통해) 무의식적으로 체득하고 있다. 특히 국가의 보호가 없이는 하루하루의 생계를 유지하기 어려운 사람들, 가장 몫이 없는 이들이야말로 이러한 실존적 진리를 절박하게 체득하고 있는 사람들이다. 이런 의미에서 **몫 없는 이들은** 또한 가장 **과소주체화된** 이들, 다시 말해 자신들의 상징적 주체성을 힘 있는 이들과의 상상적 동일시로 대체한 이들이라고 할 수 있다. 세월호 사건이 일어난 지 얼마 되지 않아서부터, 자식들 팔아서 한몫 챙기려고 한다, 세월호 때문에 장사가 되지 않는다, 국가에 무슨 대단한 공을 세웠다고 유공자 행세를 하려 드느냐는 비난들을 일상 속에서 입에서 입으로 옮겼던 이들 역시 그들이 아닌가 생각해 볼 수 있다.

그렇다면, 세월호가 국가의 중심에 존재하는 상징적 공백을 드러냄으로써 우리들 각자에게 호명하는 것은 **주체적인 것으로서의 국가 또는 정치 공동체를 어떻게 (다시) 구성할 것인가**라는 질문이라고 할 수 있다. 이것은 '인민이여 봉기하라!', '국민이여, 모두 거리로 뛰쳐나와라!' 같은 직설적인 구호를 통해 해결될 수 있는 질문이 아니다. 왜냐하면 이 구호들 모두는 **봉기와 저항의 단일한 주체**로서 인민과 국민을 가정하고 있지만, 과소주체화된 치안 기계의 작용은 바로 그러한 주체 자체가 이미 와해되어 있음을 입증하기 때문이다. 오히려 국가를 어떻게 (다시) 구성할 것인가의 문제는 주체화를 어떻게 (다시) 수행할 것인가의 문제 또는 주체화란 어떻게 (다시) 가능한가라는 문제와 다르지 않다.

또한 이것은 세월호 피해자 및 유가족들이 철학의 언어가 아닌 언어로 제기하고 있는 문제 바로 그것이다. 2014년 5월 광화문에서 열린 촛불집회에 나온 세월호 사고 가족대책위원회 대변인은 "지금까지 한 달이 넘는 시간을 되씹어 봐도 티끌만큼도 잘못한 것 없이 제 아이는 제 앞에 없고 저는 이 자리에 있다"라면서 "아직도 꿈이었으면 좋겠다"라고 말했다. 그러면서 그는 "대한민국도 세월호처럼 침몰하고 있다. 영원히 살고 싶은 나라로, 소생시켜야 한다. 그래서 이 자리에 나온 것이다. 앞으로 할 수 있는 데까지 이 자리에서 여러분들과 함께하겠다"

라고 민망 바 있다. 또 어떤 자녀로 딸을 잃은 ㅁㅈㅅ속 ㅎ 면 명은 다음과 같이 호소한 바 있다. "제가 30대 때 삼풍백화점이 무너졌어요. 사연 들으면서 많이 울었는데, 지금 생각하면 그 뒤로 제가 한 일이 없는 거에요. 10년마다 사고가 나는 나라에서 제도를 바꾸려고 아무 노력도 하지 않아서 제가 똑같은 일을 겪었어요. 지금 SNS 하면서 울고만 있는 젊은 사람들, 10년 뒤에 부모 되면 저처럼 돼요. 봉사하든 데모하든 뭐든 해야 돼요."

세월호는 이제 대한민국 민주주의의 상징적인 사건이 되었다. 현대 철학자들이 말하듯 사건은 그것을 어떻게 상속하느냐에 따라 그 의미가 결정된다. 세월호의 참사가 계속 되풀이되어 왔고 또 앞으로 되풀이될 또 다른 참사 중 하나로 기록될지 아니면 새로운 민주주의의 건설을 위한 출발점이 될지 그것은 살아남은 우리에게 달려 있다. 살아남은 우리에게 제기된 첫 번째 책임은 세월호가 우리 각자에게 질문하는 것, 우리들 각자에게 대답해 보도록 호명하는 것을 외면하지 않는 일이다. 그것은 바로 너희가 욕망하는 나라는 무엇인가, 너희가 원하는 나라는 어떤 것인가라는 질문일 터이다.

어떤 민주주의?
민주화, 주체화, 폭력

4장

민주주의의 민주화의 두 방향

최장집과 에티엔 발리바르

1. 들어가며

이 장은 최장집 교수[1]의 민주주의론을 프랑스의 정치철학자 에티엔 발리바르의 이론과 비교하는 것을 목적으로 삼는다. 최장집과 발리바르를 비교하는 것은 많은 사람들이 보기에 여러모로 낯선 일처럼 느껴질 것 같다. 그것은 최장집이 주로 민주주의의 운영과 발전에서 정당의 중요성을 강조하는 '자유주의' 정치학자로 간주되는 데 비해, 발리바르는 대의제 민주주의 바깥의 계급투쟁에 초점을 두는 '맑스주의' 이론가로 알려져 있기 때문이다.[2]

---

1 이하 편의상 일체의 존칭이나 호칭은 생략하겠다.
2 내가 '자유주의'와 '맑스주의'에 대해 따옴표를 친 것은, 이러한 일반적인 평가에 대해 다소 유보적인 견해를 갖고 있기 때문이다. 또는 좀 더 정확히 말하면 따옴표는, (데리다가 종종 그렇게 따옴표를 사용한 바 있듯이) 이 두 가지 용어의 의미에 대해 적극적인 재고찰이 필요하다는 것을 전제로 하여 임시로 이 용어들을 두 이론가에 대해 사용한다는 것을 가리킨다.

하지만 내가 생각하기에 두 사람 사이에는 여러 가지 공통점이 존재하며, 또한 이러한 공통점 위에서 확인할 수 있는 상당한 차이점들도 존재한다. 그리고 이러한 공통점과 차이점은, 두 사람의 이론을 새로운 각도에서 조명해 볼 수 있는 기회를 제공할 뿐만 아니라 한국 민주주의를 재고찰하는 데에도 몇 가지 의미 있는 준거점을 제공해 줄 수 있을 것으로 생각한다. 내가 여기서 두 사람의 이론을 비교해 보려는 이유다.

이 글은 크게 세 가지 단계로 진행될 것이다. 우선 2절에서는 서로 상이한 지적 전통 및 정치적 입장에 속해 있는 것으로 알려진 이 두 이론가 사이에는 여러 가지 공통점이 존재한다는 점을 보여 줄 것이다. 이러한 공통점은 크게 다섯 가지 측면에서 살펴볼 수 있다. 그다음 3절에서는 이러한 공통점 속에서 나타나는 두 사람 이론의 중요한 차이점을 부각시켜 볼 것이다. 여기에서도 역시 다섯 가지 쟁점들을 중심으로 논의를 진행할 생각이다. 그리고 마지막 결론에서는 이러한 비교 고찰의 함의에 대해 간단한 논평을 제시해 볼 것이다.

2. 두 사람 사이의 공통점

1) 민주주의의 민주화: 민주주의에 대한 역동적 관점

최장집과 발리바르의 첫 번째 공통점은 두 사람이 각자 사용하는 '민주주의의 민주화'라는 표현에서 찾을 수 있다. 최장집은 자신의 저서 중 한 권의 제목으로 이 표현을 사용한 바 있으며,[3] 발리바르는 2008년의

한 논문에서 처음 이 표현을 사용한 이후,[4] 최근 저작에서는 민주주의의 민주화를 현재 민주주의의 핵심 과제로 제시한 바 있다.[5]

이 표현은, 두 사람 모두 민주주의를 정태적이고 형식적인 관점에서 이해하지 않고 역동적인 과정으로 이해한다는 것을 말해 준다. 최장집의 표현을 빌리면 민주주의는 권위주의에 맞선 민주화 투쟁의 결과로 성립하는 것이며, 민주주의의 형식적 틀이 갖춰진 이후에도 여전히 민주화의 과정을 수행해 가야 한다. 그가 '민주화 이후의 민주주의'[6]나 '민주주의의 민주화'라는 표현을 여러 번에 걸쳐 사용하는 것은, 민주주의라는 것을 권위주의적 통치 체제와의 일회적인 단절을 통해 완성되거나 정착될 수 있는 형식적 틀이 아니라, 부단한 개선과 보완의 노력을 요구하는 과정으로 이해하고 있음을 잘 보여 준다.

민주주의를 과정으로 이해하는 발리바르의 관점은 일차적으로 스피노자의 정치학에 대한 재독해에 기반을 두고 있다.[7] 스피노자의 마지막 저서인 『정치론』(1677)은 잘 알려져 있다시피 스피노자의 사망으로 인해 민주정을 다루는 11장 서두에서 논의가 중단된 채 미완성 상태로

---

3 최장집, 『민주주의의 민주화』, 후마니타스, 2007.
4 Étienne Balibar, "Historical Dilemmas of Democracy and Their Contemporary Relevance for Citizenship", *Rethinking Marxism*, vol.20, no.4, 2008.
5 Étienne Balibar, *La proposition de l'égaliberté*, Paris: PUF, 2010.
6 주지하다시피 이것은 그의 대표적인 저서의 제목이기도 하다. 최장집, 『민주화 이후의 민주주의』, 후마니타스, 2002.
7 에티엔 발리바르, 『스피노자와 정치』, 진태원 옮김, 수정 2판, 그린비, 2014 참조. 이에 대한 평주로는 진태원, 「관계론, 대중들, 민주주의: 에티엔 발리바르의 스피노자론」, 『시와 반시』 71호, 2010을 참조.

남겨져 있다. 이 때문에 많은 스피노사 연구사들은 스피노사가 넘주에 둔 민주주의의 모습이 어떤 것인가를 두고 오랫동안 논쟁을 벌여 왔다. 이 문제에 관한 발리바르의 입장은 매우 역설적이면서도 급진적인 것이다. 그는 스피노자가 민주정에 관한 논의를 완결 짓지 못한 것은 단지 그의 이른 죽음 때문이 아니라고 주장한다. 그것은 '대중들의 공포/대중들에 대한 공포'la crainte des masses[8]로 요약될 수 있는 스피노자의 대중에 대한 불신(따라서 스피노자의 보수주의적 경향) 때문이라는 것이다. 하지만 동시에 스피노자는 '대중들의 역량'potentia multitudinis을 민주정만이 아니라 군주정과 귀족정을 포함하는 모든 정치체의 토대로 간주했으며, 이것은 스피노자가 민주주의를 모든 정체, 모든 국가의 기초로 간주했음을 보여 준다.

이 때문에 스피노자의 민주주의는 보수주의 전통이 주장하는 중우정치로서의 민주주의라는 관점과 다르지만, 근대 계약론에서 유래하는 민주주의에 대한 법적 관점과도 다르다. 게다가 이는 루소나 맑스주의에서 유래하는 인민민주주의 개념과도 차이가 있다. 전자의 두 관점이 대중의 근원적인 정치적 무능력과 통제 불가능성을 가정하고 있는 데

---

8 이처럼 이중적으로 이해되는 '대중들의 공포/대중들에 대한 공포'라는 개념은 스피노자에 관한 발리바르의 유명한 논문 제목이면서 동시에 역사적 맑스주의에 대한 탈구축(deconstruction) 작업이 집약돼 있는 그의 저서 제목이기도 하다. 에티엔 발리바르, 「스피노자, 반오웰: 대중들의 공포」, 『스피노자와 정치』, 148~208쪽; 『대중들의 공포』, 서관모·최원 옮김, 도서출판 b, 2007. 이런 의미에서 '대중들의 공포/대중들에 대한 공포'라는 개념은 스피노자 정치학을 해석하는 발리바르의 관점을 가장 간명하게 드러내는 표현이면서 동시에 역사적 맑스주의의 탈구축에서 스피노자 철학에 대한 재독해가 결정적인 역할을 수행하고 있음을 잘 나타내 주는 표현으로 볼 수 있다.

반해, 후자는 대중의 혁명적 역량을 선험적으로 전제하고 있다. 반면 스피노자는 전자처럼 대중 그 자체는 정치체제에 파괴적이고 위협적인 존재라는 보수적 관점을 유지하면서도 또한 후자처럼 대중은 정치체제를 구성하는 근원적인 역량이라는 관점을 고수하고 있다.

따라서 부재하는 원인으로서의 스피노자의 역설적인 민주주의론은 두 가지 의미를 지닌다고 할 수 있다. 첫째, 이것은 계약론에서 유래하는 **민주주의에 대한 법적 관점을 비판**하는 의미를 지닌다. 곧 민주주의를 하나의 통치 유형이나 정체로만 이해하는 것은 민주주의의 정치적 핵심을 법적 제도의 틀 안에 가두는 결과를 낳게 된다. 따라서 둘째, 민주주의는 완성된 형태로 존재하는 게 아니라, 봉기와 구성, (잠정적) 해체와 재구성을 거듭하는 **과정**으로서 존재한다. 이런 의미에서 발리바르의 민주주의의 민주화라는 개념은 스피노자주의적인 영감에서 비롯한 것으로 평가할 수 있다.

2) 민주주의의 봉기적 기원

꽤 많은 사람들이 간과하는 것이지만, 최장집에게 민주주의는 본질적으로 봉기적 기원을 갖는 것이다. 민주주의는 전제정이나 권위주의에 맞선 투쟁을 통해 확립될 수 있었으며, 민주화 이후에도 여전히 남아 있는 권위주의의 잔재와의 싸움이 불가피하기 때문이다. 다음 인용문은 이 점을 잘 보여 준다.

민주주의는 그것의 발생 과정에 있어 전복적 성격을 내포한다고 말할
수 있다. 왜냐하면 민주주의란 민주화 이전의 전제정이나 권위주의 체
제에서 종속적 지위에 있던 인민 또는 그 일부가 지배 권력에 맞서 저
항하고 도전함으로써 발생하기 때문이다. [……] 간단히 말해 민주주
의는 구체제의 통치자들이 아래로부터 도전하는 세력의 힘을 제어할
수 없기 때문에, 기존의 권력을 포기하거나 양보한 결과로서 나타난
다. 이 점에서 민주화는 지배 세력과 도전 세력 간 집단적 힘의 충돌이
라는 정치적 갈등의 산물이다. 한국의 민주화 과정 역시 이러한 특징
을 명료하게 보여 주었다.[9]

다른 한편 발리바르는 두 가지 측면에서 민주주의가 봉기에서 발
원했다고 이해한다. 하나는 그가 프랑스혁명 및 미국혁명에서 근대 민
주주의의 기원을 찾는다는 점에서 그렇다. 발리바르의 이론적 작업은
1980년대 초까지 역사적 맑스주의의 탈구축에 집중되어 있었으며, 그
당시까지 시민권이나 민주주의, 대표 등의 문제에 대해서는 거의 다루
지 않았다. 하지만 그는 1980년대 중반 이후부터는 민주주의와 시민권
의 문제를 핵심적인 탐구 주제로 삼는다.[10] 이러한 작업 중에서 특히 중
요한 것은 1989년 프랑스혁명 200주년을 맞아 프랑스에서 벌어진 논

9 최장집, 『민중에서 시민으로: 한국 민주주의를 이해하는 하나의 방법』, 돌베개, 2009,
23~24쪽.
10 1980년대 초에서 1990년대 초에 이르는 민주주의와 시민권에 관한 발리바르의 작업
은 다음 책에 대부분 수록돼 있다. Étienne Balibar, *Les frontières de la démocratie*,
Paris: La Découverte, 1992.

쟁의 와중에 발표된 「평등자유 명제」라는 글이다.[11] 이 글에서 그는 근대 정치의 핵심에는 봉기의 선언문으로서 「인권선언」이 기입되어 있으며, 이것의 핵심은 인간과 시민이 동일한 정치적 '주체'를 표현한다는 점, 그리고 평등과 사유는 서로 분리된 가치가 아니며 각자가 서로를 조건 짓는다는 점에 있다고 주장한 바 있다. 이는 다시 말하면 프랑스만이 아니라 현대 민주주의 헌정 일반 속에는 「인권선언」을 통해 표현된 봉기의 흔적이 기입돼 있음을 뜻한다.

여기에서 한 걸음 더 나아가 그는 최근 여러 저작에서는 1997년 프랑스에서 벌어진 이주자 추방에 반대하는 시민불복종 운동에 참여한 경험에 근거하여 정치체의 토대는 시민불복종의 가능성에 놓여 있다는 점을 이론화하려고 시도하고 있다. 곧 이러저러한 정부의 정책이 헌정의 정신을 위반하거나 그것을 위태롭게 할 때 헌정 자체의 이름으로 그것을 바로잡으려는 행위는 정치체의 근본을 뒤흔드는 행위가 아니라 오히려 헌정의 토대에 입각하여 헌정 질서를 재구성하려는 시도이며, 시민성을 재발명하려는 시도와 다르지 않다는 것이다. 물론 이러한

---

11 '평등자유'라는 표현은 발리바르의 신조어인 'égaliberté'의 번역어다. 발리바르는 보통 서로 독립적인 가치로 이해되는 평등과 자유가 분리될 수 없으며, 양자는 서로의 조건이 된다는 점을 강조하기 위해 이러한 신조어를 만들어 냈다. 발리바르의 이 글은 다소 축약되어 '인간의 권리와 시민의 권리: 평등과 자유의 근대적 변증법'이라는 제목으로 출간된 바 있다. Étienne Balibar, "Droits de l'homme et droits du citoyen. La dialectique moderne de l'égalité et de la liberté", *Les frontières de la démocratie*. 하지만 최근 이 글을 원래 내용대로 재출간하면서 발리바르는 이 글의 원래 제목을 다시 살렸을 뿐만 아니라 책의 제목으로 삼고 있다. Balibar, *La proposition de l'égaliberté* 참조.

시두가 우류나 가오 또는 무책임한 비주으로 빈생씨시 낳으리라는 보
장은 없으며, 시민불복종의 주체들은 이러한 위험의 책임을 스스로 감
수해야 한다. 하지만 발리바르는 이러한 위험을 무릅쓰고 통치자들의
부당한 정책이나 그릇된 실정법에 저항하려는 자세야말로 능동적 시
민성의 핵심을 이루며, 헌정의 토대를 이룬다고 본다. 따라서 발리바르
에게 시민불복종을 비롯한 여러 가지 형태의 봉기insurrection[12]는 단지
근대 정치체의 기원을 이룰 뿐만 아니라 현존하는 정치체의 기초 자체
를 이룬다고 할 수 있다.

3) 대의민주주의의 중요성

2)의 경우와는 반대로, 상당수의 발리바르 독자가 간과하거나 또는 오
해하는 것이지만, 발리바르에게 제도 정치 또는 대의 정치는 본질적인
중요성을 지니고 있다. 그는 여러 차례에 걸쳐 민주주의는 단지 직접민
주주의만을 의미하는 것이 아니며 다양한 형태의 대의민주주의를 포
함한다는 점을 역설하고 있다.[13] 더욱이 대의민주주의라는 것은 직접

---

12 발리바르는 봉기라는 표현을 넓은 의미로 이해한다. 그것은 독재 정권에 대항하는 대
규모 시위일 수도 있고 고전적인 혁명적 봉기일 수도 있지만, 시민불복종 운동이나 청
원 운동 등도 역시 넓은 의미의 봉기에 포함될 수 있다. 발리바르는 최근 프랑스의 사례
로 이주자 추방에 반대하는 시민불복종 운동이나 2005년 방리유 항쟁, 2008년 전개된
최초고용계약법안(CPE, Contrat première embauche)에 반대하는 학생 시위 등을 제시
하고 있다. Étienne Balibar, "Entretien avec Étienne Balibar", interview by Philippe
Mangeot, Sophie Wahnich and Pierre Zaoui, *Vacarme*, no.51, 2010 참조.

민주주의보다 열등한 형태의 민주주의이거나 직접민주주의가 불가능한 경우에 한해 차선책으로 실행되는 방식이 아니라, 민주주의의 본질적 요소로 간주된다. 이것은 대표representation가 민주주의의 주체로서 인민 내지 시민의 정치적 역량을 약화시키거나 감소시키는 것이 아니라 오히려 강화할 수 있는 수단이 되기 때문이다. 곧 '대표'는 인민을 실체화하는 위험에서 벗어나게 해주면서 동시에 지배 권력이 억압하는 사회적 갈등들이 대표되도록 해줌으로써 인민의 이해관계가 정치적으로 표현될 수 있는 길을 제공해 준다.

발리바르가 이처럼 대의민주주의를 적극적으로 평가하는 것은 그가 정치에서 제도의 중요성을 강조하기 때문이다. 발리바르는 1993년 국가박사학위를 받기 위해 제출한 업적 소개문 「무한한 모순」[14]에서 맑스주의와 자유지상주의libetarianism 전통이 공유하는 '이론적 무정부주의'theoretical anarchism의 한계를 지적한 바 있다. 인간의 자율성과 국가의 권위 사이에는 길항 관계가 존재한다는 본래의 무정부주의적 관점이든, 아니면 자본주의를 비롯한 계급사회에서 국가는 계급 지배의 도구일 뿐이며 비계급사회에서 국가는 소멸될 것이라고 보는 맑스주의적 관점이든 간에, 이론적 무정부주의는 민주주의 내지 진정한 정치와 국가적인 정치 사이에서 양립할 수 없는 모순을 발견한다. 하지만

---

13 에티엔 발리바르, 『정치체에 대한 권리』, 진태원 옮김, 후마니타스, 2011, 240쪽 이하를 참조.

14 이 글은 지금까지 프랑스어 원본은 출간되지 않고 영어 번역본만 출간되어 있다. Étienne Balibar, "The Infinite Contradiction", *Yale French Studies*, no.81, 1995.

발리바르에 따르면 이러한 관점은 퍼시즘과의 대립에서 수렴할 뿐만
아니라, 대중과 국가 사이에 존재하는 양면적 관계를 제대로 이해하지
도 못한다는 점에서 더 이상 유지하기 어려운 관점이다. "왜냐하면 개
인들, 특히 권력을 가장 덜 갖고 있고 권력에서 가장 멀리 떨어져 있는
개인들은 국가를 두려워하지만, 국가의 소멸이나 해체는 훨씬 더 두려
위하기 때문이다. 무정부주의 전통과 맑스주의 전통이 결코 깨닫지 못
한 것이 바로 이 점이며, 그리하여 그들은 정말 톡톡히 대가를 치러 왔
다."[15] 따라서 발리바르의 간명한 표현을 인용한다면, "모든 국가가 반
드시 민주주의적이지는 않다. 하지만 정의상 비국가는 민주화될 수가
없다".[16]

4) 민주주의 정치의 핵심으로서 갈등

최장집과 발리바르의 또 다른 공통점은 갈등의 중요성을 강조한다는
점이다. 두 사람은 공히 갈등을 민주주의 정치의 핵심 중 하나로 간주
한다. 더욱이 흥미롭게도 두 사람은 이 점에서 미국의 철학자인 앨버트

---

15 에티엔 발리바르, 『우리, 유럽의 시민들?』, 진태원 옮김, 후마니타스, 2010, 293쪽. 또
한 다음과 같은 언급도 참조. "왜냐하면 국가의 부재 — 실제로는 국가의 파괴 — 는
사회의 생산력이나 창조적 능력의 '해방'을 가져오기는커녕 사회적 정체성과 개인성
의 일반적 위기만을 낳을 뿐이며, 이는 대부분의 경우 이러한 정체성과 개인성의 권위
주의적이거나 독재적인 재구성으로 귀착되기 때문이다"(Balibar, *Les frontières de la
démocratie*, p.15).
16 발리바르, 『우리, 유럽의 시민들?』, 297쪽.

허시먼에게 적어도 부분적으로 의존하고 있다.[17]

최장집은 자유주의의 기반 위에서 갈등이 사회의 근본적인 특징 중 하나라는 점을 받아들인다. 자유주의에서 말하듯 인간이 태어날 때부터 평등하고 사유로운 시회 구성이 자율적인 단위라면, 서로 동등하게 자유로운 개인들 사이에는 필연적으로 이해관계나 의견 사이의 갈등과 충돌이 존재할 수밖에 없기 때문이다. 따라서 민주주의 국가에서 정치의 본질적 과제 중 하나는 이처럼 상호 충돌하는 개인들 사이의 갈등을 어떻게 해결할 것인가에 있다.

갈등의 문제에서 최장집이 좀 더 주목하는 것은 사회의 힘센 이익 집단이 정치를 독점하는 경향에서 어떻게 벗어날 수 있는가의 문제다. 이를 보여 주기 위해 그는 립셋과 로칸의 사회 균열 이론, 허시먼의 갈등 이론 및 샤츠슈나이더의 정당론을 동원하고 있다. 그는 허시먼을 따라 갈등을 두 종류로 구별한다.[18] 나눌 수 없는 갈등은 "이것이냐 저것이냐, 갖느냐 못 갖느냐의 이분법적 대립을 둘러싼 것으로, 인종·언어·종교 등의 문화적 차이를 따라 발생한다".[19] 반면 나눌 수 있는 갈등은 서로 다른 계급·부문·지역이 사회적 생산물을 어떻게 나누어 가질 것

---

17 "철학자 앨버트 허시먼의 충격적인 표현을 따른다면 민주주의가 필요로 하는 것은 '갈등의 꾸준한 섭취'다. 물론 이는 이러한 갈등성 자체가 집합적으로 제어된다는 것을 조건으로 한다"(발리바르, 『우리, 유럽의 시민들?』, 261쪽). '갈등의 꾸준한 섭취'(steady diet of conflict)라는 표현에 대해서는 Albert O. Hirschman, *A Propensity to Self-Subversion*, Cambridge, MA: Harvard University Press, 1998, p.243 참조.

18 Albert O. Hirschman, "Social Conflicts as Pillars of Democratic Market Societies", *A Propensity to Self-Subversion*.

19 최장집, 『민중에서 시민으로』, 38쪽.

인가를 둘러싸고 벌이는 갈등이다. 이러한 긴등은 언제나 날리 협싱 사 능한 것이다. 최장집은 한국 사회의 갈등 역시 이러한 범주를 통해 두 가지로 구별될 수 있다고 본다. 곧 나눌 수 있는 갈등으로 분류되는 것 은 사회경제적 자원의 분배를 둘러싸고 전개되는 계급·계층·부문 간 의 이익 갈등이고, 나눌 수 없는 갈등에 속하는 것은 민족 문제, 즉 대 북·통일 정책과 한미 관계를 둘러싼 이념적·이데올로기적 갈등이다.

그가 이러한 두 가지 갈등의 구분을 도입하는 것은, 나눌 수 있는 갈등이 보통 사람들의 삶의 질을 향상시키는 데 기여하는 긍정적 효과 를 갖는 반면, 나눌 수 없는 갈등은 극한적인 대립과 분열을 야기함으 로써 타협과 협상을 어렵게 할 뿐만 아니라 "지난날 냉전 반공주의의 헤게모니를 온존·지속시키면서 사회경제적인 문제를 둘러싼 차이, 즉 나눌 수 있는 갈등을 둘러싼 좌우 스펙트럼상의 정치 세력화와 그에 바 탕한 경쟁을 억압한다는 점"[20]을 분명히 드러내기 위해서다. 진보적 정 치 세력이 운동론의 관점에서 나눌 수 없는 갈등에 집착할 경우 오히 려 현실의 사회경제적 문제에 대한 관심을 지워 버리거나 억압할 수 있 으며, 따라서 이제 이러한 갈등보다는 정당을 통한 정치 세력화를 통해 사회경제적 분야에서 소외되거나 약한 위치에 있는 사람들의 이익을 대변해야 한다는 것이 그의 주장이다.

샤츠슈나이더는 힘센 이익집단들이 정치를 독점하는 위험에서 벗 어나기 위해서는 평범한 시민 대중의 이익을 사회적으로 표현할 수 있

20 같은 책, 40쪽.

는 정당제를 강화하는 것이 중요한 과제라고 본다. "공적 권위에 도움을 요청하는 사람들은 강자가 아니라 약자이다. 갈등을 사회화하고자 하는 사람들, 즉 힘의 균형이 변할 때까지 더욱더 많은 사람을 갈등에 끌어들이고자 하는 사람은 약지이다."[21] 따라서 이익집단이나 운동과 달리 다수의 지지를 얻기 위해 경쟁하는 정당이야말로 사회의 계급적·계층적 차이를 완화하거나 극복할 수 있는 조직적 대안이라는 것이 샤츠슈나이더 및 최장집의 생각이다.

발리바르 역시 지배적인 세력 관계가 억압하는 갈등, 곧 사회적 약자들이나 배제된 집단들의 이해관계를 대변하는 것이 민주주의 정치의 핵심 중 하나라고 말한다.

> 민주주의적 **대표**에서 문제가 되는 것은 단지 의견과 당파의 **다원성**을 보증하고 활성화하는 것(이것은 물론 본질적입니다만)만이 아니라 **사회적 갈등을 대표**하는 것이며, 모종의 세력 관계가 강제하는 '억압'으로부터 이러한 갈등을 빼어 내서 공동선 내지 공동의 정의를 위해 활용할 수 있게끔 그것을 분명히 드러내는 것입니다. 이렇게 하기 위해서는 사회적 갈등이 부인되어서는 안 되며 논변과 매개('의사소통 행위') 바깥에 놓여서도 안 되는데, 비록 이러한 갈등이 처음에는 대부분 적법한 이해관계들을 인정하기 위해 제도적으로 설정된 틀을 격렬하게 벗어나기 마련이라 하더라도 그렇습니다.[22]

---

21 E. E. 샤츠슈나이더, 『절반의 인민주권』, 현재호·박수형 옮김, 후마니타스, 2008, 89쪽.

이러한 발리바르의 관점은 규정적인 테스누의에 대한 날누숙의 시도로 이해될 수 있다. 곧 그것은 한편으로 계급투쟁을 정치를 규정하는 최종 심급으로 간주하는 관점에 대한 해체이면서 동시에 다른 한편으로는 맑스주의를 폐기하거나 청산하려는 경향에 맞서 계급투쟁을 정치의 주요한 규정 요인 중 하나로 개조하려는 재구성의 시도를 나타낸다. 발리바르의 관점이 역사적 맑스주의에 대한 해체를 함축한다는 것은 그가 조르주 라보의 충격적인 테제를 수용한다는 사실에서 잘 드러난다. 프랑스 정치학자인 라보는 1981년 프랑스공산당이 프랑스 정치에서 수행하는 역할을 분석하는 『공산당은 무엇에 봉사하는가?』라는 저작을 출간한 바 있다.[23] 마키아벨리의 『로마사 논고』에 준거하고 있는 이 책(라보는 공산당의 역할을 '호민관 기능'이라고 부른다)의 핵심 주장은 프랑스공산당은 계급투쟁과 적대, 혁명 같은 분열의 수사법을 내세우지만, 그것이 실제로 목표로 삼는 것은 혁명이 아니라 공산당 및 그것과 연루된 사람들의 현실적인 이익이라는 것이다. 따라서 계급투쟁은 제도를 필요로 할 뿐만 아니라 "계급투쟁이 하나의 제도"[24]라고 할 수 있다.

발리바르 역시 마키아벨리의 『로마사 논고』에 기초하여 '갈등적 민주정'이라는 개념을 제시한다.[25] 이 개념의 한 가지 요점은 국민국가

---

22 발리바르, 『정치체에 대한 권리』, 241쪽.

23 Georges Laveau, *A quoi sert le Parti communiste français?*, Paris: Fayard, 1981. 이 저작에 대한 논평으로는 발리바르, 『정치체에 대한 권리』, 138쪽 이하 참조.

24 같은 책, 139쪽.

가 내부의 계급투쟁과 전쟁 같은 대외적 갈등을 통해서 분열되거나 해체되지 않고 재생산될 수 있었던 것은 지배계급이 피지배계급, 특히 노동계급의 요구를 받아들여 사회적 권리를 확대하고 사회적 시민권 개념을 창안한 넉분이라는 점이다. 따라서 계급투쟁은 고전적인 맑스주의자들이 생각한 것과 달리 자본주의 국가를 해체하거나 소멸시키는 것이 아니라 강화하는 결과를 낳았다(여기서 말하는 '강화'는 민주주의가 강화되었다는 것과 동시에 체계 통합이 강화되었다는 것을 의미한다). 하지만 이 개념은 다른 한편으로, 복지국가 또는 발리바르 자신의 고유한 개념을 사용한다면 '국민사회국가'national-social state[26] 내에 여전히 계급투쟁 또는 좀 더 일반적으로는 '적대'가 사라지지 않고 존속하고 있으며, 또 존속해야 함을 가리킨다. 그 이유는 계급투쟁이나 적대란 단순히 서로 상반되는 이해관계를 가진 대칭적인 두 계급의 대립을 뜻하는 것이 아니라, 서로 비대칭적인 목표를 갖는 두 집단 내지 두 세력 사이의 갈등을 뜻하기 때문이다. 이는 맑스 자신이 이미 지적한 바 있듯이 프롤레타리아의 목표는 자본가계급과 달리 새로운 형태의 계급 지배를 만들어 내는 것이 아니라 모든 계급 지배를 철폐하는 것이라는 점에서 잘 드러난다. 또한 그 이전에 마키아벨리가 귀족 및 부자들은 지

---

25 이 개념의 의미에 대해서는 Étienne Balibar, *L'Europe, l'Amérique, la guerre*, Paris: La Découverte, 2003, p.125 이하; "Philosophy and the Frontiers of the Political: A biographical-theoretical interview with Étienne Balibar", *Iris*, vol.2, no.3, 2010, p.60 이하 참조.
26 이 개념에 관해서는 특히 에티엔 발리바르, 「국민 우선에서 정치의 발명으로」, 『정치체에 대한 권리』 참조.

배를 욕망하는 데 바해, 가난한 이들은 지배받지 않는 것을 원한다고 말했던 것에서도 이러한 비대칭성을 엿볼 수 있다.

따라서 발리바르가 말하는 '갈등적 민주정'이라는 개념은 두 가지 측면을 지닌다. 한편으로 그것은 국민사회국가라는 역사적 타협체가 이룩한 시민권 헌정의 제도적 성과(민주주의의 확대)를 긍정하고 있다. 하지만 다른 한편으로는 그것은 이러한 성과는 적대에 기반을 둔 끊임 없는 투쟁 없이는 이룩될 수 없고, 또 유지되거나 좀 더 진전될 수 없다는 점을 가리킨다. 이런 의미에서 갈등적 민주정이라는 개념은 "민주주의란 합의에 근거를 둘 수 없다"라는 점을 표현하는 개념이라고 할 수 있다.[27]

5) 사회적 시민권의 중요성

두 사람 사이에서 나타나는 또 다른 의미 있는 공통점은 사회적 시민권을 중시한다는 점이다. 최장집은 T. H. 마셜의 시민권 3단계론, 곧 시민권은 시민적 권리에서 정치적 권리로, 다시 여기서 사회경제적 권리로 발전해 왔다는 이론을 전적으로 수용하면서, 사회적 시민권을 발전시키는 것을 한국 민주주의에서 가장 중요한 과제 중 하나로 꼽고 있다.[28]

---

27 Balibar, "Philosophy and the Frontiers of the Political", p.62. 발리바르는 이를 또한 해방의 이중 구속으로 표현하기도 한다. "어떻게 해방투쟁 또는 해방운동은 자신이 필요로 하는 제도들로부터 자신들을 자유롭게 할 것인가?"(Étienne Balibar and Sandro Mezzadra, "Borders, Citizenship, War, Class: A Discussion with Étienne Balibar and Sandro Mezzadra", *New Formations*, no.58, 2007, p.27).

그가 이렇게 보는 데는 크게 두 가지 이유가 있다. 첫 번째는 사회적 시민권이 한국 민주주의를 작동시키고 발전시키는 기초로서의 의미를 갖고 있다는 점이다. 최장집에 따르면 한국에서 사회적 시민권은 다음과 같은 요인들 때문에 아직까지도 보편적 권리로서 인정받지 못하고 있다. 우선 역사적으로 볼 때 보통선거권이 서구와 같이 아래로부터의 투쟁을 통해 획득된 것이 아니라 건국 과정에서 위로부터 주어졌다는 점이다. 이는 이러한 투쟁 과정을 통해 노동자 대중이 자신의 계급적 정체성을 확립하고 정치조직으로서의 정당을 형성하는 경로가 빠져 있음을 의미한다. 더 나아가 분단 이후 고착화된 냉전 반공주의는 노동과 관련된 담론이나 행동을 모두 친북 좌파('빨갱이')와 관련된 것으로 간주하게 만드는 이데올로기적 효과를 낳았다. 또 하나의 중요한 요인은 역설적이게도 민주화 이후의 정권들이 신자유주의 정책을 주도적으로 선택함으로써 노동시장을 유연화하고 노동자들의 권리를 축소하는 데 앞장섰다는 점이다.

두 번째는 '민주화' 이후 본격적으로 도입된 신자유주의적 세계화로 인해 시장의 효율성이 사회 전 부문에 걸쳐 지배적인 가치 기준으로 설정되는 상황에서 이러한 흐름에 맞서 인간의 기본적인 사회경제적 삶을 유지할 수 있게 해주는 권리가 바로 사회적 시민권이라는 점이다. 그는 랄프 다렌도르프를 따라 특히 물질적 급부보다는 절차적 가치로서의 사회적 시민권을 강조한다. 곧 사회적 시민권의 진정한 의미는

28 특히 최장집, 『민중에서 시민으로』, 3장 참조.

복지비와 사회보장의 확대로 측정될 수 있는 것이 아니라 "사회의 소외 계층이 정치와 정책 결정 과정에 참여함으로써 정치적 참여로부터의 소외를 제거하는 권리"[29]라는 점에서 찾을 수 있다. 따라서 사회적 시민권의 보편성은 노동사와 농민을 비롯한 노동하는 사람들 일반이 시민으로서의 정치적 능력을 획득하고 부여받는 것을 의미한다.

발리바르 역시 현 단계 민주주의에서 가장 첨예한 쟁점이 되는 것이 바로 사회적 시민권이라고 주장한다는 점에서 최장집과 의견을 같이한다. 하지만 발리바르는 사회적 시민권의 문제를 국민사회국가의 역사적 위기라는 맥락 및 갈등적 민주정이라는 개념을 통해 고찰한다는 점에서는 차이점도 발견할 수 있다. 특히 발리바르는 판 휜스테렌과 자신의 차이점을 사회적 시민권이라는 쟁점과 연결하고 있다. 다소 길지만 중요한 대목이기 때문에 해당 대목을 모두 인용해 보겠다.

하지만 여기서 나는 나의 동료의 명제들에 대해 몇 가지 동의하지 않는 점을 밝혀 두고 싶다. 나로서는, 시민권의 **획득**은 집합적 실천만이 아니라 제도적 결정들[……]도 전제한다고 말하겠다. 그리하여 오늘날 국민적인 수준에서, 그리고 좀 더 나아가면 아마도 초국민적인(유럽적인) 수준에서도, 이미 획득했거나 전화된 **사회권**들이 기본적인 시민적 권리들로 간주되어야 하는가라는 질문은 우회할 수 없는 대결의 지점이 되었다. 판 휜스테렌은 그렇지 않다고 생각한다. [……] 나는 반대로

---

29 같은 책, 169쪽.

생각하는데, 왜냐하면 나는 사회적 투쟁이 투쟁적인 실천들 및 "능동적 시민권"을 생산할 수 있는 능력을 상실하지 않았다고 확신하기 때문이다. 이 질문은 이민자의 지위와 관련해 결정적인 질문이며, 따라서 구성 중인 유럽이 아파르트헤이트의 모델을 발전시킬지 아니면 노동자들 사이의 분열에 맞선 투쟁의 모델을 발전시킬지 여부에 관해서도 결정적인 질문이다. 이 질문은 또한, 노동과 비노동의 관계를 지배하고 있고, 정확히 말하면 전자를 시민권에 **접근하는 경로**로 만드는 "유럽적인 사회적 모델"의 다른 측면들에 대해서도 결정적인 질문이다.

이렇게 해서 우리는 민주주의적 관점에서는 항상 결정적이었던, 한편으로 "다원주의"와 다른 한편으로 "계급투쟁" 또는 좀 더 일반적으로는 사회적 지배 사이의 관계라는 질문을 재발견하게 된다. 모든 차이나 다수성에 대해 무매개적으로 집합적인 "조직화가 가능한" 것은 아니며, "갈등의 섭취"가, 착취와 사회문화적 차별, 만성적인 불평등한 역할 배분에 맞선 폭력적이거나 비폭력적인 **봉기**와 분리될 수 없는 영역들이 존재한다. 갈등을 넘어서는 또는 갈등을 극단으로 밀고 가는 것인 한에서의 **적대**는 항상 집합적 상상 및 타자에 대한 인정을 넘어선다. 또는 오히려 적대는, 모든 사회질서에 의해 발언권을 부정당하고 발언할 수 있는 수단들도 금지당하는 이들에 의한 반항과 반역, "소통의 강제"라는 대가를 치른 경우에만 집합적 상상 및 타자에 대한 인정과 결합될 수 있다.[30]

---

30 발리바르, 『우리, 유럽의 시민들?』, 266~267쪽.

발리바르가 판 휜스테레에 맞서 제기하는 쟁점은 병세제 안에는 다원주의적 갈등과 구별되는 화해 불가능한 적대의 문제가 존재하며, 이러한 적대는 집합적 상상과 타자에 대한 인정의 차원을 넘어선다는 점이다. 따라서 적대를 집합적 상상과 타자에 대한 인정의 차원, 곧 민주주의적 제도의 차원으로 전화시키기 위해서는, 우선 지배 관계에 의해 배제된 이들을 이러한 정치의 장 속에 포함시키는 일이 필수적이다. 그러나 이러한 포함은 대개 반항과 반역 등을 통해 이루어질 수밖에 없다. 사회적 시민권은 이러한 반항과 반역, 봉기의 결과이며 그 흔적의 표현이다.

3. 두 사람 사이의 차이점

이처럼 여러 가지 공통점을 지니고 있지만, 다른 한편으로 두 사람 사이에는 상당한 차이점도 존재한다. 이러한 차이점은, 서로 공약 불가능한 두 가지 입장을 가진 외재적인 이론들 사이의 대립이라기보다는, 기본적인 공통점 속에서 생겨나는 차이점이라는 점에서 검토해 볼 만한 가치가 있다. 하지만 이러한 차이가 화해할 수 없는 적대로 발전하게 될지 아니면 상당한 수렴으로 접근해 갈지, 또는 몇 가지 측면에서 계속 거리를 둔 채 머물러 있을지 미리 확정적으로 단언하기는 어려울 것 같다.

1) 민주주의의 민주화의 두 가지 의미

첫 번째 차이점은 우선 '민주주의의 민주화'라는 표현을 이해하는 방식 자체에서 찾을 수 있다. 최장집에게 이 표현은 말하자면 **단계론적인** 의미를 갖는다. 곧 권위주의와의 투쟁을 통해 민주주의를 일단 확립하는 것이 첫 번째 민주화라면, 두 번째 민주화는 이렇게 정착된 민주주의의 제도적 내실을 다져 가는 것이다. 따라서 두 번째 민주화는 민주주의의 제도적 틀(주로 자유주의적인 틀)을 전제한 가운데, 그 범위 내에서 진행되는 제도화로 이해할 수 있다.[31]

이렇게 민주주의의 민주화를 단계론적으로 이해하는 것은, 최장집에게 민주주의란 자유주의적 민주주의를 의미하며(물론 이것은 국내에서 자유민주주의가 주로 수구적인 용법으로 쓰이는 것과는 구별되어야 한다), 더욱이 그것은 초역사적 보편성을 갖는 메타 민주주의적 모형이기 때문이다. 달리 말하면 그에게 민주주의의 민주화는 자유주의적 민주주의 체제의 기본 틀을 강화하고 내실을 다지는 것을 가리키지, 그것을 넘어서는 **또 다른 종류**의 민주주의를 설립하거나 자유민주주의의 기본

---

31 최장집은 한 글에서는 민주주의를 세 단계를 포괄하는 과정으로 규정하기도 한다. "민주주의는 어떻게 작동하는가? 그것은 세 단계로 구성된다. ① 민주주의의 시민사회적 기반이 강화되고 건강하게 발전하여, 정치의 중심 조직으로서 정당과 정당 체제가 사회에 폭넓게 기반을 갖게 되는 것 ② 선출된 정부가 대표-책임의 연계에 의해 구속되는 것 ③ 선출된 정부의 정책 효과가 경제적 부와 자원의 분배 구조를 향상시켜 민주주의의 물질적 기반을 강화하고, 정치적 평등의 실현을 제약하는 조건을 최소화하는 것" (최장집, 『민주주의의 민주화』, 39~40쪽).

구조 자체를 거절하는 것을 뜻하지 않는다. 민주주의의 민주화란 어디까지나 민주주의의 틀을 전제한 가운데 그 속에서 전개되는 민주화인 것이다.

반면, 발리바르가 이해하는 민주주의의 민주화는 양적으로나 질적으로 범위가 좀 더 넓은 표현이다. 우선 발리바르에게 민주화라는 것은 최장집과 같은 의미에서 단계론적인 양상을 띠지는 않는다. 발리바르가 근대 민주주의 혁명의 중요성을 강조하고 또 그 이후에 확립된 자유주의적인 틀의 강점을 인정하는 것은 사실이지만, 그는 이것을 일종의 메타 민주주의적 모형으로 간주하지는 않는다. 고대 민주주의에서 근대 민주주의로의 이행이 혁명적인 변화였다면, 앞으로 이것과 비견될 만한 또 다른 혁명적인 민주주의의 변화가 얼마든지 존재할 수 있으며, 실제로 그는 우리가 지금 그런 시기에 놓여 있다고 생각한다.[32] 따라서 발리바르가 말하는 민주주의의 민주화, 또는 과정으로서의 민주화라는 표현은 최장집보다 훨씬 강한 의미로 이해되어야 한다. 그것은 **민주주의의 틀 그 자체가 구조적으로 변화하는 것**까지 함축하고 있기 때문이다. 이는 발리바르가 근대 국민사회국가 속에 구현된 민주주의 헌정의 역사적 진보성을 긍정하면서도 동시에 그것을 **지배의 한 형태**로 간주한다는 점을 보여 준다.

반면 최장집은 민주화의 두 가지 의미를 구분하면서 발리바르와 같은 식의 민주화론에 대해 분명한 선을 긋는다. "민주화는 두 가지 의

---

32 이 문제에 관해서는 특히 에티엔 발리바르, 「민주주의적 시민권인가 인민주권인가?: 유럽에서의 헌법 논쟁에 대한 성찰」, 『정치체에 대한 권리』 및 *La proposition de l'égaliberté*에 수록된 여러 글 참조.

미를 갖습니다. 하나는 기존 질서를 유지·온존하되 정치적인 틀을 권위주의에서 민주주의로 바꾸는 것이고, 다른 하나는 민주화를 통해 정치체제를 바꿀 뿐만 아니라 기존 질서 자체를 바꾸는 것입니다. 민주화 운동 시기 386은 NL-PD라는 혁명적 레토릭이 표현하듯 후자를 지향했다고 할 수 있습니다."[33] 두 번째 민주화의 의미를 배제하는 것은, 발리바르와 달리 최장집의 경우는 현대의 민주주의 국가들을 **양면적인 정체**로 파악하지 않다는 것을 의미한다. 따라서 그는 한 대목에서 민주주의 국가가 파시즘이나 또는 적어도 약한 파시즘으로 변질되거나 붕괴될 수 있는 가능성을 인정하면서도 그것을 외재적인 가능성으로 한정하고 있다.[34]

---

33 최장집, 『민주주의의 민주화』, 51쪽.
34 최장집은 "민주주의는 일단 수립되고 나면 저절로 작동하고 발전하는가, 아니면 민주주의 체제도 퇴행할 수 있는가. 퇴행한다면 왜 그런가"라는 질문에 대해 원칙적으로 "요즘은 민주주의가 무너져 다른 체제가 됐다는 소리를 듣기 어렵다"라는 것을 전제한 뒤, 체제가 변화될 수 있는 요인, 곧 민주주의가 붕괴되거나 변형될 수 있는 요인에 대해 지적한다. "민주주의의 붕괴 내지 변형은 권력의 집중, 이데올로기를 동원한 선동 정치의 출현, 그리고 이를 제어할 수 있는 견제 세력의 약화나 부재 등과 같은 조건이 형성되었을 때 나타난다. 하나의 이데올로기가 다른 가치를 압도하면서 사회를 전일적으로 지배하게 되고 권력·자본·언론이 집중되면서 이들이 상호 결합하는 상황이 발생한다. 그리고 이런 힘이 사회에서 대중적 힘과 결합하게 될 때, 나아가 이런 조건에서 세계경제의 위기가 한 나라의 경제를 위기에 빠트릴 때 민주주의는 충분히 위험에 처할 수 있다. 파시즘이나 나치즘이 대표적인 사례인데, 꼭 이렇게 전면적으로 민주주의가 전복되지 않더라도 위에서 말한 현상들이 어느 정도 약하게 나타나고 대중을 동원하는 데 성공한다면 약한 파시즘적 현상이 발생할 가능성도 있다고 생각한다"(최장집 외, 『어떤 민주주의인가』, 후마니타스, 2007, 58쪽).

2) 배제의 민주주의

발리바르가 이렇게 민주주의의 민주화라는 표현을 강한 의미로 이해하는 것은 민주주의가 또는 좀 더 정확히 말하면 민주주의 **제도**(다시 말하면 **민주정**)가 본질상 매우 취약하고 불안정한 것이라고 이해하기 때문이다. 발리바르에게 민주주의는 급진적인 보편성, 심지어 무한한 보편성을 나타내는 것이다. 따라서 민주주의의 제도적 표현으로서 정치체 또는 발리바르 식으로 말하면 '시민권 헌정'constitution of citizenship은 민주주의와 이율배반적인 관계를 맺고 있다. 곧 한편으로 시민권 헌정은 자신의 토대로서 민주주의에 근거해야 하지만, 다른 한편으로 민주주의의 급진적인 보편성을 온전히 수용할 경우 그 제도적 틀 자체가 와해될 수밖에 없기 때문에 그것을 제한해야 한다. 다음 인용문은 민주주의적 제도로서 시민권 헌정과 민주주의가 맺는 이율배반antinomy 관계에 대한 발리바르의 논점을 집약적으로 전달해 준다.

[정치 공동체로서의] 시민권은 주기적인 위기와 긴장을 경유할 수밖에 없을 뿐만 아니라 본래적으로 '불안정'하거나 '취약한' 것이다. 이 때문에 (서양의 경우) 2000년의 역사 동안 시민권 공동체는 도시국가에서 국민국가에 이르기까지 여러 차례에 걸쳐 파괴되고 새로운 제도적 틀 속에서 재구성되어 왔으며, 만약 탈국민적post-nationales 연방이나 준연방이 현실태로 성립한다면 앞으로도 그럴 것이다. 하지만 시민권 헌정으로서 이러한 공동체는 (막스 베버가 잘 파악한 바 있듯이) 그것의

헌정 구성 권력pouvoir constituant —— 이것은 평등자유가 실제로 성립하게 만들기 위해 아직 존재하지 않는 권리들의 획득을 목표로 하거나 또는 기존 권리들의 확장을 목표로 하는 보편적인 정치 운동들이 지닌 봉기적 권력이다 —— 을 형성하는 [……] 힘 자체에 의해 위협받고 동요하며, 심지어 탈정당화된다. 이 때문에 나는 서두에서 봉기와 헌정의 **차동**差動 관계différentiel에 대해 말한 바 있는데, 이는 정치에 대한 순수하게 형식적이거나 법적인 표상으로는 결코 해명할 수 없는 것이다. 사실 정치적인 것의 개념을 역사와 실천의 지반에 옮겨 놓을 경우, 이것은 바로 정치적인 것의 본질적인 특징을 이루는 것이다. 만약 그렇지 않다면 우리는 민주주의적 발명들 및 권리의 획득, 좀 더 확장되고 좀 더 구체적인 [권리에 대한] 관점들에 따라 권리와 의무의 상호성을 재정의하는 것 등은 항상 이미 주어져 있는 영원한 시민권 '이념'에서 유래한다고 생각할 수밖에 없을 것이다. 그리고 동시에 우리는 민주주의의 **발명**이라는 관념을 민주주의의 **보존**이라는 관념으로 대체할 수밖에 없을 것이다. 하지만 시민권에 대한 모종의 정의를 '보존하는' 기능을 수행하는 민주주의는 또한 바로 그 이유 때문에 그 민주주의에 고유한 '탈-민주화'dé-démocratisation에 저항할 수 없게 될 것이다. [……] 평등자유의 원리와 결부된 봉기적 계기는 단지 제도들을 정초할 뿐만 아니라 제도들의 안정성의 적이 되기도 한다.[35]

Étienne Balibar, "L'antinomie de la citoyenneté", *La proposition de l'égaliberté*, pp.20~21. 이 논문의 축약된 영어판은 '시민권의 이율배반'이라는 제목으로 발표된 바 있다. "Antinomies of Citizenship", *Journal of Romance Studies*, vol.10, no.2, 2010,

2부 · 어떤 민주주의? 민주화, 주체화, 폭력

따라서 발리바르에게 제도 및 구현된 모든 민주주의 헌정은 필연적
으로 배제를 수반할 수밖에 없다. 고대 민주주의에서 노예가 시민권 헌
정에서 배제되었다는 사실은 누구나 인정하는 점이다. 하지만 발리바
르에 따르면 **보편적 인권과 시민권에 기초를 둔 근대 민주주의** 역시 자신
의 고유한 배제를 포함하고 있다. 이러한 배제에는 근대 민주주의 초기
의 무산계급에 대한 배제나 여성에 대한 배제 등이 존재한다.[36] 하지만
발리바르는 이러한 배제들 이외에 국민국가에 고유한 배제라는 쟁점
을 제기한다. 그것을 발리바르는 특히 시민권=국적이라는 등식으로 표
현한다.[37] 곧 정치적 자격으로서의 시민권을 국적을 소유한 사람들에게
만 부여하는 것이 근대 민주주의 헌정, 곧 국민국가의 본질이며, 이것은
「인권선언」에서 천명된 보편적 인권 및 시민권 원리와 모순을 빚는다.
따라서 근대 민주주의를 넘어서는 민주화의 과제는 이러한 배제의 메
커니즘을 어떻게 극복하느냐 하는 것이다.

반면 최장집에게서는 이러한 급진적인 배제의 문제 설정을 찾기
어렵다. 그에게서 민주화란 권위주의에서 민주주의로의 이행을 의미
하며, 두 번째 민주화 역시 권위주의의 잔재를 제거하고 민주주의 제도

---

36 근대 민주정 초기의 무산계급 배제의 문제에 관해서는 Pierre Rosanvallon, *Le Peuple
introuvable: Histoire de la représentation démocratique en France*, Paris:
Gallimard, 2002를, 여성 배제의 문제에 대해서는 Geneviève Fraisse, *Muse de la
Raison. Démocratie et exclusion des femmes en France*, Paris: Gallimard, 1995를
참조.

37 '시민권=국적' 등식의 의미에 대해서는 발리바르, 『우리, 유럽의 시민들?』, 4장; 『정치
체에 대한 권리』, 131쪽 이하 참조.

를 좀 더 내실화하는 것을 뜻한다. 최장집이 사회적 약소자나 소수자의 이익을 잘 대표할 수 있느냐 여부를 민주주의의 중요한 기준으로 제시하는 것은 사실이다. 그러나 이때의 사회적 약소자나 소수자는 이미 국민석 들 속에 존재하는 시민, 곧 국민적 시민들이며, 그로부터 배제되는 사람들은 **본질적인 문제**로 간주되지 않는다. 이것은 다른 말로 하면, 최장집의 문제 설정에서는 식민지와 제국주의 사이의 관계, 또는 좀 더 최근의 정세를 고려한다면 남쪽 나라들과 북쪽 나라들 사이의 관계에 의해 국민국가의 정치경제 및 문화적 관계가 규정되고 제약되는 문제가 제대로 고려되지 않고 있다는 뜻이다.

3) 이데올로기와 주체화

이 문제는 이데올로기 개념에 대한 두 이론가의 상이한 관점과 연결된다. 최장집에게 이데올로기는 민족주의나 국가주의, 냉전 반공주의, 신자유주의 등을 뜻한다. 이는 그가 이데올로기를 "허위의식을 유발하면서 현실을 인지, 인식하는 것을 방해하거나 제약하는 기능을 갖는" 것으로 정의하고 있기 때문이다.[38]

반면 발리바르는 그의 스승이었던 루이 알튀세르의 이데올로기론을 충실히 수용하고 있다. 알튀세르는 이데올로기론에 혁신적인 변화를 도입한 철학자인데, 이는 그가 한편으로 이데올로기의 물질성을 주

---

38 최장집, 『민주주의의 민주화』, 60쪽.

했으며, 이런 한에서 주체 형성을 이데올로기의 본질적 기능으로 제시했기 때문이다.[39] 곧 알튀세르에 따르면 지배계급은 착취와 폭력으로 지배할 뿐만 아니라 이데올로기를 통해 종속적 주체를 생산함으로써 피지배계급이 자발적으로 지배에 복종하고 순응하도록 만든다.

발리바르는 알튀세르 이데올로기론의 두 가지 핵심 요소를 받아들이되, 이를 두 가지 측면에서 정정한다. 첫째, 그는 이데올로기에서 대중들의 존재론적 우위라는 테제를 제시한다. "내가 보기에 우리에게 필요한 것은 오히려 '이데올로기'의 기능 작용 속에서 특권적인 능동적 역할을 피억압자들 또는 피착취자들에게 (적어도 잠재적으로) 부여하는 이유들을 설명하는 것이다."[40] 알튀세르 이데올로기론의 핵심적인 의의는 이데올로기에 대한 관념론적 인식, 곧 이데올로기를 오류나 환상, 단순한 허위의식이나 왜곡된 관념으로 이해하는 관점과 단절하고 이데올로기의 실재성, 물질성을 긍정한 데 있다. 이것은 정치적 측면에서 본다면 이데올로기를 지배계급에 의한 조작과 기만 또는 주입과 강제로 보는 관점과 결별하는 것이다.

이데올로기를 왜곡된 관념이나 환상으로 간주하는 것은 한편으로는 이러한 왜곡된 관념이나 환상을 곧이곧대로 받아들이는 순진하고 무지한 대중들이라는 생각과 다른 한편으로 이데올로기 바깥에서 이데올로

---

39 알튀세르의 이데올로기론은 Louis Althusser, *Sur la reproduction*, Paris: PUF, 1995[『재생산에 대하여』, 김웅권 옮김, 동문선, 2007] 참조.
40 에티엔 발리바르, 「비동시대성: 정치와 이데올로기」, 『알튀세르와 마르크스주의의 전화』, 윤소영 옮김, 이론, 1993, 183~184쪽.

기를 통제하고 조작할 수 있는 지배계급의 능력이라는 생각을 전제한다. 맑스와 엥겔스가 "지배 이데올로기는 지배계급의 이데올로기"라고 정의할 때 품고 있었던 생각도 이와 다르지 않다.

하지만 알튀세르가 이데올로기를 물질적인 *실정계*로, 곧 사람들이 삶을 영위하는 자연적 조건(생활세계)으로 정의하면서 이러한 두 가지 관념은 더 이상 불가능하게 되었다.[41] 이데올로기는 의식적인 관념이나 표상들이 아니라 한 사회에서 살아가는 지배계급과 피지배계급, 개인들과 대중들이 모두 공유할 수밖에 없는 상상계 그 자체이기 때문이다. 따라서 지배 이데올로기가 진정으로 지배적인 이데올로기(또는 그람시를 원용하자면 헤게모니적인 이데올로기)가 되기 위해서는 그것은 "순수하게 형식적인 의미에서가 아니라 강한 의미에서 **보편적**이어야 한다".[42] 그런데 어떤 상상적 경험이 강한 의미에서 보편적일 수 있는가? "그것은 우선 지배자들의 '체험된' 경험이 아니라, 오히려 기존의 '세계'에 대한 인정 또는 승인과 저항 또는 반역을 동시에 함축하는(맑스는 종교에 대해서 이렇게 말했다) **피지배 대중들**의 '체험된' 경험이라고 **반대로** 대답하지 않으면 안 된다."[43] 다시 말해 지배 이데올로기가 진정으로 지배적인 효과를 산출하기 위해서는 그것은 피지배 대중들의 상상계에 뿌리를 두고 그러한 상상계를 자기 나름대로 구성하고 활용할

---

41 알튀세르 이데올로기론에서 상상계 범주의 중요성에 대해서는 진태원, 「스피노자와 알튀세르에서 이데올로기의 문제: 상상계라는 쟁점」, 『근대철학』 3권 1호, 2008 참조.
42 발리바르, 「비동시대성」, 186쪽.
43 같은 글, 186쪽.

수 있어야 한다.

이는 이렇게 설명해 볼 수 있다. 근대사회에서 피지배 대중들의 상상계의 지배어는 자유와 평등, 박애 등과 같은 것이다. 이러한 지배어는 사실 지배계급의 억압과 착취에 맞선 대중들의 혁명적 봉기를 통해 선언되고 또 정치제도들 속에 기입된 것이다. 프랑스혁명의 정신이자 원리로 천명된 「인간의 권리와 시민의 권리에 대한 선언」은 이를 대표하는 문건 중 하나다. 발리바르가 이데올로기에서 대중들의 존재론적 우위라고 부른 것은, 이러한 지배어들이 혁명의 정신이자 원리로 천명되고 정치제도들 속에 기입되었다는 사실(「인권선언」은 프랑스 헌법의 전문으로 사용된다), 따라서 **정치적 근대성의 근본 원리**가 되었다는 사실을 가리킨다. 물론 이러한 원리는 그 자체로는 매우 추상적인 것이기 때문에 수많은 제도적 매개의 가능성을 함축하고 있고, 경우에 따라서는 단지 선언적으로 언표되었을 뿐, 실제적인 제도에서는 최소화될 수도 있다. 예컨대 정치적 선거권이 일정 금액 이상의 세금을 납부할 수 있는 개인들(이른바 '능동 시민들')에게만 허가되었다는 점이나 여성은 20세기 중반에 이르기까지 정치적 권리를 향유하지 못했다는 사실이 그 단적인 사례가 된다. 하지만 그런 경우라 하더라도 근대사회의 어떤 지배집단도 피지배 대중들의 이러한 상상계를 무시하고서는 또는 그러한 상상계를 재구성하고 활용하지 않고서는 자신들의 지배를 유지할 수 없다는 점에서, 피지배 대중들은 이데올로기에서, 따라서 정치적 상상계 및 제도화에서 (제도적으로는 열등한 위치에 있고 경우에 따라서는 체계적으로 배제될 수도 있지만) 존재론적으로 우위에 있다고 할 수 있다.

둘째, 발리바르는 이러한 원칙을 국민nation이라는 상상적 공동체의 형성과 재생산을 설명하기 위한 이론적 틀로 삼는다.[44] 근대 민주주의 국가들이 내적인 갈등이나 소요 등에도 불구하고 오랫동안 존속하면서 통합력을 발휘할 수 있었던 것은 국민이라는 상상의 공동체를 통해 사람들을 국민 공동체의 성원으로 생산하고 재생산할 수 있었기 때문이다. 따라서 발리바르에 따르면 근대 민주주의의 주체로서의 시민은 본질적으로 **국민**으로서 존재하며, 또 시민이 국민으로 한정되는 만큼 본질적으로 비국민은 정치적 주체로서의 자격을 박탈당하고 배제된다. (종속적인) 정치적 주체의 생산과 배제의 메커니즘은 긴밀하게 결부돼 있는 것이다.

반대로 최장집은 이데올로기를 허위의식이나 왜곡된 인식으로 규정할 뿐, 이데올로기가 수행하는 종속적 주체 생산 및 재생산의 문제에는 전혀 관심을 기울이지 않는다. 이것은 그가 국민국가라는 근대 민주주의의 정치적 틀을 민주주의의 자연적이거나 정상적인 존재 조건으로 삼고 있으며, 그것과 결부된 종속적 주체 생산 및 배제의 문제를 하나의 정치적 문제로 간주하지 않게 만드는 요인으로 작용하고 있다.

---

44 발리바르의 국민 및 국민주의/민족주의에 대한 논의로는 특히 Étienne Balibar, "La Forme nation: historie et idéologie", Étienne Balibar and Immanuel Wallerstein, *Race, nation, classe: les identités ambiguës*, Paris: La Découverte, 1988; 에티엔 발리바르, 「민족 형태: 역사와 이데올로기」, 『이론』 6호, 1993; 『우리, 유럽의 시민들?』, 1장 참조.

4) 갈등을 넘어선 폭력

여기서 더 나아가 폭력의 문제에서도 두 사람 사이의 차이점을 발견할 수 있다. 앞에서 말했듯이 두 사람은 갈등을 민주주의의 본질적 요소로 간주한다는 점에서는 공통적이다. 하지만 최장집이 주로 갈등의 **긍정적** 측면에 주목하는 데 반해, 발리바르는 갈등의 부정적 측면으로서 폭력의 문제를 현재 민주주의 정체들이 직면한 핵심적인 문제 중 하나로 파악한다.[45]

발리바르가 염두에 둔 폭력은 일반적인 의미의 폭력이 아니라 **극단적 폭력**이다. 그는 특히 '초객체적 폭력'과 '초주체적 폭력'이라는 극단적 폭력의 두 가지 형태를 언급한 바 있다. 초객체적 폭력은 "수백만 명에 달하는 쓸모없는 인간들의 전면적 제거"와 "구조의 재생산 전체를 초과하는 객관적 잔혹의 일상성"을 의미한다. 초주체적 폭력은 어떠한 변혁도 목표로 삼지 않는 희망 없는 반역, 목적 없는 폭력의 일반화 같은 현상들 및 이른바 "민족 청소"나 대량 학살 같은 사건에서 나타나는 "증오의 이상화" 현상, 곧 자기 내부에 있는 타자성과 이질성의 모든 흔적을 제거함으로써 정체성을 순수하게 구현하려는 맹목적이고 초주체적인 의지 작용을 뜻한다. 이 두 가지 극단적 폭력은 오늘날 세계 정

---

45 발리바르의 폭력론에 대해서는 발리바르, 『우리, 유럽의 시민들?』, 7장 및 『폭력과 시민다움』, 진태원 옮김, 난장, 2012 참조. 후자의 책은 다음 프랑스어판 저서의 부분 번역본이며, 완역본은 그린비출판사에서 출간될 예정이다. Étienne Balibar, *Violence et civilité: Wellek Library Lectures et autres essais de philosophie politique*, Paris: Galilée, 2010.

치에서 가장 심각한 문젯거리들 가운데 하나다. 그 이유는 이러한 폭력이 인간 주체의 실존 가능성을 제거함으로써 정치의 가능성 자체를 잠식하고 있기 때문이다. 이 때문에 발리바르는 자율성의 정치를 뜻하는 '해방'émancipation과 구조적 지배의 개조 및 변혁을 의미하는 '변혁' transformation 이외에 반反폭력을 뜻하는 '시민다움'civilité이라는 별개의 정치적 범주가 요구된다고 말하고 있다.

그의 폭력론은 극단적 폭력의 두 가지 형태가 예외적이거나 국지적인 현상이 아니라 오늘날 세계화와 더불어 세계 전역으로 확산되고 있다는 진단에 터해 있다. 아울러 그의 폭력론은 이러한 폭력에 맞서기 위해 단순히 혁명적 대항폭력을 추구하는 것은 바람직하지 않으며 불가능하다는 판단을 함축하고 있다. 폭력을 대항폭력의 문제로 간주하는 것은 사실은 폭력을 하나의 **독자적인 문제**로 간주하지 않음을 의미한다. 그럴 수밖에 없는 것이 폭력의 문제를 대항폭력의 문제로 간주하게 되면, 가능한 두 가지 선택지가 남게 되기 때문이다.

하나는 자연주의적 관점으로, 이러한 관점에 따르면 정치의 문제는 순수한 힘의 문제가 된다. 자연 생태계 속에서 강한 것이 약한 것을 지배하듯이 인간 역사 속에서도 두 개(또는 그 이상)의 세력들 사이의 무력 다툼만이 존재할 뿐이며, 거기에는 아무런 궁극적인 정당성이나 부당성의 문제도 존재하지 않는다(또는 정당성이나 부당성의 문제를 최종 심급에서 결정하는 것은 힘의 크기다). 반면 고전적인 맑스주의로 대표되는 다른 관점은, 지배 세력의 구조적 폭력에 맞서는 피지배자들의 폭력적인 저항은 정당하며, 특히 자본주의적 폭력에 맞서는 노동자계급 및 피지배계급의 대항폭력은 언제나 정당하니고 ㅜ ㅑㄱ만다. 왜냐하 면 그러한 대항폭력은 착취 없고 지배 없는 사회의 건설을 목표로 삼기 때문이다. 곧 정당한 목적이 수단의 정당성을 결정하는 것이다. 따라서 폭 력은 수단 내지 전술의 문제일 뿐 독자적인 이론적 대상을 이루지는 않 는다. 이러한 관점은 명시적으로 표현되지는 않을지 몰라도 오늘날에 도 여전히 상당수의 좌파 이론가들이나 활동가들이 암묵적으로 공유 하는 관점이다. 그런데 발리바르는 바로 이러한 관점 속에서 역사적 맑 스주의를 몰락으로 이끈 궁극적인 원인 중 하나를 발견한다.[46]

따라서 그는 이러한 해법에 대해 명시적으로 반대한다.

예방적인 반혁명에 대해 대칭적으로 혁명을 대립시켜야 하는 게 아 닐까요? 반봉기에 대해서는 봉기를 대립시켜야 하는 게 아닐까요? [……] 바로 이런 논리야말로 20세기를 [……] '극단의 시대'로 만들어 왔습니다. 분명히 문제가 되는 것은, 자기 자신의 내적인 '척도'조차 초 과했던 또는 모든 대항 권력을 파괴했던 사회적 지배 구조들과 권력관 계들을 변혁하는 것이지만, 저는 앞의 질문에 대해 부정적으로 답변해 야 한다고 믿습니다. 아니 오히려 질문 자체를 전위시키고 복잡화해야 한다고 믿습니다.[47]

---

46 에티엔 발리바르, 「'게발트': 맑스주의 이론사에서 본 폭력과 권력」, 『폭력과 시민다움』 참조.
47 발리바르, 『우리, 유럽의 시민들?』, 246쪽.

그 대신 발리바르는 두 가지 정치의 결합을 폭력의 문제에 대처하기 위한 해법으로 제시한다. 하나는 모든 헌정에 내재적인 **구성적 봉기 역량의 복원과 확장 운동**으로서 시민권의 정치이며, 다른 하나는 **정치 공동체의 탈실체화 운동**으로서 시민다움의 정치다. 발리바르에게 시민권의 문제가 중요한 이유는 근대적 시민권이 내포적으로 보편적인 권리이기 때문이다. 이때의 내포적 보편성은 한편으로는 정치에는 (신 같은) 초월적이거나 (인종이나 민족 같은) 자연적인 토대가 존재하지 않으며, 정치는 시민들이 서로서로에게 호혜적으로 권리들을 부여하고 확장하는 일임을 뜻한다. 그리고 다른 한편으로는 정치의 주체로서 시민들이 정의상 국적이나 종교, 성별, 인종 등에 구애받지 않는 보편적인 존재자이기 때문에, 시민권의 정치는 특히 국적 여부에 따라 시민권을 한정하는 근대 국민국가의 근본 경향(발리바르의 표현을 빌리면 '시민권=국적 등식')에 맞서 반反차별과 반배제 투쟁을 수행하는 정치임을 뜻한다. 따라서 발리바르가 말하는 시민권의 정치란 "'인간적인 것'의 유일한 현실적 실현 형태인 시민들의 공동체"[48]를 실현하려는 투쟁이라고 할 수 있다.

다른 한편으로 시민다움의 정치란 이러한 정치 공동체를 실체화하려는 위험, 곧 이러저러한 실체적 토대 위에 정치 공동체를 구성하려는 시도에 맞서 공동체를 탈실체화하려는 정치를 의미한다. 발리바르는

---

48 에티엔 발리바르, 「폭력과 시민다움: 정치적 인간학의 한계에 대하여」, 『폭력과 시민다움』, 169쪽.

헤르만 판 휜스테렌을 따라 이러한 공동체를 '운명 공동체'community of fate라고 부르는데, 여기서 운명 공동체란 보통의 용법과 달리 "함께 살아가는 것을 '선택하지' 않았지만, 그럼에도 서로 간의 상호의존 관계를 폐지할 수 없는 집단들이 서로 만나게 되는 현실의 공동체"를 가리킨다.[49] 이런 공동체에서는 원주민(가령 한국인)을 비롯한 **모든 사람들**은 "자신들이 지닌, 과거로부터 물려받은 시민적 정체성을, 적어도 상징적으로라도 재검토해 보아야 하며, 다른 모든 이들 —— 곧 어디 출신이든, 선조가 누구든, '적법성'이 어떻든 간에 오늘날 지구의 한쪽에서 동일한 '운명'을 공유하고 있는 이들 —— 과 함께 그런 정체성을 **현재 시점에서 재구성해야**" 한다.[50] 따라서 운명 공동체는 매우 급진적인 다원적 정치 공동체일 수밖에 없으며, 그것이 구현하는 시민권은 역시 판 휜스테렌의 표현을 빌리면 '미완의 시민권'일 수밖에 없다.

이러한 발리바르의 관점에서 보면 최장집의 갈등 이론은 이미 형성된 시민 주체들을 전제할뿐더러, 시민 주체들 사이의 갈등이 정치제도의 틀 속에서 전개되고 제어될 수 있다는 점을 무비판적으로 가정하고 있다고 할 수 있다. 또는 정치제도의 틀을 규정하고 더 나아가 잠식할 수 있는 폭력의 문제를 정치의 쟁점에서 너무 쉽게 배제하고 있다는 비판도 가능할 것이다.

49 발리바르, 『우리, 유럽의 시민들?』, 248쪽.
50 같은 책, 258~259쪽.

5) 정당정치와 운동

이는 결국 정당정치와 운동의 관계라는 문제와 연결된다. 정당정치론은 최장집 민주주의론의 트레이드 마크처럼 알려져 있다. 그는 운동은 권위주의에 맞선 민주화 과정에서 중요한 역할을 수행했지만, 일단 민주화를 통해 민주주의 제도가 정착된 이후에는 더 이상 중심적인 역할을 담당할 수 없으며, 정당을 통해 노동과 진보의 정치 세력화를 이룩하는 것이 민주주의의 핵심 과제가 되었다고 주장한다. 더 나아가 그는 민주화 이후 운동이 존속하는 것을 일종의 퇴행적이거나 부정적인 현상으로 묘사하곤 한다. "그보다 더 강조되어야 할 중요한 사실은 민주화 이후 운동의 존속은 의심의 여지 없이 정당 제도의 미성숙 내지 실패에 따른 결과라는 점이다."[51]

　하지만 다른 곳에서는 민주주의 체제하에서도 여전히 운동은 긍정적인 기능을 갖는다는 점을 강조하기도 한다. "따라서 민중운동 담론의 민주주의관에 대한 비판이 민중 또는 민중운동, 나아가 운동 일반의 정치적 역할이나 효과와 관련된 것이 아님을 강조할 필요가 있겠다. 민주주의 체제 안에서도 민주주의를 작동시키고 발전시키는 데 있어 운동이 갖는 긍정적인 기능을 부정할 수 없다는 것은 분명하다."[52]

　그런데 이러한 언급의 실제 의미는 다른 책에서 좀 더 분명히 밝혀

---

51 최장집, 『민중에서 시민으로』, 84쪽.
52 같은 책, 179쪽.

시는 것으로 보인다. 그는 "운동이 이제 무의미하다는 것인가"라는 질문에 대해 다음과 같이 답변한다. "아니다. 내가 문제를 제기하려는 것은 운동을 강조하면서 정치와 정당을 부정하는 어떤 이념적 태도에 대한 것이다. 엄밀히 말해 대중정당은 운동의 정치적 표현이라고 할 수 있다. 정당이 사회적 요구를 표출하는 기능을 하는 한 운동은 정당의 핵심 구성 요소이다. 실제 정당은 지역을 대표하는 지역 대표의 축과 사회운동이나 직능 집단을 대표하는 기능 대표의 축을 중요한 하부 기반으로 삼고 있다. 한국에서 운동의 에너지가 정당의 제도화로 전환되는 것, 전환되어야 하는 필요를 강조하고 싶다."[53] 이것은 최장집이 운동의 긍정성을 말할 때 염두에 두는 것은 정당과 분리된, 또는 어쨌든 정당과 독립적인 운동의 역할이 아니라 정당의 대중적 기반을 강화하고 대표 기능을 높이는 차원에서의 운동의 긍정성임을 잘 보여 준다. 이런 관점에서 본다면 운동이 긍정적일 수 있는 경우는 그것이 정당의 하부 기반으로서의 소임을 충실히 수행할 경우라고 할 수 있다. 따라서 최장집이 말하는 운동의 긍정성은, **운동이 정당으로 포섭되는 것을 전제**한다고 볼 수 있다.[54]

더욱이 최장집의 주장이 설득력을 얻기 위해서는 오늘날의 정당이

---

53 최장집 외, 『어떤 민주주의인가』, 31쪽.
54 그는 더 나아가 운동의 지속 가능성을 엘리트 중산층으로 한정하기도 한다. "한 사회에서 운동에 지속적으로 참여할 수 있는 사람은 대개 안정적 지위에 있는 중산층 엘리트들이기 쉽다. [……] 누구든 운동적 삶을 지속한다면 개인의 삶은 위협받을 수밖에 없다. 운동의 동원이 일상화되어 있는 사회는 전체주의적 경향을 발전시키게 된다"(같은 책, 32쪽).

대중을 동원할 수 있는 충분한 정치적 역량을 지니고 있다는 전제가 먼저 입증되어야 한다. 다시 말해 운동이 정당에 통합되기 위해서는 먼저 정당이 운동을 통합할 만한 정치적 능력을 지니고 있어야 하며, 그것을 실천적으로 증명할 수 있어야 한다. 따라서 최상집의 수장은 순환논증이거나 운동을 포섭하려는 책략에 불과하다는 비판이 제기될 수 있다.

발리바르 역시 민주주의에서 대의제의 중요성을 강조한다는 점에서 본다면 최장집의 주장과 통하는 바가 있다. 하지만 발리바르는 그와 달리 운동에 대해 본질적인 중요성을 부여하고 있다. 그것은 민주주의 제도라는 것이 매우 취약하고 불안정한 것일 뿐만 아니라, 기본적으로 과두제로, 곧 소수 엘리트 지배 체계로 흐를 수 있는 소지를 내포하고 있기 때문이다. 따라서 반反과두제적인 민주주의를 위해서는 단지 제도 정치의 틀을 고수하면서 정당정치를 통해 대표의 여지를 확장하는 것으로는 불충분하다. 이는 맑스주의를 포함한 **바깥의 정치**[55]의 옹호자

---

[55] '바깥의 정치'는 프랑스의 철학자 브뤼노 카르젠티가 콜레주 드 프랑스 강의록에 나타난 푸코의 정치적 관점을 표현하기 위해 사용한 표현으로, 내가 말하는 바깥의 정치란 현대 정치의 대표적인 모델로 간주되는 자유민주주의 정치체를 이상적 정치체가 아니라 오히려 진정한 의미의 민주주의를 억압하거나 배제하는 지배의 체제로 간주하는 입장을 말한다. 따라서 바깥의 정치의 옹호자들은 인민의 권력으로서 민주주의를 실현하기 위해서는 자유민주주의 체제 바깥에 존재하는 진정한 정치의 장소를 발견하고 그것에 근거하여 그 체제를 넘어설 수 있는 길을 모색하는 것이 필요하다고 본다. 맑스주의와 구별되는 현대적인 바깥의 정치는 상당수의 현대 정치철학자들에게서 찾아볼 수 있다. 가령 안토니오 네그리나 알랭 바디우, 자크 랑시에르나 조르조 아감벤 또는 슬라보예 지젝 등이 그 주요 인물들이다. 바깥의 정치에 관한 비판적 토론으로는 진태원, 「푸코와 민주주의: 바깥의 정치, 신자유주의, 대항품행」, 『철학논집』 29집, 서강대학교 철학연구소, 2012. 이 글은 『을의 민주주의』 후속 권에 수록될 예정이다.

들이 주장하듯이, 민주주의 제두는 그 바깥에 존재하는 구조적 요소들(자본, 이데올로기, 폭력 등)에 의해 그 형성과 재생산, 존립이 규정되는 것이기 때문이다. 하지만 그것은 또한 민주주의 정체에 내재한 본래적인 불안정성 때문이기도 하다. '탈-민주화'는 우연적이거나 일시적인 현상이 아니라 민주주의 정체, 시민권 헌정에 기입돼 있는 본래적인 가능성인 것이다.[56] 따라서 민주주의 제도를 좀 더 민주적인 제도로 만드는 것은 제도 안에서의 민주화의 노력과 제도 바깥에서의 민주화의 노력을 동시에 요구하는 것이다. 이런 의미에서 민주주의는 정당과 운동, 제도와 투쟁의 두 날개를 필요로 한다고 말할 수 있다. 발리바르가 프랑스에서 1993년에 통과된 외국인의 프랑스 출입 및 체류 조건에 관한 파스카Pasqua 법과 그것을 보충하는 드브레Debré 이민 법안(1996년 3월), 특히 외국인을 유숙시키는 모든 사람에 대해 외국인의 입주와 퇴거를 경찰서에 신고해야 할 의무를 부과하는 법안에 맞서 전개된 시민불복종 운동에 적극적으로 참여하여 미등록 체류자의 시민권을 옹호하고 시민불복종 운동을 정치체의 토대로 제시한 것은 이러한 입장의 구체적 표현이라고 할 수 있다.[57]

---

56 이 때문에 발리바르는 현재 서구를 비롯한 여러 나라에서 민주주의가 위기에 빠지게 된 원인을 신자유주의적 세계화로만 돌리는 것에 대해 유보적 입장을 취한다. 왜냐하면 그것은 신자유주의적 세계화의 결과이기도 하지만, 또한 근대 민주주의 정체에 고유한 내적 모순에서 비롯한 것이기 때문이다. 이 점에 관해서는 Balibar, "L'antinomie de la citoyenneté", pp.40~41 참조.
57 발리바르의 이러한 시각은 특히 『정치체에 대한 권리』에서 극명하게 드러난다.

4. 결론을 대신하여

지금까지 최장집과 발리바르의 이론을 비교·검토해 보았지만, 두 사람의 이론을 비교히는 것은 분명 쉬운 일은 아니다. 그것은 두 사람이 각각 상이한 분과 학문의 연구자이고 속해 있는 지적 전통도 다른 데다가 처해 있는 현실적 조건도 상당히 다르기 때문이다. 더욱이 비교라는 통념 자체가 두 가지 비교 대상에 대해 적절한 거리를 유지하면서 가급적 객관적인 시각을 유지할 수 있다는 것을 전제하는 데 비해, 본문에서 드러나다시피 이 글은 이러한 의미의 객관적 비교와는 다소 거리를 두고 있다. 물론 최장집의 이론적 강점을 가급적 균형 있게 제시하려고 했지만, 최장집 본인이나 그의 입장과 가까운 사람들이 보기에 나의 비교는 상당히 편파적으로 느껴질 수 있을 것이다. 따라서 이 글이 중립적인 비교를 담고 있지 않으며, 처음부터 그것을 목표로 하지도 않았다는 점을 분명히 밝혀 두는 것이 좀 더 정직한 태도일 것이다.

그렇다면 왜 이러한 비교·고찰을 시도하게 되었을까? 여기에는 크게 두 가지 이유가 있다. 첫 번째 이유는 최장집의 이론적 작업에 대해 느끼게 되는 양가적 감정 때문이다. 여러 사람들이 인정하다시피 최장집은 일련의 체계적인 저술을 통해 한국 민주주의에 관한 보기 드문 이론적 종합을 제시한 사람이다. 오늘날 한국 민주주의에 관해 사고하려는 사람들에게 그의 작업은 필수적인 참고문헌이 되었다고 할 수 있다. 더욱이 그는 이러한 이론적 작업을 통해 민주주의, 민주화, 자유주의, 정당, 대표, 사회적 시민권 등과 같이 그동안 엄밀한 개념 정의 없이 막

엽하게 쓰이던 여러 정치학 용어들에 대해 독자적인 개념과들 세시함
으로써, 민주주의에 관한 이론적 논의의 수준을 한 단계 끌어올렸다고
평가할 수 있다.

하지만 다른 한편으로 본다면, 언론계에서 흔히 평가하듯이 그가
과연 진보적인 이론가인가에 대해서는 여러 가지 의문이 제기될 수 있
다. 그는 분명 수구 우파에 속하는 인물은 아니며, 우리나라에서 통용되
는 의미에서 보수적인 이론가라고 하기도 어렵다. 그는 권위주의 체제
와의 단절을 민주화의 핵심적인 지표로 간주할 뿐만 아니라, 대개의 자
유주의적인 학자들과 달리 노동의 불평등이나 사회적 시민권의 취약
성을 개혁하는 것을 민주화 이후의 민주주의의 핵심 과제 중 하나로 제
기하고 있기 때문이다. 그럼에도 그는 민주화 이후의 민주주의 또는 민
주주의의 민주화의 핵심을 정당 민주주의의 제도화에서 찾으면서, 제
도적 민주주의의 틀을 넘어서려고 하는 맑스주의를 포함한 진보 정치
를 부단히 비판하고 그것과 거리를 두고 있다. 민주주의 정치에는 제도
내적인 정치, 대의민주주의적인 정치 이외에 다른 여지가 존재하지 않
음을 역설하고 있는 것이다.

내가 보기에 발리바르의 이론이 지닌 의미 중 하나는 최장집이 부
당 전제하는 이분법의 상당 부분을 와해시킨다는 점에서 찾을 수 있다
(이것이 내가 비교·고찰을 수행하는 두 번째 이유다). 곧 최장집은 자신의
작업에서 정당이냐 운동이냐, 대의민주주의냐 직접민주주의냐, 시민권
이냐 계급투쟁이냐(또는 나눌 수 있는 갈등이냐 나눌 수 없는 갈등이냐),
자유주의냐 맑스주의냐 등과 같은 양자택일적인 선택지를 제시하면

서, 전자의 선택지들이야말로 오늘날 (한국에서) 민주주의를 사고하기 위한 유일하게 현실적인 대안인 것처럼 논의 구도를 제시하고 있다. 하지만 발리바르는 맑스주의적인 관점을 포기하지 않으면서도 대의민주주의의 중요성을 역설하고, 계급투쟁이 정치에서 수행하는 역할을 강조하면서도 시민권 제도가 지닌 진보적 함의를 긍정하고 있다. 또한 자유주의의 진보적 가치를 승인하면서도 그것이 국민사회국가라는 근대 정치체의 역사적 한계와 연동하고 있음을 보여 주고 있다.

따라서 발리바르의 이론적 작업은 최장집의 이론에 함축된 이러한 이분법적 구도가 부당하다는 것, 적어도 이론적으로 상당히 조야하다는 것을 드러내 준다는 점에서 적지 않은 의미가 있다고 생각한다. 더 나아가 그의 작업은 오늘날 맑스주의자들이 현실 정치의 문제들에 대해 설득력 있는 분석과 해법을 제시하기 위해서는 맑스주의의 전통적인 전제들 및 가정들에 대한 엄밀한 탈구축 과정을 경유해야 함을 구체적으로 증언하고 있다는 점에서도 중요한 함의를 지닌다고 생각한다.

최장집과 에티엔 발리바르의 이론적 비교와 검토, 또는 두 사람의 이론적·정치적 입장을 지지하는 사람들 간의 논쟁은 이제 막 시작되었다고 보아야 할 것이다. 이러한 논쟁이 얼마나 생산적인 결과를 낳을지, 그리하여 한국의 민주주의를 좀 더 구체적이고 심층적으로 이해하는 데 얼마나 기여하게 될지는 앞으로 이 논쟁의 전개 과정에 따라 상당 부분 규정될 것이다.

5장

무정부주의적 시민성?
한나 아렌트, 자크 랑시에르, 에티엔 발리바르

1. 들어가며

이 장에서는 무정부주의적 시민성이라는 도발적인 주제를 다뤄 보려고 한다. '무정부주의적 시민성'이라는 이 글의 제목은 명백한 용어 모순을 드러내고 있다. 무정부주의가 국가에 대한 부정을 뜻한다면, 시민성은 (적어도 지금까지는) 국가와의 관계를 떠나서는 사고하기 어려운 것이기 때문이다. 따라서 이런 식의 주제는 처음부터 그다지 의미 있는 논점을 제기하기 어려워 보인다. 그럼에도 굳이 이처럼 도발적인 제목을 선택한 이유는 무엇인가?

그 이유는 크게 세 가지로 집약될 수 있다. 첫째는 조르조 아감벤, 알랭 바디우, 자크 랑시에르, 슬라보예 지젝, 안토니오 네그리 등과 같이 현재 서구 인문학계에서 가장 각광을 받고 있고 국내에도 널리 소개되어 있는 현대 유럽 철학자들 및 이론가들에게서 공통적으로 찾아볼 수 있는 '바깥의 정치'[1]의 합리적 핵심을 바로 무정부주의적 시민성에서 찾아볼 수 있지 않을까 하는 생각 때문이다. 바깥의 정치를 주장하는 이론가들은 현대의 자유민주주의 정치체를 유사 파시즘적인 정치체로 환원하고, 이에 따라 그러한 정치체를 내적으로 개조하려는 문제를 도외시하고, 더 나아가 예속적 주체화에서 해방적 주체화로의 이행이라는 문제에 대해 제대로 답변하지 못하는 맹점을 지니고 있다. 그럼에도 그들의 문제 제기는 현재 자유민주주의가 직면한 위기가 단순한 정세적 위기가 아니라 구조적인 위기이며, 그 핵심은 자유민주주의 정치체들이 자신들의 토대를 이루는 민중 내지 인민의 봉기적 역량을 잠식하는 데 있다고 본다는 점에서 귀 기울여 볼 만한 논점을 지니고 있다. 따라서 이들의 공통의 문제의식이라고 할 수 있는 바깥의 정치론은 봉기적 역량에 근거를 둔 정치체는 어떻게 가능한가(그리고 더 나아가 민주주의적 인민의 봉기적 역량이란 무엇인가)라는 화두를 품고 있다고 볼 수 있다. 이것이 어떤 점에서 무정부주의적 시민성으로 개념화될 수 있는가에 대해서는 뒤에서 좀 더 상론하겠다.

둘째, 우리의 생각에 이는 한나 아렌트의 현대적 유산이라는 문제와 직결되어 있다. 왜냐하면 아렌트가 『전체주의의 기원』을 비롯한 여러 저술에서 제기한 근대 정치의 핵심적인 아포리아 중 하나는 인권의 역설에서 찾을 수 있기 때문이다. 인권은 근대 정치의 토대에 있는 기본적인 원리인데, 이것이 풀기 어려운 역설에 빠져 있다면, 그것에 기

---

1 '바깥의 정치'에 대해서는 진태원, 「푸코와 민주주의: 바깥의 정치, 신자유주의, 대항품행」, 『철학논집』 29집, 서강대학교 철학연구소, 2012 참조. 이 글은 『을의 민주주의』 후속권에 수록될 예정이다.

바음 두 근대 민주주의 정치 역시 어전자인 걸까글 면희시 미네올 것이다. 그렇다면 역으로 민주주의 정치가 현재 직면한 위기에 대한 해법 중 하나는 이러한 인권의 역설에 대한 면밀한 고찰에서 찾아봐야 할 것이다. 그런데 이러한 유산과 관련하여 흥미로운 쟁점 중 하나는 자크 랑시에르와 에티엔 발리바르가 아렌트의 정치철학을 평가하는 매우 상반된 방식의 함의는 무엇인가라는 점이다. 랑시에르가 아렌트 정치철학, 특히 그녀가 제기한 인권의 역설에서 민주주의와 거리가 먼 엘리트주의의 전형적인 특징을 발견해 낸다면, 발리바르는 민주주의에 대한 급진적 재해석의 가능성을 읽어 낸다. 더욱이 이는 랑시에르의 민주주의론과 매우 가까운 어떤 것이다. 따라서 어떻게 민주주의에 대해 유사한 관점을 지닌 두 사람이 아렌트에 대하여 거의 상반된 해석을 제시하는가라는 문제는 꽤 흥미 있는 쟁점이라고 할 수 있다.[2]

셋째, 아렌트를 둘러싼 이러한 논쟁은 민주주의에 본래적인 무정부성 및 그것에 기반을 둔 시민성의 가능성이라는 쟁점을 중심으로 하고 있다. 민주주의는 어느 정도나 무정부성을 포함하고 있는가? 그리고 무정부성에 기반을 둔 시민성이란 과연 가능한 것인가? 또한 그것이 현재 민주주의 정치체가 직면한 위기에 대해 무언가 의미 있는 전언을 제시해 줄 수 있는가? 이것이 이 글에서 제기해 보려는 쟁점이다.

---

2 발리바르와 랑시에르의 민주주의론의 유사성과 차이점에 관해서는 진태원, 「자크 랑시에르와 에티엔 발리바르: 어떤 민주주의?」, 『실천문학』 110호, 2013 참조.

2. 아렌트와 인권의 역설

한나 아렌트에서 논의를 시작해 보자. 제1차 세계대전과 제2차 세계대전 사이에 유럽 출신의 모든 유대인 및 특히 여성 유대인들이 그랬듯이 곡절이 많은 삶을 살았던 아렌트는 '국민국가의 쇠퇴와 인권의 종말'이라는 제목이 붙은 『전체주의의 기원』 9장에서 제1차 세계대전과 제2차 세계대전 사이의 혼란기에 인권의 이념이 직면했던 역설을 지적하고 있다. 그것은 "인권은 양도할/소외될inalienable 수 없다고 추정되지만, 주권국가의 시민이 아닌 사람들이 나타날 때면 항상 —— 심지어 인권에 기초한 헌법을 보유한 국가에서조차 —— 인권은 강요할 수 없는 것이라는 사실"로 집약되는 역설이다.[3]

이러한 역설은 제1차 세계대전 이후 국제 질서가 재편되는 과정에서 생겨난 수많은 난민들과 무국적자들, 망명자들, 이주민들을 통해 적나라하게 드러나게 되었다. 아렌트는 1914년 8월 4일 이후, 곧 제1차 세계대전이 발발한 이후 유럽에서 "실제로 어떤 일이 일어났는지를 서

---

3 Hannah Arendt, *The Origins of Totalitarianism*, New York: Harcourt, 1973, p.293[한나 아렌트, 『전체주의의 기원 1』, 이진우·박미애 옮김, 한길사, 2006, 528쪽]. 번역에 관해 한마디 지적해 두자면, 한글 번역본은 전체적으로 원문의 내용을 크게 훼손하지 않은 비교적 무난한 번역이지만, 원문의 논리를 정교하게 이해하는 데는 꽤 지장을 준다. 이는 특히 번역자들이 (몇몇 오역 이외에도) 'nation', 'nationalism', 'nationality', 'tribal nationalsm', 'minority', 'people' 등과 같은 주요 개념들을 일관성 없이, 또한 피상적으로 번역하고 있기 때문이다. 따라서 아렌트의 논의를 충실히 이해하기 위해서는 원문에 대한 참조가 꼭 필요하다. 이하 번역본의 인용문은 필요에 따라 부분적으로 수정했지만, 수정 사실을 일일이 밝혀 두지는 않았다.

숨하기는 현재에도 기의 불기능하다"라고 끼끼하고 있다. 그것은 제1차 세계대전이 "이제까지 어떤 전쟁도 하지 못한 일, 즉 유럽의 국제 외교 관계를 복구 불가능한 정도로 파괴시켰"고, 폭발적인 인플레이션으로 인해 수많은 중간계급의 몰락을 낳았으며, 대규모의 "집단 이주"를 낳았기 때문이다.[4] 이들은 "고향을 떠나자마자 노숙자homeless가 되었고 국가를 떠나자마자 무국적자stateless가 되었다. 인권을 박탈당하자마자 그들은 무권리자들rightless이 되었으며 지구의 쓰레기가 되었다."[5]

이 때문에 아렌트는 영국의 보수주의자 에드먼드 버크가 프랑스 혁명을 비판하면서 제기한 문제가 전간기戰間期에 사실로 드러났고, 이런 점에서 버크의 논리가 "아이러니컬하고 신랄한 형태"로 확인되었다고 지적한다.[6] 곧 버크는 인권이란 하나의 추상에 불과하며, "자신의 권리는 인권이라기보다 '영국인의 권리'라고 주장하는 편이 더 현명하다"라고 지적했는데, 제1차 세계대전 이후 국적을 상실한 소수민족들과 망명자들, 이주민들이 겪은 사태는 그의 지적을 입증해 주는 것으로 보인다는 것이다. 왜냐하면 "국민의 권리 상실은 어떤 경우에든 인권의 상실을 수반했다. 최근의 사례인 이스라엘 국가가 입증하듯이, 인권의 회복은 국민적 권리의 확립이나 회복을 통해서만 이루어질 수 있다. 인권 개념은 인류라는 것이 존재한다는 가정에 근거를 두고 있는데, 인권을 믿는다고 고백한 사람들이 인간이라는 사실 외에는 모든 다른 자질

---

4 인용문은 모두 *Ibid.*, p.267[같은 책, 489쪽]의 것이다.
5 *Ibid.*, p.267[같은 책, 489~490쪽].
6 *Ibid.*, p.299[같은 책, 537쪽].

과 특수한 관계들을 잃어버린 사람들과 마주치는 순간, 인권 개념은 파괴되었"기 때문이다.[7] 다시 말하면 인권이라는 것은 어떤 개인이 어떤 나라의 국민이나 시민이든 간에, 인간이라는 사실 자체로 인해 지니게 되고 누릴 수 있는 권리이며, 따라서 시민의 권리에 논리적으로 선행하는 것임에도, 실제로는 어떤 개인이 이러한 인권을 누리기 위해서는 먼저 특정한 나라의 시민 내지 국민의 자격을 지니고 있어야 한다. 하지만 그렇다면 인권은 시민의 권리와 독립적인 것이 아닐뿐더러, 시민의 권리에 논리적으로 선행하고 그것을 근거 짓는 것이 아니라, 오히려 (국민국가의 성원이 지닌) 시민의 권리에 의존하는 것임이 드러난다. 이것이 아렌트가 말하는 인권의 역설 또는 "인권의 아포리아"[8]다.

아렌트가 인권의 역설을 통해 제기하려는 문제는 세 가지로 집약될 수 있다. 첫째, 인권의 박탈은 세상에서 거주할 수 있는 장소의 박탈을 뜻한다는 점이다. "인권의 근본적인 박탈은 무엇보다 세상에서 거주할 수 있는 장소, 자신의 견해를 의미 있는 견해로, 행위를 효과적 행위로 만드는 그런 장소의 박탈로 표현되고 있다."[9] 둘째, 이러한 인권의

---

7 Arendt, *The Origins of Totalitarianism*, p.299[『전체주의의 기원 1』, 537쪽].
8 아렌트는 영어판 9장 2절의 제목을 'The Perplexities of the Rights of Man'으로 붙이고 있으며, 국역자는 이를 '인권의 난제들'이라고 옮기고 있다. 내가 이를 '인권의 아포리아'라고 표현한 이유는, 아렌트 자신이 감수한 『전체주의의 기원』 독일어판(*Elemente und Ursprünge Totaler Herrschaft*, Frankfurt a.M.: Europäischer Verlagsanstalt, 1955)에서는 'die Aporen der Menschenrechte'라는 제목을 사용하기 때문이다. 사실 '당혹감'이나 '곤란'을 뜻하는 'perplexity'라는 단어보다는 아포리아나 역설이라는 말이 아렌트의 논점을 표현하는 데 더 적합하다. 이 문제에 관해서는 Christoph Menke, "The 'Aporias of Human Rights' and the 'One Human Right': Regarding the Coherence of Hannah Arendt's Argument", *Social Research*, vol.74, no.3, 2007 참조.

여성이 기타나는 근본적인 이유는, 인간에 고유한 세상, 인간이 자신의 인간적인 삶을 영위하는 장소는 자연적으로 주어진 어떤 것이 아니라, 인간들이 인공적으로 구성한 장소이기 때문이다. 이는 인간의 정치적 삶의 공간은 (가령 신과 같은) 초월적이거나 (가령 민족과 같은) 자연적인 토대를 가지고 있지 않으며, 존재론적인 의미에서 우발적이고 상호 주관적인 토대, 따라서 토대 아닌 토대를 가지고 있음을 뜻한다. 셋째, 그러므로 인권의 역설이 우리에게 드러내 주는 것은, 인권에는 권리들을 가질 권리right to have rights가 포함되어야 한다는 점이다.

전 세계적으로 새로운 정치 상황이 출현하면서 수백만 명의 사람들이 권리들을 가질 수 있는 권리(그것은 어떤 사람이 그의 행위와 의견에 의해 평가를 받을 수 있는 하나의 구조 안에서 살고 있다는 것을 의미한다), 그리고 어떤 종류의 조직된 공동체에 속할 수 있는 권리를 잃고 다시 얻을 수 없게 되면서, 우리는 비로소 그러한 권리가 존재한다는 사실을 깨닫게 되었다. [……] 특별한 권리의 상실이 아니라 어떤 권리이든 기꺼이 보장해 주고 보장할 수 있는 공동체의 상실이 점점 더 많은 사람들에게 닥친 재난이었다. 결국 인간은 인간으로서의 근본 자질과 인간적인 존엄성을 잃지 않으면서도 이른바 말하는 인권을 상실할 수 있다는 사실이 밝혀진다. 단지 정치조직의 상실만이 그를 인류로부터 추방한 것이다.[10]

9 Arendt, *The Origins of Totalitarianism*, p.296[『전체주의의 기원 1』, 532쪽].

하지만 아렌트에 따르면 이러한 권리들을 가질 권리는 "한 번도 인권의 항목 가운데 언급된 적이 없는 권리"이며, 이것은 "18세기의 범주에서는 표현될 수 없었다. 그 까닭은 권리가 인간의 '본성'으로부터 직접 생겨난다고 가정했기 때문이다".[11]

아렌트는 인권의 역사를 두 가지 단계를 경유하는 것으로 이해한다. 18세기 말 미국혁명과 프랑스혁명을 통해 "역사적 권리는 자연권에 의해 대체되었고 '자연'은 역사의 자리를 차지"한 것이 첫 번째 계기다. 이처럼 인권을 역사 대신 자연에 기초 지음으로써, 각각의 민족이나 국민이 과거로부터 물려받은 역사적 권리를 통해 자신의 특권을 정당화하거나 불변적인 것으로 유지하려고 했던 지배계급이나 특권 계급의 권리를 비판하고, 인간이 인간이라는 자연적 사실 자체를 통해 권리를 지니고 있음을 주장할 수 있었다. 하지만 20세기 전반기에 국적 없는 사람들, 권리 없는 사람들이 겪은 인권의 역설을 통해 새롭게 드러난 사실은 이제 역사만이 아니라 자연도 인간에게 낯선 것이 되었다는 점이다. "18세기의 인간이 역사로부터 해방되었듯이 20세기의 인간은 자연으로부터 해방되었다."[12] 따라서 이제는 인류 자신이 과거에 자연이나 역사가 수행했던 역할을 떠맡게 되었는데, 이는 곧 "권리들을 가질 권리 또는 인류에 속할 수 있는 모든 개인의 권리가 인류 자체로부터 보장받아야 한다는 것"을 의미한다.[13] 그러나 아렌트는 이것이 과연

---

10 Arendt, *The Origins of Totalitarianism*, p.297[『전체주의의 기원 1』, 534쪽].
11 *Ibid.*, p.297[같은 책, 534쪽].
12 *Ibid.*, p.298[같은 책, 535쪽].

기능할지 여부에 대해 회의적인 대답을 취하는데, 이는 국제 관계가 여전히 주권국가들 간의 상호 협정과 조약에 입각한 국제법에 따라 좌우되고 있기 때문이다. 더 나아가 '세계 정부'의 건설 역시 이 문제에 대한 명쾌한 해법이 될 수 없는데, 그러한 세계 정부라는 것이 "가능성의 영역 안에 있기는 하지만, 그것이 현실로 나타나면 이상주의적 경향을 가진 조직이 촉구한 버전과는 상당히 달라지지 않을까" 짐작되기 때문이다.[14]

따라서 아렌트는 제1차 세계대전과 제2차 세계대전 사이에 유럽의 많은 국적 없는 사람들, 권리 없는 사람들이 겪은 인권의 박탈 경험에 입각하여 인권의 역설을 제기하고, 인권 속에 '권리들을 가질 권리'라는 새로운 범주가 포함되어야 함을 강조하고 있지만, 그러한 범주에 걸맞은 정치 공동체가 어떻게 형성될 수 있는가에 대해서는 다소 회의적인 태도를 보이고 있음을 알 수 있다.

아렌트가 제시한 '인권의 아포리아' 및 '권리들을 가질 권리'라는 개념은 이후 아렌트 연구의 중심 주제 중 하나가 되었을 뿐만 아니라, 현대 정치철학, 특히 인권과 시민권에 대한 논의에서 중요한 화두가 되고 있다. 그런 만큼 이 문제는 서양 학계에서는 이미 여러 권의 저서와 수많은 논문들의 대상이 된 바 있다. 이 개념에 관한 논의는 크게 세 가지 부류로 구별해 볼 수 있다.

---

13 *Ibid*., p.298[같은 책, 536쪽].
14 *Ibid*., p.298[같은 책, 536쪽].

우선 이 개념에 대한 자유주의적 해석이 존재한다.[15] 앞서 말했듯이 아렌트는 권리들을 가질 권리를 "어떤 종류의 조직된 공동체에 속할 수 있는 권리"로 파악한다. 더 나아가 프랑스혁명의 「인권선언」에서 제창된 추상적 인권 개념에 대한 에드먼드 버크의 비판을 "실용적으로 건전한"[16] 것으로 간주한다. 따라서 아렌트는 버크와 마찬가지로 추상적 인권이란 존재하지 않으며, 오직 국민국가에 소속될 권리만이 현실적이라고 판단하는 것으로 보인다. 이 경우 권리들을 가질 권리는 인권을 존중하고 보호할 수 있는 민주주의적이면서 강력한 국민국가에 소속될 수 있는 권리를 의미하게 된다. 더 나아가 국제정치적인 맥락에서 본다면, 인권을 유린하고 대량학살을 자행하는 국가나 집단에 맞서, 피해를 당하는 사람들의 인권을 보호하기 위해 개입할 수 있는 권리를 함축하게 된다. 그런데 이렇게 되면, 인권은 인권을 보호할 수 있는 강력한 국가권력에 의존하게 되며 권리는 **권리**가 아니라 **선물**이나 **시혜**를 의미하게 되는데, 이는 아렌트가 말한 인권의 역설을 훨씬 더 가중시키며, 인권이라는 개념을 무력화하는 결과를 낳고 만다.[17]

---

15 특히 Michael Ignatieff, *Human Rights as Politics and Idolatry*, Princeton, NJ: Princeton University Press, 2001 참조. 그의 주장의 핵심은 인권을 이론적으로 근거 지으려는 시도는 불가능하거나(왜냐하면 이는 신학적 권위에 의해서만 정당화될 수 있기 때문에) 무익하다(왜냐하면 인권을 정당화하려는 이론적 시도보다 과거에 벌어난 대학살이나 공포에 대한 역사적 경험이 인권의 타당성과 필요성을 납득시키는 데 더 효과적이기 때문에)는 점이다. 이 때문에 인권을 "의문의 여지 없는 절대적인" 것으로, "우상숭배"의 대상으로 만들기보다는 정치의 문제로 사고하는 것이 필요하다(*Ibid.*, p.83).

16 Arendt, *The Origins of Totalitarianism*, p.299[『전체주의의 기원 1』, 537쪽].

칸트적 해석이라고 부를 수 있는 과힐도 존재힌디 [18] 견지의 경우
와 달리 이러한 해석에서는 인권을 보호할 수 있는 정당한 제도를 어떻
게 확립할 것인가의 문제가 중심적인 것이 된다. 하버마스와 벤하비브
는 『영구평화론』을 비롯한 법철학 저술에서 제시되는 칸트의 제안을
따르면서도 그것을 좀 더 발전시켜서 국민국가의 틀을 넘어서는 세계
시민적 정치체 및 정치제도의 확립 속에서 아렌트가 말하는 인권의 역
설을 해결하려고 한다. 가령 벤하비브가 보기에 칸트 자신 및 아렌트가
국제 관계에서 인권의 확립에 대해 회의적인 시선을 던지는 이유는 그
들이 주권적인 국민국가를 정치의 (자연적인) 토대로 간주하면서 그것
을 넘어서는 정치 공동체 및 법 제도의 가능성을 사고하지 못했기 때문
이다. 따라서 인권의 역설을 해결하고 권리들을 가질 권리에 대해 실질
적인 해법을 제공하기 위해서는 지역적이고 국제적인 법적 체제를 확
립하는 것이 가장 중요한 과제가 된다.[19] 하버마스와 벤하비브는 유럽
공동체EC, European Community의 건설에서 이러한 세계정치적 인권 체

---

17 James Ingram, "What Is a 'Right to Have Rights?' Three Images of the Politics of Human Rights", *American Political Science Review*, vol.102, no.4, 2008 참조. 이 장에서 제시된 자유주의적 해석과 칸트주의적 해석에 대한 비판은, 한두 가지 이견에도 불구하고, 제임스 잉그럼의 글에 크게 의존하고 있다. 뒤에서 좀 더 논의하겠지만, 내가 보기에 잉그럼은 랑시에르의 아렌트 해석이 지닌 난점을 충분히 검토하고 있지 않다.

18 Jürgen Habermas, "Die postnationale Konstellation und die Zukunft der Demokratie", *Die Postnationale Konstellation*, Frankfurt a.M.: Suhrkamp, 1998; 위르겐 하버마스, 『이질성의 포용』, 황태연 옮김, 나남, 2000; 세일라 벤하비브, 『타자의 권리: 외국인, 거류민 그리고 시민』, 이상훈 옮김, 철학과현실사, 2008.

19 특히 벤하비브, 『타자의 권리』, 4장 참조.

제의 구체적인 가능성을 보려고 한다.

하지만 여기에서도 첫 번째 관점과 비슷한 질문이 제기될 수 있다. 그런데 이처럼 인권의 역설을 해결하고 권리들을 가질 권리를 구체적인 법적 제도로 실현하는 것은 어떻게 가능한가? 그것은 하버마스의 용어법대로 하면 세계적인, 적어도 국제적인 공론장의 형성을 요구하며, 궁극적으로는 대량 학살로 인해 고통받는 동료 인간의 현실에 대한 인류의 도덕적 각성을 필요로 한다.[20] 그런데 이것을 구체적으로 실현하기 위해서는 결국 여기에서도 역시 앞의 경우와 마찬가지로, 국제적인 법적·정치적 제도를 실현할 수 있는 강력한 국가들의 권력에 의존하게 된다. 따라서 이 경우에도 역시 인권은 그 권리의 당사자들 자신의 문제가 아니라, 그들을 대신해서 그들의 권리를 지켜 줄 수 있는 강력한 이들의 힘에 달려 있는 문제가 된다.[21] 그렇다면 한나 아렌트가 말한 인권의 역설은 해결된 것이 아니라 다른 형태로 바뀌었다고 할 수 있다.

---

20 Habermas, "Die postnationale Konstellation und die Zukunft der Demokratie".

21 Ingram, "What Is a 'Right to Have Rights?'". 물론 이러한 잉그럼의 비판에 대하여, 인권을 보호하고 지켜 줄 수 있는 강력한 민주주의 국가들 내지 국제 관계의 존재가 반드시 인권의 보호를 필요로 하는 사람들을 희생자의 지위로 한정하는가라는 반론을 제기해 볼 수 있다. 하버마스와 벤하비브의 주장은 인권을 박탈당한 사람들의 민주주의적 자기 해방, 자기 투쟁의 가능성을 배제하거나 봉쇄하기보다는 오히려 그러한 가능성 자체의 소멸이나 약화를 방지할 수 있는 국제 질서의 조건을 모색하려는 시도로 이해할 수도 있을 것이다.

따라서 이러한 해석들보다 아렌트가 제기한 인권의 역설과 좀 더 정면으로 대결하는 다른 해석은 존재하지 않는가라는 질문이 제기될 수 있는데, 실제로 최근에 여러 이론가들이 아렌트의 이론에 관한 새로운 해석 및 해법을 제시하고 있다. 이들의 제안은 아렌트의 저작들에 대한 좀 더 면밀하고 충실한 검토에 입각하고 있을뿐더러, 자유주의적이거나 칸트적인 해석과 달리 인권의 문제를 정치 그 자체의 문제로 간주하고 있다는 점에서 훨씬 더 적극적이고 실천적인 해석이라고 말할 수 있다.[22]

---

22 Étienne Balibar, "Les universels", *La crainte des masses*, Paris: Galilée, 1997[「보편적인 것들」, 『대중들의 공포』, 서관모·최원 옮김, 도서출판 b, 2007]; "Is a Philosophy of Human Civic Rights Possible?: New Reflections on Equaliberty", *The South Atlantic Quarterly*, vol.103, no.2~3, 2004; 『우리, 유럽의 시민들?』, 진태원 옮김, 후마니타스, 2010, 7장; 「인간 시민권의 철학은 가능한가?」, 『월간 사회운동』 69호, 2006, http://www.pssp.org/bbs/view.php?board=journal&nid=2654(검색일: 2017년 11월 6일); "(De)constructing the Human as Human Institution: A Reflection on the Coherence of Hannah Arendt's Practical Philosophy", *Social Research*, vol.74 no.3, 2007; "Arendt, le droit aux droits et la désobéissance civique", *La proposition de l'égaliberté*, Paris: PUF, 2010; "On the Politics of Human Rights", *Constellations*, vol.20, no.1, 2013; Jacques Rancière, "Who Is the Subject of the Rights of Man?", *The South Atlantic Quarterly*, vol.103, no.2~3, 2004; Ingram, "What Is a 'Right to Have Rights'?"; Peg Birmingham, *Hannah Arendt and Human Rights*, Bloomington, IN: Indiana University Press, 2006; Ayten Gündoğdu, "'Perpexities of the Rights of Man': Arendt on the Aporias of Human Rights", *European Journal of Political Theory*, vol.11, no.1, 2011; Justine Lacroix, "Human Rights and Politics, 1980-2012", Books & Ideas.net, 2012, http://www.booksandideas.net/Human-Rights-and-Politics.html(Search Date: 6 November 2017).

그중에서 먼저 우리의 흥미를 끄는 것은 랑시에르가 「인권의 주체는 누구인가?」라는 글에서 아렌트의 인권 해석에 대하여 제기한 비판이다.[23] 이전에도 랑시에르는 아렌트 정치철학의 이런저런 측면들에 대해 날카로운 비판을 가한 적이 있지만,[24] 아렌트가 제기하는 인권의 역설에 관해 전면적인 비판을 제기하고 그것에 대하여 자신의 정치적 대안을 제시하는 것은 이 글이 거의 유일하다고 할 수 있다. 이 글은 크게 세 부분으로 이루어져 있다. 첫 번째 부분에서는 아감벤의 『호모 사케르』에 대한 신랄한 비판을 제기하고 있으며, 두 번째 부분에서는 아감벤이 자신의 이론적 실마리로 삼고 있는 아렌트의 인권 해석에 대한 반박이 제시되고 있다. 그리고 마지막 부분에서는 인권의 정치에 대한 랑시에르 자신의 관점을 제안하고 있다.

랑시에르가 아렌트의 인권의 역설론에 주목하는 것은 현재 국제 정치에서 나타나는 인도주의적 인권 개념과 아감벤이 제시하는 종말론적인 정치 사이에 모종의 연관 관계가 존재한다고 간주하기 때문이다. 그리고 이러한 연관성은 이론적으로 볼 때 아렌트가 『전체주의의 기원』에서 강조한 인권의 역설에 뿌리를 두고 있다. 랑시에르가 보기에 인권의 주체는 누구인가라는 물음은 1990년대에 들어서 새로운 설득력을 얻게 되었는데, 이는 인권이야말로 소련을 비롯한 동유럽 사

---

23 Rancière, "Who Is the Subject of the Rights of Man?".
24 Jacques Rancière, "Dix thèse sur la politique", *Aux bords du politique*, Paris: Gallimard, 2002[「정치에 대한 열 개의 테제」, 『정치적인 것의 가장자리에서』, 양창렬 옮김, 전면개정판, 도서출판 길, 2013] 참조.

회주의 국가들이 연계되으고 른리간 이후, 핀 이구미빈 세 유시 상성제와 전 지구적인 자유민주주의가 조화를 이루는 "평화로운 역사 이후의 posthistorical 세계"의 명실상부한 이념적 원리, 헌장이 될 것으로 보였기 때문이다. 하지만 실제로는 민족 갈등과 대량 학살, 종교적 근본주의의 분출, 새로운 인종주의 및 외국인 혐오증의 확산, 신자유주의가 산출한 사회적 불평등과 불안정의 증가 등으로 인해 세계는 여전히 빈곤과 불평등, 갈등과 폭력으로 점철되어 있다는 것이 드러났다. 그리하여

> 인권은 권리 없는 이들의 권리, 곧 자신의 집과 땅으로부터 내쫓기고 인종 학살의 위협에 시달리는 이들의 권리들인 것으로 드러났다. 인권은 점점 더 **희생자들의 권리**, 자신들의 이름으로는 어떤 권리도 행사할 수 없고 심지어 어떤 주장조차 할 수 없는 이들의 권리인 것으로 나타났고, 그리하여 결국 그들의 권리는, '인도주의적 간섭'에 대한 새로운 권리 —— 궁극적으로는 침략에 대한 권리가 되어 버린 —— 라는 이름 아래 국제 권리 체계의 구조를 파괴하는 대가를 치르면서 타인들에 의해 유지되어야 하게 되었다.[25]

따라서 인권은 미심쩍은 것이 되었는데, 인권에 대한 이러한 의혹은, 랑시에르에 따르면 맑스의 인권 비판보다는 버크의 인권 비판을 다시 상기시키는 계기가 되었다. 곧 "실제의 권리는 시민의 권리, 국민 공

---

25 Rancière, "Who Is the Subject of the Rights of Man?", pp.297~298. 강조는 인용자.

동체 자체와 결부되어 있는 권리"이며, 인권에서 말하는 "인간"이란 "한낱 추상"에 불과한 것이 아닌가라는 의혹이 생겨났다. 랑시에르는 아렌트가 말한 인권의 역설 역시 버크의 이러한 인권 비판의 논리를 그대로 물려받은 것으로 간주한다. "인권은 단지 인간 존재에 지나지 않는 이들의 권리다. 그들은 인간이라는 것 이상의 특성을 갖지 못했다. 달리 말하면, 인권은 아무런 권리도 갖지 못한 이들의 권리이며, 권리에 대한 조롱에 불과하다."[26]

이 대목은 다소 의아하게 생각될 수 있다. 왜냐하면 인권이 "인간이라는 것 이상의 특성을 갖지 못"한 이들, "아무런 권리도 갖지 못한 이들의 권리"라는 것이 어떤 의미에서 그 자체로 **권리에 대한 조롱**이 되는지 이해하기 어렵기 때문이다. 뒤에서 좀 더 논의하겠지만, 랑시에르 자신이 "몫 없는 이들의 몫"을 이야기하는 것과 마찬가지로, "아무런 권리도 갖지 못한 이들의 권리"로서의 인권은 해방 투쟁의 강력한 무기가 될 수도 있지 않은가? 하지만 랑시에르는 이것을 권리에 대한 조롱으로 이해하며, 더 나아가 인권의 역설에 대한 아렌트의 분석이야말로 "50년이 지난 이후, '인도주의적' 무대에 나타난 인간의 권리의 새로운 '난점'에 딱 들어맞는" 것이라고 주장한다.[27] 그가 이렇게 주장하는 이유는 『전체주의의 기원』에 나오는 다음 구절을 모종의 '예외상태'에 대한 아렌트의 개념화로 파악하기 때문이다. "권리를 상실한 사람들이 처

---

26 Rancière, "Who Is the Subject of the Rights of Man?", p.299.
27 Ibid.

히 고정은, 그들이 법 안에서 평등하지 않다는 바 이니며 그들에게는
아무런 법도 존재하지 않는다는 점이며, 그들이 억압당하고 있다는 점
이 아니라 어느 누구도 그들을 억압하기를 원하지 않는다는 점이다."[28]
여기서 랑시에르는 "어느 누구도 그들을 억압하기를 원하지 않는다"
라는 아렌트의 말이 "명백히 경멸적인 말투"를 띠고 있다고 이해하는
데, 그가 보기에 아렌트의 이 말은 "마치 이 사람들이 심지어 억압당할
수도 없다는 점에서, 심지어 억압될 만한 가치도 없다는 점에서 잘못이
있"음을 뜻하기 때문이다.[29]

랑시에르가 아렌트와 아감벤 사이의 지적 계보의 근거를 발견하는
곳도 바로 이 대목이다. 그에게 이러한 진술은 우연적인 것이 아니라
아렌트의 정치철학을 근거 짓는 고유한 인간학에서 비롯한 것이다. 사
실 아렌트는 『인간의 조건』에서 볼 수 있듯이 활동의 세 가지 형식, 곧
노동labor과 제작work, 행위action의 형식을 구별하면서, 삶의 필요에
관한 작업과 관련된 사적 영역(곧 오이코스oikos의 영역)에 속하는 노동
및 제작과 구별되는 행위야말로 본래적인 공적 영역, 곧 정치의 영역에
속하는 활동이라고 주장한다.[30] 그리고 근대성의 특징 중 하나는 고대
세계에서는 유지되었던 사적 영역과 공적 영역 사이의 이러한 구별이
무너지고 사적 영역에 속하는 노동이 공적 영역 속으로 진입하게 되었

---

28 Arendt, *The Origins of Totalitarianism*, p.293[『전체주의의 기원 1』, 531쪽].
29 Rancière, "Who Is the Subject of the Rights of Man?", p.299.
30 Hannah Arendt, *The Human Condition*, introduction by Margaret Canovan, 2nd
   ed., Chicago: University of Chicago Press, 1998[『인간의 조건』, 이진우·태정호 옮김,
   한길사, 1996] 참조. 참고로 국역본은 1958년의 초판본을 번역한 것이다.

다는 점에서 찾는다.[31] 아렌트는 1848년 이후 공적 영역 속 노동운동의 등장은 근대 정치의 주목할 만한 현상이지만, 노동운동은 경제적 이해관계를 추구할 뿐 고유한 의미의 정치적 행위를 추구하지 않기 때문에, 일단 노동운동이 사회 속으로 통합이 되고 노동자들이 사회의 성원으로 인정받게 되면, 노동운동은 오히려 공적 영역 및 그 영역에서 이루어져야 하는 정치적 행위의 가능성을 잠식하게 된다고 본다. 바로 이런 의미에서 랑시에르는 아렌트 인간학의 특징을 생물학적 삶 및 사적 영역의 삶을 의미하는 조에zoe와 위대한 행위가 이루어지는 고유하게 정치적인 삶을 가리키는 비오스bios 사이의 엄격한 구별 및 분리에서 찾는다.[32] "아렌트가 보기에 인권과 근대 민주주의는 이 두 가지 삶의 혼동 — 이는 궁극적으로는 비오스를 순전한 조에로 강등시키는 것을 뜻한다 — 에 의거한 것이다."[33] 따라서 아렌트가 말한 "억압을 넘어선 상태"는 이 두 가지 삶의 영역을 엄격하게 분리시키는 것의 이론적 귀결이다.[34]

31 또한 아렌트는 미국혁명과 프랑스혁명의 차이점(및 전자의 우월성)을, 전자가 자유의 정초에 기반을 두고 있는 반면 후자는 "고통의 직접성"에 의해, "전제로부터의 해방이 아니라 필요로부터의 해방에 대한 요구"에 따라 규정되었다는 점에서 찾는다. Hannah Arendt, *On Revolution*, London & New York: Penguin Books, 1965, p.92.

32 잘 알려져 있다시피 아감벤의 정치철학, 특히 그의 세계적인 출세작인 『호모 사케르』는 이 두 가지 개념의 구별에 의거하고 있다. Giorgio Agamben, *Homo Sacer*, trans. Daniel Heller-Roazen, Stanford, CA: Stanford University Press, 1998[『호모 사케르』, 박진우 옮김, 새물결, 2008] 참조.

33 Rancière, "Who Is the Subject of the Rights of Man?", p.299.

34 랑시에르의 관점을 따라 아렌트의 정치철학을 비판하는 또 다른 논의에서도 유사한 비판을 발견할 수 있다. Andrew Schaap, "Enacting the Right to Have Rights: Jacques

랑시에르는 이것을 아렌트 정치철학에 고유한 "아르케 정치적 입장"으로 간주한다. 아르케 정치archi-politique는 랑시에르가 『불화』의 4장에서 도입한 개념으로, 플라톤이 창설한 정치철학적 입장을 가리킨다.[35] 아르케 정치의 고유한 특징은 정치적 활동을 소수의 집단에게만 할당하고, 데모스demos 또는 인민은 정치의 영역 밖으로 배제하고 오직 삶의 필요와 관련된 일에만 종사하도록 만드는 것이다. 하지만 아르케 정치는 정치적 활동을 전담하는 소수 지배계급의 계급적 이익을 위한 정치를 뜻하지는 않는데, 왜냐하면 정치적 계급은 아무런 사적 소유를 지니고 있지 않으며 모든 사람의 이익을 위해 통치하는 것을 목표로 삼기 때문이다. 따라서 아르케 정치의 특징은, 정치적 행위에 걸맞은 자격과 능력을 지닌 사람들이 따로 있으며, 정치는 이 사람들이 전담하고 다른 사람들은 각자 자신들의 자격과 능력에 적합한 일에 전념해야 올바른 통치가 이루어지고 모든 사람에게 이로울 수 있다고 주장한다는 점이다. 왕은 왕답게, 신하는 신하답게, 농부는 농부답게, 장인은 장인답게 자신의 일에 충실한 것이 아르케 정치의 이념인 셈이다. 랑시에르가 아렌트의 관점을 아르케 정치적인 것으로 규정하는 것은, 순수한 정치의 영역과 삶의 필요와 관련된 영역을 구별하고 후자에 의한 오염으로부터 전자의 영역을 보호하려는 것이 아렌트의 고유한 관심사라고

Rancière's Critique of Hannah Arendt", *European Journal of Political Theory*, vol.10, no.1, 2011; Jean-Philippe Deranty and Emmanuel Renault, "Democratic Agon: Striving for Distinction or Struggle against Domination and Injustice?", Andrew Schaap ed., *Law and Agonistic Politics*, Aldershot, UK: Ashgate, 2009 참조.
35 자크 랑시에르, 『불화: 정치와 철학』, 진태원 옮김, 도서출판 길, 2015 참조.

보기 때문이다. 그런데 문제는 이처럼 "순수한 정치 영역을 보존하려는 의지는 궁극적으로 이 영역을 국가권력과 개인적 삶의 관계 속에서 사라지게 만든다"라는 점이며, 따라서 아감벤의 저작에서 볼 수 있는 것처럼 정치를 권력과 같은 것으로, 곧 "짐짐 더 저항할 수 없는 역시 존재론적 숙명(오직 신만이 우리를 여기에서 구원할 수 있으리라)으로 여겨지는 권력"[36]과 같은 것으로 만들게 된다는 점이다.

그리하여 랑시에르는 이러한 아렌트-아감벤의 계보에 맞서 인권에 대한 새로운 해석을 제안하는 것이 긴급한 과제라고 주장한다.[37] 그는 이를 아렌트가 만들어 낸 두 가지 진퇴양난의 딜레마와, 거기에서 벗어날 수 있는 세 번째 길의 형태로 제시한다.

아렌트는 인권과 시민권Rights of the Citizen을 다음과 같이 표현될 수 있는 진퇴양난으로 만든다. ① 시민권은 인권이다. 그러나 인권은 정치화되지 않은 사람의 권리다. 이 권리는 아무런 권리도 없는 사람들의 권리이며, 결국 무로 귀착된다. ② 또는 인권은 시민권이다. 이러한 시민권은 이러저러한 헌정 국가의 시민이라는 사실과 결부되어 있다. 이는 이 권리가 권리를 지닌 사람들의 권리라는 것을 뜻하며, 이는 결

---

36 Rancière, "Who Is the Subject of the Rights of Man?", p.302.
37 하지만 랑시에르 특유의 환원적이고 단언적인 주장과 반대로, 아감벤의 저작에서 '인간적인 것' 및 '인간의 권리'에 대한 새로운 해석을 읽어 내는 것도 가능하다. 가령 다음과 같은 흥미로운 논의를 참조. John Lechte and Saul Newman, "Agamben, Arendt and Human Rights: Bearing Witness to the Human", *European Journal of Social Theory*, vol.15, no.4, 2012.

고 동어반복으로 사라진다. 권리 없는 이들의 권리이거나 아니면 권리 있는 이들의 권리라는 것. 공허한 것이거나 아니면 동어반복이라는 것, 그리고 양쪽 다 속임수라는 것. 이것이 아렌트가 조립한 자물쇠다. 이러한 자물쇠는 진퇴양난에서 벗어날 수 있는 세 번째 가정을 일축하는 대가를 치를 경우에만 작동하게 된다. 실로 세 번째 가정이 존재하는데, 나는 이것을 다음과 같이 표현하겠다. 인권은 그들이 가진 권리를 갖지 못하고 그들이 갖지 못한 권리를 갖고 있는 이들의 권리.[38]

랑시에르가 제시한 세 번째 가정의 의미는 이런 것이다. 우선 "그들이 가진 권리를 갖지 못하고" 있다는 것은, "기록된 권리들", 곧 성문화된 권리들이 존재하고 있음을 전제한다. "자유롭고 평등한 것으로서의 공동체의 기입들inscriptions"[39]인 이러한 성문화된 권리들은 개인들이 이러한 권리에 기초하여 불평등하고 부자유스러운 사회·정치적 상황에 맞서 투쟁할 수 있는 근거들로 작용한다.[40] 따라서 인권은 그들에게 부여된 성문화된 권리를 실제로는 누리지 못하는 개인들의 권리라고 말할 수 있다. 둘째, 인권이 "그들이 갖지 못한 권리를 갖고 있는 이들의 권리"라는 것은, 이러한 개인들이 단지 이미 기입되어 있는 권리

---

38 Rancière, "Who Is the Subject of the Rights of Man?", p.302.

39 Ibid., p.302.

40 이 때문에 랑시에르는 인권 및 시민권을 단순히 불평등한 경제적 착취 현실을 은폐하는 법적 이데올로기로 치부하는 「유대인 문제에 대하여」의 맑스 및 그 이후의 맑스주의 전통을 비판한다. 『불화』에서 그는 맑스주의의 이러한 관점을 '메타 정치'(meta-politique)라고 부른다.

를 옹호하고 그러한 권리를 실현하기 위해 투쟁할 뿐만 아니라, 그러한 기입을 바탕으로 아직 기록되지 않은 새로운 권리들을 만들어 내고 새로운 권리 주체들을 생산한다는 것을 뜻한다. "자유와 평등은 한정된 주체들에 속하는 술어들이 아니다. 정치적 술어들은 열린 술어들이다. 그것들은 그것들이 정확히 무엇을 뜻하는지, 그것이 어떤 경우에 누구와 관계하는지에 대한 논쟁을 열어 놓는다."[41]

따라서 랑시에르에게서 인간과 시민의 차이, 또는 인권과 시민권의 차이는, 아렌트가 제시하는 진퇴양난에서처럼 공허하든가 동어반복적인 것을 가리키지 않는다. 오히려 그것은 그러한 간격을 폐지하기 위한 적극적인 정치의 공간, 새로운 정치적 주체들의 생산의 장을 뜻한다. 정치적 주체들은 정확히 말하면 자신들이 갖고 있는 권리를 실현하고 그러한 권리들에 근거하여 새로운 권리들을 창출해 내는 이들이다. 랑시에르는 이러한 주체들을 총칭하여 데모스 또는 인민이라고 부른다. 그리고 민주주의는 "가난한 이들의 권력"이나 "벌거벗은 삶"을 뜻하는 것이 아니라, "권력을 행사할 자격을 갖지 못한 이들의 권력"으로 정의한다. 곧 "민주주의는 아무런 자격을 갖추지 못했다는 사실을 빼고는 통치하는 데 필요한 어떤 특별한 자격도 갖추지 못한 이들의 권력"이다.[42] 바로 이런 의미에서 랑시에르는 『불화』를 비롯한 다른 저작에서 민주주의를 안-아르케an-arkhe, 곧 아르케 없는 것으로 규정한다.

---

41 Rancière, "Who Is the Subject of the Rights of Man?", p.303.
42 Ibid., p.305.

4. 정치에 대한 보편적 권리: 발리바르의 아렌트 해석

이 점에 관해서는 뒤에서 좀 더 부연하기로 하고, 이제 발리바르가 아렌트의 인권의 역설에 대해 제시하는 해석을 살펴보자. 발리바르는 1990년대 이후 몇 차례에 걸쳐 아렌트의 정치철학에 관해 논의한 바 있는데, 그의 성찰의 핵심에 존재하는 것이 바로 인권의 역설론이다.[43] 우리의 주제와 관련하여 흥미로운 것은 발리바르가 아렌트의 '권리들을 가질 권리'(또는 '권리들에 대한 권리'[44])라는 개념을 랑시에르의 '몫 없는 이들의 몫'이라는 개념과 유사한 것으로 제시한다는 점이다. 가령 다음과 같은 대목이 이를 잘 보여 준다.

> [아렌트의] 이러한 관점은 최근 랑시에르가 정치적 공간에서의 만인을 위한 실질적 평등의 척도는 민주주의라는 관념의 기원에서부터 '몫 없는 이들의 몫'에 대한 인정에 의해 구성된다는 것, 다시 말하면 배제 — 특히 가난한 이들에 대한 배제이지만 또한 다른 차별의 범주들도 여기에 속합니다 — 의 과정을 정치체 안으로의 포함 과정으로 전화시킴(이는 정치를 혁명적으로 변화시킵니다)으로써 구성된다는 것을 보여 주면서 재정식화하려고 시도했던 것과 가까운 관점입니다.[45]

---

43 아렌트의 인권의 역설론에 대한 발리바르의 논의로는 이 장 각주 22번의 문헌들 참조.

44 프랑스어 번역본에서는 'right to have rights'를 'droit aux droits'로 번역하고 있으며, 발리바르도 프랑스어로 글을 쓸 경우에는 이 표현을 그대로 사용한다. 이는 말 그대로 하면 '권리들에 대한 권리'를 뜻한다.

45 발리바르, 『우리, 유럽의 시민들?』, 232쪽.

『우리, 유럽의 시민들?』이 프랑스어로 2001년에 출간되었고 「인권의 주체는 누구인가?」가 2004년에 발표되었다는 것을 감안하면, 랑시에르가 자신의 글에서 발리바르에 관해 전혀 언급하지 않기는 해도,[46] 그의 글은 발리바르의 이러한 (부당한?) 연결에 대한 반론이라고 생각해 볼 수 있다. 역으로 발리바르는 랑시에르의 글이 출판된 이후 몇 차례에 걸쳐 인권의 역설론, 특히 권리들을 가질 권리라는 개념에 대해 재고찰하면서 자신의 논점을 좀 더 분명히 드러내고 문제의 쟁점을 심화시키고 있다. 따라서 아렌트는 어떤 의미에서는 인권의 정치 및 무정부주의적 시민성에 관한 두 사람의 논쟁을 비춰 주는 거울과 같다고 말할 수 있다.

랑시에르의 해석과 비교해 볼 때 발리바르의 해석은 세 가지 특징을 지니고 있다. 먼저 그는 랑시에르의 해석에서는 전혀 등장하지 않는, 권리들을 가질 권리라는 개념에 초점을 맞추고 있다. 둘째, 이 개념에 초점을 두고 인권의 역설을 고찰하게 되면, 아렌트 문제 제기의 핵심에는 정치 공동체의 무근거성, 아르케 없음이라는 문제, 아르케 없는 정치 공동체는 어떻게 가능한가라는 문제가 놓여 있음이 드러난다. 셋째, 만약 이것이 아렌트의 인권의 역설론의 핵심 쟁점이라면, 그로부터 제기되는 또 다른 문제는 정치 공동체에 고유한 아포리아적 성격 또는 이율배반적 성격이라는 문제다.

우선 첫 번째 문제를 살펴보자. 발리바르는 아렌트의 핵심 논점을

---

46 사실 랑시에르는 다른 곳에서도 전혀 발리바르의 작업에 관해 언급하지 않는다.

니 음과 같이 제시한다.

그것은 아렌트가 권리들의 인간학적 토대라는 관념 및 정치적인 것의 토대로서 '인권'의 고전적 교의에 대한 가장 근본적인 비판 중 하나를 전개하면서도 이 권리들 중 몇 가지를 무조건적인 것으로서 극단적으로 옹호했으며, 이러한 권리들에 대한 무시는 인간적인 것의 잠재적인 또는 현행적인 파괴로 귀착된다고 주장했기 때문이다. 기본적인 인권이라는 관념을 비판하면서도 동시에 전형적인 **인권의 정치**를 정치적인 것 일반, 특히 민주주의적인 정치의 중심에 위치시키는 것이 어떻게 가능한가?[47]

발리바르는 이것을 "아렌트의 정리"Arendt's theorem라는 수학적 용어로 표현한다. "**시민의 권리가 제거되거나 역사적으로 파괴되면 인권 역시 파괴된다.**"[48] 정리라는 표현이 뜻하는 바는, 인권과 관련된 이러한 역설적 사태가 일시적이거나 역사적 우연에 속하는 것이 아니라 원칙적으로 보편적인 함의를 지닌다는 점이다. 아렌트의 정리가 지니는 보편적 함의는 무엇보다도 그러한 정리가 인간의 권리에 함축된 권리라는 것이 개인 주체가 본성적으로 지니고 있는 고유한 성질, 말 그대로 양도/소외 불가능한 자연적 성질이 아니라, 공동의 세계를 구성하는 개인

---

47 Balibar, "(De)constructing the Human as Human Institution", p.728.
48 Ibid., p.732.

들이 서로에게 부여해 주고 또한 서로에 대해 보증해 주는 자격이라는 점을 상기시켜 준다는 점에 있다. 개인들이 지닌 인권은 이것 이외에는 다른 보증을 지니고 있지 않다. 따라서 시민의 권리가 파괴되면 인권 역시 파괴되는 이유는, 인권이 시민으로서의 권리에 의존하기 때문이라고 할 수 있다.

하지만 이것은 랑시에르가 주장하듯이, 아렌트가 버크를 옹호하면서 인권은 국민의 권리의 부속물이라는 것, 국민국가(또는 주권적 권력)에 소속되는 것이 개인들의 역사적 숙명이며, 그러한 공동체 바깥에서는 권리라는 통념이 아무런 의미도 지니지 못하고 개인들은 오직 벌거벗은 생명으로서의 자연적 성질만을 지닐 뿐이라는 점을 인정했다는 뜻이 아니다. 발리바르가 보기에 아렌트의 논점은 이보다 훨씬 더 급진적이다. 첫째, 아렌트가 말하려는 것은 "행위의 **상호성**이라는 의미에서의 공동체의 제도/설립 바깥에는, **인간 존재가 존재하지 않는다**는 관념이다".[49] "완전하게 조직된 인류와 더불어 고향과 정치적 지위의 상실은 인류로부터 배제되는 것과 동일하게 되었다."[50] 또는 역으로 표현한다면, 인간 존재 그 자체는 개인들이 공동으로 형성된 세계 속에서 서로에 대해 부여하고 보증해 주는 권리들과 다르지 않으며, **그 권리들만큼 실존한다**고 말할 수도 있다. 따라서 둘째, 인간의 인간성 자체를 구성하는 이러한 공동의 세계 형성은 특정한 정치제도나 공동체의 형식을

---

49 Balibar, "Arendt, le droit aux droits et la désobéissance civique", p.210.
50 Arendt, *The Origins of Totalitarianism*, p.294[『전체주의의 기원 1』, 533쪽].

함축하지 않는다. 그것은 오히려 이렇드기 명시적으로 말해둠이 인권
의 하나로 간주되어야 하는, 또는 이러저러한 구체적인 인권의 항목들
을 보호하고 성립하게 해줄 수 있는 일차적인 권리로서의 권리들을 가
질 권리를 뜻한다.

발리바르는 이를 "정치에 대한 보편적 권리"라고 바꿔서 표현하며,[51]
「인간의 권리와 시민의 권리에 대한 선언」(1789)의 한 가지 핵심(그가
'인간=시민 명제'라고 부르는 것)을 여기에서 찾는다. 하지만 발리바르
가 말하는 정치에 대한 보편적 권리는 이러저러한 정치적 권리에 대한
주장을 뜻하는 것이 아니다. 만약 그렇다면, 「인권선언」은 인간을 시민
으로, 인권을 시민권으로 환원하려는 것으로 이해될 것이다. 그리고 이
렇게 되면 「인권선언」이 개인의 자율성, 개인적 권리의 영역을 부정하
고 모든 것을 다 정치로 환원하며, 따라서 공포정치 및 전체주의로의
길을 열어 놓았다는, 프랑수아 퓌레나 마르셀 고셰 식의 수정주의적 프
랑스혁명 해석 및 반反전체주의론적 비판에 무기력해질 수 있다. 반대
로 우리가 인간=시민 명제의 핵심을 정치에 대한 보편적 권리로 파악
한다면, 인간=시민 명제는 인간을 시민으로 환원하거나 자유를 평등으
로 환원하는 것이 아니라 인간의 권리나 개인적 자유의 조건이 무엇인
지 좀 더 정확히 이해할 수 있게 해주는 명제가 된다. 왜냐하면 정치에
대한 보편적 권리란, 인간의 권리 및 시민의 권리를 인간의 본성이라는

---

51 Étienne Balibar, "La proposition de l'égaliberté" (1989), *La proposition de
l'égaliberté, p.72[「'인간의 권리'와 '시민의 권리': 평등과 자유의 현대적 변증법」, 『인권의
정치와 성적 차이』, 윤소영 옮김, 공감, 2003, 23쪽].

불변적인 자연적 사실에 기초 짓는 것을 가리키는 게 아니라, "피압제자들의 해방은 그들 자신에 의해 쟁취될 수 있을 뿐"[52]이라는 원칙을 가리키기 때문이다.

그런데 이처럼 인권이라는 것이 시민적 권리에 선행하지 않으며, 이러저러한 시민적 권리들과 더불어 인권 역시, 서로에 대해 권리를 부여하고 보증해 주는 개인들의 공동의 세계 구성 행위에 의존한다면, 그것은 정치 공동체의 **자연적**이거나 **본질적인 기초**는 존재하지 않는다는 것을 함축한다. 정치 공동체는 공동의 세계를 구성하려는 시민들의 호혜적인 행위 이외의 다른 기초를 지니지 않는 것이다. 그리고 만약 그렇다면, 아르케 없는 것으로서의 정치 공동체가 어떻게 성립 가능한가라는 중대한 문제가 제기된다. 더 나아가 어떤 의미에서는 이것보다 더 심각하고 근본적인 문제도 제기되는데, 그것은 이러한 아르케 없는 공동체로서의 민주주의 공동체에 본래적인 이율배반적인 또는 아포리아적인 성격이라는 문제다.

하지만 이러한 생각은 한 가지 심원한 이율배반을 포함하고 있는데, 왜냐하면 권리들을 창조하는 동일한 제도들, 또는 좀 더 정확히 말하면 개인들이 그것들을 통해 서로에게 상호적으로 권리들을 부여함으로써 인간 주체들이 되는 그러한 **동일한 제도들**은, 그것들이 이 권리들

---

52 발리바르, 「'인간의 권리'와 '시민의 권리'」, 23쪽. 이 부분은 2010년 새로 출간된 프랑스어 판본에는 빠져 있다.

을 파괴할 경우에는, 또는 권리들을 시해하는 데 상해가 될 경우에는 또한 인간적인 것에 대해 위협이 된다는 점을 확인하지 않을 수 없기 때문이다.[53]

아렌트가 국민국가에 고유한 인권의 역설을 통해 표현한 것이 바로 이 문제라고 할 수 있다. 왜냐하면 국민국가는 「인권선언」에 기초를 두고 시민으로서의 개인들의 평등과 자유를 보장할 수 있는 호혜적인 정치 공동체를 구성하기 위해 수립되었지만, 이러한 공동체는 역사적으로 시민들의 평등과 자유를 제한할뿐더러, 그 성원들 중 일부를 배제하거나 억압하는 결과를 낳았기 때문이다.[54] 아렌트는 이것이 단순히 국민국가에만 고유한 문제라고 생각하지 않는다. 국민국가의 경계를 넘어서는 좀 더 외연이 넓은 초국민적인 국가 및 일종의 세계정부를 구성한다고 해도, 그 국가나 정부는 정치적 통일성을 획득하기 위해 정치체 내부에 존재하는 차이들을 축소하거나 심지어 제거하려는(곧 배제하려는) 경향을 지니게 될 것이기 때문이다. 더욱이 아렌트는 그의 스승이었던 카를 야스퍼스가 전쟁을 방지하기 위해 제안한 '세계 연방 국가' 방안에 대해서도 회의적인 반응을 보인 바 있다. 전쟁을 막기 위해

---

53 Balibar, "Arendt, le droit aux droits et la désobéissance civique", p.211.
54 "소수민족 조약은 평이한 언어로 그때까지 오로지 국민국가의 현 시스템에서만 적용되었던 것들을 말했다. 다시 말하면 단지 한 나라의 국민들만이 시민이 될 수 있고, 같은 민족 혈통을 가진 사람들만이 법 제도의 완벽한 보호를 누릴 수 있으며, 다른 민족에 속한 사람들이 완전히 동화되지 않거나 자신의 혈통과 결별하지 않는다면 예외법을 필요로 한다는 것들이 거기 쓰여 있었다"(아렌트, 『전체주의의 기원 1』, 501쪽).

서는 그 국가는 고도로 강력한 "연방 치안력"을 지니고 있어야 하며, 그러한 무력은 또 다른 억압과 폭력의 힘으로 작용할 수 있기 때문이다.[55]

5. 무정부주의적 시민성

내가 보기에 아렌트와 랑시에르, 발리바르가 공유하는 문제는 근대 정치체, 특히 민주주의를 표방하고 그것에 기반을 두고 있다고 자처하는 정치체는 근본적으로 아르케 없는 정치체, 무-정부주의적 정치체일 수밖에 없다는 점이다. 그런데 여기서 '무-정부주의적'이라는 표현은 좀 더 근원적인 의미에서 이해되어야 한다. 이 점에 관해서는 특히 랑시에르의 통찰을 참조할 필요가 있다. 그는 『불화』에서 그리스어 아르케가 지닌 여러 의미를 활용하면서 민주주의는 아르케 없는 것이며, 바로 이런 의미에서 민주주의는 고대 그리스에서 출현한 이래로 서양의 정치철학에게 하나의 스캔들로 간주되었음을 역설한 바 있다. 우리의 논의와 관련해 본다면 아르케라는 말은 크게 세 가지 의미를 지니고 있다. 첫째, 아르케는 만물의 시원이나 근원이라는 뜻을 지니고 있다. 둘째, 이러한 시원이나 근원은 또한 원리나 토대, 근거라는 의미를 함축한다. 마지막으로 아르케는 지배나 통치라는 뜻을 갖고 있다. 따라서 민주주의가 아르케 없는 것이라면, 그것은 민주주의에는 지배나 통치를 정당

---

55 Hannah Arendt, "Karl Jaspers: Citizen of the World?", *Men in Dark Times*, New York: Harcourt, 1968[「칼 야스퍼스: 세계 국가의 시민?」, 『어두운 시대의 사람들』, 홍원표 옮김, 인간사랑, 2010] 참조.

화하는 자연적이거나 객관적인 원리 또는 토대가 부재한다는 것을 뜻한다. 랑시에르 자신은 이를 민주주의는 아무나의 정치이며, 정치적인 참여에는 아무런 자격이 필요하지 않다는 의미로 해석한다. 플라톤이나 아리스토텔레스 이래의 서양 정치철학이 추구했던 것은, 정치 공동체에 고유한 아르케를 갖고 있지 않기 때문에 누구나 정치적 문제에 관여할 수 있고, 대중들이 원하는 바에 따라 마음대로 정치적 결정이 이루어지곤 하는 민주주의에 반대하여, 기하학적 비례에 따라 공동체의 성원들(귀족, 부자, 평민)에게 돌아갈 합당한 자격과 몫을 정함으로써 공동체의 아르케를 세우려는 시도였다. 그런데 이러한 시도는 사실은 결국 보통 사람들에게 허울뿐인 자유 이외에는 아무런 정치의 몫도 남겨 두지 않는 것이며, 몫 없는 이들의 배제를 자연적인/본성적인 정치 질서로 정당화하는 것에 불과하다. 따라서 민주주의 또는 정치(랑시에르에게 이 양자는 동의어다)는 아르케의 질서에서 몫을 배제당한, 몫 없는 이들의 몫을 추구하는 일과 다르지 않다.

세 사람이 갈라지는 것은 이처럼 민주주의가 본래적으로 아르케 없는 것이라면, 근원적으로 무정부주의적인 정치체, 아르케 없는 정치체로서의 민주주의적 정치체는 어떤 것인가, 아르케 없는 시민성이란 어떻게 가능한가에 관해서다. 그런데 만약 민주주의가 아르케 없는 것이라면, 민주주의 정치의 핵심 문제 중 하나는 **배제**라는 문제가 된다. 아르케는 내부와 외부, 동일성과 비동일성, 자격자와 비자격자, 시민과 비시민(이방인)을 구별하는 원리이며, 아르케에 기반을 둔 모든 정치체는 이러한 구별에 입각한 배제를 통해 성립하고 존속할 수 있기 때문이다. 이는 역사적으로 존재한 민주주의 정치체, 특히 근대 국민국가의 경우에도 그대로 해당하는 점이다. 따라서 오늘날 민주주의 정치가 직면한 화두의 하나로서 무정부주의적 시민성의 문제는 아르케 없는 시민성, 배제 없는 시민성은 어떻게 가능한가라는 문제로 집약된다고 말할 수 있다. 그리고 이 때문에 인권의 역설에 대한 아렌트의 성찰 및 그것에 대한 랑시에르와 발리바르의 대조적인 해석은 이 문제가 지닌 여러 가지 함의를 숙고해 볼 수 있는 좋은 기회를 제공해 준다.

앞에서 살펴본 것처럼 아렌트 자신은 이러한 질문을 질문으로 남겨 두었으며, 그것에 대하여 뚜렷한 답변을 제시하지는 않고 있다. 하지만 어떤 의미에서는 손쉬운 답변들을 통해 이러한 질문이 지닌 아포리아적인 깊이를 은폐하거나 봉쇄하지 않으면서 그것의 난점을 온전히 드러냈다는 점이야말로 아렌트 사상의 강점이라고 말할 수도 있다.[56]

반면 랑시에르는 아렌트가 이러한 질문에 대해 제대로 답변하지 못하고 있다는 사실에서 아렌트 사상에 고유한 한계의 징후를 읽어 낸다. 그가 보기에 아렌트가 인권의 역설로 제시한 것은 사실은 아렌트 정치철학이 또 하나의 아르케 정치라는 점을 잘 드러내 주는 것이며, 따라서 아렌트가 인권의 역설이라고 부른 것은 인권의 정치의 가능성을 차단하거나 왜곡하는 한 방식에 불과하고, 이런 점에서 아렌트의 정치철학은 깊은 비관주의와 종말론적 함의를 지니고 있다. 그렇다면 아

---

56 아렌트 사상에서 아포리아 논리의 중요성에 대해서는 Gündoğdu, "Perpexities of the Rights of Man'" 참조.

감벤이 아렌트의 인권의 역설에 입각하여 종말론적인 호모 사케르의 긴 기원을 제시한 것은 전혀 우연이 아니다.

아렌트가 제기하는 인권의 역설에 대한 해석 및 해법의 제안에서 랑시에르는 매우 독창적인 시각을 보여 준다. 하지만 동시에 그의 독해와 해법은 몇 가지 문제점을 드러낸다는 점을 지적해 둘 필요가 있다. 우선 아렌트에 대한 그의 해석이 과연 공정한 것인지 질문해 볼 수 있다. 랑시에르의 해석은 아렌트의 인권의 역설론과 아감벤의 종말론적인 정치철학 사이에 본질적인 지적 연관성이 존재하며, 그것은 조에와 비오스라는 두 가지 상이한 삶의 양태의 엄격한 구별에 기초하여 인권 및 정치를 이해하려는 아렌트 사상의 본질주의적인 경향에 근거를 둔다는 점을 강조한다. 하지만 몇몇 주석가들이 보여 주었던 것처럼 아감벤이 아렌트 사상에 (부분적으로) 의거하고 있기는 하지만, 아감벤과 달리 아렌트 사상은 종말론적인 성격을 띠고 있지 않다.[57] 또한 랑시에르가 말하듯이 과연 아렌트가 버크의 논리를 그대로 답습하고 있는가에 대해서도 의문의 여지가 있다. 왜냐하면 아렌트가 버크의 논리가 "아이러니컬하고 신랄한 형태"로 확인되었다고 말했을 때 염두에 둔 것은 국민국가가 벗어날 수 없는 근대인의 운명이라는 점이 아니라, 인간의 권리를 보호하고 유지하기 위한 정치조직으로서 국민국가의 근본적인 한계가 드러났다는 점이기 때문이다.

---

57 아렌트와 아감벤의 차이점에 관해서는 특히 Lechte and Newman, "Agamben, Arendt and Human Rights" 참조.

둘째, 여기서 더 나아가 인권의 정치에 관한 랑시에르 자신의 해법이 품고 있는 난점에 관해 지적해 볼 수 있다. 랑시에르가 아렌트에 맞서 자신의 세 번째 가정을 제시했을 때 전제하고 있는 것은 **자유롭고 평등한 정치 공동체**(따라서 랑시에르 자신이 '치안'police이라고 부른 것과 구별되는)가 성립할 수 있으며, 그러한 공동체에서는 인간의 권리가 성문화된 권리로 기입되어 있고, 이러한 권리는 인권 및 시민권을 위한 투쟁의 효과적인 근거가 될 수 있다는 점이다. 그런데 아렌트의 인권의 역설이 제기하는 핵심적인 질문 중 하나는 **인권의 역설을 감당할 만한 정치 공동체, 따라서 민주주의라는 이름에 걸맞은 공동체는 어떻게 가능한가**라는 것이었다.[58] 그러나 랑시에르는 이것을 하나의 문젯거리로 생각하는 대신, 그러한 공동체를 당연한 사실로 받아들이고 있다. 인권의 역설에 관한 아렌트의 문제 제기가 지닌 의의 중 하나는 오늘날 세계 도처에서 볼 수 있는 이주자, 이민자, 난민들이 처한 인권의 상황을 50여 년

---

58 아렌트와 유대인 문제에 관한 책에서 리처드 J. 번스타인은 인권의 역설에 관한 아렌트의 논의는 유대인 문제에 관한 아렌트의 개인적 경험 및 성찰에서 비롯한 것이라는 점을 설득력 있게 보여 주고 있다. 그에 따르면 아렌트가 제기하는 유대인 문제의 핵심은 다음과 같은 점에 있다. "계몽주의가 정치적 권리를 전면에 놓았음에도 불구하고, 이러한 것들은 '인간의 권리' — 추상적 인간의 권리 — 로 이해되었다. 유대인으로서 유대인의 권리를 인정하는 곳은 없었다. 그래서 역설적이게도 계몽주의에 의해 형성된 '해방'은 어떤 이의 유대인성**으로부터의** 해방(즉 유대인으로서의 유대인의 해방이 아니라 유대인의 자살)을 뜻하게 되었다. 유대인을 유대인으로 인정하는 곳에 그토록 많은 저항과 불관용이 존재했던 이유를 파악하기 위해 근대를 어떻게 이해해야 하는가 하는 문제, 즉 유대인 문제에 아렌트가 주의를 기울였을 때, 이 문제는 중심적인 것이 되었다. 그녀는 유대인을 유대인으로 인정하는 것에 대한 이러한 실패를 나치 전체주의의 발생과 직접적으로 관련된 것으로 간주하게 되었다"(리처드 J. 번스타인, 『한나 아렌트와 유대인 문제』, 김선욱 옮김, 아모르문디, 2008, 44쪽).

전에 아렌트가 명철하게 포착해 냈다는 점에 있다. 곧 제1차 세계대전과 제2차 세계대전 사이에 수많은 국적 없는 이들이 직면했던 상황과 마찬가지로 오늘날의 세계에서도 수많은 이주자들과 난민들이 국적을 결여하고 있다는 사실로 인해 인간의 존엄성과 기본적인 인권을 인정받지 못하는 상황이 발생하고 있다. 이는 아렌트가 제기한 인권의 역설이 50년 전 또는 70년 전의 일시적이고 상황적인 문제가 아니라, 보편적이고 구조적인 함의를 지닌 문제라는 점을 잘 보여 준다. 따라서 랑시에르 자신이 제안하는 해법은 설득력이 있고 의미가 있는 것이기는 하지만, 그러한 해법 자체는 아렌트가 말하는 인권의 역설이 **현실적인 역설**이라는 점을 전제하는 것이 아닌지, 더 나아가 발리바르가 지적하듯이, 권리들을 가질 권리라는 아렌트의 개념에 근거를 둔 것이 아닌지 반문해 볼 수 있다.[59]

이는 결국 랑시에르 정치학이 지닌 근본적인 난점과 연결된다. 랑시에르가 자신의 정치학에서 좀처럼 제기하지 않는 문제는 「인권선언」 또는 봉기 일반에 고유한 불안정성이라는 문제, 다시 말하면 (혁명적) 봉기와 그것을 구현하고 실현하려는 민주주의 헌정 사이의 아포리아적인 또는 이율배반적인 관계라는 문제다. 이 문제는 민주주의적 봉기는 자신의 고유한 유한성으로 인해 필연적으로 봉기의 결과를 구현하

---

59 따라서 랑시에르가 아렌트에 대해 신랄한 비판을 제기하지만, 사실 랑시에르는 그 자신이 생각하는 것보다 훨씬 더 아렌트적인 것이 아닌가 생각해 볼 수 있다. 이 점에 관해서는 Ingram, "What Is a 'Right to Have Rights?'"; Lacroix, "Human Rights and Politics, 1980-2012" 참조.

고 그것에 대해 상대적 영속성을 부여해 줄 수 있는 **제도**를 필요로 하는 반면, 봉기를 구현하기 위해 제도화된 헌정 질서는 안정성을 유지하기 위해 봉기를 제한하고 퇴락시키는 경향을 띠게 된다는 사실 사이의 갈등 또는 아포리아라는 형태를 지닌 문제다.

사실 이 문제는 이미 몇몇 이론가들이 자신의 정치철학의 고유한 대상으로 제기한 바 있는 문제다. 가령 자크 데리다는 발터 벤야민의 「폭력 비판을 위하여」에 관한 탈구축적인 독서에서 이를 법정초적 폭력과 법보존적 폭력 사이의 아포리아적인 관계, 또는 필연적인 **"차이적 差移的 오염"**différantielle contamination의 관계라고 부른 바 있다.[60] 데리다가 말하는 차이적 오염은 "법정초적이거나 법정립적 폭력 자체는 법보존적 폭력을 포함해야만 하며 결코 그것과 단절될 수 없다"라는 것을 의미한다.[61] 어떤 법 내지 정치체를 새롭게 정초한 폭력은 그것이 정초적 폭력으로 기억되고 존속하기 위해서는 계속 보존되어야 하며, 따라서 보존적 폭력을 자신의 구조 속에 포함해야 한다. 역으로 법보존적 폭력은 자신이 보존하려는 것을 계속 보존하기 위해서는 그것을 끊임없이 재정초해야 한다. 곧 원래부터 존재하는 있는 것을 있는 그대로 보존하는 보존적 폭력은 불가능하다. 따라서 보존적 폭력은 정초적 폭력의 계기를 그 자체 내에 포함해야 한다. 이러한 의미에서 두 가지 폭력, 또는 봉기와 헌정은 차이적 오염의 관계를 맺게 된다.

---

60 자크 데리다, 『법의 힘』, 진태원 옮김, 문학과지성사, 2004, 90쪽.
61 같은 책, 88쪽.

또한 발리바르는 이를 민주주의와 시민권 헌정 사이의 이율배반이라는 문제로 정식화한 바 있다.[62] 한편으로 시민권 헌정은 자신의 토대로서 민주주의에 근거해야 하지만, 다른 한편으로 민주주의의 급진적인 보편성을 온전히 수용할 경우 그 제도적 틀 자체가 와해될 수밖에 없기 때문에 그것을 제한해야 한다. 따라서 발리바르에게 제도로 구현된 모든 민주주의 헌정은 필연적으로 배제를 수반할 수밖에 없다. 고대 민주주의에서 노예가 시민권 헌정에서 배제되었다는 사실은 누구나 인정하는 점이다. 하지만 발리바르에 따르면 **보편적 인권과 시민권에 기초를 둔 근대 민주주의** 역시 자신의 고유한 배제를 포함하고 있다. 근대 민주주의 초기의 무산계급에 대한 배제나 여성에 대한 배제 또는 소수집단에 대한 차별과 배제 등이 그 대표적인 사례가 될 수 있다. 하지만 발리바르는 이러한 배제들 이외에 국민국가에 고유한 배제라는 쟁점을 제기하면서, 그것을 시민성citoyenneté=국적nationalité이라는 등식으로 표현한다.[63] 곧 정치적 자격으로서의 시민성을 국적을 소유한 사람들에게만 부여하는 것이 근대 민주주의 헌정, 곧 국민국가의 본질이며, 이것은 「인권선언」에서 천명된 보편적 인권 및 시민성 원리와 모순을 빚는다. 따라서 근대 민주주의를 넘어서는 민주화의 과제는 이러한 배제의 메커니즘을 어떻게 극복하느냐에 달려 있다.

반면 랑시에르에게는 이러한 문제 설정을 찾아보기 어려운데, 이

---

62 Étienne Balibar, "L'antinomie de la citoyenneté", *La proposition de l'égaliberté*.
63 '시민권=국적' 등식의 의미에 대해서는 발리바르, 『우리, 유럽의 시민들?』, 4장 및 『정치체에 대한 권리』, 131쪽 이하 참조.

는 그가 민주주의와 헌정 사이의 관계를 정치와 치안 사이의 **배타적인 대립 관계**로 파악하기 때문이다.[64] 민주주의와 헌정 사이의 관계가 정치와 치안이라는 양립 불가능한 대립적 관계로 정의되면, 한편으로 민주주의는 항상 치안 질서에 대한 위반과 단절, 파열의 행위로 나타나게 되며,[65] 다른 한편으로 정치 공동체 내지 헌정(또는 그것을 구조화하는 논리)으로서의 치안은 늘 소수 특권 계급의 지배를 유지하기 위한 지배의 질서, 본성상 과두제적인 지배의 논리로 나타나게 된다. "치안은 온갖 종류의 재화들biens을 공급할 수 있으며, 어떤 치안은 다른 치안보다 무한하게 더 좋을 수 있다. 그렇다 하더라도 이것이 치안의 본성을 전혀 변화시키지 못한다."[66] 이 경우 사고 불가능해지는 것은 다음과 같은 점이다. 민주주의적 정치는 어떻게 일회적인 봉기적 행위를 넘어서 **지속될 수 있는가?** 단절과 위반을 통해 표출된 인민의 봉기적 힘은 어떻게 **구조적·제도적 역량**으로 전화될 수 있는가? 다시 말하면 민주주의는 어떻게 사건과 행위를 넘어 **민주주의적 조직, 민주주의적 정치체로 구성될 수 있는가?** 반대로 정치와 치안 사이의 배타적인 대립 논리를 따른다면, 랑시에르에게 민주주의는 오직 위반과 단절의 사건 내지 행위로

---

64 이 점에 관한 좀 더 자세한 논의는 진태원, 「랑시에르와 발리바르: 어떤 민주주의?」, 『실천문학』 110호, 2013 참조.

65 바로 이런 의미에서 랑시에르는 정치를 드물게 일어나는 것으로 규정한다. "자연적인 것으로 간주되는 지배의 논리를 이러한 평등의 효과가 가로지를 때 정치가 존재한다. 이것이 의미하는 바는 항상 정치가 존재하는 것은 아니라는 점이다. 정치는 심지어 매우 드물게, 간혹 존재할 뿐이다"(랑시에르, 『불화』, 46쪽).

66 같은 책, 65쪽.

국한되고, 모든 조직, 모든 정치체는 본성상 치안의 운명에서 벗어날 수 없는 것으로 보인다. 하지만 만약 그렇다면, 랑시에르가 아렌트의 인권의 역설론에 반대하여 제시하는 해법 역시 어떻게 가능한지 이해하기 어렵다. 왜냐하면 랑시에르의 해법은, "자유롭고 평등한 것으로서의 공동체의 기입들", 곧 성문화된 권리들이 치안 질서 내에 이미 존재한다는 것을 전제하기 때문이다. "해방의 삼단논법"에 관한 그의 탁월한 논의 역시 이러한 기입의 가능성을 전제하고 있다.[67] 그렇다면 랑시에르는 한편으로 민주주의적 투쟁을 위해 자유와 평등의 법적·물질적 기입을 요구하면서도(다시 말해 치안과 구별되는 민주주의적 공동체, 또는 적어도 민주주의적 공간의 가능성을 전제하면서도) 다른 한편으로는 정치 공동체 일반을 치안으로 환원하고, "모든 국가는 과두제 국가"[68]라고 간주하는 모순적 태도를 보이는 셈이다. 따라서 랑시에르가 최근 이루어진 몇몇 대담에서 정치와 치안 사이의 날카로운 대립 관계를 완화하거나 정정하고 있는 것은 우연이 아니다.[69]

---

67 랑시에르, 『정치적인 것의 가장자리에서』 참조.

68 Jacques Rancière, *La haine de la démocratie*, Paris: Fabrique, 2005, p.79[『민주주의는 왜 증오의 대상인가?』, 허경 옮김, 인간사랑, 2011, 154쪽].

69 가령 랑시에르는 2008년의 인터뷰에서 '드문 것으로서의 정치'라는 표현이 바디우에게 더 어울리는 것이라고 말하면서 그 표현을 재고할 필요성을 인정하고 있다. Jacques Rancière, *Moments politiques: Interventions 1977~2009*, Paris: Fabrique, 2011, p.181 참조. 또한 2011년에 이루어진 한 인터뷰에서는 정치와 치안의 관계를 재고찰하면서 다음과 같이 말하고 있다. "급진민주주의는, [민주주의적 역량의] 증식의 형태를 취할 수 있기 위해, 이미 지금 자신의 형태, 자신의 도구, 자신의 공간을 가질 수 있어야 하는 어떤 것입니다"(Antoine Janvier and Alexis Cukier, "La question politique de l'émancipation: Entretien avec Jacques Rancière", Alexis Cukier, Fabien Delmotte

아렌트는 『전체주의의 기원』 9장 마지막에서 국적 없는 사람들, 권리 없는 사람들이 제기하는 인간학적·정치적 쟁점을 다음과 같이 표현하고 있다.

어떤 공동체 안에서 자기 자리를, 시대의 투쟁 속에서 자신의 징치적 지위를 잃어버린 인간, 또 그의 행위와 운명의 일부를 일관된 총체로 구성하는 법적 인격을 잃은 인간에게는 보통 사적 영역에서만 표현될 수 있는 특성이 남겨지고, 공적인 모든 사안에서는 아무런 자격이 없는, **단순한 실존**mere existence으로 남을 수밖에 없다. 태어나면서 신비스럽게 우리에게 주어진 이 단순한 실존, 우리의 외모나 우리의 정신적 재능을 포함하는 이 단순한 실존은 단지 우정 및 공감 같은 예상할 수 없는 우연이나 위대하고 계산 불가능한 사랑의 은총에 의해서만 적절하게 다루어질 수 있는데, 이러한 사랑의 은총은 아우구스티누스와 더불어 "네가 존재하기를 원하노라"Volo ut sis라고 말하지만, 이처럼 지고하고 넘어서기 어려운 긍정에 대하여 어떤 특별한 이유를 제시할 수는 없다.[70]

and Céecile Lavergne eds., *Émancipation, les métamorphoses de la critique sociale*, Bellecombe-en-Bauges: Éditions du Croquant, 2013, p.159). 물론 랑시에르의 **철학 체계**(또는 랑시에르가 자신의 철학을 하나의 체계 내지 이론의 관점에서 이해하는 것에 대해 강력한 반감을 표출하고 있기 때문에, **논리**) 내에서 어떻게 급진민주주의가 '자신의 형태, 자신의 도구, 자신의 공간을 이미 **지금 가질 수 있는지**'(랑시에르는 흥미롭게도 이를 명령 내지 요구/당위의 의미를 함축하는 조동사 'devoir'를 사용해서 "가질 수 있어야 하는"이라고 말하고 있다)는 여전히 문제로 남아 있다. 곧 인터뷰를 통해 이루어진 임기응변식 정정과 **이론적 정정**은 다른 문제라는 뜻이다.

아우구스티누스에 대한 독창적인 독해에 근거한 사람이 으총이 민제[71]는 일단 제쳐 둔다면, 아렌트가 유대인으로서 자신의 경험 및 권리 없는 사람들의 재난에 대한 성찰에 입각해서 제기하는 근본적인 문제는 단순한 실존으로서의 인간 존재자가 그러한 단순한 실존에 입각하여 자신의 인간적 존엄성을 유지하고 주장할 수 있는 시민성은 어떻게 가능한가라는 문제였다고 할 수 있을 것이다. (아감벤이 말한 바 있는 호모 사케르 또는 무젤만을 연상케 하는) 이러한 단순한 실존으로서의 인간, 특성 없는 존재자로서의 인간은 식별 가능한 정체성을 지니지 않은 인간, 따라서 익명성과 타자성 또는 독특성singularity으로 특징지어질 수 있는 인간이다. 이러한 타자로서의 타자, 익명적 독특성을 지닌 인간, 따라서 공동의 정치적 정체성을 지닌 집단에게는 낯설고 위협적인 모습으로 다가오는 이 단순한 실존의 인간 존재자에게 걸맞은 시민성은 어떤 것일까? 이런 관점에서 보면, 무정부주의적 시민성의 문제는 평등의 문제 설정만으로는 해결하기 어렵다고 할 수 있다. 왜냐하면 단순한 실존으로서 타자는 **평등 속에서의 차이**를, **평등한 익명성과 다른 비밀로서의 익명성**을 요구하는 존재이기 때문이다. 그렇다면 아마도 무정부주의적 시민성의 문제는 데리다가 말한 데모스의 이중적 측면을 어떻게 '결합할'(그런데 과연 여기서 이 동사가 적절한 것일까?) 것인가의

---

70 Arendt, *The Origins of Totalitarianism*, p.301[『전체주의의 기원 1』, 539쪽].

71 이 문제에 관해서는 아우구스티누스의 사랑 개념에 대한 아렌트의 독해를 탄생성(natality)의 두 번째 원칙으로서 '주어짐'(givenness)의 문제와 연결시키는 Birmingham, *Hannah Arendt and Human Rights*, ch.3 참조.

문제라고 할 수 있을 것이다.

　　한편으로 데모스는 모든 '주체'에 선행하는, 아무개의 계산 불가능한 독특성입니다. 데모스는 시민이라는 자격 모두를 넘어, 모든 '국가'를 넘어, 나아가 모든 '인민' 심지어는 '인간' 생명체로서의 생명체라는 현 상태의 정의를 넘어, 존중할 만한 비밀을 지닌 사회적 탈유대 déliason입니다. 이와 동시에 다른 한편으로 데모스는 보편성입니다. 합리적 계산의 보편성, 법 앞에서 시민들이 갖는 평등의 보편성, 계약을 통해 또는 계약 없이 이루어진 공동 존재의 사회적 연관 등등입니다.[72]

---

72 자크 데리다, 「데리다와의 대화: 자가-면역, 실재적이고 상징적인 자살」, 지오반나 보라도리, 『테러 시대의 철학』, 김은주 외 옮김, 문학과지성사, 2004, 219~220쪽.

보론 개인 ─ 보편적이면서 독특한

개인이라는 단어만큼 우리에게 익숙한 것도 드물 것이다. 오늘날 '개인'이라는 단어는 그것을 좋아하든 싫어하든 우리 삶에서 가장 보편적으로 사용되는 말 중 하나다. 그것은 존재론적 단위이자 사회정치적 단위이고, 우리 생활의 기본 단위인 것으로 파악된다. 자연은 물리적 원자들과 생명을 가진 개체들로 이루어져 있다는 것이 상식으로 통용된다. 또 국가는 개인들의 생명과 재산, 권리를 보호하기 위한 정치조직으로 정의되고, 시민사회는 독립적인 개인들로 이루어진 영역으로 이해된다. 그리고 우리들은 각자 하나의 개인으로서 저마다 '삶의 주인'이라고 믿고 있다.

하지만 다른 한편에서 보면 개인은 상당한 불신의 대상이 되기도 한다. 공동체적 전통이 강한 우리 사회에서 개인은 공동체의 질서나 조화를 깨뜨리기 쉬운 것으로 지목되곤 한다. 개인의 의견, 개인의 이익 추구는 국익이나 국가 발전, 전체의 조화를 위해 희생되어야 하고 손해를 감수해야 마땅한 것으로 치부된다. 진보적인 생각을 가진 사람들이나 단체들에게도 개인이 불신받기는 마찬가지다. 이 경우 개인은 자본주의적 세계관이나 가치관의 화신으로 지탄받는다. 곧 개인의 이익을 추구하는 것은 신자유주의적인 경쟁의 질서에 매몰된 이기적 태도로 비판받으며, 개인의 권리나 자유 운운하는 것은 자본주의적 착취 질서를 은폐하기 위한 부르주아 이데올로기의 수사법에 불과하다고 간주된다. 이렇게 본다면 개인은 한편으로 가장 기본적인 상식으로 통용되면서도 다른 한편으로 가장 불신받는 표현 중 하나라고 할 수 있다.

그런데 이렇게 질문을 던져 볼 수도 있을 것이다. 개인이라는 말이 보통 생각되는 것처럼 정말 그렇게 자명한 것일까? 개인에 대해 찬성하거나 반대하기 이전에 과연 우리는 개인을 정확히 이해하고 있는 것일까? 우리 사회에는 개인에 대한 통념notion은 널리 퍼져 있지만, 개인에 대한 개념concept은 아직 존재하지 않는 것이 아닐까? 또는 적어도 부족한 것이 아닐까?[1]

사실 어떤 용어가 널리 통용되면 통용될수록, 따라서 그 용어가 자명한 것으로 받아들여지면 받아들여질수록, 그 용어가 갖는 고유성 내

---

1 여기서 '통념'과 '개념'의 구별은 프랑스 인식론 전통의 용어법을 따랐다. 가스통 바슐라르와 루이 알튀세르, 미셸 푸코에 이르는 프랑스 과학철학의 전통에서 'concept'와 'notion'은 비교적 체계적으로 구별된다. 전자가 과학적 또는 이론적으로 엄밀하게 구성되고 내포적·외연적으로 그 의미가 잘 규정된 개념을 가리킨다면, 후자인 'notion'은 엄밀하게 다듬어지지 않은 상식적인 생각이나 이데올로기적 관념들을 가리킨다. 가령 우리는 시간과 공간에 대해 다양한 통념들을 가질 수 있지만, 뉴턴이나 아인슈타인, 또는 호킹 등과 달리, 누구나 시간과 공간에 대한 개념들을 갖고 있는 것은 아니다. 또한 맑스나 베버, 하버마스 등이 국가에 대한 독창적인 개념들을 제시한 반면, 대개의 사람들은 국가에 대한 통념만을 갖고 있다고 할 수 있다.

지 독특성은 상실되기 쉽다. 내 생각에는 개인이라는 말이 여기에 배정
미는 것 같나. 개인이야말로 보편적이면서 독특한 어떤 것, 따라서 보편
성과 독특성이 역설적이게도 서로 분리할 수 없게 결합된 것이기 때문
이다.

개인이라는 말에 함축된 보편성과 독특성의 역설적인 결합을 가장
잘 파악한 사람 중 하나(따라서 또한 개인을 가장 잘 개념화한 사람 중 하
나)는 프랑스 철학자인 자크 데리다였다. 가령 그는 2001년 미국 세계
무역센터 테러 이후 이루어진 한 대담에서 데모스에 대해 다음과 같이
지적하고 있다.

한편으로 데모스는 모든 '주체'에 선행하는, 아무개의 계산 불가능한
독특성입니다. 데모스는 시민이라는 자격 모두를 넘어, 모든 '국가'
를 넘어, 나아가 모든 '인민' 심지어는 '인간' 생명체로서의 생명체라
는 현 상태의 정의를 넘어, 존중할 만한 비밀을 지닌 사회적 탈유대
déliason입니다. 이와 동시에 다른 한편으로 데모스는 보편성입니다. 합
리적 계산의 보편성, 법 앞에서 시민들이 갖는 평등의 보편성, 계약을
통해 또는 계약 없이 이루어진 공동 존재의 사회적 연관 등등입니다.[2]

여기서 데리다는 데모스가 역설적인 이중적 특징을 지닌 존재자라

---

2 자크 데리다, 「데리다와의 대화: 자가-면역, 실재적이고 상징적인 자살」, 지오반나 보라
도리, 『테러 시대의 철학』, 김은주 외 옮김, 문학과지성사, 2004, 219~220쪽.

는 점을 역설하고 있다. 데모스는 한편으로 "아무개의 계산 불가능한 독특성"을 가리키는 명칭이면서 다른 한편으로는 보편성을 지칭하는 명칭이기 때문이다. 겉보기에는 수수께끼 같은 이러한 주장의 함의를 이해하기 위해서는 약간의 우회를 해볼 필요가 있다.

오늘날 우리가 이해하는 바의 개인, 곧 존재론적으로, 사회적·정치적으로 가장 기본적인 단위 내지 요소로 이해된 개인이라는 말이 확립된 것은 서양의 자유주의를 통해서였다. 존 로크에서 존 롤스에 이르기까지 서양 자유주의의 가장 기본적인 공리는, "인간 존재자들 사이에 본성적 종속 관계는 존재하지 않고, 각각의 개인은 지고하며 모든 권위에 맞서 자기 스스로 자유롭게 결정을 내린다"라는 점이었다.[3]

이러한 공리는 여러 가지 함의를 지니고 있다. 우선 이것은 자유주의적인 개인 이해가 얼마나 혁명적인 성격을 띠고 있었는지 잘 보여 준다. 사회 내지 국가가 개인들에 앞서 존재하지 않고 오히려 사회 내지 국가가 독립된 개인들을 기반으로 하여 성립했다는 생각은, 전근대사회에 보편적이었던 인간학적 가정, 곧 인간들 사이에는 본성적인 불평등이 존재하며, 사회질서는 이러한 불평등에 근거를 두고 있다는 가정을 뒤집는다. 알다시피 전근대사회와 근대사회를 구별하는 가장 중요한 차이점 중 하나는 신분적 질서의 유무에서 찾을 수 있다. 전근대사회의 사람들이 일차적으로 이런저런 신분 관계(왕, 귀족, 평민, 노예 등)에 따라 규정되고 정치·사회적 위치와 행동 방식에서 제약을 당했던

---

3 Catherine Audard, *Qu'est-ce que le liberalisme?*, Paris: Gallimard, 2009, p.29.

것에 비해, 근대적 개인들은 적어도 원칙적으로는 모두 평등하고 자유로운 존재들로 가정되어 있다. 민주주의가 번성했던 고대 그리스 아테네에서도 정치에 참여할 수 있는 평등한 권리를 지닌 이들은 자유 시민(곧 데모스)이었으며,[4] 노예들은 이러한 권리에서 배제되어 있었다는 점을 감안하면, 근대적인 개인이라는 개념이 얼마나 혁신적인 것인지 짐작할 수 있을 것이다.

프랑스의 정치철학자 클로드 르포르는 인권과 민주주의에 대한 맑스주의적 비판을 반박하면서 근대적 개인 개념이 함축하는 이러한 급진성을 잘 밝혀 준 바 있다.[5] 그에 따르면 맑스는 근대적 평등과 자유의 원칙이 착취 및 억압 관계를 은폐하는 측면만을 부각시켰을 뿐, 그것 자체가 지닌 혁명적 성격을 제대로 파악하지 못했다. 맑스가 말했듯이 근대 민주주의와 인권 개념은 추상적이며, 또한 그 담지자로서 개인 역시 추상적이다. 하지만 이러한 추상성은 구체적인 사회경제적 조건과 독립적인 정치 영역의 구성을 (사고) 가능하게 해주는 것이기도 하다.

예컨대 「인권선언」에서 자유롭고 평등한 존재자로 선언된 인간은 **추상적** 개인이다. 왜냐하면 그는 국적과 관계없이(프랑스인이든 영국인

---

4 이것은 귀족과 평민 사이의 신분적 구별의 해체를 함축하는 것이었으며, 그 자체가 대단히 혁명적인 의의를 지닌 것이었다. 자크 랑시에르는 『불화: 정치와 철학』에서 이 점을 인상적으로 논증한 바 있다. 아테네 민주주의에 대한 좀 더 역사적이고 구체적인 논의로는 Josiah Ober, *Mass and Elite in Democratic Athens: Rhetoric, Ideology, and the Power of the People*, Princeton, NJ: Princeton University Press, 1991 참조.

5 Claude Lefort, *L'invention démocratique*, 2nd ed., Paris: Fayard, 1994(1st ed., 1981); *Essais sur le politique*, Paris: Seuil, 1986[『정치적인 것에 대한 시론』, 홍태영 옮김, 그린비, 2016] 참조.

이든 인도인이든, 또는 국적 없는 난민이나 망명객이든 간에), 재산 유무에 관계없이(부자든 가난뱅이든, 재벌이든 노숙자든 간에), 피부색에 관계없이(백인이든 흑인이든 황인종이든 간에), 종교에 관계없이(기독교 신자든 불교 신자든 무슬림이든 간에), 성별에 관계없이(여성이든 남성이든 아니면 트랜스젠더이든 간에), 또 연령에 관계없이(어른이든 아이는, 노인이든 청년이든 간에), 사람이라는 사실 그 자체로 인해 자유롭고 평등한 존재자로 간주되며 또 그렇게 간주되고 존중받을 권리를 지니기 때문이다.

이처럼 '~ 없고 ~ 없고 ~ 없는' 존재자라는 점, 다시 말해 아무런 특성도 없는 존재자라는 점에서 인권의 담지자인 또는 인권의 '주체'인 사람은 추상적 개인이다. 그리고 역설적으로 보일 수도 있겠지만 「인권선언」이 보편적 선언으로서 효력을 얻을 수 있는 것은 바로 그러한 **추상성 덕분이다**. 만약 여기에 어떤 제한이 붙는다면, 가령 인간은 그가 가난한 한에서, 또는 생산수단이 없는 존재자인 한에서, 약소국 국민이거나 피식민지인인 한에서만 인간으로서의 권리를 가진다고 말한다면, 그것은 더 이상 보편적인, 따라서 혁명적인 성격을 지닐 수 없을 것이다. 데리다가 '데모스의 보편성'에 대해 말할 때 염두에 두고 있는 것이 근대적 개인, 또는 좀 더 정확히 말하면 시민으로서의 개인이 지닌 이러한 보편성이다.

하지만 이것은 근대적 개인이 말 그대로 사회에서 독립해 있는 일종의 인간학적 원자原子들로서 실존함을 뜻하지 않는다. 앞에서 우리가 서양 자유주의의 기본 공리라고 불렀던 것은 **기술적**descriptive 의미가 아니라 **규범적**normative 의미로 이해하는 것이 타당하다.[6] 때로 개인의 독립성을 기술적인 의미로 이해하는 경우도 있으나(고전적인 사회계약론의 근간 개념 중 하나인 '자연상태' 개념에는 이러한 애매성이 함축돼 있다), 이는 인간이 사회적 관계 바깥에서는 생존하기 어렵고 인간으로 성립하기도 어렵다는 점을 간과할 뿐만 아니라(18세기 이래 서양의 문학에서 종종 거론되어 온 '늑대인간'의 이야기는 이러한 난점의 문학적 표현이다) 개인들 사이의 실제적인 불평등(신체적 능력만이 아니라 재산이나 권력, 지능 등에서의 불평등)의 존재도 설명하기 어렵게 만든다.

실제로 근대사회의 개인들은 전근대사회와 상이한 조직화 및 사회화 과정에 따라 형성되고 재생산된다. 이것을 포괄적으로 개인화individualization 과정이라고 부를 수 있을 텐데, 이때 개인화 과정이란 개인들이 **원초적으로 주어진** 존재자가 아니라 어떤 과정을 통해 형성되고 변형되고 또 재생산되는 존재자들이라는 점을 뜻한다. 따라서 근대적 개인, 보편적인 추상적 개인의 이면에는, 이러한 개인은 생산되고 재생산되는 개인이며 **특정한 메커니즘의 생산물**이라는 사실이 놓여 있다. 근대적 개인에 대한 이해가 완결성을 얻기 위해서는 이러한 이면을 간과해서는 안 된다.

프랑스의 철학자 루이 알튀세르가 자신의 이데올로기론에서 설명하고자 한 것이 바로 이러한 이면이었다고 할 수 있다.[7] 알튀세르는 맑

---

6 Audard, *Qu'est-ce que le liberalisme?* 참조.
7 이는 또한 푸코가 『감시와 처벌』에서 보여 주려고 했던 점이기도 하다. 『감시와 처벌』에서 푸코는 근대 자연권 이론 및 사회계약론의 가정과 달리, 개인은 국가 및 사회에 앞서

스주의 철학자였지만, 전통적인 맑스주의 이데올로기 개념의 한계를 극복하기 위해 프로이트와 라캉의 정신분석학과 스피노자 철학에 의지하여 이를 개조하려고 했다. 이러한 개조의 핵심은 두 가지로 집약될 수 있다.

첫째, 알튀세르는 가상 내지 허위의식으로서의 이데올로기와 현실 내지 진실을 단순히 대립시키는 맑스주의 이데올로기 개념의 한계를 넘어 이데올로기의 **실재성**(나아가 **물질성**)을 개념화하려고 했다. 이데올로기를 단순한 가상 내지 허위의식으로만 이해하게 되면 어떻게 그러한 가상(예컨대 종교라든가 맑스가 말하는 물신숭배fetishism 같은 것)이 지속적으로 사람들에게 영향을 미치는지, 또 사회적 현실을 구조화하는 힘을 갖는지 설명하기 어렵다.

둘째, 알튀세르는 이데올로기의 핵심은 예속적 주체 형성이라는 점을 강조한다. 흔히 자유로운 것으로 간주되는 개인들 내지 주체들이 **바로 그 개인들 내지 주체들로서 존재하는 양식**이 사실은 계급 지배의 메커니즘과 내재적으로 연루되어 있다는 것이다. 이처럼 인간의 개인적

존재하는 자율적인 존재자가 아니라 권력에 의해 생산되는 또는 '제조되는' 존재자라는 점을 밝히고자 한다. "규율·훈련을 바탕으로 하는 권력은 사람들의 힘을 감소시키기 위해서 힘을 묶어 두는 것이 아니다. 그 힘들을 전체적으로 증가시키고 활용할 수 있도록 묶어 두는 것이다. 권력은 자신에게 복종하는 모든 것을 일률적으로, 그리고 전체로서 굴복하게 만드는 대신 분리하고 분석하고 구분하며, 그 분해 방법은 필요하고 충분할 정도의 개체성에 이를 때까지 계속 추진된다. 유동적이고 혼란하며 무익한 수많은 신체와 다량의 힘을 개별적 요소들의 집합체 ― 분리된 작은 독방들, 조직적인 자치제, 단계적으로 생성되는 개체의 동일성과 연속성, 조합적인 부분들 ― 로 만들게끔 '훈육시킨다'. 규율은 개인을 '제조한다'(fabrique). 즉 그것은 개인을 권력 행사의 객체와 도구로 간주하는 권력의 특정한 기술이다"(미셸 푸코, 『감시와 처벌』, 오생근 옮김, 나남, 2004, 267~268쪽).

인 실존 양식, 개인성 그 자체가 지배계급의 권력에 대한 예속을 전제로 한다면, 맑스주의 이론은 생산양식에 대한 분석을 넘어서 이데올로기적 권력 또는 상징적 권력에 대한 분석을 필수적인 요소로 포함할 수밖에 없다. 알튀세르는 특히 호명interpellation 개념을 중심으로 이러한 예속적인 주체 생산의 메커니즘을 해명하려고 했다.[8]

따라서 이것은 **자유주의에 대한 강력한 비판**을 의미할 뿐만 아니라 **철학적 근대성에 대한 근원적인 문제 제기**를 의미한다. 왜냐하면 자유로운 개인을 뜻하는 자유로운 주체라는 범주는 칸트 이래 근대 철학의 핵심 원리로 존재해 왔는데, 개인 내지 주체라는 것이 이데올로기적 호명 메커니즘의 산물이라면, 개인 내지 주체는 정의상 **예속적인 주체**인 셈이며 근대철학의 가정과는 달리 본질적으로 **예속화**assujettissement**의 산물**이기 때문이다.

반면 알튀세르의 이데올로기론은 심각한 난점을 함축하고 있다. 그의 이데올로기론은 현대 인문사회과학에서 가장 혁신적인 이론 중 하나로 널리 찬사를 받았지만, 동시에 격렬한 비판을 받기도 했다. 이는 이러한 이론을 전제할 경우 평등하고 자유로운 주체 내지 개인의 가능성을 좀처럼 사고하기 어렵기 때문이다. 만약 모든 개인 내지 주체가 정의상 이데올로기적 호명의 산물이라면, 따라서 예속적인 개인 내지

---

8 알튀세르의 이데올로기론 및 호명 이론에 대한 좀더 자세한 논의는 진태원, 「라깡과 알튀쎄르: '또는' 알뛰쎄르의 유령들 I」, 김상환·홍준기 엮음, 『라깡의 재탄생』, 창비, 2002; 「스피노자와 알튀세르에서 이데올로기의 문제: 상상계라는 쟁점」, 『근대철학』 3권 1호, 2008을 참조하기 바란다.

주체라면, 그렇다면 해방의 주체, 평등하고 자유로운 개인들을 어떻게 사고할 수 있는가?[9]

실제로 알튀세르 이데올로기론의 밑바탕에는 부르주아 이데올로기의 핵심을 법 이데올로기로 파악하는 관점이 놓여 있다는 점에서 이러한 비판은 나름대로 일리가 있다. 알튀세르가 말하는 법 이데올로기라는 것은 바로 평등과 자유 같은 것이다.

법은 이렇게 말한다. 모든 개인은 **법인으로서 법률적으로** 자유롭고 평등하며 의무가 있는 법적 인격이다. […] 법 이데올로기도 외관상 이와 유사한 담론을 펼치지만 사실은 **전혀 다르다.** 그것은 이렇게 말한다. 모든 인간은 **본래**(본성상par nature) 자유롭고 평등하다. 따라서 법 이데올로기에서는 (법인들이 아니라) '인간들'의 자유와 평등에 '토대가 되는' 것이 법이 아니라 자연이다.[10]

따라서 알튀세르에게 '평등'과 '자유'는 법 이데올로기이며, 이러한 법 이데올로기는 개인들이 강제 없이도 자발적으로 자본주의적 생

9 이는 특히 영미권 맑스주의자들이 알튀세르에게 제기한 주요한 비판 논점이었으며, 테리 이글턴이나 슬라보예 지젝 같은 현대 비평가들에 의해 되풀이되고 있다. 이 비판이 특히 잘 나타난 책으로는 Slavoj Žižek, *The Sublime Object of Ideology*, London & New York: Verso, 1989[『이데올로기의 숭고한 대상』, 이수련 옮김, 새물결, 2013] 참조. 이러한 비판에 맞서 알튀세르 이데올로기론의 강점을 옹호하려는 시도로는 진태원, 「스피노자와 알튀세르에서 이데올로기의 문제」를 읽어 보기 바란다.
10 루이 알튀세르, 『재생산에 대하여』, 김웅권 옮김, 동문선, 2007, 121~122쪽.

산관계 속으로 들어가고 또 그것이 '정상적으로' 개생신디로봭 그 체세 속에서 자신의 역할을 수행하게끔 해준다.

그렇다면 과연 이데올로기론을 따를 경우, 우리는 항상 예속적이고 예속적인 개인 내지 주체를 전제할 수밖에 없는 것일까? 현대 이데올로기론, 더 나아가 현대 정치철학의 핵심 과제 중 하나는 이러한 질문에 대한 답변을 제시하는 데 있다. 그리고 현대 정치철학의 논의를 주도하는 사상가들, 곧 에티엔 발리바르나 자크 랑시에르, 알랭 바디우 등과 같은 철학자들이나 슬라보예 지젝이나 주디스 버틀러 같은 이론가들의 저작에서 우리는 알튀세르가 남겨 놓은 질문에 대한 상이한 답변들을 발견할 수 있다.[11]

이 문제를 여기서 길게 다룰 수는 없기 때문에, 다시 앞의 인용문으로 돌아가 데리다가 말하는 "아무개의 계산 불가능한 독특성"의 의미에 대해 잠시 살펴보기로 하자. 이 표현이 뜻하는 것은 무엇일까? 이 질문에 대한 답변을 우리는 데리다의 다른 대담에서 찾을 수 있다. 데리다는 『비밀에 대한 취향』이라는 대담집에서 민주주의의 본질적인 권리

---

11 발리바르가 알튀세르의 사상, 특히 그의 이데올로기론을 비판적으로 계승하는 방식에 대해서는 에티엔 발리바르, 「비동시대성: 정치와 이데올로기」, 『알튀세르와 마르크스주의의 전화』, 윤소영 옮김, 이론, 1993을 참조할 수 있다. 알튀세르가 발리바르 이외에 에르네스토 라클라우 같은 포스트맑스주의 정치 이론가나 지젝을 비롯한 슬로베니아 학파, 또는 주디스 버틀러에게 미친 영향에 대해서는 진태원 엮음, 『알튀세르 효과』, 그린비, 2011에 수록된 다음과 같은 글들이 참조할 만하다. 서관모, 「알튀세르에게서 발리바르에게로: 이데올로기의 문제 설정과 정치의 개조」; 최원, 「인셉션인가, 호명인가?: 슬로베니아 학파, 버틀러, 알튀세르」; 김정한, 「알튀세르와 포스트맑스주의: 라클라우와 지젝의 논쟁」.

중 하나로 "답변하지 않을 권리"를 꼽은 바 있다.[12] 곧 민주주의에서는 누구에게나 답변의 권리, 반론의 권리가 보장되어야 하지만, 그것만으로는 부족하며 동시에 **답변하지 않을 권리**도 필수적이라는 것이다.

하지만 여기서 '답변하지 않을 권리'란 법적인 문제에서 불리한 진술을 거부하거나 침묵할 수 있는 권리 같은 특수하고 제한된 권리만을 뜻하는 것이 아니다. 답변하지 않을 권리란 그것에 앞서 **어떤 정체성을 갖지 않을 권리**, 나에게 주어지거나 강제된 정체성을 거부할 수 있는 권리를 뜻한다. 이것은 어떤 정치 공동체의 동등한 구성원이 될 수 있는 자격을 의미하는 보편성과는 전혀 다른 것으로, 아무런 공동체에도 속하지 않을 권리, **익명적인 누군가로 존재할 권리, 비밀을 지닌 존재자로 살아갈 권리**를 뜻한다.

이런 의미에서 데리다는 또한 "나는 가족의 일원이 아니다"je ne suis pas de la famille라고 말한다. 이것은

> '나는 나 자신을, 가족에 대한 나의 소속을 기초로 하여 정의하지 않는다'라는 것을 의미합니다. [……] 하지만 이는 좀더 비유적으로는 내가 어떤 집단의 일부도 아니라는 것, 나는 나 자신을 어떤 언어 공동체, 국민 공동체, 정치 정당 내지 어떤 종류의 집단이나 파벌, 어떤 철학적이거나 문학적인 학파와 동일시하지 않음을 뜻하기도 합니다.

---

12 Jacques Derrida and Maurizio Ferraris, *A Taste for the Secret*, Cambridge: Polity Press, 2002, p.26.

[······] 나를 '당신들 중 하나'로 간주하지 말라, '나를 당신들 가운데 하나로 셈하지 말라', 나는 항상 나의 자유를 유지하고 싶다. 저에게 이는 독특하기 위한, 타자이기 위한 조건일 뿐만 아니라 타자들의 독특성 및 타자성과 관계를 맺기 위한 조건이기도 합니다. 어떤 사람이 가족의 일원일 때 그는 자신을 무리 속에서 잃고 말 뿐만 아니라 타자들 역시 잃고 맙니다. 타자들은 단순히 장소들이나 가족 기능들, 곧 집단, 학파, 민족 내지 동일한 언어를 말하는 주체들의 공동체를 구성하는 유기적 총체 속에서의 자리들 내지 기능들이 되고 맙니다.[13]

그렇다면 이것은 일체의 정치적 소속, 일체의 정체성을 거부하는 무정부주의적 주장을 뜻하는 것일까? 어떤 의미에서는 그렇고 어떤 의미에서는 그렇지 않다. 그렇지 않은 이유는, "아무개의 계산 불가능한 독특성"이라는 데리다의 개념, 또는 "나는 가족의 일원이 아니다"라는 수행문적 주장은 정치 공동체에 대한 참여를 단순히 거부하는 것이 아니기 때문이다. 그는 자신의 주장에 대해 다음과 같이 부연한다. "가족의 성원이 되지 **않으려는** 나의 **바람**은 가족의 성원이 되려는 나의 **바람**이라는 사실에 의해 **전제되어** 있다는 점입니다. 어떤 공동체에 속하려는 욕망, 소속 **자체**에 대한 욕망은 우리가 **소속되어 있지 않다**는 것을 함축합니다. 만약 내가 실제로 가족의 일원이라면, 나는 '나는 가족의 일원이 되고 싶다'라고 말할 수 없습니다."[14]

13 *Ibid.*, p. 26.

따라서 '나는 가족의 일원이 아니다'라는 수행문적 주장은 오히려 일차적으로 모든 개인은 **항상 이미** 어떤 정체성을 갖고 있으며, 어떤 소속을 지닐 수밖에 없다는 사실을 함축한다. 하지만 다른 한편으로 '나는 가족의 일원이 아니다'라는 주장은 그러한 정체성이나 소속을 순순히 받아들이기보다는 비판하고 거부하려는 태도를 함축한다 (데리다가 이 문장은 사실이나 존재 방식을 서술하는 문장이 아니라 수행문performative이라는 점을 강조하는 것은 바로 이 때문이다). 이는 그러한 정체성이나 소속이 폐쇄나 동질화의 위험, 곧 개인들을 "단순히 장소들이나 가족 기능들, 곧 집단, 학파, 민족 내지 동일한 언어를 말하는 주체들의 공동체를 구성하는 유기적 총체 속에서의 자리들 내지 기능들"로 만들 위험성을 내포하고 있기 때문이다. 그렇다면 '나는 가족의 일원이 아니다'라는 주장 속에는 모든 개인이 가질 수밖에 없는 정체성과 소속이 좀 더 개방적이고 좀 더 자유로운, 좀 더 평등한 것이 되어야 한다는 정치적 바람, 정치적 요구가 담겨 있다고 할 수 있다. 데리다가 다른 저작에서 사용한 표현을 빌린다면, 이는 '도래할 민주주의' démocratie à venir에 대한 요구라고 말할 수도 있을 것이다.[15]

하지만 다른 한편으로 '나는 가족의 일원이 아니다'라는 수행문은 또 다른 의미에서 무정부주의적 주장이라고 할 수 있다. 왜냐하면 이

---

14 Derrida and Ferraris, *A Taste for the Secret*, p.28.

15 특히 Jacques Derrida, *Voyous*, Paris: Galilée, 2003 참조. 이 책은 『불량배들』(이경신 옮김, 휴머니스트, 2003)로 번역돼 있지만, 번역이 좋지 않으므로 프랑스어 원본이나 다른 외국어본을 참조해야 한다.

문장은 어떤 정체성과 소속이 민주주의적이기 위해서는, 따라서 어떤 공동체가 민주주의적인 공동체로 존재하기 위해서는 그 공동체는 **무정부주의에 기초를 두어야 함**을 함축하고 있기 때문이다. 물론 이때의 무정부주의란, 흔히 비난의 의미로 거론되는 무정부주의와는 거리가 있는 개념이다. 그것은 최근 랑시에르와 발리바르가 각자 이론화한 의미에서의 아나키anarchy, 다시 말하면 '토대 없음', '지배 없음'이라는 뜻에서 **안-아르케**an-arkhe를 가리킨다.[16] 그리스어로 아르케는 어떤 시원始原과 동시에 원리라는 의미를 지닌다. 정치적인 의미에서 본다면 아르케는 어떤 정치 공동체를 기초 짓는 근거 내지 토대, 또는 본래적인 의미에서의 **권위**를 뜻한다.

따라서 "토대 없음"으로서의 안-아르케가 의미하는 것은, 첫째, 민주주의에는 본질상 자연적이거나 객관적인 토대가 존재하지 않는다는 것을 의미한다. 혈통이나 신성神性 또는 무력이나 부, 아니면 (지적) 능력 같은 특정한 어떤 기초에 근거를 두게 되면 민주주의는 데모스의 권력demokratia이 아니라, 그러한 기초를 보유한 어떤 소수집단의 권력이자 통치, 곧 과두제로 변질된다. 랑시에르가 "모든 국가는 과두제 국가다"[17]라고 일갈했던 것은 이 때문이다.

둘째, 따라서 민주주의가 가질 수 있는 유일한 토대는 (철학적으로

---

16 랑시에르, 『불화』; Étienne Balibar, *La proposition de l'égaliberté*, Paris: PUF, 2010을 각각 참조.

17 Jacques Rancière, *La haine de la démocratie*, Paris: Fabrique, 2005, p.79[『민주주의는 왜 증오의 대상인가?』, 허경 옮김, 인간사랑, 2011, 154쪽].

말한다면) **부정적인** 토대라는 것을 의미한다. 이때 '부정적'이라는 것은 그러한 토대가 창조된 것 내지 발명된 것이지, 실체적이거나 객관적인 것이 아님을 뜻한다. 근대 민주주의가 추상적 개인의 보편성에 기초를 둔다고 했을 때, 여기서 기초의 역할을 하는 보편성은 인간이라는 존재자의 자연적 본성(생물학적 종으로서 인간)이나 신학적 속성(곧 '신의 모방'으로서 인간), 또는 존재론적 특성(하이데거가 말하는 현존재Dasein까지 포함하여)에 함축된 것이 아니다. 이러한 본성이나 속성 또는 특성 어디에도 민주주의적 인간의 보편성을 가능하게 할 수 있는 객관적 토대는 존재하지 않는다. 오히려 그러한 보편성은 (말년의 알튀세르가 유고에서 말한 것처럼) 강한 의미에서 **우발적인** 것이다. 곧 그러한 보편성은 억압에 맞서 저항하고 지배에 맞서 자신들의 권리를 쟁취하려는 인간들의 집합적 행위를 통해 발명된 것이다.

그렇다면 '나는 가족의 일원이 아니다'라는 수행문에 깔려 있는 데리다의 관점에 따를 경우 어떤 정치 공동체가 얼마나 민주주의적인지 측정하는 한 가지 기준은 그 정치체가 얼마나 많은 무정부주의적 요소를 포함하고 있는지, 얼마나 **무정부주의의 제도화**에 성공하고 있는지에 달려 있다고 할 수 있다. 그럴 수밖에 없는 이유는, 근대 민주주의의 토대를 이루는 개인, 보편적인 추상적 개인은 동시에 아무개의 계산 불가능한 독특성을 포함하며 또 포함해야 하기 때문이다.

그러한 개인은 좀 더 평등하고 좀 더 보편적인 정체성을 가질 권리를 지니면서 동시에 일체의 정체성들로 완전히 포섭되거나 환원될 수 없는 계산 불가능한 아무개로, 다른 사람이 아닌 오직 나 자신으로 존재할 권리 역시 지니고 있다. 개인이란 이러한 두 가지 권리의 변증법 (물론 이러한 변증법은 기원도 없고 목적도 없는 무한한 변증법, 곧 알튀세르가 말한 의미에서 과잉결정된surdéterminée 변증법일 것이다) 속에 존재하는 어떤 것, 그러한 변증법의 공간 속에서 구성되고 재구성되고 또 전환되는 어떤 것이라고 정의할 수 있다.

따라서 우리 사회는 민주주의적인 사회인가? 이 질문에 대한 답변은, 우리 사회에 속한 개인들이 얼마나 '나는 가족의 일원이 아니다'라고 말할 수 있는 개인들인지에 달려 있다. 보편적이거나 독특한 것이 아니라, 독특하면서 보편적인, 보편적이면서 독특한, 개인들, '나'들인지에.

6장

대중의 정치란 무엇인가?
네그리와 하트의 다중의 정치학 비판

1. 대중의 시대에서 다중의 시대로?

미국산 쇠고기 수입 문제로 촉발되어 2008년 5월부터 국내 정치를 소용돌이 속에 몰아넣었던 촛불시위는 새로운 시위 형태를 선보이면서 다수의 언론 및 학자들의 주목을 받았다. 특히 일부 언론과 학자는 이들의 시위가 새로운 정치 주체로서 이른바 '다중'多衆의 등장을 입증한다고 주장하기도 했다.[1] 이러한 해석을, 일시적인 현상에 대한 지나친 호들갑이라고 넘겨 버릴 수도 있지만, 촛불시위가 여러 가지 측면에서 새로운 양상을 보여 준 바 있다는 점에서 일축하기 어려운 점도 있다.[2]

촛불시위는 네 가지 주요 특징을 지니고 있다. 첫째, 촛불시위의 가

---

1 그 사례로는 정인경, 「새로운 주체성에 대한 탐구」, 『진보평론』 37호, 2008; 박영균, 「촛불의 정치경제학적 배경과 정치학적 미래」, 『진보평론』 37호, 2008; 조정환, 『미네르바의 촛불』, 갈무리, 2009 참조.
2 촛불시위의 양상과 의의에 대한 평가로는 권지희 외, 『촛불이 민주주의다』, 해피스토리, 2008 및 다양한 계간지 특집을 참조.

장 큰 특징은 지도부 없는 시위, 이른바 '배후' 없는 시위라고 할 수 있다. 그동안 이런저런 반정부 집회나 시위 또는 노동조합 중심의 집회는 운동 단체나 노조 단체가 지도부를 구성하고 조직 대중을 동원함으로써 진행되는 경우가 대부분이었다. 하지만 2008년 촛불시위는 이른바 '운동권' 활동가들이 시인하듯 운동권의 동원이 체계적으로 이루어지지 못했을 뿐만 아니라 그들의 통제나 지도가 전혀 먹혀들지 않았던, 그럼에도 이전 어느 때보다 거대한 군중이 모여 정권에게 큰 위협을 주었던 시위였다. 따라서 대중들의 자발적 참여야말로 촛불시위의 가장 큰 특징이라고 할 수 있다.

둘째, 참여한 개인 및 집단의 다양성을 들 수 있다. 촛불시위는 이른바 '운동권' 단체들이 주도한 것도 아니고 운동권에 속한 개인들 및 단체들이 주류를 이룬 것도 아니다. 중고등학생에서부터 직장인과 가정주부, 노동단체 및 사회단체, 노년층에 이르기까지 여러 부류의 사람들이 참여했고, 극좌파 운동 단체를 비롯, 중도적이거나 우익적인 정치단체(예컨대 창조한국당이나 박사모 회원들)에 이르기까지 다양한 정치적 성향을 지닌 사람들이 가담했다.

셋째, 인터넷과 디지털 매체를 통한 운동 방식을 꼽을 수 있다. 촛불시위는 인터넷을 비롯한 디지털 매체가 정치적 문제에서 얼마나 커다란 동원력과 파급력을 지니고 있는지 잘 보여 준 사례다. 시위를 촉발한 직접적 계기도 문화방송의 「PD수첩」이었으며, 이 프로그램에 공감한 사람들이 집회를 조직하고 시위에 참여하는 데에도 인터넷에서의 여론 조성이 큰 힘을 미쳤다. 이는 이후에 시위가 확산되는 데에도 결정적인 동인으로 작용했다. 더 나아가 개인적인 디지털 매체를 활용한 시위 현장의 생중계를 통해 거대 언론 매체와 다른 시각으로 시위를 보도하고 또 거기에 많은 대중들이 즉각적으로 반응하는 데에도 인터넷을 비롯한 디지털 매체가 큰 역할을 했다. 아마 인터넷이 없었다면 촛불시위는 위력과 지속성을 갖지 못했을 것이다.

마지막으로 촛불시위의 또 다른 특징은 비정치적인 정치성으로 꼽을 수 있다. 주지하다시피 촛불시위는 겉보기에는 정치와 거의 관계가 없어 보이는 문제, 곧 미국산 쇠고기 수입 문제에서 촉발되어, 대운하와 공공 부문의 사유화, 교육 문제, 한미 FTA 문제 등과 같은 다양한 쟁점들로 이슈가 확산되었으며, 그 결과 출범한 지 불과 100여 일밖에 되지 않은 이명박 정권을 심각한 위기로 몰아넣었다. 그 이후 미국과의 쇠고기 추가 협상이 진행되고 공권력을 강경하게 발동함으로써 눈에 띄게 약화되었으나, 촛불시위는 생활상의 구체적인 문제들이 정치적 쟁점으로 전환될 수 있음을 잘 보여 준 시위였다.

이런 특징들은 촛불시위의 두드러진 차별적 요소들로 간주되어 여러 논객 및 언론으로부터 주목과 찬사를 받았다. 실제로 이런 특징들이 촛불시위를 돋보이게 만든 요인인 것은 부인할 수 없으며, 또한 촛불시위가 지난 1987년 민주화 투쟁 이후 최대의 대중적인 민주주의 투쟁 중 하나라는 점 역시 인정하지 않을 수 없다. 그러나 과연 이것이 새로운 민주주의의 표현인지, 또 더 나아가 새로운 정치적 주체의 출현을 예고하는 징후인지에 대해서는 의문의 여지가 있다. 이것은 촛불시위가 지니는 긍정적인 측면을 축소하거나 부인하자는 뜻이 아니라, 그것에 대한 낭만적인 이상화가 낳을지도 모를 위험은 신중히 고려해야 한다는 뜻이다.

　우리가 보기에 촛불시위를 해석하고 평가하기 위한 기준의 하나로 다중multitude이라는 용어가 널리 운위되고, 그 용어를 기반으로 자신의 정치철학을 구축한 안토니오 네그리와 마이클 하트의 저작들이 거론되는 것은 우연이 아니다. 이는 단지 네그리와 하트의 작업이 대중운동과 대중 민주주의의 기초를 재구성하기 위한 대표적인 작업 중 하나이기 때문만은 아니다. 그것은 또한 촛불시위에 참여한 대중의 자발성 및 그것이 이룩한(또는 이룩했다고 간주되는) 민주주의의 새로운 지평에 대한 찬사와 네그리·하트의 다중의 정치학 속에는 대중과 대중운동을 보는 어떤 공통 관점이 함축돼 있기 때문이다. 이 글은 그러한 공통 관점이 무엇인지, 그것의 이론적 요소들은 어떤 것이고 또 그 강점과 난점은 무엇인지 비판적으로 검토해 보기 위한 시도다.

2. 네그리·하트의 다중의 정치

1) 제국의 세 측면

『제국』의 「한국어판 서문」에서 네그리와 하트는 자신들의 저작의 목적을 두 가지로 제시한다. 첫 번째는 세계화된 세계를 지배하고 있는 "일반적인 권력론"을 제시하는 것이다. 두 번째는 이러한 권력이 행사하는 "공통적인 착취 및 억압 형태"들에 맞선 "해방과 민주주의를 향한 공통적인 가능성들을 창조"하는 것이다.[3] 이 두 가지 목표는 이 책의 두 가지 중심 개념, 곧 제국과 다중을 중심으로 구현되고 있다.

(1) 혼합 정체로시의 제국

제국은 네그리와 하트에게 세계화된 질서를 가리키는 개념이며, 세 가지의 특징을 지닌다. 첫째는 '혼합 정체'mixed constitution라는 특징이다. 고대 로마의 역사가 폴리비우스에게 빌려온 이 개념은 제국을 구성하는 세 가지 권력의 층위를 표현한다. 여기서 군주정은 제국의 외교와 통화, 문화 통제를 위한 일련의 국제기구들(유엔, 세계은행, IMF, WTO, G8 등)을 가리키고, 귀족정은 자원 분배와 교환의 네트워크로서 다국적 기업이 구조화하고 국민국가의 영토적인 조직에 의해 매개된다. 그리고 민주정은 대중적인 대표 제도와 의사소통의 메커니즘을 담당하는 집단들을 가리키는데, 대중매체와 문화 산업 및 다수의 비정부조직들NGO이 그것들이다. 이들에 따르면 이러한 혼합 정체로서의 제국은 영토적인 논리에 종속되어 왔던 국민국가 중심의 국제 질서 또는 제국주의적인 국제 질서가 종식되고 탈영토화된 범세계적인 제국적 주권이 성립되었음을 보여 준다.[4]

---

3 안토니오 네그리·마이클 하트, 『제국』, 윤수종 옮김, 이학사, 2001, 11쪽.
4 같은 책, 248쪽 이하.

(2) 통제 사회로서의 제국

두 번째 특징은 제국적인 질서에서는 자본주의의 실질적 포섭이 확립됨에 따라 사회가 규율 사회에서 통세 사회로 이행했다는 점이다. 푸코가 말하는 규율권력은 근대의 자율적인 주체가 실은 감옥이나 학교, 병원, 군대, 공장 등에서 권력의 메커니즘에 의해 제작된 예속적 개인들이라는 점을 보여 주기 위해 제시된 개념이며, 들뢰즈의 통제 사회라는 개념은 20세기 이후 이러한 규율권력이 한층 더 강화되고 있음을 해명하기 위한 개념이다.[5]

반대로 네그리와 하트는 이 개념들을 빌려오면서도 그것을 전도시켜서 활용하고 있다. 다음 구절은 이를 잘 보여 준다.

실질적 포섭이 사회의 경제적 차원이나 문화적 차원뿐만 아니라 사회적 생명체 자체에 스며드는 것으로 이해될 때, 그리고 실질적 포섭이 규율성 그리고/또는 통제의 양태들에 주의를 기울일 때, 실질적 포섭에 대한 분석은 자본주의 발전의 직선적이며 전체주의적인 형상을 분쇄한다. 시민사회는 국가 속에 흡수되지만, 이러한 흡수의 결과, 전에는 시민사회에서 조정되고 매개되던 요소들이 [이제는 국가 속에서] 폭발한다. 저항들은 더 이상 주변적이지 않고 네트워크 속에서 열리는

---

5 이는 1960년대 이래 라니에로 판지에리와 마리오 트론티 등이 주도했던 오페라이스모(operaismo) 운동의 사상적 기반을 이루는, 맑스의 실질적 포섭 개념에 대한 재해석과 같은 노선에 있다. 이 점에 대해서는 Finn Bowring, "From the Mass Worker to the Multitude", *Capital & Class*, no.83, 2004 참조.

사회의 중심에서 활동한다. 즉 개별적인 지점들은 천 개의 고원에서 독특화된다. 그러므로 푸코가 암묵적으로 구축한 (그리고 들뢰즈와 가타리가 분명하게 만든) 것은 [……] 최대한의 복수성과 구속할 수 없는 독특화라는 새로운 환경 —— 사건의 환경 —— 을 드러내는 권력의 역설이다.[6]

어떻게 이러한 전도가 가능할까? 그것은 그들이 제국에 대한, 주권적 권력에 대한 다중의 역량의 **존재론적 우위**를 전제하고 있기 때문이다.

(3) 비물질적 노동의 헤게모니

이러한 다중의 역량은 비물질적 노동을 중심으로 하는 정보적이고 소통적이며 정서적인 노동력의 확산 및 헤게모니화로 표현되며, 이를 바탕으로 공산주의의 새로운 전망이 열리게 된다는 것이 『제국』의 세 번째 근본 전언이다. 이들이 말하는 비물질적 노동이란 "서비스, 문화 상품, 지식, 또는 소통과 같은 비물질적 재화를 생산하는 노동"을 뜻하는데,[7] 여기에는 컴퓨터와 연결되거나 컴퓨터를 작동 모델로 삼는 노동, 곧 정보 처리 및 소통 기술과 관련된 노동과 더불어 상징적·분석적 노동, 곧 "문제를 해결하고 문제를 명시하며 전략적으로 중개하는 활동

---

6 안토니오 네그리·마이클 하트, 『다중: 제국이 지배하는 시대의 전쟁과 민주주의』, 정남영·서창현·조정환 옮김, 세종서적, 2008, 55쪽.
7 네그리·하트, 『제국』, 382쪽.

들"이 존재하며, 또한 정서의 생산과 처리를 포함하는 정서 노동모 내기에 속한다.

비물질적 노동의 중요성은 이러한 노동의 각 형태 속에는 "협동이 노동 자체 속에 완전히 내재한다"는 점, 곧 "비물질적 노동은 직접적으로 사회적 상호작용과 협동을 포함한다"는 데에 있다.[8] 이것이 중요한 이유는, 바로 이 때문에 비물질적 노동의 협동적인 측면은 더 이상 이전의 노동 형태에서 볼 수 있는 것처럼 외부에서 부과되거나 외부에 의해 조직되는 것이 아니라, 노동 활동 그 자체에 완전히 내재적이게 되기 때문이다. 이로써 노동이 더 이상 자기 외부의 적대적 타자인 자본에 의해 가치증식valorization되지 않고 **자기 자신을 가치화**(이것 역시 'valorization'이다)할 수 있게 되며, 이는 곧 공산주의의 가능성이 이미 잠재적으로 내재해 있음을 의미한다. "자기 자신의 창조적 에너지를 표현하는 데서, 비물질적 노동은 일종의 자생적이고 초보적인 공산주의를 위한 잠재력을 제공하는 것 같다."[9]

하지만 이는 현재 모든 노동이 비물질적인 노동으로 바뀌고 있다거나 또는 과반수 이상의 노동이 비물질적 노동이라는 것을 뜻하지는 않는다. 네그리와 하트가 강조하는 것은 이러한 비물질적 노동이 "**질적인 면에서 헤게모니적인 것이 되었고**, 다른 노동 형태들과 사회 자체에 대해 그런 경향을 부과해 왔다"는 점이다.[10]

---

8 같은 책, 386쪽.
9 같은 책, 387쪽.
10 네그리·하트, 『다중』, 146쪽. 『제국』에서는 마치 비물질노동이 전반적으로 확산된 것

2) 해방과 변혁의 주체로서 다중

『제국』이 제목이 시사하듯 새로운 제국적 질서의 개념화와 서술에 초
점을 맞추고 있고 다중에 대해서는 마지막 한 장만을 할애하고 있다면,
『다중』에서는 2부와 3부에 걸쳐 다중이 좀 더 상세하고 세심하게 개념
화되고 있으며, 다중이 추구하는 민주주의의 양상들이 논의되고 있다.
『다중』의 핵심 문제는 제국의 질서에 맞선 저항과 투쟁, 변혁의 주체인
다중은 누구이고, 다중이 추구하는 민주주의의 성격은 무엇인가 하는
점이다. 네그리와 하트의 말을 빌리자면 이는 다음과 같이 표현될 수
있다. "오늘날 인민의 주권에 의존하지 않고 그 대신 다중의 생명정치[11]
적인 생산성에 기초를 두는 새로운 정당화 과정을 상상하는 것이 가능
한가? 저항과 봉기의 새로운 조직 형식들이 마침내 근대적 투쟁의 계

처럼 말하고 있으며, 이는 티모시 브레넌을 비롯한 여러 사람들에게 비판받은 바 있
다. Timothy Brennan, "The Empire's New Clothes", *Critical Inquiry*, vol.29, no.2,
2003. 하지만 이러한 비판에 대응하기 위해 제시된 '질적인 헤게모니'라는 관점도 여전
히 난점을 안고 있다. 비물질노동론에 관한 좀 더 상세한 비판으로는 David Camfield,
"The Multitude and the Kangaroo: A Critique of Hardt and Negri's Theory of
Immaterial Labour", *Historical Materialism*, vol.15, no.1, 2007 참조.

11 한글 번역본에서는 '삶정치'라고 번역된 이 개념의 원어는 'biopolitics'이며, 이와 대
비되는 개념은 'biopower', 곧 '삶정치' 내지는 '삶권력'이다. 네그리와 하트는 『제국』
과 『다중』에서 '생명권력'과 '생명정치'라는 개념쌍을 주요한 이론적 도구로 활용하고
있는데, 전자가 다중의 생산력을 포섭하는 자본의 지배 장치를 표현한다면, 후자는 이
것에 저항하는 다중의 생산적 역량을 나타낸다. 이 두 개념은 『성의 역사 1: 앎의 의지』
(1976) 및 콜레주 드 프랑스 강의록인 『"사회를 보호해야 한다"』(1976)에서 유래한 것
들이며, 푸코에게서는 거의 등가적인 의미로 사용된다는 점에서 네그리·하트의 용법
과 차이를 지닌다. 푸코의 생명권력/생명정치 개념의 의미에 대해서는 진태원, 「생명정
치의 탄생: 푸코와 생명권력의 문제」, 『문학과사회』 75호, 문학과지성사, 2006 참조.

보학 전체에 내재하는 민주주의에 대한 욕망을 추족시킬 수 있는가? 민주주의, 평등 그리고 자유에 기초를 둔 새로운 사회를 건설하기 위한 다중의 투쟁 속에, 어떠한 초월적 권위에도 호소하지 않으면서 무력 사용을 정당화할 수 있는 어떤 내재적 메커니즘이 존재하는가?"[12]

(1) 다중의 의미

『제국』에서 다중은 크게 두 가지 측면에서 규정되었다. 하나는 **새로운 프롤레타리아로서의 다중**이라는 규정이다. 곧 다중은 "자본주의적 생산 및 재생산 규범들에 의해 착취되고 그 규범들에 종속되는 모든 사람들을 포함하는 광범위한 범주"로 규정된다.[13] 이는 산업 노동자계급과 프롤레타리아를 구분하고, 다중을 새로운 종류의, **일반적인 프롤레타리아**로 규정하려는 두 사람의 의도를 담고 있다.

다른 한편으로 다중은 제국과 관련하여 **존재론적으로 우월한 것**으로 규정된다. 네그리와 하트에게 제국은 전적으로 부정적인 것은 아닌데, 왜냐하면 제국은 영토적인 논리의 한계에 매어 있던 국민국가 및 제국주의의 한계를 넘어서 생산력의 탈영토화와 다양하고 독특한 주체성들 사이의 소통의 가능성 및 주권의 범세계적 보편성을 확립할 수 있게 해주기 때문이다. "무수한 얼굴을 한 대중운동이 지닌 이러한 구성적 측면은 실제로 제국의 역사적 건설이 지닌 긍정적 지형이다."[14] 두

---

12 네그리·하트, 『다중』, 114쪽.
13 네그리·하트, 『제국』, 91쪽.
14 같은 책, 102쪽.

사람은 이런 의미에서 제국과 다중은 두 개의 머리를 가진 독수리에 비유할 만하다고 말한다. 하지만 동시에 제국이 흡혈귀처럼 다중의 산노동의 피를 빨아먹어야 생존하는 단순한 포획 장치에 불과한 것에 비해, 다중은 제국 안에서 제국에 반대하는 세력이며 "우리의 사회 세계의 실질적인 생산력"이다. 따라서 제국적 질서가 이전 시대에 비해 무언가 성취한 것이 있다면 그것은 다중의 생산력, 생명정치의 결과이며, 제국은 이러한 존재론적 기초로서 다중에 기생하는 흡혈귀에 불과하다.

이처럼 『제국』에서 다중에 대한 규정이 개략적인 소묘에 그쳤다면, 『다중』에서는 (여전히 불충분하고 빈틈이 많기는 하지만) 좀 더 명확한 개념적 내용을 부여받고 있다. 우선 다중은 존재론적으로 좀 더 정확한 규정성을 얻는데, 이는 이전까지 정치의 주체들로 간주되어 왔던 상이한 집단들과 다중의 차이점이 무엇인지 해명함으로써 이루어진다.

다중과 인민people의 구별은 네그리와 하트가 가장 중시하는 점이다. 왜냐하면 이들에게 인민은 서양 정치철학사의 근간 개념 중 하나이며, 더욱이 초월적인 주권과 맞짝을 이루는 개념이기 때문이다. 따라서 인민과의 차이점이 분명히 제시되어야만 다중이 갖는 존재론적 지위 및 정치철학적 함의가 분명히 드러난다.

인민은 우선 통일성과 환원의 원리로 제시된다. 곧 수없이 다양한 개인들과 계급들에게 통일성 내지 정체성을 부여하고, 이를 통해 초월적인 주권 아래로 복속시키는 원리의 역할을 담당하는 것이 바로 인민이다. 이러한 인민에 대한 규정에서 이들이 가장 많이 의존하는 것은 토머스 홉스의 리바이어던 모델이다. 이는 홉스가 인민과 다중의 차이를 명확히 규정하면서 국가를 구성하는 데서 가장 중요한 것은 다중을 해체하여 인민으로 형성하는 일이라는 점을 명시적으로 지적하고 있기 때문이다.[15]

인민은 하나(일자)이다. 물론 인구는 수없이 다양한 개인들과 계급들로 구성되어 있다. 그러나 인민은 이 사회적 차이들을 하나의 정체성으로 종합하고 환원한다. 이와 달리 다중은 통일되어 있지 않으며 복수적이고 다양한 상태로 남아 있다. 정치철학의 지배적 전통에 따르면, 이것이 바로 인민이 주권적 권위로서 지배할 수 있고 다중이 그럴 수 없는 이유이다. 다중은 **독특성들**의 집합으로 구성되어 있다. 그리고 여기서 독특성은 그 차이가 동일성으로 환원될 수 없는 사회적 주체, 차이로 남아 있는 차이를 뜻한다.[16]

그러나 다중이 이처럼 복수적이고 어떤 하나의 중심으로 환원 불가능하다고 해서 보통 이야기하는 대중mass과 같은 의미를 지니는 것은 아니다. 오히려 네그리와 하트에게 **인민과 대중은 동일한 과정의 두 측면을** 가리킨다. 다시 말해 인민이 주권의 기계로 포섭되어 획일적인 동일성을 지닌 집단을 가리킨다면, 대중은 이러한 포섭을 전제한 가운데

---

15 네그리·하트, 『제국』, 149쪽 이하. 네그리 이외에도 비르노 역시 흡스를 인민과 다중의 차이를 설명하기 위한 준거로 삼는다. 빠올로 비르노, 『다중: 현대의 삶 형태에 관한 분석을 위하여』, 김상운 옮김, 갈무리, 2004 참조.
16 네그리·하트, 『다중』, 135쪽.

동질적이고 분산되어 있는 개인들의 집합으로 해체된 인민을 가리킨다. 네그리와 하트에 따르면 대중의 특징은 단지 파편적이거나 무차별적이라는 데 있는 것이 아니라 또한 서로 "지리멸렬하여 공통적으로 공유된 요소들을 인정하지"[17] 않는 상이한 개인들이나 집단을 가리키는 데 있다. 바로 이 때문에 대중이나 군중 또는 폭도는 "스스로 행동할 수 없고 오히려 지도받아야 한다는 의미에서 근본적으로 수동적이다".[18]

다중은 통상적인 의미의 노동계급과도 차이를 지닌다. 다중 개념과 구별되는 노동계급 개념의 근본 특징은 **배제**에 기초를 둔 **제한된** 개념이라는 점에 있다. 반면 다중은 어떠한 배제나 우열도 전제하지 않은 "개방적이고 확장적인" 개념이다. "다중은 프롤레타리아 개념에 그 가장 풍부한 규정, 즉 자본의 지배 아래에서 노동하고 생산하는 모든 사람들이라는 규정을 부여한다."[19] 하지만 그렇다고 다중이 무정형적인 집단 일체만을 표현하는 것은 아니다. 네그리와 하트는 다중 역시 하나의 **계급 개념**이라는 점을 강조한다. 다중이 계급 개념이라는 것은 크게 두 가지를 뜻한다. 첫째, 이는 전통적인 노동자계급 개념의 제한성과 배타성을 쇄신하고 계급의 외연과 내포를 좀 더 확장하기 위해 제시된 개념이다. 둘째, 다중 개념은 맑스의 정치적 기획과 단절하지 않고 새로운 조건 속에서 그것을 쇄신하기 위해 제시된 개념이다. "다중 개념은 계급투쟁에 대한 맑스의 정치적 기획을 다시 제시할 수 있기 위한 것이다."[20]

17 네그리·하트, 『다중』, 136쪽.
18 같은 책, 136쪽.
19 같은 책, 143쪽.

(2) 주권에 대한 다중의 존재론적 우월성

다중 개념의 또 하나의 중요한 특징은 그것이 주권에 대한 다중의 존재론적 우월성을 표현한다는 점이다. 이는 『제국』에서도 명시적으로 지적되었으며, 『다중』에서도 지속적으로 강조된다. 주권 권력의 "긍정적이고 능동적인 한계는 노동 및 사회적 생산과 관련해서 가장 명확하게 드러난다. 노동은 자본에 종속될 때조차도 언제나 자신의 자율성을 반드시 유지한다. 그리고 이것은 오늘날, 노동의 새로운 비물질적이고 협력적이며 협동적인 형태들에서 훨씬 더 명백하게 나타난다".[21]

더 나아가 주권과 다중의 존재론적 차이는 **주권의 양면성**을 통해 표현된다. 주권의 양면성이란 주권은 자율적인 실체가 아니며 결코 절대적이지도 않다는 것을 의미한다. 반대로 주권은 자신이 지배하는 피지배자들과의 관계, 보호와 복종, 권리들과 의무들 사이의 관계로 구성된다. 따라서 이러한 주권의 양면성은 일차적으로 무력에 의한 주권의 통치의 한계를 내포하며, 피지배자, 신민들의 동의를 필수적으로 요구한다(이는 자유주의적인 이론가들만이 아니라 마키아벨리나 스피노자 같은 현실주의 사상가들도 폭넓게 공유하고 있는 점이다). 하지만 네그리와 하트는 여기서 한 걸음 더 나아가 주권의 양면성은 "하나의 관계일 뿐만 아니라 또한 부단한 투쟁"이라는 것, 그리고 "이 관계는 주권이 도전받고 전복될 수 있는 지점"이라는 것을 함축한다고 주장한다. 주권이

---

20 같은 책, 142쪽.
21 같은 책, 87쪽.

양면적이고 관계적이라는 바로 그 사실로 인해 주권의 존립은 그것과 관계를 맺고 있는 사람들의 지속적인 참여에 의존하고 있으며, 이러한 참여, 곧 복종을 거부하게 되면, 주권은 성립할 수 없다는 것이다.

이러한 상황은 현재의 세계화된 제국의 질서에서 좀 더 극적으로 변화하게 된다. 제국의 질서하에서 경제적 생산이 점차 생명정치적인 것이 되어 "재화의 생산만을 목표로 하는 것이 아니라 궁극적으로 정보, 소통, 협력의 생산, 요컨대 사회적 관계들과 사회적 질서의 생산을 목표로"[22] 하게 되면서 제국 안에서 자본과 주권은 완전하게 중첩되는 경향이 있기 때문이다. 다시 말해 "자본이 끊임없이 노동의 생산성에 의존하고, 따라서 비록 자신에게 적대적이지만 노동의 건강과 생존을 확보해야 하는 것과 꼭 마찬가지로 제국적 주권 역시 동의에 의존할 뿐만 아니라 피지배자들의 사회적 생산성에도 의존"하는 것이다. 또한 제국은 무제한적인 것이기 때문에, 제국이 지배하는 사람들은 착취될 수는 있어도 배제될 수는 없다. 이는 "제국이 전 지구적 다중 전체와 맺는 지배 및 생산의 관계와 끊임없이 대면할 수밖에 없고, 그것이 가하는 위협에 직면할 수밖에 없다"[23]는 점을 뜻한다.

따라서 제국의 질서하에서 주권과 다중의 생명정치적 역량 사이에는 힘의 관계가 완전히 역전되어 피지배자들이 사회적 조직의 배타적 생산자로 등장하게 된다. 이는 주권이 곧바로 붕괴한다는 것, 따라서 권

---

22 네그리·하트, 『다중』, 398쪽.
23 같은 책, 399쪽.

력을 곧바로 상실한다는 것을 의미하지는 않지만, 적어도 "기계지들이 더욱더 기생적이게 되고 주권이 **점차 불필요해진다는 것을 의미한다**".[24] 네그리와 하트는 여기서 한 발사국 더 나아가 "이에 상응하여 피지배자들은 **점차 자율적이게 되고 그들 자신의 사회를 형성할 수 있게 된다**"라고 주장한다.[25] 제국적 질서의 생산 그 자체가 이미 자율적인 주체의 형성, 정치적 주체로서 다중의 잠재력을 함축하고 있는 것이다.

(3) 정치적 주체로서 다중

이처럼 다중의 존재론적 우월성에 대한 긍정에 그치지 않고, 오늘날 다중이 자기 자신을 정치의 주체로서 구성할 수 있는 온전한 역량을 지니고 있다는 것, 곧 다중은 엄밀한 의미에서 정치적 주체라는 것을 주장한다는 점에서 『다중』은 『제국』보다 한 걸음 더 나아간다. 우선 네그리와 하트는 단도직입적으로, 오늘날 변혁과 해방의 정치, 곧 혁명의 정치의 유일한 주체는 다중임을 천명한다. "오늘날 변혁transformation과 해방을 목표로 하는 정치 행위는 다중을 기초로 해서만 수행될 수 있다."[26] 그 근거는 방금 보았던 주권의 기생화와 피지배자들의 자율화에서 찾을 수 있다. 제국의 질서에 이르러 "갑자기, 일자가 지배할 필요가 없을 뿐만 아니라 사실상 일자가 결코 지배할 수 없는 것으로 보"이는 것이다.[27]

24 같은 책, 399쪽. 강조는 인용자.
25 같은 책, 399~400쪽. 강조는 인용자.
26 같은 책, 135쪽.

그러나 이런 질문을 던져 보지 않을 수 없다. 네그리와 하트가 말하듯이 주권이 점점 더 기생적이게 된다고 해도 그것이 과연 반드시 피지배자들이 점점 더 자율화된다는 것, 정치적 주체로서 다중이 일자 없이 통치할 수 있게 되었다는 것을 함축할까? 그들이 명시적으로 이 질문을 던지지는 않지만, 적어도 그들은 "다중이 어떻게 결정에 도달하는가"[28]라는 문제를 핵심적인 질문으로 제기하고 있다. 이러한 질문에 대해 우선 전제가 되는 것은 앞서 이야기되었던 현대 자본주의에서 비물질적 노동의 헤게모니적인 경향이다. 정보와 소통, 정서 노동을 핵심으로 하는 비물질적 노동이 헤게모니적인 지위를 차지함으로써 현대의 모든 생산에는 항상 이미 협동의 성향이 내재해 있기 때문이다. 이를 통해 자기 가치화가 가능하게 되며, 더 나아가 다중의 창조의 조건인 '공통된 것의 생산'의 가능성이 생겨나게 된다.

분명히 공통된 것의 생산 가능성은 그 자체로는 아직 정치에 미달하는데, 왜냐하면 정치는 공통된 것의 생산을 넘어 결정이 어떻게 가능한지, 어떻게 다중이 결정에 도달하게 되는지 그 가능성을 보여 주어야 하기 때문이다. 네그리와 하트는 이러한 문제에 대해 몇 가지 유비, 곧 신경생물학자들이 설명하는 두뇌 기능 모델(두뇌는 일자가 아니라 다중으로서 존재한다)이나 "다중은 마치 언어처럼 조직되어 있다"는 유비 또는 컴퓨터 소프트웨어의 협동적 발전과 소스 공개 운동이 수행한 혁

---

27 네그리·하트, 『다중』, 400쪽.
28 같은 책, 402쪽.

신들과의 유비 등을 제시할 뿐,[29] 정치제도의 틀 안에서 어떻게 다중의 결정이 이루어질 수 있는지, 또 그 구체적인 제도적 틀의 형태는 어떤 것인지에 대해서는 언급하지 않고 있다.

하지만 그럼에도 다중이 정치적 주체, 그것도 유일하게 해방적인 정치적 주체라는 두 사람의 믿음은 굳건하다. "다중은 다양함을 유지하고 내적으로 차이를 유지한다 할지라도 공통적으로 행동할 수 있으며, 따라서 자기 자신을 지배할 수 있다. 다중은 하나가 명령하고 나머지들이 복종하는 정치적 신체라기보다는 오히려 자기 자신을 지배하는 살아 있는 육체flesh다. [……] 다중은 민주주의, 다시 말해 만인에 의한 만인의 지배라는 법칙을 실현할 수 있는 유일한 사회적 주체다."[30]

3. 다중의 정치는 스피노자주의적인 정치인가?

많은 사람들이 인정하고 또 네그리와 하트 자신도 여러 차례에 걸쳐 지적하고 있듯이 이 두 저작의 저변에는 스피노자주의, 네그리가 오랜 시간에 걸쳐 이론화하고 가다듬은 스피노자주의가 관류하고 있다. 어떤 의미에서는 이 두 저작은 두 사람이 제국의 시대에 다시 쓰는 스피노자 철학, 스피노자의 『윤리학』과 『정치론』의 새로운 종합이라고 할 수 있을지도 모른다. 따라서 네그리와 하트의 다중의 정치학을 좀 더 심층적

---

29 같은 책, 403쪽 이하.
30 같은 책, 137쪽.

으로 평가하기 위해서는 이들이 제시하는 스피노자주의가 어떤 것인지, 또 그것이 스피노자 철학과 얼마나 부합하는 것인지 따져 볼 필요가 있다.

1) 역량과 권력

『제국』과 『다중』을 관통하는 스피노자주의의 핵심에는 포텐샤potentia와 포테스타스potestas, 또는 (두 개념을 번역해서 사용하자면) 역량과 권력이라는 스피노자 철학의 중심 개념쌍이 존재한다. 이러한 개념쌍에 대한 네그리와 하트의 해석 내지 변형은 스피노자 철학의 전개 과정에 대한 네그리의 매우 독특한 해석과 결부되어 있다.[31]

(1) 스피노자 철학 내부의 단절

네그리에 따르면 스피노자의 철학의 발전 과정에는 상이한 두 단계가 존재한다. 첫 번째는 초기 저작에서부터 『윤리학』 1~2부에 이르는 단계(1661~1665)로, 이 단계에서 스피노자는 신플라톤주의적인 범신론적 철학 체계를 제시하고 있다. 이는 능산적 자연인 실체와 속성이 소산적 자연인 (유한)양태들의 세계의 기본적(이고 초월적인) 구성 원리로 나타나고 있다는 점에서 잘 나타난다. 이에 비해 두 번째 단계

---

31 이 점에 관한 좀 더 자세한 논의는 진태원, 「스피노자의 현재성: 하나의 소개」, 『모색』 2호, 갈무리, 2001을 참조.

(1670~1677), 즉 『윤리학』 3~4부와 『정치론』에서 표현되고 있는 성숙한 스피노자의 철학에서는 첫 번째 단계의 철학에 남아 있던 신플라톤주의적 철학의 영향이 완전히 사라지고(네그리는 이를 특히 실체 개념과 속성 개념이 3~4부에서는 나타나지 않는다는 점에서 찾는다), 그 대신 정치론에서 등장하는 **다중의 역량**potentia multitudinis이라는 개념이 기본적인 세계 구성의 원리로 제시된다. 네그리는 말년에 이르러서 스피노자가 다중이라는 세계 구성의 **주체**를 발견하게 되었고 이는 철학사에서 유례없는 완전한 내재성의 철학의 가능성을 제시해 준다는 점에서 큰 의의를 지니고 있다고 주장한다. 따라서 네그리에 따르면 비록 스피노자가 이 개념에 따라 민주주의 이론을 완전하게 체계화하는 데는 실패했지만,[32] 이를 철학적으로 제시했다는 점에 바로 스피노자의 현재성이 있으며, 좌파의 이론가들은 스피노자가 남겨 놓은 철학적 유산에 따라 이를 보다 완전하게 체계화해야 할 이론적 의무가 있다.

(2) 역량과 권력의 계보

스피노자 철학의 전개 과정에 대한 이러한 해석을 바탕으로 네그리는 『야생의 별종』에서 스피노자의 철학을, 르네상스 시기 생산력의 발전에 의해 개시된 위기 속에서 생산력을 자본주의적인 생산관계로 조직화하려는 노선 —— 이는 곧 권력의 노선으로, 홉스·루소·헤겔로 이어

---

32 미완의 민주정 이론에 대한 네그리 자신의 재구성에 관해서는 특히 Antonio Negri, *Spinoza subversif: Variations (in)actuelles*, Paris: Kimé, 1994, ch.3[『전복적 스피노자』, 이기웅 옮김, 그린비, 2005, 3장] 참조.

지는 부르주아 이데올로기의 노선이다 ── 과 이러한 조직화에 반대하는 노선 ── 이는 마키아벨리·스피노자·맑스로 이어지는 다중의 역량의 노선이다 ── 의 대립에서 후자의 계보에 속하는 것으로 위치시킨다. 네그리에 따르면 근대성이라는 것은 "서양 합리주의의 선형적 발전도, 서양적 이성의 운명도 아니"며, "자유로운 생산력의 발전과 자본주의적인 생산관계의 지배 사이에 항상 양자택일이 존재해 온 모순적인 전개 과정"이다.[33] 따라서 다중의 자유로운 생산력 대 자본주의적인 지배 관계, 또는 역량 대 권력 사이의 대립 노선이 서양 근대의 정치적·이데올로기적 공간을 구조화하는데, 스피노자는 부르주아 생산관계의 헤게모니가 성립하는 고전주의 시기(17세기)에 이러한 헤게모니에 대항하여 생산력과 존재의 충만한 역량을 강조하는 '야생의 별종' savage anomaly의 위치를 차지한다.

따라서 서양 근대성의 최초의 헤게모니가 성립하는 과정 ── 이는 부르주아지의 자기 구성 과정과 다르지 않다 ── 에서 이 헤게모니에 대한 근본적인 비판을 대표하며, 또한 이러한 비판에 그치지 않고 세계에 대한 다중의 실천적 구성의 역량을 긍정하는 정치적 구성의 존재론을 제시한다는 점에 스피노자의 현재성이 있다.

---

33 Antonio Negri and Michale Hardt, *Labor of Dionysus: A Critique of the State-Form*, Minneapolis: University of Minnesota Press, 1994, p.282.

(3) 포텐샤와 포테스타스: 존재론·신학의 차원

이러한 계보학의 기초에 놓여 있는 역량과 (주권적) 권력이라는 대립쌍은 스피노자 철학에서 직접 유래한다. 스피노자 철학에서 역량potentia과 권력potestas 사이의 관계는 사실 좀 더 복잡하지만 네그리와 하트의 논리는 존재론적·신학적 차원에서 이 개념쌍이 지니는 의미를 전용한 것이라고 볼 수 있다. 존재론·신학의 영역에서 두 개념은 대립적인 의미로 사용된다. 곧 포텐샤는 합리적으로 인식된 신의 본성을 나타내며, 포테스타스는 신의 본성에 대한 상상적이고 미신적인 견해를 나타낸다.

『윤리학』에서 포텐샤는 다음과 같은 두 가지의 분명한 규정을 얻고 있다.

> 포텐샤는 실존할 수 있는 있음이다posse existere potentia est.
> (『윤리학』 1부 정리 11의 두 번째 증명)

> 신 자신과 모든 실재가 그에 따라 존재하고 행위하는 포텐샤는 신의 본질 그 자체다Potentia Dei, qua ipse, et omnia sunt, et agunt, est ipsa ipsius essentia. (『윤리학』 1부 정리 34의 증명)

이 두 가지 규정은 각각 분명한 이론적 목표를 지니고 있다. 첫 번째 규정은 포텐샤를 **잠재력으로, 곧 실행될 수도 있고 실행되지 않을 수도 있는 능력으로** 이해하는 것에 반대하여 항상 현행적인 힘으로서 제시하고 있다. 두 번째 규정은 신과 피조물 또는 오히려 자연 실재들 사이에 초월적인 거리는 존재하지 않으며, 신은 모든 실재들의 실존 및 행위의 내재적 원인이라는 점을 주장한다.

반면 포테스타스는 초월자(이는 신학자들이 말하는 초월적 인격신을 의미하지만, 바로크 시대의 절대군주를 함축하기도 한다)의 의지에 따라 **실행되거나 실행되지 않거나 할 수 있는 능력**을 가리키며, 주로 논쟁적인 맥락에서 사용되고 있다. 다시 말해 포텐샤 개념의 경우 주체의 의지와 무관하게 필연적으로 작용하는 인과관계와 그 작용을 가리키는데 반해, 포테스타스는 이러한 인과적 필연성을 초월하는 어떤 목적을 전제하거나 (초월적) 주체의 의지의 무한성에 의존한다는 점에 양자의 차이점이 존재한다. 따라서 이 두 개념의 구분은 당대의 신학 및 존재론에 대한 비판을 함축한다.[34]

---

34 포텐샤와 포테스타스의 개념쌍에 대한 이상의 설명은 내가 에티엔 발리바르, 『스피노자와 정치』, 진태원 옮김, 수정 2판, 그린비, 2014에 붙인 '역량(potentia)-권능/권력/권한(potestas)' 용어 해설 중 일부를 요약한 것이다. 이 글이 논문으로 투고되었을 때 익명의 심사위원 중 한 명은 나의 포텐샤와 포테스타스 구별에 대해 다음과 같은 문제 제기를 한 바 있다. "'포텐샤'와 '포테스타스'의 구분이 당대의 의인론적 신관에 대한 비판을 함축한다고 하더라도, 이로부터 전자가 존재론적 차원이고 후자가 신학적 차원이라고 단순화하기는 어렵다." 그리고 그는 『윤리학』 1부 정리 35를 참조하라고 지적했다. 첫 번째 지적의 경우 그가 나의 논점을 제대로 이해하지 못한 것이다. 나는 포텐샤가 존재론적 차원이고 포테스타스가 신학적 차원이라고 구별한 것이 아니라, 포텐샤/포테스타스 쌍이 존재론적이고 신학적인 차원에서 지니는 비판적 함의를 보여 주려고 한 것이다. 둘째, 그는 1부 정리 35가 포텐샤와 포테스타스 사이의 구별과 제대로 부합하지 않는다고 지적한다. 다시 말해 "우리가 신의 권능 안에 존재한다고 인식하는 모든 것은 필연적으로 존재한다"(Quicquid concipimus in Dei potestate esse, id necessario est) 중에서 "신의 권능 안에"(in Dei potestate esse)의 경우 스피노자가 포테스타스를 부정적인 의미가 아니라 긍정적인 의미로 쓰고 있다는 지적인 셈이다. 하지만 이것 역

네그리와 하트가 다중의 역량과 주권적인 권력을 스피노자적인 의미에서 포텐샤와 포테스타스 사이의 관계로 받아들이는 한, 그들의 용법은 스피노자 철학과 부합한다고 할 수 있다. 문제는 이러한 용법이 정치적 의미에서도 스피노자 철학의 내용과 합치할 수 있느냐는 점이다. 이 문제는 두 번째 개념인 다중의 문제와 직접 연결된다.

2) 다중 또는 대중들[35]

(1) 스피노자 정치학에서 포텐샤와 포테스타스

스피노자의 정치학에서도 포텐샤와 포테스타스는 체계적으로 구분되어 사용되지만, 존재론·신학이나 인간학·윤리학의 차원과는 달리 두 개념 사이의 관계는 대립의 관계로 나타나지 않는다. 그 대신 두 개념 사이의 관계는 비제도적인 또는 선先제도적인 행위 능력으로서의 포텐샤와 법 제도에 의해 부여받은 권력 또는 권한으로서의 포테스타스 사이의

시 별문제가 되지 않는다. 스피노자가 여기서 보여 주려는 것은 포테스타스는 이럴 수도 있고 저럴 수도 있는 가능태로서의 힘 또는 능력이 아니라 필연성을 함축한다는 점이기 때문이다. 따라서 이 정리는 나의 구별을 반증하는 게 아니라 오히려 입증한다.

35 'multitudo'라는 개념을 네그리나 그와 가까운 사람들은 'multitude'라고 번역하지만, 발리바르는 주로 'masses'라는 용어로 번역해서 사용한다. 네그리 식의 번역에는 물티투도를 주체로 보는 관점이 함축되어 있는 반면, 발리바르는 물티투도의 기본 특징은 양가성 내지 양면성이며, 따라서 그것을 자율적인 정치적 주체로 간주할 수 없다고 본다. 따라서 물티투도를 어떻게 번역하느냐의 문제에는 이미 그 개념에 대한 이해와 해석의 쟁점이 결부되어 있다. 나는 발리바르의 견해가 스피노자의 원래 용법에 좀 더 가깝다고 생각하기 때문에, 네그리와 하트 자신의 이론적 맥락이 아닌 경우에는 스피노자의 'multitudo' 개념을 '대중들'이라고 번역해서 사용하겠다.

관계로 나타난다. 곧 정치학의 영역에서 포텐샤가 법적·제도적 질서의 존재론적 기초를 표현하면서 동시에 그 제도로 완전히 포섭되지 않는, 정치적 행위의 자연적 기초를 표현한다면, 포테스타스는 법 제도에 따라 규정된 행위 능력이나 권한을 의미한다.[36]

(2) 대중들의 역량과 주권

네그리와 하트가 말하는 다중 또는 물티투도는 1980년대 이후 스피노자 정치학의 핵심 개념으로 등장했다. '많은', '다수의' 또는 '큰'이라는 뜻을 지닌 라틴어 'multus'에서 유래한 이 용어는 17세기 정치철학자들, 특히 홉스와 스피노자의 저작에서 중요한 위치를 차지하고 있다.

홉스의 경우 물티투도는 법 제도의 틀 안에서 구성된 인민people과 대립하는 것으로서, 고유한 정치적 실재성을 지니지 못한 '군중' 내지는 '무리'라는 의미를 지닌다. 따라서 홉스 정치학의 원칙에 따를 경우 물티투도는 적법한 정치적 지위를 갖지 못하고 심지어 전혀 **정치적 행위**를 수행할 수도 없다. 이 때문에 물티투도는 정치학의 대상이 될 수 없지만, 불법적인 소요와 폭력으로 정치적 질서를 위협한다는 점에서는 홉스 정치학이 꼭 해결해야 할 중요한 문제 중 하나였다.

반면 스피노자는 물티투도라는 개념에 대해 좀 더 미묘한 태도를

---

36 이 점에 관한 좀 더 자세한 설명은 진태원, 「대중들의 역량이란 무엇인가?: 스피노자 정치학에서 사회계약론의 해체 II」, 『트랜스토리아』 5호, 박종철출판사, 2005 및 발리바르의 『스피노자와 정치』에 수록된 '역량(potentia)-권능/권력/권한(potestas)' 용어 해설 참조.

보여 준다. 정치학에 관한 스피노자의 첫 번째 주저인 『신학정치론』 (1670)에서 이 개념은 단 세 차례만 사용되고 있으며, 거의 이론적 논의의 대상이 되지 않고 있다. 『신학정치론』에서는 오히려 좀 더 부정적인 의미를 지니는 불구스vulgus, 곧 우중愚衆이나 플레브스plebs, 곧 천민 같은 용어들이 자주 등장하고 있다. 하지만 6년 뒤에 씌어진 『정치론』에서 물티투도는 69번이나 등장할뿐더러 이론적으로도 매우 중요한 위치를 차지한다.[37] 이를 잘 보여 주는 개념이 바로 대중들의 역량potentia multitudinis이라는 개념이다.

> 대중들의 역량에 의해 정의되는 법/권리를 보통 통치권imperium이라 부른다. 공동의 동의에 따라 국정의 책임을 맡은 이가 이 통치권을 절대적으로 보유한다. (『정치론』 2장 17절)

> 국가의 권리 또는 주권자의 권리는 자연의 권리와 다르지 않으며, 각 개인의 역량이 아니라 마치 하나의 정신에 의해서 인도되는 것과 같은 대중들의 역량에 의해 규정된다. (『정치론』 3장 2절)

---

37 이상의 내용에 대한 좀 더 자세한 설명은 진태원, 「대중들의 역량이란 무엇인가?」를 참조하라. 스피노자 정치학에서 대중을 표현하는 'vulgus', 'populus', 'turba', 'multitudo' 같은 어휘들 사이의 관계에 대해서는 에티엔 발리바르, 「스피노자, 반오웰: 대중들의 공포」, 『스피노자와 정치』 외에도 Marilena Chaui, "La plèbe et le vulgaire dans le Tractatus Politicus", Humberto Gianini et al. eds., *Spinoza et la politique*, Paris: Harmattan, 1997; Warren Montag, *Bodies, Masses, Power: Spinoza and His Contemporaries*, London & New York: Verso, 1998을 참조. 샤우이와 몬탁의 논의는 발리바르의 관점을 약간 교정하고 있다.

우선 이 구절들은 **각 개인의 역량이 아니라 대중들의 역량**이라는 개념을 통치권의 기초로 명시함으로써 스피노자가 『윤리학』에서 전개한 "역량의 존재론"과 좀 더 부합하는 정치학의 원리를 제공해 준다.[38]

둘째, 하지만 이는 스피노자가 대중들 자체를 일종의 '정치적 주체'로 간주했으며, 민주주의를 대중들이 직접 통치하는 체제로 간주했음을 의미하지는 않는다. 네그리와 하트같이 대중들의 역량을 직접 민주정과 일치시키고, 이로써 대중들의 역량을 '대중들 전체가 보유하는 통치권'과 동일시하는 관점은 스피노자가 대중들의 역량이라는 개념을 사용할 때 항상 유지하는 대중들의 역량과 주권자 사이의 **차이**를 간과하고, 더 나아가 이러한 차이를 **대립**으로 오해하는 경향이 있다. 하지만 이는 스피노자의 존재론 및 인간학과 정치학의 관계를 정확히 해명하는 데 오히려 장애가 될 수 있다.

왜냐하면 이러한 관점은 대중들의 역량이라는 개념이 일차적으로는 지배 권력에 맞선 인민대중의 전복적인 힘을 의미한다기보다는, 사회적 관계의 존재론적 기초라는 좀 더 근원적인, 그리고 좀 더 중립적인 의미를 지닌다는 점을 간과하기 때문이다. 더 나아가 이는 대중들(의 운동)이란 정서적·관념적 연관망들의 집합과 다르지 않다는 점을 감안할 때, 대중들의 역량은 항상 능동성과 수동성의 갈등적인 경향 속에 들어 있으며, 항상 희망과 공포의 정서적 동요를 보여 준다는 점, 따라서 대중들의 역량은 항상 제도적인 매개를 요구한다는 점을 제대로

---

38 이 점에 관한 좀 더 자세한 논의는 진태원, 「대중들의 역량이란 무엇인가?」 참조.

파악하지 못하게 만든다.[39]

법적·제도적 매개는 스피노자 정치학의 관점에서 볼 때 결코 부정적인 것이 아니라 오히려 **긍정적**이고 **필수적인** 성격을 띤다. 이 매개들이 수행하는 기능은 자생적으로는 정념적이고 갈등적인 존재들로 남아 있는 개인들 및 대중들이 **마치 이성적인 존재자들이 행위하듯이** 국가의 보존을 위해 행위하도록 인도하는 데 있으며, 스피노자는 이를 3장 7절에서 "마치 ~처럼"veluti이라는 매우 의미심장한 표현으로 지적하고 있다. 이 표현이 가리키는 것은, 대중들은 본성적으로 이성적인 존재가 아니기 때문에 하나의 정신에 의해 실제로 인도되지는 않지만, 대중들의 역량이 국가의 보존과 안전을 위해 적절하게 활용되기 위해서는 대중들은 마치 하나의 정신에 의해 인도되는 것처럼, 법적·제도적 매개에 따라 규세되어야 한다는 점이다.

이렇게 볼 때 정치학의 영역에서 포텐샤와 포테스타스 사이의 관계를 존재론·신학이나 인간학·윤리학의 영역과 달리 대립적인 관점에서 파악하기는 어렵다. 왜냐하면 주권이 없이는 국가, 정치 질서가 성립할 수 없다는 점에서 정치의 영역에서 포테스타스는 단순한 가상이나 착각 또는 기생적인 것으로 볼 수 없기 때문이다. 따라서 스피노자의 철학을 포텐샤의 철학, 곧 역량의 철학이라고 부르는 것은 한편으로는 매우 적절한 일이지만, 다른 한편으로는 역량-권력의 관계를 일의

---

39 이 때문에 스피노자에게 정치의 논리는 기본적으로 투쟁과 갈등의 논리다. Pierre-François Moreau, "La place de la politique dans l'Ethique", Chantal Jaquet et al., *Fortitude et servitude. Lectures de l'Ethique IV de Spinoza*, Paris: Kimé, 2003 참조.

적인 대립 관계로 파악하지 않도록 주의해야 한다. 오히려 스피노자 철학에서 양자 사이의 관계는 일종의 변증법적 관계로 나타나며, 이 점에서 네그리와 하트의 다중의 정치학은 스피노자 철학과는 거리가 있다.

3) 절대적 정체로서 민주주의

(1) 다중의 자기 지배로서 민주주의

다중의 역량과 주권적 권력 사이의 관계 또는 대중들의 역량과 주권의 관계를 둘러싼 네그리·하트와 스피노자 철학 사이의 긴장은 민주주의의 문제를 둘러싸고 지속된다. 네그리와 하트에게 절대적 정체로서 민주주의는 내재적 민주주의를 뜻한다. 여기서 **내재적 민주주의**란 무엇보다도 외재적인 지배 장치로서, 일자로서의 주권을 필요로 하지 않는 민주주의, 따라서 다중이 자율적인 역량을 통해 스스로를 통치하는 민주주의를 가리킨다. 위에서 인용했듯이 네그리와 하트는 심지어 민주주의를 다중이 **자기 자신을 지배하는** 정치로 규정하기를 주저하지 않는다. 앞의 인용문보다 좀 더 길게 인용해 보자.

> 정치철학의 반복되는 진리들 중의 하나는, 오직 일자만이 지배할 수 있다는 것이다. 그것이 군주이건, 정당이건, 인민이건, 또는 개인이건 간에 말이다. 통일되지 않고 복수적인 채로 남아 있는 사회적 주체들은 지배할 수 없으며, 그 대신 지배를 받아야 한다. [······] 다중은 다양함을 유지하고 내적으로 차이를 유지한다 할지라도 공통적으로 행동할

수 있으며, 따라서 자기 자신을 지배할 수 있다 다중을 해 1기 명령하고 나머지들이 복종하는 정치적 신체라기보다는 오히려 자기 자신을 지배하는 살아 있는 육체나. […] 다중은 민주주의, 다시 말해 만인에 의한 만인의 지배라는 법칙을 실현할 수 있는 유일한 사회적 주체다.[40]

여기서 볼 수 있듯이 네그리와 하트에게 민주주의의 적은 초월적인 심급으로서의 일자, 특히 주권이며, 어떤 민주주의든 여전히 이러한 초월적 일자를 유지하는 한에서는 엄밀한 의미에서 민주주의라고 할 수 없다. 따라서 그들이 다음과 같이 말하는 것은 당연하다. "다중의 민주주의는 '새로운 과학', 즉 이 새로운 상황과 대면할 수 있는 새로운 이론적 패러다임을 필요로 한다. 이 새로운 과학의 제1의 의제는 민주주의를 위해 주권을 파괴하는 것이다. 주권은 그것이 어떤 형태를 띠건 불가피하게 권력을 일자의 지배로서 제시하고, 완전하고 절대적인 민주주의의 가능성을 침식한다."[41] 그렇다고 해서 이들이 일체의 국가 제도 또는 정치제도의 필요성을 부정하는 것은 아니다. 그들은 기꺼이 제도적인 구조들의 필요성을 인정하며, 심지어 미국 독립의 이론가들 중 한 사람이었던 매디슨 식 입헌주의의 진보성을 긍정하기까지 한다. 그리고 자신이 말하는 절대적 민주주의, 다중의 민주주의가 우리가 흔히 생각하는 식의 직접민주주의와 동일한 것이 아님을 강조한다.[42]

---

40 네그리·하트, 『다중』, 137쪽.
41 같은 책, 419쪽.
42 같은 책, 416쪽 이하.

하지만 그들은 과연 오늘날의 민주주의에 적합한 제도적 형식은 어떤 것인지에 대해서는 거의 시사점을 제공하지 않으며, 다만 세 가지 점을 강조하고 있을 뿐이다. 첫째는 어떤 식으로든 주권을 파괴하는 것이 필요하다는 것, 둘째는 오늘날의 민주주의 제도들은 "사회적 삶을 부단히 생산하고 재생산하는 소통적이고 협동적인 네트워크들과 부합해야 한다"는 것, 마지막으로는 다중은 결코 하나의 동일성으로 종합될 수 없는 근본적인 차이들로, 독특성들로 구성되어 있으며, 어떠한 민주주의 제도도 이러한 근본적인 차이들을 환원하거나 획일화하려고 해서는 안 된다는 점이다. 요컨대 이들의 입장은 "혁명적 현실주의는 욕망의 생성과 증식을 생산하고 재생산하는 것이다. 그러나 모든 현실 정치처럼 혁명운동에의 이러한 몰두도 [……] 자기 자신을 직접적인 상황에서 분리시키고 매개들을 꾸준히 구축할 수 있는 능력을 언제나 포함한다"[43]는 것으로 요약될 수 있다.

이렇게 본다면, 이들의 입장은 앞에서 살펴본 스피노자의 입장, 곧 대중들의 역량과 주권 사이의 변증법적 관계에 관한 입장과 그다지 다를 바 없는 것처럼 보인다. 하지만 여기에서도 여전히 두 입장 사이의 차이는 존재한다는 것이 나의 생각이다. 이러한 차이는 우리가 앞에서 인용한, 유일한 정치적 주체로서 다중이 자기 자신을 지배하는 민주주의와 입헌적 공화주의와 같은 제도적 매개를 필요로 하는 민주주의 사이의 차이이기도 하다. 네그리와 하트는 절대적 민주주의 또는 내재적

---

43 네그리·하트, 『다중』, 423쪽.

민주주의가 직접민주주의와 동일시될 때 생겨날 수 있는 위험성을 잘 알고 있으며, 제도적 장치를 통해 이를 보충해야 할 필요성도 명료하게 인식하고 있다. 그들이 간과하는 것은 그들이 주장하는 내재적 민주주의는 그 정의 자체에서 **자신 안에 분할과 갈등을 내포**하고 있으며, 이러한 본질적인 분할과 갈등 때문에 다중을 **정치적 주체로 간주하는 것은 불가능**하다는 점이다. 민주주의를 다중이 **자기 자신을 지배하는 것**으로 규정하자마자 다중은 **지배자와 피지배자로 분할**되고, 양자 사이에는 해소할 수 없는 갈등이 존재하게 된다. 다중이 정치적 주체, 그것도 유일한 주체라면, 그때의 정치적 주체는 과연 지배자로서의 다중을 가리키는가 아니면 피지배자로서의 다중을 가리키는가? 만약 전자나 후자만이 정치적 주체라면 다중은 이미 자신 안에 배제를 함축하게 되며, 만약 양자 모두 정치적 주체를 의미한다면, 유일한 주체로서 다중은 자기 분열에 빠질 수밖에 없을 것이다. 이런 상황에서 "궁극적으로 다중이 자기 자신을 지배할 수 있게 될 때, 민주주의가 가능하게 된다"[44]는 주장은 어떤 의미를 지닐까?

(2) 과정으로서 민주주의

네그리와 하트의 주장과 달리 스피노자에게 주권은 국가의 통일성을 유지하기 위해 필수불가결한 것이었다. 대중들의 역량은 국가의 토대의 위상을 지니지만, 대중들에 고유한 내적 갈등 및 양가성 때문에 대

---

44 같은 책, 405쪽.

중들은 스스로 자신의 정치적 통일성을 확보할 수 없으며, 항상 제도적인 매개로서, 통일의 형식으로서 주권을 요구한다. 이처럼 주권의 필요성을 인정하기 때문에 스피노자는 민주주의의 가능성을 부정할 수밖에 없었을까? 스피노자는 미완의 장으로 남은 『정치론』 11장에서 민주주의를 "완전하게 절대적인"omnino absoluta 정체로 규정한다. 여기서 절대적인 또는 완전하게 절대적인 정체로서의 민주주의란, 민주주의는 대중들이 자기 자신을 통치하는 정체라는 것을 가리킨다. 하지만 스피노자는 바로 이 민주주의를 다루게 될 11장 이하의 내용 중에서 첫머리 4절만을 다룬 채 미완으로 남겨 두고 숨을 거두었다. 이러한 미완성은 스피노자의 병 때문이었을까, 아니면 거기에는 좀 더 깊은 이론적인 난점이 존재했던 것일까?

이러한 질문에 대해 발리바르는 한 가지 근본적인 답변을 제시한다. 곧 미완의 11장은 스피노자가 정체로서 민주주의를 정의하고 그 제도적인 요소들을 규정하는 데 근본적인 한계를 느꼈다는 점을 입증한다는 것이다.[45] 사실 스피노자처럼 대중들을 근본적으로 양가적인 존재로 규정한다면, 이러한 대중들이 자기 자신을 통치하는 정체로서 민주주의를 제도적으로 구체화하기란 여간 어려운 일이 아니다. 마치 대중들이 현명하고 유덕한 존재자들인 것처럼 가정하고서 이상적인 정체로서 민주주의를 규정하는 것은 가능했을지 모른다. 하지만 이는 『정치론』 1장 첫머리에서부터 플라톤과 토머스 모어류의 정치적 이상주의 내지

---

45 발리바르, 『스피노자와 정치』, 1부 3장 참조.

유토피아주의를 비판하고 그 대신 마키아벨리를 비롯한 '정치가들'의 입장을 지지한 스피노자로서는 택할 수 없는 입장이었다. 따라서 스피노자는 민주주의를 "완전하게 절대적인" 정체로 찬양하면서도 역설적이게도 그것을 공백으로 남겨 둘 수밖에 없었다.

하지만 발리바르는 이러한 공백을 단지 부정적인 것이 아니라, 또 스피노자의 지적 정직성에 대한 징표만이 아니라, 민주주의에 관한 매우 새로운 관점의 표현으로 읽을 수 있다고 주장한다. 그것은 민주주의를 법적으로 규정되는 정체의 문제가 아니라 모든 법적인 정치제도의 근저에 놓여 있는 하나의 본질적인 경향으로 파악하는 관점이다. 곧 민주주의는 더 이상 군주정이나 귀족정과 구별되는 하나의 정체의 문제가 아니라, 군주정과 귀족정을 포함하여 모든 정체의 근저를 이루는 (알튀세르 식으로 말하면) 정치의 **부재하는** 원인, 부재하는 **토대**의 문제로 제시된다. 좀 더 정확히 말하자면 민주주의는 **모든 정체 내부에 그 정체의 토대로 존재하며, 그 정체의 완전성 내지 탁월성을 평가하는 기준이 된다.** 이렇게 되면 군주정이나 귀족정 중에서 어떤 것이 더 바람직한 정체인지, 아니면 혼합정이야말로 가장 바람직한 정체인지와 같은, 고대 이래로 많은 정치학자들이 씨름해 왔던 문제는 더 이상 핵심 문제가 아니게 된다. 오히려 각각의 정체 내부에서 그 정체의 기초를 이루는 민주주의적 토대를 강화하고 그것을 제도적으로 구현하려는 과정이 중요한 문제가 된다. 실제로 스피노자가 『정치론』 7장 이하에서 군주정과 귀족정을 분석하면서 골몰하는 문제는 어떻게 이 정체들 속에 존재하는 대중적인 요소를 강화할 것인가의 문제였다. 바로 이런 의미에서 발리바르는 스피노자 민주주의론의 독창성은 민주주의를 하나의 정체가 아니라 모든 정체 안에 존재하는 민주화의 경향으로 파악한 데 있다고 주장하는 것이다.

이렇게 본다면, 네그리·하트와 스피노자의 정치학, 그들의 민주주의론의 핵심적인 차이는 결국 물티투도를 자율적인 정치적 주체로 간주하는지 아니면 근본적으로 양가적인 정치의 토대로 간주하는지의 차이, 곧 다중의 정치와 대중들의 정치 사이의 차이에 있다고 할 수 있다. 이러한 차이를 좀 더 일반화해서 말하자면, 네그리·하트와 스피노자 철학 사이의 차이점은 대표 및 국가 제도를 부정적인 것으로 간주하느냐 아니면 그것이 지닌 본질적인 긍정성을 인정하느냐의 차이로 집약된다. 네그리·하트에게 대표 및 국가 제도 일반은 다중의 자율적인 역량을 동일화하고(따라서 독특성들 사이의 환원 불가능한 차이를 획일화하고) 초월적인 심급의 대표들로 매개하는(따라서 그것을 외적인 타자로 대체하고 소외시키는) 것에 불과하다. 이런 점에서 대표 및 국가 제도 일반은 근본적으로 부정적이고 될 수 있는 한 폐지되어야 하는 것이라고 할 수 있다.[46] 반면 스피노자에게 대표 및 국가 제도는 대중들의 근본적인 양가성을 조절하고 대중들의 부정적인 파괴적 역량(가령 민족주의적인 열광이나 소수자들 및 타자에 대한 배타성 등)을 합리적으로 중화하

---

46 이는 하트와 네그리의 이론이 한편으로 법과 사회, 다른 한편으로 구성 권력과 구성된 권력 사이의 엄격한 분리에 기초를 두고 있기 때문에 생겨나는 결과다. 이 점에 관해서는 Paul A. Passavant, "From Empire's Law to the Multitude's Rights: Law, Representation, Revolution", Paul A. Passavant and Jodi Dean eds., *Empire's New Clothes: Rereading Hardt & Negri*, New York: Routledge, 2004 참조.

기 위한 핵심 장치다. 따라서 국가 제도 및 대표는 폐기되거나 끊어 없이 축소되어야 할 대상이 아니라, 개조되고 합리화되어야 할 대상이다.[47]

4. 맺음말

촛불시위에서 나타난 대중들의 모습은 여러 가지 측면에서 놀랍고 감동적인 것이었다. 하지만 나의 생각으로는 촛불시위에 참여한 대중들의 모습에서 새로운 주체의 탄생을 읽는 것은 가능하지도 않을 뿐만 아니라 바람직하지도 않다. 가능하지 않은 이유는 촛불시위에 참여한 대중들은 '주체'라는 범주로 묶이기에는 너무나 이질적이고 다양한 개인들과 집단들로 이루어져 있기 때문이다. 바람직하지 않은 이유는 부정적이고 수동적인 대중과 긍정적이고 능동적인 다중을 **전혀 다른 별개의 존재로 가정하는 것**, 또 지금까지 수동적이고 부정적인 존재였던 대중이 이제 전적으로 자율적이고 능동적인 다중으로 변모했다고 가정하는 것은 대중이 지닌 양면성을 인식하지 못하게 할 뿐만 아니라, 주관적인 희망을 객관적인 대체로 착각하게 만들기 때문이다.

　대중은 네그리와 하트가 생각하는 것처럼 전적으로 수동적인 존재

---

47 이 점에 대해 다음과 같이 부연할 수 있다. "민주주의적 대표(représentation)에서 문제가 되는 것은 단지 의견과 당파의 **다원성**을 보증하고 활성화하는 것(이것은 물론 본질적입니다만)만이 아니라 **사회적 갈등을 대표하는** 것이며, 모종의 세력 관계가 강제하는 '억압'으로부터 이러한 갈등을 빼어 내서 공동선 내지 공동의 정의를 위해 활용할 수 있게끔 그것을 분명히 드러내는 것입니다(에티엔 발리바르, 『정치체에 대한 권리』, 진태원 옮김, 후마니타스, 2011, 241쪽[Étienne Balibar, *Droit de cité*, Paris: PUF, 2002, p.185]).

가 아니며, 단지 폭력적인 파괴나 약탈만을 자행하는 그런 존재도 아니다. 이른바 군중심리학의 창시자라고 할 수 있는 귀스타프 르봉 자신이 대중이 지닌 양면성을 분명히 인정하고 있었으며,[48] 그 이후의 여러 군중이론가들도 이 점을 긍정하고 있다.[49] 촛불시위를 평가할 때 전제되어야 하는 것은 촛불시위에 참여한 대중들 중 상당수(어쩌면 대부분)는 또한 황우석 사태 때 그야말로 민족주의와 무지한 정념의 광기에 휩싸였던 **바로 그 대중들**이며, 또한 그들이 맞서 항의하는 그 정권을 탄생시킨 바로 그 주역들이었다는 점이다.

네그리와 하트가 제시하는 다중 개념의 한계 중 하나는 그들이 여러 차례에 걸쳐 다중과 대중의 차이에 관해 역설하고 있음에도 불구하고 **현실적으로** 이러한 차이를 식별할 수 있는 기준은 제공하지 못한다는 점이다. 다시 말하면 그들의 구분법에 따를 경우, 파시즘에 동조하지 않고, 획일적인 동일성에 포섭되지 않고, 민족주의적인 정념에도 휘둘리지 않고, 다른 사람들의 독특성을 존중하고 스스로 자신의 독특성을 개발하면서도 다른 사람들과의 공통적인 것을 추구하고 실제로 그것을 구성하는 사람들이 바로 다중이다. 그러나 문제는 우리는 늘 **사후에**만 그것을 식별할 수 있다는 점이다.

스피노자적인 의미에서 대중들의 양면성, 대중들의 극단적인 동요를 인식한다는 것은 일차적으로 이러한 양면성 내지 극단적인 동요가

---

48 귀스타프 르봉, 『군중심리』, 이상돈 옮김, 간디서원, 2005.
49 이 점에 관해서는 특히 세르주 모스코비치, 『군중의 시대』, 이상률 옮김, 문예출판사, 1996 참조.

환원 불가능한 정치의 상수를 이룬다는 점을 인정한다는 것이다. 보편적 대의, 해방의 가치를 위해 봉기할 때 대중은 탁월한 정치적 주체, 또는 오히려 탁월한 정치적 행위자들이지만, 또한 그 대중은 민족주의나 다른 이데올로기적 정념의 노예가 되기도 한다. 따라서 대중의 정치에서 진정으로 중요한 문제는 대중 또는 대중들을 항상 이미 정치적 주체로 간주하는 것이 아니라, 대중운동을 규정하는 예속화와 주체화의 갈등적인 변증법을 국가를 포함한 정치적 제도화의 핵심 쟁점으로 인식하는 일이다.

7장

정치적 주체화란 무엇인가?
푸코, 랑시에르, 발리바르

1. 들어가며

이 장에서 나는 주체화subjectivation라는 문제 설정에 따라 권력과 저항의 문제를 살펴보려고 한다. 권력과 저항, 특히 저항의 문제를 주체화 개념에 입각하여 살펴보려고 하는 것은 다음과 같은 이유 때문이다. 우선 나는 저항의 문제는, 안토니오 그람시의 용어법을 사용한다면, 더 이상 기동전의 모델에 따라 사고되기는 어려우며, 진지전의 문제 설정에 따라 고찰되어야 한다고 생각한다. 다시 말하면, 정치권력을 어떻게 장악할 것인가, 또 누가 정치권력을 행사하는가라는 문제는 (정치공학적으로는 늘 중요한 주제이겠지만) 더 이상 의미 있는 철학적·이론적 고찰의 주제가 되기 어렵다고 생각한다. 사회주의 체제 70년의 역사가 우리에게 전해 주는 교훈 중 하나가 이것일 터이다. 그보다 이제 문제가 되는 것은 권력을 이해하는 새로운 방식이고, 권력에 저항하는, 또는 오히려 저항에(따라서 평등과 자유에) 입각한 권력을 사고하고 구성하는 새

로운 양식이다. 저항의 문제를 이런 각도에서 이해하면, 저항에 관한 가
장 근본적인 쟁점은 사실 주체화 양식의 문제에서 찾을 수 있다고 생각
한다.

실제로 주체화는 미셸 푸코가 고안해 낸 이래로 현대 철학 및 인문
사회과학에서 널리 논의되는 개념이며, 특히 1990년대 이래 여러 철학
자 및 이론가가 자신들의 작업의 중심 주제로 설정하면서 활발한 토론
의 대상이 되고 있다. 특별히 주체화라는 문제가 현대 인문사회과학의
주요 주제가 된 데는 몇 가지 이유가 있다.

첫째, 맑스주의가 몰락한 이후 프롤레타리아 또는 노동자계급(또
는 민중 내지 인민 일반)이 더 이상 의미 있는 정치적 주체로 간주되지
못한다는 점이다. 지난 100여 년 동안 맑스주의는 해방운동의 대명사
처럼 존재해 왔으며, 노동자계급은 억압과 예속을 넘어서 스스로 자신
의 해방을 성취할 정치적 주체의 보편적인 모델로 간주되어 왔다. 생
산력이 발달하지 못한 주변부 자본주의 국가들에서는 노동자계급 대
신 농민 계급이나 인민대중 일반이 해방운동의 주체로 설정되기도 했
고, 새로운 사회운동에서는 경제적 착취나 계급 적대로 환원 불가능한
여성이나 소수자들의 억압과 예속이 새로운 해방의 과제로 제기되었
지만, 노동자계급이 해방의 정치적 주체의 고전적 모델로 간주되어 왔
다는 점은 의문의 여지가 없다. 그리고 바로 그만큼 맑스주의의 몰락은
정치적 주체의 공백을 뚜렷이 드러내고 있다. 안토니오 네그리와 마이
클 하트의『제국』및『다중』연작이 세계적으로 큰 화제를 불러일으킨
것은 그들의 작업이 고전적인 맑스주의에 대한 하나의 유력한 대안(또

는 세계화 시대에 맞춰 고전 맑스주의를 쇄신하려는 시도)으로 여겨졌기 때문이라고 볼 수 있다.[1]

둘째, (포스트)구조주의의 이론적 유산이라는 문제가 있다. 에티엔 발리바르가 지적했던 것처럼 구조주의 운동은 20세기 후반 프랑스 철학계의 가장 커다란 사건이었을 뿐만 아니라,[2] 범세계적인 차원에서도 가장 큰 영향력을 미친 지적 운동 중 하나라고 볼 수 있다. 철학적인 측면에서 본다면 (포스트)구조주의의 핵심적인 이론적 유산은 주체를 원리에서 결과로, 또는 구성하는 기능에서 구성되는 위치로 이행시켰다는 데서 찾을 수 있다.[3] 이것은 흔히 통속적으로 이야기되는 것처럼 (포스트)구조주의가 주체의 죽음을 가져왔다거나 주체를 제거했다는 것을 의미하지는 않는다.[4] 그것은 오히려 (포스트)구조주의 이후 이제 주

---

1 물론 그들의 이론이 현실에 대한 분석과 정치적 대안의 모색이라는 점에서 얼마나 설득력이 있는가 여부는 별개의 문제다. 앞선 6장 「대중의 정치란 무엇인가?: 네그리와 하트의 다중의 정치학 비판」에서 이에 대한 비판적 토론을 한 바 있다.

2 구조주의 운동에 관한 대담으로는 에티엔 발리바르, 「구조주의와 현대 프랑스 철학의 종말: 에티엔 발리바르와의 대담」, 『전통과현대』 15호, 2001 참조.

3 이 점에 관해서는 발리바르의 다음과 같은 지적을 참고할 수 있다. "라캉, 후기 푸코, 또는 알튀세르 등 어떤 위대한 철학적 '구조주의자들'도 [……] 주체를 실격시키는 데 그치지 않았다. 그들 모두는 그 반대로 고전 철학에 의해 기초의 위치에 장착된 이러한 맹목적인 노력을 해명하고자 했다. 즉 **구성하는** 기능에서 **구성되는** 위치로 주체를 이행시키고자 했다"(에티엔 발리바르, 「철학의 대상: 절단과 토픽」, 『알튀세르와 마르크스주의의 전화』, 윤소영 옮김, 이론, 1993, 213~214쪽. 번역은 약간 수정).

4 이 점에 대해서는 데리다의 다음과 같은 언급을 참조할 수 있다. "이 세 담론(라캉, 알튀세르, 푸코)과 그들이 특권화하는 사상가들(프로이트, 맑스, 니체)에서 주체는 재해석되고 복원되고 재기입될 수 있으며, 분명 '일소되지'는 않습니다"(Jacques Derrida, "'Il faut bien manger' ou le calcul du sujet", Jean-Luc Nancy ed., *Cahiers confrontation, vol.20: Après le sujet qui vient*, Paris: Aubier, 1989, p.45). 또한 Michel Foucault, "Entretien

체는 더 이상 설명의 근본 원리가 아니라 오히려 설명이 대상으로 존재하게 되었다는 것을 뜻한다. 곧 주체는 우리가 세계를 설명하기 위해서는 필연적으로 가정하지 않을 수 없는 어떤 것, 세계를 초월한(칸트적 의미의 '초월'이든 아니면 좀 더 전통적인 의미의 '초월'이든 간에) 지점에 위치해 있는 어떤 것이 아니라, 일정한 물질적·상징적 존재 조건을 기반으로 하여 특정한 메커니즘에 따라 비로소 생산되고 재생산되는, 그리고 그러한 조건이나 메커니즘의 변화에 따라 전환되는 그런 것이 되었다. 하지만 이것은 구조주의의 설명 대상으로서의 주체가 일종의 자동인형 같은 전적으로 수동적인 존재자라는 것을 의미하지는 않는다. 구조주의가 설명하려고 하는 것은 자율적인 존재자로서의 주체가 어떻게 자신의 타자에 의해, 곧 자기 바깥의 물질적·상징적 존재 조건에 의해 **자율적인 존재자로서 생산되고 재생산되는가** 하는 점이다. 요컨대 주체가 자율적 존재자로서 존재하기 위해서 전제하지 않으면 안 되는 주체 생산의 조건과 메커니즘을 해명하는 것, 따라서 **주체의 자율성의 조건으로서 타율성**을 설명하는 것이 (포스트)구조주의의 근본적인 철학적 과제였다고 할 수 있다.

이것은 철학적으로 대단히 모험적이고 정치적으로는 매우 불편한 관점이라는 것을 인정하지 않을 수 없다. 철학적으로 모험적인 이유는 근대 철학의 토대 내지 원리의 위치에 있던 주체가 하나의 생산물 내지

avec D. Trombadori"(1978), interview by Duccio Trombadori, *Dits et écrits*, Quarto edition, vol.2, Paris: Gallimard, 2001; 미셸 푸코, 『푸코의 맑스』, 이승철 옮김, 갈무리, 2000, 59~61쪽도 참조.

결과가 됨으로써, 이제 철학은 더 이상 확고한 토대를 가정할 수 없게 되었기 때문이다. 정치적으로 불편한 이유는, (포스트)구조주의 이후 주체가 **역사의 주체**가 아니라 **역사 속의 주체**가 됨으로써,[5] 더 이상 프롤레타리아와 같은 보편적인 정치의 주체, 해방의 주체 같은 것을 사고하기 어렵게 되었기 때문이다.[6] 이것이 해방의 정치나 정치적 진보의 불가능성을 의미하는 것은 아니지만, (포스트)구조주의 이후 정치는 근본적으로 다원적이고 우연적인 활동이 되었다.

셋째, 신자유주의적 세계화가 산출하는 정치적·사회적·인간학적 영향이라는 문제가 있다. 신자유주의는 광범위한 영역에 걸쳐 경제적 불평등과 정치적 공공성의 쇠퇴 및 사회문화적 배제를 산출하고 있으며, 영국의 사회학자인 콜린 크라우치는 이를 다음과 같이 적절하게 요약하고 있다.

> 빈부 격차는 커지고 있다. 세금의 재분배 기능은 줄어들었다. 정치가는 한 줌도 안 되는 기업가들의 관심사에만 주로 반응하고, 기업가의 특수이익이 공공 정책으로 둔갑한다. 가난한 사람은 점차 정치 과정에서 무

---

5 다른 말로 하면 이것은 (포스트)구조주의 이후 비로소 **주체성의 역사**와 같은 것을 사고할 수 있게 되었다는 것을 의미한다. 푸코 말년의 저작을 이런 각도에서 다시 읽어 볼 수 있다. Michel Foucault, "The Subject and Power"(1982), Paul Rabinow and Nikolas Rose eds., *The Essential Foucault*, New York: New Press, 2003; *Histoire de la sexualité III, Le souci de soi*, Paris: Gallimard, 1984[『성의 역사 3: 자기에의 배려』, 이영목 외 옮김, 나남, 2004]의 서문 참조.
6 장 프랑수아 리오타르가 주장한 바 있는 거대 서사의 종말의 의미는 여기에서 찾을 수 있다.

슨 일이 벌어지든 상관하지 않게 됐고 심지어 투표도 하지 않게 됐다. 이로써 그들은 민주주의 이전 사회에서 어쩔 수 없이 차지해야 했던 위치, 즉 정치 참여가 배제된 위치로 자발적으로 돌아가고 있다.[7]

더 나아가 신자유주의는 인간학적 차원에서도 매우 중대한 부정적 효과를 산출한다.[8] 그것은 로베르 카스텔이 적절하게 개념화했던 것처럼 '소속 박탈'désaffiliation의 문제와 관련되어 있다. 그는 자본주의의 새로운 체제가 산출하는 개인성의 두 양상을 각각 '과잉 개인'individus par excès과 '결핍 개인'individus par défaut으로 정식화한다.[9] 여기에서 과잉 개인이란 보통의 개인들 이상의 능력과 조건을 갖춘 개인들, 승자로서의 개인들을 말한다. 이들은 처음부터 우월한 조건 속에서, (부르디외의 용어를 빌리면) 든든한 문화적 자본을 바탕으로 몇 걸음 앞서 나가는 존재들이다. 반면 결핍 개인이란 생물학적으로는 한 명의 개체로 존재하면서도 인간적인 개인으로 존재하기 위한 사회적 자원 및 문화적 자본을 결여한 사람들이다. 서양 전근대사회의 떠돌이들이나 산업혁

---

7 콜린 크라우치, 『포스트민주주의』, 이한 옮김, 미지북스, 2008, 37~38쪽.
8 에티엔 발리바르, 『우리, 유럽의 시민들?』, 진태원 옮김, 후마니타스, 2010; 『정치체에 대한 권리』, 진태원 옮김, 후마니타스, 2011; Étienne Balibar, *Violence et civilité*, Paris: Galilée, 2010[부분 번역: 『폭력과 시민다움』, 진태원 옮김, 난장, 2012]. 이 외에 리처드 세넷, 『신자유주의와 인간성의 파괴』, 조용 옮김, 문예출판사, 2002; 『불평등사회의 인간 존중』, 유강은 옮김, 문예출판사, 2004; 『뉴캐피털리즘』, 유병선 옮김, 문예출판사, 2009; Robert Castel, *La montée des incertitudes: Travail, protections, statut de l'individu*, Paris: Seuil, 2009 참조.
9 *Ibid.*, 특히 p.27 이하, p.424 이하.

명 초기의 프롤레타리아들과 마찬가지로 이들은 하루하루 간신히 삶을 연명해 나갈 뿐, 온전한 개인으로서의 의미 있는 정체성을 구성하고 영위할 수 없는 이들이다. 문제는 신자유주의가 이러한 개인들이 온전한 인간적 존재로서의 삶을 영위하기 위한 조건들을 체계적으로 파괴하거나 박탈한다는 점, 곧 결핍 개인들의 산출을 구조화·제도화한다는 점이다. 카스텔이 '소속 박탈'이라고 부른 것이 바로 이것이다. 이는 곧 개인들이 사회적 안전망을 박탈당한 채 저 홀로 자율적인 주체, 기업가 개인으로 존재할 수밖에 없게 되었다는 점을 의미한다. 이러한 상황 때문에 오늘날 정치적 주체화는 많은 정치 이론가들의 주요한 관심사가 되고 있다.

이 글에서는 이런 관점에 입각하여 미셸 푸코와 자크 랑시에르, 에티엔 발리바르라는 세 명의 프랑스 철학자의 작업을 살펴보려고 한다. 이 세 명의 사상가를 논의의 주제로 삼는 이유는, 이들이 내가 처음에 밝힌 것처럼 주체화에 입각하여 권력과 저항의 문제를 이해하는 데서 의미 있는 통찰을 제공해 주고 있다고 생각하기 때문이다.

2. 미셸 푸코: 저항, 신자유주의, 주체화

현대 정치철학의 저항론의 이론적 기원 중 하나, 아마도 가장 유력한 기원은 푸코에게서 찾을 수 있다. 잘 알려져 있다시피 1975년 출간된 『감시와 처벌』에서, 평등과 자유에 입각한 근대 민주주의 정치제도의 기원에는 예속화assujettissement 메커니즘으로서 규율권력이 존재한다는 것을 밝힌 바 있다. 푸코의 주장에 대해서는 당연히 여러 가지 비판이 제기되었고, 특히 푸코의 규율권력론은 일종의 기능주의적 권력론이라는 고발이 이루어졌다. 다시 말하면 규율권력론에 따를 경우, 규율권력을 통해 제작된 개인들은 자본주의 체계의 재생산 속으로 완전히 포섭되기 때문에 더 이상 변혁이나 심지어 저항의 가능성을 사고할 수 없게 된다는 것이다. 이러한 비판에 대한 응답으로 푸코는 그다음 해인 1976년 출간된 『성의 역사 1: 앎의 의지』에서는 권력과 저항의 동시성에 관한 유명한 테제를 제시한다.

권력이 있는 곳에 저항이 있으며, 그렇지만, 아니 오히려 바로 그렇기 때문에, 저항은 권력에 대해 결코 외재성의 위치에 있지 않다. 사람들은 필연적으로 권력 '안에' 있다고, 사람들은 권력에서 '벗어나지' 못한다고, 사람들은 예외 없이 법에 복종하기 때문에 권력에 대하여 절대적인 외부는 존재하지 않는다고 말해야 할까? 아니면 역사가 이성의 간지이듯이 권력은 역사의 간지라고, 항상 승리하는 것은 권력이라고 말해야 할까? 이것은 권력관계의 엄밀하게 관계적인 성격을 오해하는 셈일 것이다. 권력관계는 저항점들(곧 권력관계 속에서 적수, 표적, 지주支柱, 탈취해야 할 돌출부로 작용하는)의 다수성에 따라 존재할 수 있을 뿐이다. 이 저항점들은 권력망 도처에 존재한다. 따라서 권력과 관련하여 **하나의** 위대한 거부의 장소(반역의 정신, 모든 반란의 온상, 혁명가의 순수한 법칙)가 존재하는 것이 아니다. 그게 아니라 제각기 특별한 경우인 '여러' 저항들[……]이 있다. 정의상 이러한 저항들은 권력

관계의 전략 영역 안에서만 존재할 수 있다.[10]

푸코는 2년 뒤 프랑스철학회에서 발표한 「비판이란 무엇인가?」[11]
에서는 여기서 한 걸음 더 나아가 저항의 문제를 명시적으로 주체화,
또는 이 발표문의 표현을 빌리면 '탈예속'désassujettissement 개념에 입
각하여 다루고 있다. 우선 그는 '비판'이라는 개념을, 푸코가 당시 콜레
주 드 프랑스 강의에서 다루고 있던 통치성gouvernementalité 또는 통치
기예art de gouverner의 문제 설정에 따라 새롭게 규정한다.

통치 기예에 맞서는 반대자로서 혹은 상대방이자 동시에 적대자로서,
통치 기예를 불신하고, 거부하고, 제한하며, 그것의 정당한 한도를 모
색하고, 그것을 변형시키며, 그것으로부터 탈피하려 하는 방식, 통치
기예와 동일한 발전선상에서 조용하게 그 당시 유럽에서 탄생했던 일
종의 문화적인 형식, 도덕적인 동시에 정치적인 태도, 사고방식과 같
은 그 무엇을 저는 아주 간단하게 통치되지 않으려는 기예, 또는 이런
식으로, 이를 대가로 해서 통치되지는 않으려는 기예라고 이름 붙이고

---

10 Michel Foucault, *Histoire de la sexualité I, La Volonté de savoir*, Paris: Gallimard,
1976, pp.125~127[『성의 역사 1: 지식의 의지』, 이규현 옮김, 나남, 2010, 109~111쪽].

11 Michel Foucault, "Qu'est-ce que la critique? Critique et Aufklärung", *Bulletin de
la société française de philosophie*, vol.84, no.2, 1990[「비판이란 무엇인가?」, 정일준
엮음, 『참을 수 없는 자유의 열망』, 새물결, 1999]. 1978년 이루어진 이 강연은 푸코 생전에
출간되지 않았고(푸코 자신이 이 강연 원고를 출판될 수 있을 만큼 충분히 만족스럽다고 생
각하지 않았던 것으로 보인다), 그의 사후인 1990년에 강연에 대한 토론문과 함께 처음
출판되었다. 아울러 이 강연의 제목도 푸코가 붙인 것이 아니다.

싶습니다. 그러므로 저는 비판의 가장 일차적인 정의로서 이 일반적인 특징, 이렇게 통치되지 않으려는 기예를 제안하고자 합니다.[12]

그러고 나서 조금 뒤에서 푸코는 비판을 불복종 및 탈예속의 기예로 재규정한다.

만약 통치화가 사회적 실천의 현실 속에서 진실을 자처하는 권력 메커니즘에 의해 개인을 예속시키는assujettir[13] 문제와 관련된 동향 mouvement이라면, 저는 비판이란 주체가 진리에 대해서는 그것이 유발하는 권력 효과를, 권력에 대해서는 그것이 생산하는 진리 담론을 문제 삼을 수 있는 권리를 자신에게 부여하는 것과 관련된 동향이라고 말하고자 합니다. 그렇습니다! 비판은 자발적인 불복종inservitude volontaire이자 성찰적인 비순종indocilité réfléchie의 기예일 것입니다. 비판은 한마디로 진리의 정치라고 할 수 있는 게임 속에서 탈예속을 본질적인 기능으로 가질 것입니다.[14]

콜레주 드 프랑스 강의록이 출간되면서 우리가 좀 더 분명히 깨닫게 된 것은 푸코가 1970년대 말부터 통치 내지 통치성이라는 새로운 문제 설정에 따라 자신의 작업을 전개했다는 점이다. 통치성이라는 개

---

12 Ibid., p.38[같은 글, 127쪽. 번역은 다소 수정]. 강조는 인용자.
13 또는 "예속적인 주체로 만드는"이라고 번역하는 게 조금 더 정확할 것이다.
14 Ibid., p.39[같은 글, 129~130쪽. 번역은 다소 수정].

념은 "인구를 주요 목표로 설정하고, 정치경제학을 주된 지식의 형태로 삼으며, 안전장치를 주된 기술적 도구로 이용하는 지극히 복잡하지만 아주 특수한 형태의 권력을 행사케 해주는 제도·절차·분석·고찰·계측·선술의 총체"를 뜻한다.[15] 하지만 국가의 통치와 개인의 통치를 결합하는 좀 더 포괄적인 의미에서 본다면 통치성은 '품행 인도'conduire de la conduite라고 규정할 수 있다.

겉보기에는 간단해 보이지만, 통치 및 품행 인도라는 개념은 권력 및 주체화 개념에 대한 깊은 함의를 지니고 있다. 주지하다시피 푸코는 1970년대 계보학 연구를 통해 전통적인 법적 권력 개념을 비판하면서 관계론적 권력론이라고 부를 수 있는[16] 새로운 권력론을 제시한 바 있다. 이러한 권력론은 혁신적인 면모를 지니고 있었지만, 주체의 문제와 관련해서는 여전히 난점을 지니고 있었다. 그 이유는 『감시와 처벌』(1975)이나 『성의 역사 1: 앎의 의지』(1976) 같은 계보학 작업에서 주체는 예속이나 객체화objectivation[17]의 대상으로 파악될 뿐, 그것이 어떤 의미에서 자율성이나 능동성을 지닐 수 있는지, 또는 적어도 저항의 가능성을 지니고 있는지 명료하게 해명되지 못했기 때문이다.

통치와 품행 인도라는 개념은 주체의 타율적 조건이라는 (포스트)구조주의의 문제 설정을 포기하지 않은 가운데 이러한 난점을 해결하

---

15 Michel Foucault, *Sécurité, territoire, population*, Paris: Gallimard/Seuil, 2004, p.163[『안전, 영토, 인구』, 오트르망 옮김, 난장, 2011].

16 진태원, 「푸코와 민주주의: 바깥의 정치, 신자유주의, 대항품행」, 『철학논집』 29집, 서강대학교 철학연구소, 2012. 이 글은 『을의 민주주의』 후속 권에 수록될 예정이다.

17 Foucault, "The Subject and Power" 참조.

려는 주목할 만한 시도다. 통치의 관점에 따르면 권력은 실체의 문제가 아니라 관계의 문제다. 더 나아가 관계로서의 권력은 "단순히 개인적이거나 집단적인 '파트너들' 사이의 관계가 아니라, 어떤 이가 타인들에 대해 행위하는 방식이다".[18] 곧 권력은 "타인들에게 직접적이거나 무매개적으로 작용하지 않는 행위 양식", "타인들의 행위에 대한 행위"[19]를 의미한다. 권력은 "가능태들의 장" 위에서 작동한다. 다시 말해 권력은 "가능한 행위들에 대한 일련의 행위들이다. 그것은 고무하고 유발하고 유혹하며 더 쉽게 하거나 더 어렵게 만든다".[20] 따라서 권력은 일련의 주어진 가능성들 사이에서 선택할 수 있는 행위자들의 능력, 곧 행위자들의 자유를 전제하고 있다. 그렇다면 푸코가 말하는 예속이란, 비판가들이 주장하듯이 행위자들을 억압하거나 구속하는 것, 또는 어떤 행위들을 직접 금지하거나 부정하는 것이라기보다는, **행위자들의 행위의 가능성을 제한하고 그것을 특정한 방향으로 한정하는 것**을 뜻한다. 따라서 푸코가 'conduire'라는 개념을 "권력관계의 특수성을 다루는 데 가장 좋은 보조물 가운데 하나"로 간주하는 것은 자연스러운 일이다. 'conduire'라는 개념은 "타인들을 인도한다는 의미[……]와 함께 다소간 개방된 가능성의 장내에서 행위하는 방식"[21]을 가리키기 때문이다. 권력의 행사는 '품행 인도'이며 '가능성들의 관리'다. 그리고 통치한다

---

18 Ibid., p.136.
19 Ibid., p.137.
20 Ibid., p.137.
21 Ibid., p.138.

는 것은 "가능성의 장 또는 타인들의 행위를 구조화하는 것"[22]을 의미한다.

따라서 신자유주의의 문제를 다룰 때, 그것을 단순한 지배나 억압, 또는 착취나 폭력의 문제로 다루는 것, 또는 이데올로기적 기만이나 은폐, 음모로 간주하는 것은 푸코적인 통치성의 문제 설정과 어긋난다. 오히려 중요한 것은 신자유주의가 어떻게 "가능성의 장 또는 타인들의 행위를 구조화"하는지, 그것이 어떻게 사람들의 품행을 인도하는지 이해하고 분석하는 일이다. 실제로 푸코는 특히 『생명정치의 탄생』[23] 강의록에서 신자유주의를 통치성의 관점에서 분석한 바 있다. 신자유주의를 통치성의 관점에서 다룬다는 것은, 피에르 다르도와 크리스티앙 라발이 (푸코의 강의록에 기반을 둔) 그들의 공동 저서에서 잘 보여 준 것처럼[24] 무엇보다도 그것을 단순한 비합리성이나 이데올로기, 음모 등의 관점이 아니라, 특수한 합리성, 특히 사회적 합리성, 통치 합리성의 한 유형으로 파악한다는 것을 뜻한다. 그렇다면 푸코 및 푸코가 제시한 통치성의 문제 설정이 신자유주의와 관련하여 제기한 핵심적인 쟁점은

---

22 Foucault, "The Subject and Power", p.138.
23 푸코의 1978/79년 콜레주 드 프랑스 강의록 제목인 'La naissance de biopolitique'를 국역자는 '생명관리정치의 탄생'이라고 옮기고 있는데, 'biopolitique' 또는 영어의 'biopolitics'를 '생명관리정치'라고 옮기는 것은 다소 '과도한 친절'인 것으로 보인다. Michel Foucault, *Naissance de la biopolitique*, Paris: Gallimard/Seuil, 2004[『생명관리정치의 탄생』, 오트르망 옮김, 난장, 2012].
24 Pierre Dardot and Christian Laval, *La Nouvelle raison du monde: Essai sur la société néolibérale*, Paris: La Découverte, 2009[『새로운 세계 이성: 신자유주의 사회에 관한 시론』, 오트르망 옮김, 그린비, 근간] 참조.

어떻게 온전히 합리적인 하나의 학설, 더 나아가 새로운 사회 통치의 이론과 정책, 규범이 동시에 지배의 효과를 발휘하는지, 어떻게 그것이 반反민주주의적인 지배의 합리성으로 작용하는지 해명하는 일이다.

푸코는 1977/78년 강의록인 『안전, 영토, 인구』와 1978/79년 강의록인 『생명정치의 탄생』에서 통치성이라는 문제 설정에 따라 서양 근대 사회의 전개 과정을 재조명하고 있는데, 특히 후자의 강의록에서는 20세기 중반 이후 서양 사회의 통치술이 어떻게 자유주의에서 신자유주의로 전환되었는지, 그리고 이 후자의 통치술의 특징은 어떤 것인지 검토하고 있다. 보통 신자유주의는 프리드먼이나 하이에크의 사상에 기반을 두고 1970년대 말 이후 영국과 미국에서 본격화된 경제정책으로 간주된다. 하지만 푸코는 신자유주의를 1940년대 이후 독일에서 전개된 질서자유주의까지 포함되는 포괄적 의미로 사용하고 있다. 더 나아가 푸코는 신자유주의를 단순한 경제정책이나 경제사상 또는 이데올로기로 이해하지 않고, 사회를 통치하는 새로운 통치성으로 파악하며, 더 나아가 여기에는 인간 및 시장, 국가 등에 관한 새로운 정의가 담겨 있다고 본다. 이런 의미에서 신자유주의는 자유주의의 연속이라기보다는 오히려 자유주의와의 단절이라고 할 수 있다.

푸코가 이해하는 신자유주의적 통치의 특징은 몇 가지로 집약될 수 있다.[25] 우선 그것은 시장에 관한 새로운 관점을 담고 있다. 고전 자유주의에서 시장은 자연 발생적인 교환에 근거를 둔 것으로 이해된다.

---

25 이 점에 관한 좀 더 자세한 논의는 진태원, 「푸코와 민주주의」 참조.

반면 신자유주의는 시장의 핵심을 교환이 아니라 경쟁으로 이해하며, 더 나아가 국가의 개입을 요구하는 인위적 질서로 파악한다. 둘째, 고전 자유주의와 달리 인간은 단지 이익을 추구하는 존재일 뿐만 아니라 더 나아가 기업가로 이해된다. 신자유주의에서 모든 개인은 각자가 한 사람의 기업가가 되며, 인간의 활동 전체는 경제적인 수익성에 따라 평가되고, 각각의 개인은 기업가로서 자신의 활동에 대한 궁극적인 책임을 져야 한다. 셋째, 고전 자유주의와 달리 시장과 국가, 사적 영역과 공적 영역 사이에는 외재적인 관계가 성립하지 않으며, 국가 자체, 공적 영역 자체가 시장의 합리성을 따라 재편된다.

여기서 푸코의 분석이 지닌 두 가지 이론적 특징을 지적해 둘 필요가 있다. 우선 푸코의 분석을 이른바 서구 맑스주의나 특히 프랑크푸르트 학파에서 유래하는 상품 물신성 비판과 혼동해서는 안 된다. 푸코는 인간을 상품으로 환원한다든지, 모든 것을 상품 논리나 교환가치로 획일화한다는 이유에서 신자유주의를 비판하지 않는다. 오히려 푸코에 따르면 등가성에 기초한 교환의 논리는 고전 자유주의의 특징이며, 신자유주의는 불평등한 경쟁에 기반을 둔 통치성이다. 푸코 자신이 이 점을 명확히 한다.

비판자들은 다음과 같은 점에서 오류를 범하고 있습니다. 요컨대 그들은 '좀바르트적' 사회, 즉 획일화 사회, 대중사회, 소비사회, 스펙터클 사회 등을 고발하면서 자신들이 통치 정책의 현재 목표를 비판하고 있다고 착각한다는 것입니다. [……] 그러나 우리는 이미 그 단계를 넘어

섰습니다. […] 문제는 상품이나 상품의 획일성에 기초한 사회를 구축하는 것이 아니라, 역으로 기업의 다양성과 그 차별화에 기초한 사회를 구축하는 것입니다.[26]

또한 푸코 자신은 명시적으로 지적하고 있지 않지만, 맑스주의 정치경제학에 기반을 둔 신자유주의 비판의 한계도 지적할 수 있다. 맑스주의적인 관점에 따르면 신자유주의는 자본주의 생산의 내재적 법칙이 각각의 개인들에게 외재적으로 강제된 것으로 이해되거나, 학교나 병원, 국영기업 등이 자본축적의 새로운 장으로 통합되는 현상으로 파악된다. 하지만 이러한 분석은 신자유주의적 통치성이 자본축적의 내적 논리의 현상적인 발현이 아니라, 자신의 독자적인 합리성과 규범을 지닌 메커니즘이라는 것을 이해하기 어렵게 하며, 이러한 통치성의 확립 자체가 자본축적 및 재생산의 조건을 이룬다는 점 역시 파악하기 어렵게 만든다.[27] 따라서 알튀세르가 이데올로기를 단순한 상부구조로 이해하지 않고 토대의 재생산의 조건으로 이해한 것처럼 신자유주의적 통치성을 이해하는 것이 더 적절할 것이다.

따라서 이러한 신자유주의적 통치성은 단순한 경제정책이나 심지어 이데올로기가 아니라 인간의 삶 전체를 재편하는 포괄적인 통치성

---

26 푸코, 『생명관리정치의 탄생』, 226쪽.
27 이 점에 관해서는 Dardot and Laval, *La Nouvelle raison du monde*; Pierre Dardot and Christian Laval, "Néolibéralisme et subjectivation capitaliste", *Revue Cité*, no.41, 2010 참조.

이며, 새로운 종류의 규범과 합리성의 구성 과정, 새로운 예속적 주체 생산의 메커니즘이다. 푸코는 질서자유주의자의 한 사람이었던 알렉산더 뤼스토우의 말을 인용하여 이를 '비탈폴리티크'Vitalpolitik, 곧 "기업의 형식을 가진 사회의 골격을 구성하는 것"을 목표로 삼는 "생명정책"이라고 부른다.[28]

그럼에도 이러한 통치성이 반민주주의적인 것이라면, 이는 신자유주의가 다음과 같은 정치적 효과를 산출하기 때문이다.

첫째, 사회적 시민권이 와해되고 있다는 점이다. T. H. 마셜이 이론화했듯이 산업혁명 이후 각각의 개인들에게는 개인적인 시민권만이 허용되었다면, 20세기에 들어서 노동자계급을 비롯한 대중들의 투쟁의 결과 서구 주요 산업 국가의 모든 개인들은 정치적 시민권과 더불어 사회적 시민권을 획득하게 되었다. 곧 이제 각각의 개인들은 (제한된 범위이기는 하지만) 정치적 참여의 권리 이외에 그들이 삶을 영위하고 좀더 질 높은 생활을 추구할 수 있는 물질적 조건을 보편적인 권리로서 얻게 되었다(무상교육, 국민의료보험, 실업수당, 양육비, 주거비 등). 이것은 개인들이 각자 생애 주기를 계획하고 자신들의 개인적 서사를 전개할 수 있는 물질적 기반이었다. 하지만 신자유주의는 기업가 개인의 모델을 일반화함으로써 이러한 확장된 시민권이 존속할 수 있는 기반을 잠식해 간다. 더 이상 국가가 개인들의 삶, 대중들 각자의 삶을 보장해 주어야 할 아무런 이유가 존재하지 않게 되었기 때문이다. 그 대신 개

28 푸코, 『생명관리정치의 탄생』, 224~225쪽.

인들은 기업가로서 스스로 자신의 삶에 책임을 지게 된다.

둘째, 경쟁과 배제가 제도화되고 있다. 이처럼 사회적 안전망을 박탈당한 채 믿을 것은 자신의 개인적 능력 하나밖에 존재하지 않는 상황에서 개인들은 첨예한 생존경쟁 속에 빠져들게 된다. 이러한 상황에서 결핍 개인들 쪽에 가까운 사람들이 경쟁에서 체계적으로 배제될 수밖에 없는 것은 당연하다. 하지만 특수한 소수의 상위층을 제외하고 나머지 대부분의 개인들 역시 격렬한 생존경쟁의 과정에 끼어들 수밖에 없다. 이에 따라 "대부분의 개인들은 자신과 자녀들이 복종적인 자세로 기업 엘리트들이 확립해 놓은 경력의 사다리를 오르는 일 이외에는 어떠한 사회 개선에도 관심이 없도록 부추김을 받는다. 이 때문에 교육에 대한 현대 정치의 강박적인 관심이 뒤따랐다. 교육은 사회 계급의 상향 이동의 가장 주된 방법으로 보였기 때문이다".[29] 사회 이동은 오직 소수만이 성공할 수 있고 나머지 다른 사람들은 탈락할 수밖에 없음에도 이러한 경쟁은 중단되지 않는다. 오히려 문이 좁으면 좁을수록 경쟁은 더욱더 치열해질 수밖에 없다.

이처럼 경쟁과 배제가 제도화되고 점점 더 극단화되는 이유는, 신자유주의적인 경쟁으로서의 시장 개념이 자연적 조건으로서의 불평등과 적자생존이라는 허버트 스펜서에서 유래하는 사회생물학적 원칙을 물려받고 있기 때문이다. 노동과 교육, 보건을 비롯한 인간 삶의 주요 영역에서 사회생물학적인 용어들이 신자유주의 정책을 표현하는 주요

---

29 크라우치,『포스트민주주의』, 99쪽.

어휘들로 자주 사용되는 것은 우연이 아니다. 가령 유럽연합 집행위원회 백서로 발간된 『교육과 학습: 인지 사회를 향하여』는 유럽 사회에서 사회와 개인의 상황을 다음과 같이 제시하고 있다.

> 사실 개인들의 적응 능력의 형성과 발전을 위한 좀 더 유연하고 개방적인 체계를 마련하는 것은, […] 기업들이 기술 혁신을 좀 더 잘 활용하기 위해서만이 아니라 동시에, 전 생애에 걸쳐 네댓 번에 걸쳐 직업 활동을 변화시켜야 하는 위험에 처해 있는 상당한 비율의 개인들 자신을 위해서도 점점 더 필수적인 것이 되어 가고 있다.[30]

영속적인 변화와 혁신의 맥락 속에서의 적응 능력의 중요성, 경쟁 상황에 놓인 기업에 대한 가치 부여, 기업가로서의 개인 등과 같이 이 구절에는 신자유주의적인 통치성의 요소가 고루 담겨 있으며, 그 밑바탕에는 사회생물학에 기반을 둔 경쟁과 도태, 배제의 논리가 깔려 있다. 이처럼 효율성 및 수익성의 기준에 따라 국가 제도 및 인간 행위가 체계적으로 평가·규율되고 그러한 기준에 따라 우월한 인간과 열등한 인간으로 인간 유형이 구별되며 그것이 더욱더 경쟁과 배제의 제도화를 산출하는 사회에서, 모든 이를 위한 보편적 가치의 추구로서의 민주주

---

30 Commission européenne, *Enseigner et Apprendre: Vers La Societe Cognitive* (1995). Barbara Stiegler, "Qu'y a-t-il de nouveau dans le néo-libéralisme?", Fabienne Brugère and Guillaume Le Blanc eds., *Le nouvel esprit du libéralisme*, Lormont: Le Bord de l'Eau, 2011, p.133에서 재인용.

의 정치가 설 자리는 사라질 수밖에 없다.

그렇다면 이러한 신자유주의적 통치성, 신자유주의가 산출하는 예속적 주체화의 효과들에 대한 푸코 자신의 해법은 어떤 것인가? 이 질문에 대해 우리는 하나의 역설에 부딪히게 된다. 푸코는 다름 아닌 예속화와 주체화라는 용어법의 창시자이고 신자유주의적 예속화의 효과에 대해 선구적인 분석을 남기고 있지만, 푸코 자신에게서 이러한 예속적 주체화를 넘어설 수 있는 명시적인 해법을 찾기 어렵기 때문이다.

푸코는 자신이 신자유주의적 통치성을 분석하게 된 계기 중 하나가 사회주의적 통치성의 부재라는 문제 때문이라고 밝히고 있다. 곧 사회주의에서는 "한 텍스트 혹은 일련의 텍스트와 부합하는 관계가 통치합리성의 부재를 은폐하는 임무"를 맡고 있다는 것이다.[31] 다시 말해 사회주의 국가들만이 아니라 자본주의 내에 존재하는 사회주의 정당 내에서도 사회주의의 이러저러한 정책과 실천, 행동을 평가하는 기준은 그것이 맑스를 비롯한 맑스주의 고전가들의 텍스트와 일치하는가 여부에 놓여 있을 뿐, 사회주의 "자신의 행동 방식과 통치 방식을 규정하는" 통치성은 결여되어 있는 것이다. 하지만 "사회주의적 통치성이 있다고 한들 그것이 사회주의 및 그 텍스트 내부에 숨겨져 있지 않다는 것만은 확실합니다. 그런 통치성을 사회주의로부터 연역할 수는 없습니다. 그것은 발명되어야 합니다".[32] 하지만 푸코는 『생명정치의 탄생』

---

31 푸코, 『생명관리정치의 탄생』, 146쪽.
32 같은 책, 146쪽.

이후 더 이상 신자유주의적 통치성 및 그것에 대한 대안 통치성의 문제를 다루지 않으며, 사회주의적 통치성이라는 문제도 거론하지 않는다. 그가 좀 더 오래 살았다면 이 문제를 다루었을 가능성이 충분히 있지만, 어쨌든 푸코의 최후의 출판 저작이나 마지막 강의록은 모두 고대 그리스와 로마, 초기 기독교에서의 주체화 문제에 초점을 맞추고 있다.

더욱이 이처럼 대안적 통치성이나 주체화에 관한 해법이 부재한 것은 단순히 외재적인 이유(때 이른 죽음이나 이런저런 정세적·전기적 이유) 때문만이 아니라, 푸코 자신의 이론적 문제 설정 자체 때문이라고 볼 수 있는 충분한 근거들이 존재한다. 우선 **법에 관한 푸코의 역설**이라고 부를 만한 것에 대해 숙고해 볼 필요가 있다. 푸코는 관계론적 권력론 및 통치성 개념을 통해 권력에 관해 아주 혁신적인 관점을 제안했음에도, 법 또는 제도 일반에 관해서는 **역설적이게도 여전히 법적 권력론에 머물러 있는 것으로 보인다**. 다시 말해 푸코에게 법이나 제도 일반은 권력이라는 토대 내지 하부구조 위에 설립된 일종의 상부구조, 하지만 자신이 이러한 토대에 입각해 있음을 은폐하고 부인하는 가상적 질서이며, 다른 한편으로는 생산적 권력관계의 대립항을 이루는 부정적 권력의 질서로 간주되기도 한다.

부르주아지가 18세기를 통해 정치적 지배계급이 된 과정은 명시적이고 명문화되고 형식적으로 평등한 법적 틀의 설정과 의회제 및 대의제의 형식을 띤 체제의 조직화에 의지한 것이다. 하지만 규율 장치의 발전과 일반화는 이러한 과정의 어두운 이면을 만들어 놓았다. 원칙적으로 평등주의적인 권리 체계를 보증했던 일반적인 법률 형태는 이러한 사소하고 일상적이며 물리적인 메커니즘에 의해, 규율로 형성된 본질적으로 불평등하고 불균형적인 권력의 모든 체계에 의해 그 바탕이 만들어진 것이다. [……] 현실적이고 신체적인 규율은 형식적이고 법률적인 자유의 기반을 마련했다. 인간의 자유를 발견한 '계몽주의 시대'는 또한 규율을 발명한 시대였다.[33]

이 때문에 푸코에게 의회적이고 대의적인 근대 민주주의 또는 좀 더 일반적으로는 제도적인 정치는 관계론적 권력론이나 통치성 개념이 적용되지 않는 영역으로 나타난다. 곧 법이나 제도는 권력이나 통치성의 개념적 대립항으로 나타날 뿐, 관계론적 권력론의 적용 영역으로는 간주되지 않는다. 이는 다른 한편으로 보면 푸코가 근대적인 민주주의 정치의 개념적 기초 중 하나인 인민주권 개념을 군주적 주권 개념의 거울 대립물로 간주하기 때문에 생겨나는 결과이기도 하다.[34] 푸코에게 인민주권 개념은 중세적인 주권-법 담론의 잔여물에 불과한 것이다. 이처럼 인민주권 개념을 주권-법 담론의 잔여로 이해하기 때문에, 푸코에게 주권적 주체로서의 인민(인민의 인민으로서의 프롤레타리아는 말할 것도 없고)이라는 개념은 민주주의 정치의 불변적인 기초가 아니

---

33 미셸 푸코, 『감시와 처벌』, 오생근 옮김, 나남, 2004, 322~323쪽[Michel Foucault, *Surveiller et punir*, Paris: Gallimard, 1975, p.258]. 번역은 수정, 강조는 인용자.

34 이런 관점에서 보면 흥미로운 주제 중 하나는 한편으로 푸코와 다른 한편으로 프랑스 혁명에 대한 수정주의 해석의 대표자인 프랑수아 퓌레 및 마르셀 고셰의 지적 관계라는 문제다.

라 주권적 권력의 전도로 나타나게 된다. 하지만 그 결과 푸코에게 보편적인 민주주의 정치의 가능성은 상당히 축소되는 것으로 보인다. 따라서 푸코적인 권력론 및 주체화론의 강점을 유지하면서, 민주주의 정치와 저항의 가능성을 사고하기 위해서는 푸코적인 권력 대 법의 대당을 해체할 필요가 있을 것이다.

3. 자크 랑시에르: 민주주의, 치안, 주체화

랑시에르는 여러 차례에 걸쳐 자신이 푸코에게 지고 있는 지적인 빚을 인정한 바 있다. 가령 『알튀세르의 교훈』(1974)에서 그는 (부분적으로) 푸코의 관점에 입각하여 알튀세르의 '주체 없는 과정'이라는 개념의 엘리트주의적 성격을 고발한 바 있다.[35] 또한 『불화』(1995)에서는 푸코의 폴리스police 개념을 변용하여 '치안'이라는 개념을 고안해 냈으며, 주체화 개념을 받아들여 역시 자신의 고유한 정치적 주체화 개념을 이론화했다.[36] 그리고 『감각적인 것의 나눔』(2000)에서는 '감각적인 것의 나눔'을 푸코적인 의미의 역사적 선험l'apriori historique으로 제시하기도 했다.[37] 이렇게 보면 양자 사이에는 상당한 수렴이 존재한다고 할 수 있지만, 주체화 개념에서는 그에 못지않은 중요한 차이점 및 불화가 나타

---

35 Jacques Rancière, *La leçon d'Althusser*, new ed., Paris: Fabrique, 2011.
36 자크 랑시에르, 『불화: 정치와 철학』, 진태원 옮김, 도서출판 길, 2015 중 특히 2장.
37 Jacques Rancière, *Le partage du sensible*, Paris: Fabrique, 2000[『감성의 분할』, 오윤성 옮김, 도서출판 b, 2008].

난다. 사실 랑시에르는 푸코에게는 정치가 존재하기 않는다고 명시적으로 고발하기도 했다.[38]

두 사람의 관점의 차이는 푸코의 주체화가 윤리적 주체화의 성격을 띠는 데 반해, 랑시에르는 윤리 문제의 중요성을 전면적으로 기각하면서[39] 철저하게 정치의 관점에서 주체화 개념을 전개한다는 데서 찾을 수 있다. 사실 랑시에르는 1990년대 이후 프랑스 철학계에 나타난 '윤리적 전회'라는 경향에 대하여 혹독한 비판을 제기하고 있다.[40] 그에 따르면 이러한 윤리적 전회는 정치 및 민주주의의 한계를 보완한다는 구실 아래 사실은 정치를 사고하고 실천할 수 있는 가능성을 약화시키거나 그것을 대체하는 기능을 한다. 가령 그는 리오타르가 나치의 유대인 대학살이라는 사건을 재현/표상 불가능한 절대적인 악으로 간주하는 것을 비판적으로 고찰한다. 리오타르는 레비나스를 따라, 홀로코스트를 유대 민족이라는 서양의 타자를 배제하고 그로써 자신이 이 타자에 의존하고 있다는 사실을 지워 버리려는 서양의 동일성 중심 철학의 범죄적 욕망의 발현으로 파악한다. 하지만 랑시에르에 따르면 이는 "타

---

38 Jacques Rancière, "Biopolitique ou politique?", *Et tant pis pour les gens fatigués*, Paris: Éditions Amsterdam, 2009.

39 Jacques Rancière, "The Aesthetic Dimension: Aesthetics, Politics, Knowledge", *Critical Inquiry*, vol.36, no.1, 2009.

40 반면 바디우는 랑시에르가 비판하는 '윤리적' 철학자들 중 일부에 대해 비판을 제기한다는 점에서는 동일하지만(특히 레비나스), 랑시에르와 달리 자신의 철학 체계에 입각한 독자적인 윤리학을 제시하고 있다. 이러한 윤리학은 선(善)의 존재론적 우선성에 입각한 윤리학(이자 선에 기반을 둔 폭력의 정당성에 대한 변호론)이다. Alain Badiou, *L'éthique: Essai sur la conscience du mal*, Paris: Hatier, 1994[『윤리학』, 이종영 옮김, 동문선, 2001] 참조.

자성의 정치적 형상"을 "대타자의 무한한 타자성"[41]에 대한 윤리적 복종으로 대체하는 것이며, 정치의 가능성을 말소시키는 일에 불과하다. 그는 데리다나 푸코에게서도 이와 유사한 경향을 발견한다.

그 대신 그는 정치적 주체화에 대한 새로운 개념화를 전개한다. 랑시에르의 주체화 개념은 정치와 치안의 구별(및 대립), 치안 질서의 중심에 존재하는 잘못tort이라는 개념에 근거를 두고 있다. 랑시에르는 우리가 흔히 정치라고 부르는 활동이나 영역은 사실은 엄밀한 의미의 정치가 아니라 치안이라고 규정한다. 곧 그에 따르면 "집단들의 결집과 동의, 권력의 조직, 장소들 및 기능들의 분배, 이러한 분배에 대한 정당화 체계가 이루어지는 과정들 전체"가 곧 치안이다.[42] 그리고 치안의 본질은 공권력이나 법체계 같은 것이 아니라, 감각적인 것의 짜임configuration du sensible이다.

> 치안은 무엇보다 행위 양식들과 존재 양식들 및 말하기 양식들 사이의 나눔을 정의하는 신체들의 질서이며, 이 질서는 신체들이 그것들의 이름에 따라 일정한 장소에서 일정한 과제를 부여받도록 만든다. 이 질서는 볼 수 있는 것과 말할 수 있는 것의 질서로서, 어떤 활동은 가시적인 것으로 다른 활동은 비가시적인 것으로 만들고, 어떤 말은 담론에 속하는 것으로, 어떤 말은 소음에 속하는 것으로 알아듣게 만든다.

---

41 랑시에르, 『불화』, 206쪽.
42 같은 책, 61쪽.

예컨대 전통적으로 노동의 장소를 공적 영역이라 불리는 것에 고유한 보기 및 말하기 양식에 의해 규제되지 않는 사적 영역으로 만든 것이 치안의 법이다.[43]

이러한 정의에서 볼 수 있듯이 랑시에르는 푸코에게 충실하면서도 그와 다르다. 그가 푸코에 충실한 이유는 일종의 예속화 메커니즘이라고 할 수 있는 치안을 국가의 공권력이나 법 등과 같은 공적 영역 내지 상부구조에서 찾지 않고, 신체들의 질서 및 그것들을 규정하는 감각적인 것의 나눔에서 찾고 있기 때문이다. 이는 푸코가 규율권력을 법이나 제도를 지탱하고 있는 은밀한 하부구조로 간주하는 것과 일맥상통하는 관점이다. 더 나아가 푸코의 신자유주의적 통치성이 "우리가 살아가고 우리가 느끼고 우리가 사고하는 방식"[44]을 규정하는 새로운 삶의 규범인 것과 마찬가지로, 랑시에르에게서도 치안은 우리의 "행위 양식들과 존재 양식들 및 말하기 양식들"을 규정하는 것이다.

하지만 랑시에르는 푸코와 근본적으로 다른 관점에 따라 치안을 규정하고 있다. 이는 그가 치안을 정치와 대립하는 것으로 규정한다는 점에서 잘 나타난다. 정치란

[치안이라는] 감각적 짜임과 단절하는데, 이러한 짜임에서는 부분들

---

43 같은 책, 63쪽.
44 Dardot and Laval, *La Nouvelle raison du monde*, p.5.

및 부분들의 몫 또는 몫의 부재가 그 짜임에서 아무런 자리도 갖지 못한 어떤 전제, 곧 몫 없는 이들의 몫이라는 전제에 의해 정의된다. 이러한 단절은 부분들과 몫들, 몫들의 부재가 정의되는 공간을 다시 짜는 일련의 행위들에 의해 명시된다. 정치적 활동은 어떤 신체를 그것에 배정된 장소로부터 이동시키거나 그 장소의 용도를 변경시키는 활동이다. 이러한 활동은 보일 만한 장소를 갖지 못했던 것을 보게 만들고, 오직 소음만 일어났던 곳에서 담론이 들리게 하고, 소음으로만 들렸던 것을 담론으로 알아듣게 만드는 것이다.[45]

랑시에르에게 정치는 치안을 규정하는 감각적 짜임과 "단절"하는 것이며, "오직 소음만 일어났던 곳에서 담론이 들리게 하고, 소음으로만 들렸던 것을 담론으로 알아듣게 만드는 것"이다. 따라서 치안과 정치는 "전적으로 이질적인 논리"[46]에 따라 작동하는 것이다. 푸코에게는 랑시에르에게서 볼 수 있는 것과 같이, 치안과 정치를 전혀 상이한 논리가 지배하는 두 가지 활동이라는 관점이 나타나지 않는다. 그리고 바로 이 때문에 랑시에르는 푸코에게 정치가 부재한다고 비판하고 있다.

랑시에르에게 주체화란 정치 공동체를 구성하는, 하지만 치안 질서 속에서는 은폐되어 있는 근본적인 잘못[47]이 잘못으로 표현되고, 몫

---

45 랑시에르, 『불화』, 63쪽.

46 같은 책, 65쪽.

47 "정치의 핵심에는 이중의 잘못이 존재하는데, 이것은 소유 없이 말하는 존재자의 능력과 정치적 능력 사이의 관계에 대한 근본적인(하지만 결코 그 자체로 전개되지는 않는) 갈등이다. 플라톤이 보기에는 인민이라고 불리는 익명적인 말하는 존재자들의 다수성

없는 이들이 자신의 몫을 획득하는 과정을 뜻한다. "정치적 주체화는 공동체의 치안적인 구성 속에 주어져 있지 않은 어떤 다자多者, multiple, 그것을 세는 것은 치안의 논리와 모순되는 것으로 제기될 수밖에 없는 다자를 생산한다."[48]

하지만 여기서 두 가지 점에 주의해야 한다. 우선 랑시에르에게 주체화는 어떤 권력의 획득이나 법적 권리의 취득을 뜻하지 않는다. 그것은 무엇보다 "자신들을 셈해지지 않은 이들로 셈하는 선언 자체"[49]를 뜻하며, "일련의 언표 행위의 사례 및 능력을 생산하는 것"[50]을 가리킨다. 랑시에르는 1832년 혁명가 오귀스트 블랑키에 대한 재판 과정을 대표적인 주체화의 사례로 제시한다.

은 공동체로 신체들을 질서정연하게 분배하는 일 일체에 잘못[왜곡]을 가한다. 하지만 역으로 '인민'은 아득히 오래되고(immémorial) 항상 현행적인 이 잘못의 이름이고 주체화의 형식인데, 사회적 질서는 이러한 잘못을 통해 말하는 존재자들 대다수를 침묵의 밤으로 또는 즐거움이나 괴로움을 표현하는 목소리들을 가진 동물의 소음으로 몰아냄으로써 상징적으로 구성된다. 왜냐하면 아무것도 갖지 못한 사람들을 소수의 부자들에게 의존하게 만든 부채가 존재하기 이전에, 신체들을 두 종류의 범주로 나누는 신체들의 상징적 분배가 존재하기 때문이다. 그 두 가지 범주란, 보는 이들과 보지 못하는 이들, 로고스(기억할 만한 말, 고려해야 할 셈)가 존재하는 이들과 로고스가 없는 이들, 곧 진정으로 말하는 이들과 쾌감과 고통을 표현하기 위해 분절된 목소리를 단지 흉내 내는 데 불과한 이들이라는 범주다. 정치가 존재하는 것은 로고스가 결코 단순히 말이 아니기 때문이며, 로고스가 항상 불가분하게 이러한 말들에 대해 이루어진 셈(compte)이기 때문이다. 로고스는, 어떤 음성의 발음은 정당한 것을 언표하는 데 적합한 말로 이해되는 반면 다른 음성의 발음은 단지 쾌감이나 고통, 동의나 반항을 표시하는 데 불과한 소음으로 지각되게 만드는 셈이기도 한 것이다"(같은 책, 53쪽).

48 같은 책, 72쪽.
49 같은 책, 76쪽.
50 같은 책, 71쪽.

직업을 말하라는 재판장의 요구에 대해 그는 간단히 답변한다. "프롤레타리아." 이 답변에 대해 재판장은 곧바로 "그건 직업이 아니잖아"라고 반박하지만, 즉각 다음과 같은 피고의 응수를 듣게 된다. "그것은 노동으로 연명하고 정치적 권리를 갖지 못한 3천만 프랑스인들의 직업이오." 그러자 재판장은 서기에게 이 새로운 '직업'을 기록하도록 지시한다. 이 두 개의 응답으로 정치와 치안 사이의 갈등을 집약해 볼 수 있다. 이 장면에서 모든 것은 **직업**profession이라는 같은 단어의 의미[직업, 고백/선언]를 이중으로 받아들이는 데 달려 있다. 치안의 논리를 구현하는 검사에게 직업은 일자리를 의미한다. 곧 그것은 어떤 신체를 그의 자리 및 그의 기능에 따라 위치시키는 활동이다. 그런데 이러한 의미에서 본다면 프롤레타리아는 어떤 직업도 가리키지 않으며, 기껏해야 비참한 육체노동자가 처해 있는 막연하게 정의된 어떤 처지를 가리키는데, 어떤 측면에서 보든지 이것은 피고에게 어울리지 않는 것이다. 하지만 혁명적 정치의 관점에서 블랑키는 같은 단어에 상이한 의미를 부여한다. 직업/선언은 어떤 집단에 속해 있다는 고백, 선언이다. 다만 이러한 집단은 아주 특수한 본성을 지니고 있을 뿐이다. 블랑키가 자신이 속해 있다고 고백한 프롤레타리아 계급은 결코 어떤 사회집단과 동일시될 수 없다. 프롤레타리아는 육체노동자도 노동자계급도 아니다. 프롤레타리아는, 자신들을 셈해지지 않은 이들로 셈하는 선언 자체 속에서만 존재하는 셈해지지 않은 이들의 계급이다.[51]

---

51 랑시에르, 『불화』, 76쪽.

이 때문에 랑시에르는 데카르트의 "나는 존재한다, 나는 실존한다" ego sum, ego existo를 복수 인칭으로 표현한 "우리는 존재한다, 우리는 실존한다"nos summus, nos exsitimus를 정치적 주체화를 표현하는 대표적인 정식으로 간주한다.

둘째, 하지만 랑시에르의 주체화에서 법은 본질적인 중요성을 지니고 있다. 랑시에르가 해방의 삼단논법이라고 부르는 것에서 이 점이 잘 나타난다. 랑시에르는 19세기 프랑스 노동자들이 자신들의 권리를 인정하지 않는 고용주들에 맞서 자신들의 권리를 옹호하기 위해 사용한 주장들을 삼단논법의 형식으로 재구성한 바 있다.

삼단논법의 대전제는 간단하다. 1830년에 막 공포된 헌장 전문에는 모든 프랑스인이 법 앞에 평등하다고 적혀 있다. 이 평등이 삼단논법의 대전제가 된다. 삼단논법의 소전제는 즉각적인 경험에서 이끌어 온 것이다. 예를 들어 1833년에 파리의 재단사들은 양복점 주인들이 급료, 노동시간, 일부 노동조건들에 대한 자신들의 요구에 응답하지 않는다는 이유로 파업을 시작했다. 따라서 삼단논법의 소전제는 대략 다음과 같이 전개될 것이다. 그렇지만 양복점 주인 슈바르츠 씨는 우리의 근거들을 들으려 하지 않는다. 우리는 사실 그에게 급료를 재검토해야 할 근거들을 제시하고 있다. 이 근거들을 그는 검증할 수 있다. 하지만 그는 그것들을 검증하기를 거부한다. 그러므로 그는 우리를 평등한 자들로 대하고 있지 않다. [따라서 결론적으로] 그는 헌장에 기입된 평등을 위배하고 있다.[52]

이러한 삼단논법이 성립하기 위해서는 무엇보다 대전제가 성립해야 한다. 따라서 해방의 삼단논법에서는 모든 프랑스인이 법 앞에 평등하다는 전제가 헌법에 기입되어 있다는 사실이 본질적인 중요성을 얻게 된다. 더 나아가 랑시에르는 법이라는 것을 사회적 불평등이나 계급적 착취를 은폐하기 위한 이데올로기적 기만으로 치부하는 맑스주의적 관점에 맞서 실제의 노동자들은 법에 근거하여 해방 투쟁을 전개했다는 사실을 역설하고 있다.

대전제와 소전제 간의 모순을 사고할 수 있는 두 가지 방식이 있다. 첫째는 우리에게 익숙한 방식이다. 그것은 단순히 법-정치적 문장이 환영에 지나지 않으며, 그 문장이 주장하는 평등은 불평의 현실을 가리기 위해서만 거기에 있을 뿐인 외양이라고 결론짓는 것이다. [……] 그렇지만 이것은 결코 노동자들의 추론이 선택한 길이 아니다. [……] 평등을 말하는 문장은 아무것도 아닌 것이 아니다. 하나의 문장은 우리가 그것에 부여한 힘을 갖고 있다. 이 힘은 우선 평등이 그 자체를 표방할 수 있는 장소를 만들어 내는 것이다. 어디엔가 평등이 있다. 이것은 말해졌고, 씌어졌다. 따라서 이것은 입증될 수 있어야 한다. 하나의 실천은 바로 거기에 바탕을 둘 수 있으며, 이 평등을 입증하는 것을 자신의 과제로 삼을 수 있다.[53]

---

52 Jacques Rancière, *Aux bords du politique*, Paris: Gallimard, 2004, pp.85~86[『정치적인 것의 가장자리에서』, 양창렬 옮김, 도서출판 길, 2013, 89쪽].
53 *Ibid.*, pp.87~88[같은 책, 90~91쪽].

앞에서 본 것처럼 푸코에게 법은 항상 권력이나 통치성끼 대립히는 위치에 있으며, 권력이나 통치성의 실제 작용에 근거를 두고 있으면서도 그것을 은폐하거나 가리는 것으로 제시될 뿐, 그것 자체가 정치나 주체화에서 본질적인 역할을 수행하지 않는다. 반면 랑시에르에게 법은 적어도 일부분의 경우 주체화에서 핵심적인 위치를 차지하고 있다.

따라서 신자유주의적인 예속적 주체화와 관련하여 랑시에르 자신이 19세기 노동자들의 투쟁 방식에 대해 제시했던 것과 같은 해방의 삼단논법을 재구성할 수 있다면, 또는 치안으로서의 신자유주의와 단절하는 주체화 양식의 가능성을 어떤 식으로 보여 준다면 랑시에르의 정치적 주체화 이론은 자신의 현실성을 입증할 수 있을 것이다.

하지만 푸코와 달리 그는 신자유주의에 고유한 예속적 주체화의 특성을 해명하지 못하고 있을 뿐만 아니라, 주체화 양식의 역사적 계보학을 구성하는 데 아직까지 성공하지 못한 것으로 보인다. 푸코가 적어도 콜레주 드 프랑스 강의록을 통해 고대 아테네 민주주의에서 전개된 주체화 양식과 로마제국 시기의 주체화 양식, 초기 기독교 내에서의 상이한 주체화 양식들 및 그것의 근대적 계승 형태들, 그리고 신자유주의적 주체화 양식 등에 관한 계보학적 분석을 시도한 반면, 랑시에르는 한두 가지의 막연한 언급을 제외한다면, 주체화 양식의 계보학도, 정치적인 것(또는 정치 공동체)의 역사에 대한 분석도 제대로 수행하지 못했다. 이는 그의 정치적 주체화 개념 및 그와 맞짝을 이루는 치안 개념(또는 '감각적인 것의 나눔')이 근본적으로 몰역사적인 개념 또는 어떤 초월론적인transcendantal 개념이라는 데서 유래한다. 곧 랑시에르에게 주체화나 치안 개념은 고대 그리스에서부터 현대 자유주의 및 신자유주의에 이르기까지 동일한 형식적 본질을 지닌 것으로 제시되며, 랑시에르는 이러한 형식적 본질이 역사적으로 특수하게 발현되는 방식들에 대해 별로 관심을 기울이지 않고 있다.

또한 랑시에르에게 치안과 정치, 또는 치안과 민주주의의 관계가 매우 **역설적**이라는 점을 지적하지 않을 수 없다. 앞서 본 것처럼 그는 치안과 정치가 전적으로 상이한 논리에 기반을 두고 있음을 역설한다. 하지만 동시에 그는 "정치는 항상 치안과 결부돼 있다는 점 역시 잊어서는 안 된다"라고 말한다.[54] 왜 양자가 항상 결부되어 있을까?

양자가 결부돼 있는 이유는 간단하다. 정치는 자신에게 고유한 대상들이나 질문들을 갖고 있지 않다. 정치의 유일한 원리인 평등은 정치에게 고유한 것이 아니며 그 자체로만 본다면 정치적인 것은 아무것도 갖고 있지 않다. 정치가 평등에 대해 하는 모든 것은, 평등에 대해 소송 사건들cas이라는 형태로 현재성을 부여하는 것이며, 계쟁이라는 형태 아래 치안 질서의 중심에 평등의 입증을 기입해 넣는 것이다. 어떤 행동의 정치적 성격을 이루는 것은 그것의 대상이나 그러한 행동이 실행되는 장소가 아니라, 오직 그 행동의 형식, 곧 분할을 통해서만 존재하는 공동체의 제도, 계쟁의 제도 속에 평등의 입증을 기입해 넣는 형

---

54 랑시에르, 『불화』, 65쪽.

식이다. 정치는 도처에서 치안과 미주친다. 이러한 마주침을 이질적인 것들의 마주침이라고 생각해야 한다.[55]

랑시에르는 그 이유가 간단하다고 말하고 있지만, 사실 이는 그리 간단한 문제가 아니다.

랑시에르의 설명에 전제돼 있는 것은, 정치의 논리와 치안의 논리가 마주치는 공통의 장소, 공통의 무대라는 생각이다. 랑시에르는 한때 이러한 공통의 장소를 '정치적인 것'le politique이라는 이름으로 불렀지만, 그 이후에는 더 이상 이러한 용어를 사용하지 않는다. 그렇다면 이러한 공통의 장소는 어떤 것일까? 위의 인용문에서 그 장소는 "치안 질서"에 의해 지배받는 공동체나 "분할을 통해서만 존재하는 공동체의 제도"다. 또는 우리가 흔히 국가라고 부르는 정치 공동체라고 할 수도 있을 것이다. 그런데 만약 그렇다면, 고유한 대상도 장소도 질문도 갖고 있지 않은 정치는 항상 우리가 국가라고 부르는 공동체 제도를 전제하게 된다. 그리고 이러한 공동체는 랑시에르의 관점에 따르면 공동체의 몫들의 분배를 규정하는 아르케의 논리 내지 치안의 논리에 의해 항상 지배받는다. 그렇다면 역설적이게도 랑시에르적인 실천으로서의 민주주의가 존재하기 위해서는 그 이전에 치안 공동체, 아르케 공동체가 항상 존재해야만 한다. 정치는 고유한 대상도 장소도 질문도 갖고 있지 않으며, 오직 "아르케 논리와의 단절"이기 때문이다.

[55] 같은 책, 66쪽.

만약 그렇다면 다시 역설적이게도 정치의 귀결, 정치라는 단절의 사건이 일어난 이후의 결과는 항상 치안의 질서로의 복귀일 수밖에 없다. 랑시에르가 드는 사례를 보자. 랑시에르는 「정치에 대한 열 개의 테제」 중 여덟 번째 테제에서 치안과 정치의 차이를 길거리의 사례를 통해 설명한다.

> 공적 공간에 치안이 개입하는 것은 우선 시위자들을 호명/검문하는 것으로 구성되는 것이 아니라, 시위를 해산시키는 것으로 이루어진다. [……] "그냥 지나가시오! 여기에 아무것도 볼 것 없어!" 치안은 도로 위에 아무것도 없으며, 거기에서는 그냥 지나가는 것 말고는 달리 할 것이 없다고 말한다. [……] 정치는 이 통행 공간을 한 주체 —— 인민·노동자·시민 —— 의 현시/시위 공간으로 변형하는 것으로 이루어진다.[56]

구체적이고 설득력이 있는 사례다. 하지만 이런 질문을 던져 보자. 이렇게 해서 정치의 공간으로 변형된 이 도로는, 그럼 계속 현시/시위의 공간으로 남을까? 그럴 리가 없을 것이다. 시위하는 사람들은 시위가 끝나고 난 뒤에는 모두 집으로 돌아가야 하기 때문이다. 그리고 도시를 교통 지옥으로 만들지 않으려면 그 도로는 다시 차량들 외에는 아무것도 볼 것이 없는 치안의 공간으로 돌아가야 한다.

내가 보기에 이러한 수수께끼 같은, 또는 역설적인 귀결이 생겨나

---

56 Rancière, *Aux bords du politique*, p.242[『정치적인 것의 가장자리에서』, 224쪽].

는 이유는 랑시에르가 정치와 치안을 전면적으로 대립시키고, "모든 국가는 과두제 국가"[57]라고 간주하기 때문이다. 만약 모든 국가가 과두제 국가이며, 정치는 항상 국가 제도를 조절하는 치안의 논리를 위반하고 그것과 단절하는 데서 성립한다면, 하지만 동시에 정치는 치안과 분리할 수 없게 결부돼 있다면, "그 특성상 드문rare 것"[58]인 정치는 일시적인 위반이나 스캔들에 불과할 것이다.

하지만 다른 한편에서 본다면 해방의 삼단논법에서 알 수 있듯이 랑시에르의 저작에는 국가나 정치 공동체에 관한 다른 관점을 찾아볼 수 있다. 해방의 삼단논법에 따르면 법이나 국가 제도는 단순한 지배의 장치, 아르케의 논리가 군림하는 장소가 아니라, 평등의 논리가 기입되고 법제화되고, 물질적인 힘으로 작동하기 위한 조건이 된다. 이러한 관점에서 보면, 법이나 국가 제도는 지배의 장치이면서 동시에 해방운동을 위한 핵심적인 거점으로 작용할 수 있다.

따라서 랑시에르의 역설을 해결할 수 있는 한 가지 길은 치안과 정치, 치안과 민주주의가 서로 대립하면서도 동시에 서로 필연적으로 결부되어 있는 이유를 해명하는 좀 더 적극적인 방식이다. 우리는 발리바르의 이론에서 바로 이러한 길을 찾을 수 있다.

---

57 Jacques Rancière, *La haine de la démocratie*, Paris: Fabrique, 2005, p.79[『민주주의는 왜 증오의 대상인가?』, 허경 옮김, 인간사랑, 2011, 154쪽].
58 랑시에르, 『불화』, 212쪽.

4. 에티엔 발리바르: 봉기적 시민성, 주체화, 시민다움

동시대의 다른 정치철학자들과 비교해 볼 때 발리바르가 갖는 강점 내지 독창성은 크게 세 가지 점이라고 할 수 있다.

첫째, 대개의 다른 정치철학자들, 특히 유럽의 정치철학자들이 지극히 환원주의적인 경향을 보여 주는 반면, 발리바르는 정치를 복합적이고 다면적으로 사고한다. 동시대 유럽 정치철학자들에게서 놀라운 점은 이들이 다방면에 걸쳐 매우 풍부한 지식을 갖고 있고 고전 철학의 전통에도 정통해 있지만, 정치적 사유에서는 대개 강한 환원주의적 경향을 보인다는 점이다. 가령 아감벤이나 지젝, 바디우 등에게서 찾아볼 수 있는 **좌파 메시아주의적인** 관점이 대표적인 경우라고 할 수 있다.[59] 반면 발리바르는 「정치의 세 가지 개념: 해방, 변혁, 시민다움」이라는 논문에서 볼 수 있듯이,[60] 정치를 한 가지 개념이 아니라 적어도 세 가

---

59 이 점에 관해서는 진태원, 「좌파 메시아주의라는 이름의 욕망: 알랭 바디우, 슬라보이 지제크, 조르조 아감벤의 국내 수용에 대하여」, 『황해문화』 82호, 2014; 「'비판적 사유의 미국화'란 무엇인가」, 『황해문화』 85호, 2014를 각각 참조. 전자의 글은 『을의 민주주의』 후속 권에 수록될 예정이다.

60 Étienne Balibar, "Trois concepts de la politique: Émancipation, transformation, civilité", *La crainte des masses*, Paris: Galilée, 1997[「정치의 세 개념: 해방, 변혁, 시민 인륜」, 『대중들의 공포』, 서관모·최원 옮김, 도서출판 b, 2007]. 이 논문의 국역본에서는 논문 제목이 「정치의 세 개념: 해방, 변혁, 시민 인륜」이라고 되어 있는데 여기에서는 '시민 인륜'이라는 번역어를 '시민다움'이라는 표현으로 대체했다. 그 이유는 봉건적인 도덕 질서를 가리키는 '인륜'이라는 용어를 발리바르가 말하는 'civilité' 개념에 대해 사용하는 것은 (시민이라는 한정이 붙는다 해도) 얼마간 모순적인 것처럼 보이기 때문이다. '시민다움'이라는 번역어에 대한 제안은 진태원, 「수구 세력이 반역을 독점하게 만들지 말자」(옮긴이 후기), 에티엔 발리바르, 『정치체에 대한 권리』, 진태원 옮김,

지 개념을 통해 사고하려고 한다, 이는 아주 주목할 만한 장점이다. 이러한 복합적 사유는 맑스주의 전통의 유산이라고 할 수 있는 변혁의 문세 설정을 포기하지 않으면서도 그것이 고전적인 시민혁명의 이상인 자율성의 정치와 어떻게 연결돼 있으며 또 어떻게 달라지는지 이해할 수 있게 해주고, 더욱이 이 두 가지 정치의 한계를 시민다움civilité의 정치 내지 반反폭력의 정치라는 문제 설정으로 넘어설 수 있는 길을 보여주기 때문이다.

둘째, 첫 번째 측면과 연결된 것인데, 대개의 유럽 정치철학자들은 말하자면 '바깥의 정치'를 추구한다. 이것은 맑스주의가 남겨 놓은 유산이라고 할 수도 있겠는데, 이들이 보기에 진정한 정치는 제도적인 정치 바깥에 존재한다. 다만 맑스주의에서는 생산관계 또는 넓은 의미에서의 경제가 진정한 정치로서 바깥의 정치의 장소였던 반면, 이들은 각자 다른 영역에서 바깥의 정치를 발견한다. 하지만 발리바르는 이들과 달리 바깥의 정치를 위해 제도적인 정치 또는 정치체의 영역을 포기하지 않는다. 오히려 그는 바깥의 정치와 제도 정치 사이의 (목적론 없는) 변증법적 관계에 주목한다. 간단히 도식적으로 말한다면 이렇게 표현할 수 있을 것이다. 그가 보기에 제도 정치는 **바깥의 정치로서 봉기**에 근

후마니타스, 2011 참조. 그렇다고 해도 발리바르 자신이 말하듯이 'civilité'라는 개념 자체가 기본적으로 번역 불가능한 용어라는 점은 여전히 남아 있다. Étienne Balibar et al., "Philosophie et politique: la Turquie, l'Europe en devenir", *Rue Descartes*, no.85~86, 2015(이 호는 발리바르의 폭력론을 특집으로 다루고 있다) 참조. 곧 이 개념의 번역은 독자적인 개념적 발명의 작업이 될 수밖에 없으며, 따라서 여전히 새로운 개념적 발명의 가능성들은 얼마든지 남아 있다.

거를 두고 있는 반면, 바깥의 정치는 제도의 영역 속에서 구현되고 관철되지 않으면 지속될 수 없다. 따라서 정치는 단지 '바깥'에서 이루어질 수 있는 것도 아니고, '제도'로 국한될 수 있는 것도 아니다. 양자 사이의 긴장과 갈등, 또는 상호 견인 관계야말로 발리바르가 생각하는 정치의 장소라고 할 수 있다.

발리바르는 바로 이러한 의미에서 민주주의와 시민권 사이의 이율배반의 관계에 주목하고 있다.[61] 그에게 민주주의는 급진적인 보편성, 심지어 무한한 보편성을 나타내는 것이다. 따라서 민주주의의 제도적 표현으로서 정치체 또는 '시민권 헌정'constitution of citizenship은 민주주의와 이율배반적인 관계를 맺고 있다. 곧 한편으로 시민권 헌정은 자신의 토대로서 민주주의에 근거해야 하지만, 다른 한편으로 민주주의의 급진적인 보편성을 온전히 수용할 경우 그 제도적 틀 자체가 와해될 수밖에 없기 때문에 그것을 제한해야 한다. 다음 인용문은 민주주의적 제도로서 시민권 헌정과 민주주의가 맺는 이율배반antinomy 관계에 대한 발리바르의 논점을 집약적으로 전달해 준다.

[정치 공동체로서의] 시민권은 주기적인 위기와 긴장을 경유할 수밖에 없을 뿐만 아니라 본래적으로 '불안정'하거나 '취약한' 것이다. 이 때문에 (서양의 경우) 2000년의 역사 동안 시민권 공동체는 도시국가에

---

61 이하의 논의에 대해서는 또한 이 책의 4장 「민주주의의 민주화의 두 방향: 최장집과 에티엔 발리바르」, 145쪽 이하도 참조하라.

서 국민국가에 이르기까지 여러 차례에 걸쳐 파기되고 새로운 제도적
틀 속에서 재구성되어 왔으며, 만약 탈국민적post-nationales 연방이나
준연방이 현실태로 성립한다면 앞으로도 그럴 것이다. 하지만 시민권
헌정으로서 이러한 공동체는 (막스 베버가 잘 파악한 바 있듯이) 그것의
헌정 구성 권력pouvoir constituant ── 이것은 평등자유가 실제로 성립
하게 만들기 위해 아직 존재하지 않는 권리들의 획득을 목표로 하거나
또는 기존 권리들의 확장을 목표로 하는 보편적인 정치 운동들이 지
닌 봉기적 권력이다 ── 을 형성하는 [……] 힘 자체에 의해 위협받고
동요하며, 심지어 탈정당화된다. 이 때문에 나는 서두에서 봉기와 헌
정의 **차동**差動 **관계**différentiel에 대해 말한 바 있는데, 이는 정치에 대한
순수하게 형식적이거나 법적인 표상으로는 결코 해명할 수 없는 것이
다. 사실 정치적인 것의 개념을 역사와 실천의 지반에 옮겨 놓을 경우,
이것은 바로 정치적인 것의 본질적인 특징을 이루는 것이다. 만약 그
렇지 않다면 우리는 민주주의적 발명들 및 권리의 획득, 좀 더 확장되
고 좀 더 구체적인 [권리에 대한] 관점들에 따라 권리와 의무의 상호성
을 재정의하는 것 등은 항상 이미 주어져 있는 영원한 시민권 '이념'에
서 유래한다고 생각할 수밖에 없을 것이다. 그리고 동시에 우리는 민
주주의의 **발명**이라는 관념을 민주주의의 **보존**이라는 관념으로 대체할
수밖에 없을 것이다. 하지만 시민권에 대한 모종의 정의를 '보존하는'
기능을 수행하는 민주주의는 또한 바로 그 이유 때문에 그 민주주의
에 고유한 '탈-민주화'dé-démocratisation에 저항할 수 없게 될 것이다.
[……] 평등자유의 원리와 결부된 봉기적 계기는 단지 제도들을 정초

할 뿐만 아니라 제도들의 안정성의 적이 되기도 한다.[62]

한편으로 그는 웬디 브라운을 따라 신자유주의가 오늘날 '탈민주주의'의 핵심 요인 중 하나라는 점을 긍정한다. 하지만 그는 다른 한편으로는 신자유주의에 관한 종말론적 관점에 대해서는 경계한다. 신자유주의는 오늘날 민주주의가 맞고 있는 위기의 궁극적인 원인이 아니며, 그 이유는 정치적인 것 자체 내에서도 찾을 수 있기 때문이다. 그는 근대 정치제도의 위기 요인을 이전까지 국민사회국가의 모순에서 찾았지만, 최근에는 여기서 한 걸음 더 나아가 **민주주의와 시민권 사이의 이율배반적 관계**에서 그 존재론적 뿌리를 찾는다. 곧 한편으로 시민권 헌정은 자신의 토대로서 민주주의에 근거해야 하지만, 다른 한편으로 민주주의의 급진적인 보편성을 온전히 수용할 경우 그 제도적 틀 자체가 와해될 수밖에 없기 때문에 그것을 제한해야 한다. 따라서 시민권 헌정으로서 민주주의 제도는 그 유한성으로 인해 배제의 경향을 내포할 수밖에 없으며, 이는 민주주의의 탈민주화의 궁극적인 요인으로 작용한다.

이런 관점에서 발리바르는 오늘날 민주주의의 과제 또는 '민주주의의 민주화'의 과제는 근대 민주주의에 고유한 배제에 맞서는 새로운 제도적 양식과 주체화 양식의 발명에 달려 있다고 역설한다. 아마도 이

---

62 Étienne Balibar, "L'antinomie de la citoyenneté", *La proposition de l'égaliberté*, Paris: PUF, 2010, pp.20~21.

것을 일종의 **봉기적 시민성** 또는 **무정부주의적 시민성의 빌명의 문세**도 번역해 볼 수도 있을 것이다.[63]

발리바르 문제 설정의 세 번째 특징은, 그 자신의 표현을 빌리면, 주체화의 문제를 다수자 전략과 소수자 전략의 결합이라는 관점에서 해명하려고 한다는 점에서 찾을 수 있다. 다수자 전략과 소수자 전략의 결합이라는 관점에서 주체화의 문제를 사고하는 것은 사실은 20세기 **사회주의 혁명의 실패**에 관한 발리바르의 성찰에 근거를 두고 있다. 발리바르가 보기에 사회주의 혁명의 실패는 단순히 사회학적이거나 경제학적인 또는 심지어 군사학적인 요인으로 충분히 해명되지 못한다. 곧 사회주의보다 자본주의가 사회제도적으로 또는 경제적으로 더 뛰어난 체제였다든가 아니면 군사력을 비롯한 무력에서 더 우월했다든가 하는 식으로 설명될 수 있는 것은 아니다. 요컨대 체제 경쟁의 관점에서 혁명의 실패를 설명할 수는 없다. 오히려 발리바르가 주목하는 것은 다음과 같은 점이다.

혁명을 실패하게 만든 것 [……] 그것은 단지 혁명의 적들의 막강함이나 혁명 당시의 불리한 조건 때문만이 아니라, 혁명의 내적 취약함과 고유한 맹목 때문이기도 하다. (지나치는 김에 말하면 내적 취약함과 고유한 맹목은 같은 것이 아니다. 왜냐하면 만약 개혁의 본질이 주어진 상황

---

63 좀 더 자세한 논의는 이 책 5장 「무정부주의적 시민성?: 한나 아렌트, 자크 랑시에르, 에티엔 발리바르」 참조.

내의 세력 관계 속에서 자리 이동을 교섭하는 것이라면, 혁명의 본질은 우월한 적대 세력의 초과적인 힘을 억제할 수 있는 수단을 얻음으로써 적대 세력과 대결할 수 있는 능력이기 때문이다). '세계를 변혁하지' 못한 사회주의 혁명들의 무기력의 근본 원인들 중 하나(또한 그 수수께끼들 중 하나이기도 하다. 왜냐하면 이러한 '인과관계'에는 아무런 합리성도 존재하지 않기 때문이다)는 정확히 말하면 이러한 혁명들이 발생했던 폭력 상황의 반작용 및 도착적 효과를 이론적·실천적으로 통제하지 못한 절대적 무능력에 있다고 보는 것이 개연성이 있다. 혁명운동이 직면했던 반혁명적 폭력만이 아니라 혁명운동 자신이 행사했던 폭력, 특히 혁명 국가의 틀 속에서 정당화되고 제도화되었고 혁명의 '내부의 적'을 일소하기 위해 확장됐던 폭력 같은 것들이 바로 그 반작용 및 도착적 효과들인데, 이것은 장기적인 외상적 효과를 낳았지만 대부분 그 자체로 부인되곤 했던, 진정으로 자살적인 과정이었다.[64]

곧 사회주의 혁명은 자본주의 체제의 구조적 폭력 및 반反혁명적 폭력을 철폐하기 위해 자신이 실행했던 대항폭력의 도착적 효과를 제대로 파악하지 못했을뿐더러, 그것을 극복하기 위한 실천적인 노력을 제대로 수행하지 못한 것이 사회주의 혁명의 실패 및 외상을 낳았다는 것이 발리바르의 관점이다.

이는 물론 이제 더 이상 혁명과 같은 것은 불가능하며, 우리에게 남

---

64 Étienne Balibar, "Stratégies de ciivilité", *Violence et civilité*, pp.157~158.

아 있는 것은 체제 내부의 개혁이라는 과제, 민주주익이 전진적인 제도적 개선과 보완이라는 과제라고 말하려는 것이 아니다. 발리바르는 자신의 민주주의론의 논점을 '민주주의의 민주화'라는 구호로 표현하기는 하지만, 이는 순진한(또는 난독증에 빠진) 사람들이 오해하듯이 자유민주주의 체제 내의 개혁을 뜻하는 것이 아니다. 오히려 사회주의 혁명의 실패에 대한 성찰이라는 견지에서 보면 발리바르가 말하는 민주주의의 민주화란, **어떻게 혁명을 문명화할 것인가, 어떻게 사회 변혁의 중심에 반폭력의 문제 설정을 도입할 수 있을 것인가**의 문제와 다르지 않다고 말할 수 있다.

사실 왜 혁명의 시간이 지나갔다고 상상해야 하는가? 우리가 혁명이라는 이름을 유일한 모델에, 곧 미리 규정된 정치조직과 이데올로기적 동원, 권력 장악 전술 및 대항 권력 전술 등의 형태들과 결부시키지 않고, 다만 그것을 (이렇게 말할 수 있다면) 자생적으로 사라지지 않는 지배 구조의 변혁을 목표로 삼는, 또는 **변화를 변화시키는 것**, 다시 말해 자생적인 역사적 변혁들을 굴절시키는 것을 목표로 삼는 집합적인 정치적 운동이라는 관념과 결부시킨다면, 나로서는 혁명이라는 역사적 전망을 배제할 아무런 이유도 발견할 수 없다. 나는 사회적 지배 구조 ── 경제적인 것이든 문화적인 것이든 아니면 성적인 것이든 간에 ── 가 그 자체로 해체될 것으로 믿지 않을 뿐만 아니라, 또한 이러한 지배가 산출한 결과들의 악화를 폭력에 대한 의존 없이도, 또는 그 자체로 폭력적인 억압의 대상이 되는 어떤 사회 세력의 폭력화 없이도 항상 모면할 수 있을 것으로 믿지 않는다. 바로 이 때문에 나는 — 회고적으로 볼 때, 따라서 앞으로의 전망을 생각해 볼 때 — 어떻게 혁명운동을 내부로부터 '문명화'할 것인가, 어떻게 내가 시민다움이라고 부르는 이러한 반폭력을 사회 변혁의 폭력의 중심에 도입할 수 있을 것인가라는 문제가 극히 중요하며, 극히 **현재적**이라고 평가한다.[65]

그리고 이러한 관점에서 우리는 주체화의 문제를 다수자의 전략과 소수자의 전략의 견지에서 사고하려는 발리바르의 시도를 좀 더 정확히 이해할 수 있다. 발리바르는 폭력에 맞서는 반폭력의 정치에서 세 가지 전략을 구별한다. 하나는 헤겔이 지틀리히카이트Sittlichkeit라는 개념[66]을 통해 이론화한 폭력의 문명화 전략으로, 발리바르는 이를 **헤게모니의 전략**이라고 부른다. 근대 법치국가의 구성을 통해 역사적 폭력을 문명화하려는 헤겔의 역사철학을 헤게모니의 전략이라고 부르는 것은, 흔히 생각하듯이 헤겔의 역사철학이 단순히 섭리론적인 것이 아니라는 점을 강조하기 위해서다. 오히려 헤겔의 진의는 역사적 과정에서 나타나는 수많은 우연적 폭력들이 근대적 법치국가Rechtsstaat가 대

---

65 Balibar, "Stratégies de ciivilité", p.158.
66 이 개념은 임석진 교수가 '인륜성'이라는 번역어를 제안한 이래로 국내 헤겔 학계에서는 대부분 인륜성으로 번역되어 왔다. 하지만 우리말에서 '인륜'이 전근대적인 신분제에 입각한 도덕적 질서를 뜻하는 데 반해, 헤겔이 말하는 지틀리히카이트는 고대적인 전통의 윤리적 질서를 근대성의 관점에서 개조하는 것을 표현한다는 점을 감안하면, 이 번역어는 헤겔의 의도를 제대로 살리는 번역이라고 하기는 어려워 보인다. 따라서 이 장에서는 지틀리히카이트라고 음역해서 사용하겠다.

표하는 이성의 힘을 통해 제거될 수 있으며, 이것이 곧 역사적 진보(이성의 승리)를 표현한다는 점이다. "역사적 과정은 처음에는 필연에 부응하지 않는 수많은 우연적 사건들로 가득 차 있지만, 이것들은 점차로 이러한 필연성에 부응하게 되며, 결국 모든 시민의 행위가 합리적인 규범에 따르도록 규제할 수 있는 헌정 국가가 나타내는 운fortuna의 전면적 제거에 도달하게 된다."[67] 따라서 헤겔 관점의 핵심에 존재하는 것은 역사가 일종의 '전환'conversion이라는 생각이다. "'전환'은 무엇을 의미하는가? 승화 내지 정신화도 의미할 수 있지만 그것은 특히 폭력이 (역사적으로) **생산적인 힘**으로 전화되는 것, 파괴력으로서의 폭력의 소멸과 제도들의 내적인 에너지 내지 역량으로서의 재창조를 의미한다."[68]

헤겔의 역사철학이 갖는 긍정적인 함의에도 불구하고 발리바르는 두 가지 측면에서 그 한계를 지적한다. 하나는 그의 역사철학은 진보와 정상화를 동일시한다는 점이며, 다른 하나는 그의 시민다움의 전략, 곧 헤게모니의 전략이 기본적으로 위로부터의 전략이라는 점이다. 따라서 발리바르는 헤겔의 주체화 전략에 대한 현대의 두 가지 대안을 각각 다수자 전략과 소수자 전략으로 개념화한다. 다수자 전략은 맑스주의를 비롯한 고전적인 해방운동에서 나타나는 주체화의 전략이다.

내가 다수자 전략이라고 말하는 이유는, 마요리타스maioritas에 대한

---

67 Étienne Balibar, "Une violence 'inconvertible'? Essai de topique", *Violence et civilité*, pp.74~75.
68 Ibid., p.61.

로마 및 중세의 용법 이래 이 개념이 지닌 두 가지 의미, 곧 '최대의 숫자'와 '결정의 자율성'(연령 및 사회적 신분과 연계돼 있는)이라는 의미는, 소수의 억압자에 의해 부과되는 지배로부터 대중들의 해방이라는 관념 속에 현존해 왔으며, 그와 동시에 다수를 구성하는 개인들에 대해서는, 그 자신의 의지 및 심지어 그 자신의 신체를 활용할 수 있는 권리를 박탈하는 예속자 내지 '소수자/약소자의 지위에서 벗어나기' 위한 수단을 표상해 왔다. 「계몽이란 무엇인가?」에서 칸트가 탁월하게 표현한 것처럼, 해방을 통해 폐지되는 예속과 마찬가지로 이러한 해방은 '소수자들/약소자들 자신의 책임'이다. 이 때문에 '인간의 권리'와 '시민의 권리'를 동일한 해방운동의 두 측면으로 이해하는 근대 정치 이론들은, 사회의 대중은 자신들을 억압하는 이들의 지배나 권력으로부터 해방되기 이전에, 또는 적어도 그와 동시에 자신의 '자발적 예속'으로부터 벗어나야 한다는 사실 또는 지배의 중심에 놓인 야만을 물리쳐야 한다는 사실을 항상 강조해 왔다.[69]

발리바르는 다수자 전략이 여전히 현대의 해방운동 및 정치적 주체화에서 핵심적인 중요성을 지니고 있다고 생각하지만, 동시에 이것이 직면해 있는 아포리아에 주목한다. 그것의 핵심에는 **"피지배자들의 다수-되기"**가 존재한다. 발리바르의 이 개념을 피지배자들의 비지배적인 **주체-되기**라는 문제로, 곧 피지배자들이 이전과 같은 지배계급으로 구

69 Balibar, "Stratégies de ciivilité", p.177.

성되지 않으면서 헤게모니적인 집단적 주체가 되는 것은 어떻게 가능한가라는 문제로 번역해 볼 수 있다. 이것은 두 가지 측면에서 아포리아적인 것이다. 하나는 이러한 다수-되기가 "혁명의 시기에서부터 단순히 대항권력의 행사('강제' 권력의 전도)로 이루어지는 것이 아니라 새로운 '문명' 내지 '시민다움'(이탈리어 'civiltà'는 이 두 가지 의미를 모두 포함하고 있다)의 발명"[70]을 나타내야 한다는 점이다. 다른 하나는 해방운동이 단일한 중심을 갖지 않으며, 다수의 이질적인 운동들로 구성되어 있다는 점이다. 따라서 다수자 전략의 근본 쟁점이자 아포리아를 이루는 것은 "서로 이질적일 뿐만 아니라 양립 불가능한 상이한 해방운동들 사이의 갈등(왜냐하면 각각의 해방운동은 보편적 목표에 대한 정의와 더불어, 프롤레타리아, 여성, 식민지나 신식민지 인민 등과 같이 혁명 주체를 구성하는 '보편 계급'에 대한 정의를 제시하기 때문이다)을, 자신을 구성하는 각각의 성원들의 해방이 그들의 공동의 해방에 기여하게 만들 수 있는 어떤 '인민'으로 역전시키는 것으로 귀착"[71]된다고 할 수 있다.

다수자 전략의 곁에는 발리바르가 소수자 전략이라고 부르는 것이 존재한다. 특히 푸코와 (후기) 들뢰즈·가타리의 저작에서 나타나는 이러한 전략은 다수자 전략이 지닌 난점과 맹목에 대한 비판 및 그에 대한 대안으로 제시되는 것이다. 맑스주의를 중심으로 한 고전적인 해방

70 Ibid., p.178.
71 Ibid., p.179.

운동에 대한 푸코와 들뢰즈·가타리의 비판의 핵심에는 "'국가 장치'와 국가권력의 폭력에 맞서고 그것을 소멸시키려고 했던 혁명운동의 역사가 이러한 폭력을 재생산하거나 **모방**하게 되었다는 생각"이 존재한다. 곧 고전적인 해방운동은 지배자들과 동일한 도구들, 동일한 권력 기술, 동일한 조직과 규율 형태로 맞서 싸웠으며, 이 때문에 "해방에 대한 욕망이 강렬해질수록 예속은 더욱더 치유 불가능하게 될 것"[72]이라는 비판이다.

소수자 전략의 비판을 집약적으로 드러내 주는 것은 『천 개의 고원』에 나오는 다음과 같은 분석이다.

> 농촌의 파시즘과 도시 내지 도시 구역의 파시즘, 젊은이의 파시즘과 퇴역 군인들의 파시즘, 좌익의 파시즘과 우익의 파시즘, 커플, 가족, 학교나 사무실의 파시즘, 이들 파시즘은 모두 미시적인 검은 구멍, 즉 일반화된 중앙 집중적인 거대한 검은 구멍 속에서 공명하기 전에 자체로서 효력을 가지며 다른 것들과 소통하는 미시적인 검은 구멍에 의해 규정된다. 각각의 구멍에, 각각의 거처에 전쟁 기계가 장착되면 파시즘이 존재하게 된다. [······] 파시즘을 위험한 것으로 만드는 것은 분자적이거나 미시정치적인 역량이다. 왜냐하면 그것은 대중의 운동이기 때문이다. 즉 그것은 전체주의적인 유기체가 아니라 오히려 암적인 몸체인 것이다. 미국 영화는 종종 이러한 분자적 초점들, 즉 패거리, 갱, 분파,

---

72 Balibar, "Stratégies de ciivilité", p.180.

가족, 마을, 구역, 교통수단 등 아무 것으로 모면될 수 없는 파시즘을 보여 주었다. 욕망은 왜 스스로 억압되기를 바라는가, 욕망은 어떻게 자신의 억압을 바랄 수 있는가? 이처럼 포괄적인 질문에 대답할 수 있는 것은 미시 파시즘밖에는 없다. 확실히 대중들은 그저 수동적으로 권력을 받아들이는 것은 아니다. 또한 대중들은 일종의 마조키스트적인 히스테리에 빠져 억압되기를 "바라는" 것도 아니다. 나아가 대중들은 이데올로기적 속임수에 기만당하는 것도 아니다. 욕망이란 필연적으로 여러 분자적 층위들을 지나가는 복합적인 배치물들과 절대 분리될 수 없으며, 이미 자세, 태도, 지각, 예감, 기호계 등을 형성하고 있는 미시-구성체들과도 분리될 수 없다. [……] **좌익 조직들**이라고 해서 자신들의 **미시 파시즘을 퍼뜨리지 않는 것은 아니다.** 자기가 유지시키고 배양하며 극진히 여기는 자기 자신인 파시스트, 개인적이고 집단적인 분자들을 갖고 있는 그러한 파시스트를 보지 않으면서 그램분자적인 층위에서 반-파시스트가 되기란 참으로 쉬운 일이다.[73]

들뢰즈와 가타리, 또는 푸코의 소수자 전략이 따라서 고전적인 해방운동이 나타내는 다수자 전략과 대립하는 것은 아니다. 하지만 이 두 개의 전략이 평온하게, 아무런 갈등 없이 결합될 수 있는 것도 아니다. 그것은 일차적으로 들뢰즈·가타리 및 푸코가 고전적인 다수자 전략의

73 질 들뢰즈·펠릭스 가타리, 『천 개의 고원』, 김재인 옮김, 새물결, 1999, 410~411쪽[*Mille Plateaux*, Paris: Minuit, 1980, pp.261~262]. 번역은 수정. 강조는 인용자.

중심에 놓여 있는 **다수자 주체로서의 인민**(또는 프롤레타리아)이라는 개념에 대하여 불신을 표현하고 있을뿐더러, 또한 **변증법 자체를 정상화의 논리**로, 따라서 해방운동을 예속 운동의 도착으로 이끌어 가는 일종의 지배의 간지로 배척하고 있기 때문이다. 이 때문에 들뢰즈·가타리와 푸코가 각자 고전적인 다수자 전략의 맹점을 날카롭게 분석하고 또한 그 나름의 방식대로 새로운 해방운동의 가능성을 모색하고 있음에도, 정상화의 논리에서 벗어나는 비정상화의 운동, 예속의 메커니즘으로서 정체화identification의 메커니즘에서 벗어나는 탈정체화의 운동을 절대화하는 경향이 있다는 점을 지적하지 않을 수 없다. 들뢰즈·가타리와 푸코가 본인들의 의도에도 불구하고 때로는 신자유주의적인 (반혁명적) 해방의 이론가로 비판받는 이유도 여기에서 찾을 수 있다.

내가 보기에 발리바르 주체화 이론의 중요성은 이처럼 고전적인 해방운동의 현실성 및 중요성을 부정하지 않으면서도 현대적인 대안운동 및 그 이론들의 강점을 놓치지 않는다는 점에서 찾을 수 있다. 지난 20여 년 동안 국내에서 나타난 '포스트 담론'과 '맑스주의' 사이의 불모의 대립 및 경원의 악순환에서 벗어나기 위해 발리바르의 작업이 귀중한 통찰을 제공해 줄 수 있다고 믿는 이유도 여기에 있다.

8장

극단적 폭력과 시민다움

에티엔 발리바르의 반폭력의 정치에 대하여

1. 발리바르 폭력론의 문제 설정

폭력이라는 문제는 자명한 문제이거나 무기력한 문제가 되기 쉽다. 폭력의 문제가 자명한 문제인 이유는, 폭력을 비판하거나 폭력에 반대하는 것이 당연한 일로 간주되기 때문이다. 그 이유는 폭력이 현대사회의 가장 기본적인 문명 원칙인 인간의 권리, 인간의 존엄성을 훼손한다고 여겨지기 때문이다. 따라서 폭력에 관해서는 기본적으로 비폭력이, 정치적 입장에 상관없이 가장 자명한 원칙으로 확립되어 있는 것으로 보인다.

반대로 폭력의 문제가 무기력한 문제로 간주되는 이유는, 폭력이라는 것에 대해 딱히 대응할 만한 방법이 존재하지 않기 때문이다. 개인적이거나 집단적인 폭력에 직면했을 때 사람들이 가장 널리 의지하는 것은 법과 공권력이다. 그런데 만약 법과 공권력 자체가 **또 하나의 폭력**이라면 어떻게 할 것인가? 곧 법과 공권력 자체가 지배를 위한 수단이거나 인권 및 인간의 존엄성을 침해하는 또 다른 폭력이라면 어떻게 할 것인가? 이러한 질문은 비단 내전이나 준내전 상태와 같은 예외적인 상황에 처해 있는 아프리카나 중동 또는 남아메리카 사람들에게만 제기되는 질문이 아니다. 한국 현대사는 수많은 국가 폭력의 기억들로 점철되어 있거니와, 이른바 민주화 이후에도 이러한 국가 폭력의 자취는 사라지지 않고 있다. 가령 2014년 4월에 일어난 세월호 사건 당시 많은 사람들은 침몰해 가는 배 안의 승객들에 대한 국가의 태만한 무관심에서, 냉혹한 폭력 기계 또는 치안 기계로서 국가의 모습을 목도한 바 있다.[1]

20세기 초에 이미 막스 베버가 국가를 "적법한(또는 적법하다고 간주되는) 폭력Gewalt이라는 수단에 기반하여 성립되는 인간의 인간에 대한 **지배 관계**"라고 규정했거니와,[2] 독일의 비평가·철학자였던 발터 벤야민은 「폭력 비판을 위하여」(1921)에서, 또 자크 데리다는 『법의 힘』(1990)에서[3] 각각 불법적인 폭력 대 정당한 공권력이라는 구도가 지닌 허구성을 날카롭게 드러낸 바 있다.[4] 따라서 공권력 역시 불법적인(또는 불법적이라고 간주되는) 폭력과 마찬가지로 하나의 폭력이라면,

---

1 이 점에 관해서는 3장 「세월호라는 이름이 뜻하는 것: 폭력, 국가, 주체화」 참조.
2 막스 베버, 「직업으로서의 정치」, 『'탈주술화' 과정과 근대: 학문, 종교, 정치』, 전성우 옮김, 나남, 2002, 282쪽. 번역은 약간 수정.
3 발터 벤야민, 「폭력비판을 위하여」, 『역사의 개념에 대하여·폭력비판을 위하여·초현실주의 외』, 최성만 옮김, 도서출판 길, 2008; 자크 데리다, 『법의 힘』, 진태원 옮김, 문학과지성사, 2004.
4 이 점에 관해서는 진태원, 「폭력의 쉬볼렛: 벤야민, 데리다, 발리바르」, 『세계의문학』 135호, 2010 참조.

폭력에 직면했을 때 우리가 의지할 수 있는 수단은 또 하나의 폭력 이외에 별다른 방법이 없는 셈이다. 그렇다면 폭력의 문제는 비폭력의 자명함과 대항폭력에 의존할 수밖에 없는 무기력함 사이에서 순환하는 듯이 보인다.

이런 상황에서 폭력의 문제를 현대 정치의 핵심 쟁점으로 간주하는 것은 다소 엉뚱한 발상으로 보일 수 있다. 하지만 프랑스 철학자 에티엔 발리바르에 따르면 폭력의 문제, 특히 극단적 폭력의 문제는 "정치라는 개념 자체의 개조"[5]를 요구하는 문제다. 역으로 말하자면, 발리바르의 폭력론은 그의 정치철학의 개념적 독창성 및 이론적 적합성을 측정해 볼 수 있는 시금석이 된다. 실제로 내가 보기에 폭력에 관한 발리바르의 사유는 동시대의 다른 철학자들과 뚜렷하게 구별되는 특징을 지니고 있으며, 그것은 발리바르 정치철학의 독창성의 핵심을 이룬다.

첫 번째 독창성은 폭력의 문제를 맑스주의의 아포리아, 또는 맑스주의의 역사적 모순들이라는 문제와 긴밀하게 결부시켜 사고한다는 점이다. 폭력이라는 주제는 가령 데리다[6]나 아감벤[7] 같은 철학자들의

---

5 Étienne Balibar, "Hegel, Hobbes et la 'conversion de la violence'", *Violence et civilité*, Paris: Galilée, 2010, p.42.
6 특히 데리다, 『법의 힘』; Jacques Derrida, *Voyous*, Paris: Galilée, 2003 참조. 후자의 책은 국역본이 있지만(『불량배들』, 이경신 옮김, 휴머니스트, 2003) 번역이 좋지 않아 참조하기 어렵다.
7 특히 Giorgio Agamben, *Homo Sacer*, trans. Daniel Heller-Roazen, Stanford, CA: Stanford University Press, 1998[『호모 사케르』, 박진우 옮김, 새물결, 2008]; *State of Exception*, trans. Kevin Attell, Chicago: University of Chicago Press, 2005[『예외상태』, 김항 옮김, 새물결, 2010] 참조.

정치사상의 핵심 주제를 이루고 있으며 두 사람 모두 폭력의 문제를 해방의 관점에서 사고하지만, 이들은 맑스주의와는 다소 거리가 있는 문제 설정에 입각해 있다. 반면 발리바르는 「'게발트': 맑스주의 이론사에서 본 폭력과 권력」이라는 논문만이 아니라 다른 여러 글에서도 늘 맑스주의를 몰락하게 만든(따라서 그것이 재개되기 위해 해결되어야 하는) 아포리아라는 관점에서 폭력의 문제를 다룬다.[8] 현대 정치철학의 동향에 대해 얼마간 지식이 있는 사람이라면 알 수 있듯이, 여전히 맑스주의의 역사(그 쟁점들과 모순들)를 사고의 대상으로 삼는다는 것 자체가 매우 이례적인 일이거니와, 폭력이라는 주제를 중심으로 그러한 역사를 고찰한다는 것은 맑스주의에 대한 오랜 천착과 더불어 상당한 지적 용기가 수반되지 않고서는 불가능한 일이다. 따라서 발리바르 폭력론의 첫 번째 독창성은 폭력의 문제를 맑스주의의 역사적 모순의 핵심으로 다룬다는 점에서 찾아야 마땅할 것이다.

둘째, 폭력의 문제를 **정치를 불가능하게 만드는 조건들**이라는 관점에 따라 사고한다는 것이 발리바르 폭력론의 또 다른 특징이다. 이것은 다른 말로 하면, 폭력을 대항폭력이나 비폭력의 관점에서 다루지 않고 **반反폭력의 문제 설정**에 따라 사고한다는 것을 의미한다.

---

8 에티엔 발리바르, 「'게발트': 맑스주의 이론사에서 본 폭력과 권력」, 『폭력과 시민다움』, 진태원 옮김, 난장, 2012 참조. 사실 발리바르가 폭력에 관해 처음으로 발표한 글에서도 폭력의 문제는 맑스주의의 아포리아라는 문제와 관련되어 있었다. Étienne Balibar, "Violence et politique: quelques questions"(1992), *Violence et civilité*: 에티엔 발리바르, 「반폭력과 인권의 정치」, 『마르크스의 철학, 마르크스의 정치』, 윤소영 옮김, 문화과학사, 1995 참조.

슬라보예 지젝이나 알랭 바디우 같은 이론가들의 서술에서 볼 수 있듯이 폭력을 대항폭력의 문제로 간주하는 것은 사실은 폭력을 하나의 독자적인 이론적 문제로 간주하지 않음을 의미한다.[9] 그럴 수밖에 없는 것이 폭력의 문제를 대항폭력의 문제로 간주하게 되면, 가능한 두 가지 선택지가 남게 되기 때문이다. 하나는 자연주의적 관점으로, 이러한 관점에 따르면 정치의 문제는 순수한 힘의 문제가 된다. 자연 생태계 속에서 강한 것이 약한 것을 지배하듯이 인간 역사 속에서도 두 개(또는 그 이상)의 세력들 사이의 무력 다툼만이 존재할 뿐이며, 거기에는 아무런 궁극적인 정당성이나 부당성의 문제도 존재하지 않는다(또는 정당성이나 부당성의 문제를 최종 심급에서 결정하는 것은 힘의 크기다). 고전적인 맑스주의로 대표되는 다른 관점은, 지배 세력의 구조적 폭력에 맞서는 피지배자들의 폭력적인 저항은 정당하며, 특히 자본주의적 폭력에 맞서는 노동자계급 및 피지배계급의 대항폭력은 언제나 정당하다고 주장한다. 왜냐하면 그러한 대항폭력은 착취 없고 지배 없는 사회의 건설을 목표로 삼기 때문이다. 곧 **정당한 목적이 수단의 정당성을 결정하는 것이다.**[10] 따라서 폭력은 수단 내지 전술의 문제일 뿐 독자적인 이론적 대상을

---

9 특히 슬라보예 지젝, 『잃어버린 대의를 찾아서』, 박정수 옮김, 그린비, 2009; 『폭력이란 무엇인가』, 정일권 외 옮김, 난장이, 2011 참조. 또한 지젝과 발리바르 폭력론을 비교하고 있는 김정한, 「폭력과 저항: 발리바르와 지젝」, 『사회와철학』 21호, 2011 참조.

10 이는 사실은 1950년대 이후 사르트르가 대표했던 관점이기도 하다. 폭력의 문제를 둘러싼 사르트르와 카뮈의 논쟁에 대해서는 에릭 베르네르, 『폭력에서 전체주의로』, 변광배 옮김, 그린비, 2012 참조. 또한 사르트르와 마찬가지로 진보적 폭력의 가능성을 옹호하지만 좀 더 미묘한 메를로퐁티의 입장에 대해서는 모리스 메를로퐁티, 『휴머니즘과 폭력』, 박현모 외 옮김, 문학과지성사, 2004 참조.

이루지는 않는다. 이러한 관점은 명시적으로 표현되지는 않을지 몰라도 오늘날에도 여전히 상당수의 좌파 이론가들이나 활동가들이 암묵적으로 공유하는 관점이다. 그런데 발리바르는 바로 이러한 관점 속에서 맑스주의를 역사적 몰락으로 이끈 궁극적인 원인 중 하나를 발견한다.

반대로 비폭력의 관점은 도덕적이거나 종교적인 관점에서 폭력 그 자체를 죄악시하거나 금기시한다. 비폭력의 입장에서 보면 폭력은 악의 구현물과 다르지 않기 때문이다. 곧 비폭력의 관점은 목적이 정당한 것이든 부당한 것이든 간에 폭력은 그 자체가 나쁜 것이고 악한 것이기 때문에 절대 허용할 수 없다는 입장을 취한다. 따라서 비폭력의 관점 기저에 존재하는 것은 형이상학적인 선악 이분법이라고 할 수 있다.[11] 하지만 발리바르는 "폭력은 역사의 '동력' 중 하나"이며, "고유한 '창조성'"[12]을 지닌다고 보기 때문에, 폭력을 무차별적인 비난의 대상으로 간주하는 비폭력의 관점에 대해 원칙적으로 반대한다. 다만 간디가 주창했던 비폭력 운동의 경우 그것은 제국주의적 지배와 폭력에 맞선 **정치투쟁**의 한 형태를 이룬다는 점에서 시민다움civilité의 한 전략으로서 독자적으로 고찰할 필요가 있으며, 가령 레닌(또는 마오) 같은 사람이 발

---

11 반대로 악에 맞서 인간의 존엄성 내지 인권을 옹호하려는 이러한 비폭력적인 입장에 반대하여 선의 존재론적 우선성에 기반을 둔 윤리학(및 따라서 선에 근거한 폭력의 정당성)을 옹호하려는 알랭 바디우(내지 그와는 다소 다른 관점이기는 하지만 슬라보예 지첵) 같은 입장도 존재할 수 있다. 발리바르는 「폭력과 시민다움」에서 이러한 관점의 문제점을 비판하고 있다. 에티엔 발리바르, 「폭력과 시민다움: 정치적 인간학의 한계에 대하여」, 『폭력과 시민다움』, 150쪽 이하 참조.

12 같은 글, 124쪽.

전시킨 바 있는 맑스주의 전통 내의 시민다움 전략과 대조해 볼 필요성이 있다고 본다.[13]

　이러한 관점들과 달리 발리바르는 폭력의 문제를 정치를 불가능하게 하는 조건들이라는 문제로 다룬다. 이것은 곧 폭력의 문제는 정치라는 일차적인 수준의 활동을 가능하게 하거나 불가능하게 하는 조건과 관련된 이차 수준의 쟁점이라는 것을 의미한다. '이차 수준의 쟁점'이라는 표현이 뜻하는 바는 이렇다. 정치(특히 고전적인 의미에서 해방의 정치)가 가능하기 위해서는 그것을 수행할 수 있는 정치적 주체가 존재해야 한다. 그것이 프롤레타리아든 민중이든 아니면 시민이든 간에, 정치를 수행할 수 있는 주체가 성립하지 않는 한 정치가 작용할 수 있는 가능성은 존재하지 않는다. 그런데 발리바르가 보기에 폭력, 특히 그가 **극단적 폭력**extrême violence이라고 부르는 형태의 폭력은 바로 이러한 **정치적 주체의 가능성을 잠식하고 더 나아가 파괴하는 폭력**이다. 따라서 정치적 주체를 성립 불가능하게 만드는 극단적 폭력의 문제를 다루지 않고 또 그것을 제거하거나 적어도 감축할 수 있는 실천적 해법을 모색하지 않은 가운데 해방의 정치를 주장하거나 새로운 주체 형성의 문제를 제기하는 것은 아무런 효력이 없는 공문구에 그치기 십상이다. **정치적 주체화의 문제**는 (알튀세르가 이론화한 의미에서) 이데올로기의 문제를

---

13 Étienne Balibar, "Lénine et Ghandi", *Violence et civilité* 참조. 또한 간디와 마오의 공통점을 지적하고 있는 Pierre Sauvêtre and Cécile Lavergne, "Pour une phénoménologie de la cruauté: Entretien avec Étienne Balibar", *Tracé. Revue de Sciences humaines*, no.19, 2011도 참조.

경유해야 하는 것은 물론이거니와, 이제 여기서 한 걸음 더 나아가 (극단적) 폭력이라는 훨씬 더 까다로운 문제를 통과하지 않으면 안 된다.

마지막 셋째, 발리바르 폭력론의 또 다른 특징은 반反폭력의 문제를 새로운 민주주의 정치의 발명의 문제와 연결하여 사고한다는 점이다. 사실 폭력과 대항폭력의 이항 대립을 넘어서려는 시도는 발터 벤야민 이후, 또 한나 아렌트[14]나 질 들뢰즈(펠릭스 가타리),[15] 자크 데리다[16] 이

---

14 이런 관점에서 중요한 저작은 「폭력론」이라기보다는 『전체주의의 기원』이다. 어떤 의미에서 발리바르는 『전체주의의 기원』의 관점에서, 「폭력론」 및 『혁명론』, 『인간의 조건』에서 제시된 아렌트의 몇몇 보수적인 테제를 탈-구축하고 있다고 할 수도 있다. 한나 아렌트, 「폭력론」, 『공화국의 위기』, 김선욱 옮김, 한길사, 2011; 『전체주의의 기원』, 이진우·박미애 옮김, 한길사, 2006 참조. 아렌트에 대한 발리바르의 독해로는, 에티엔 발리바르, 『우리, 유럽의 시민들?』, 진태원 옮김, 후마니타스, 2010, 7장; Étienne Balibar, "Arendt, le droit aux droits et la désobéissance civique", *La proposition de l'égaliberté*, Paris: PUF, 2010을 참조.

15 들뢰즈와 가타리의 폭력론은 『신학정치론』 서문에 나오는 스피노자의 유명한 질문에서 출발한다. "실로 군주정 체제의 최고의 비밀, 그 주요 관심사는, 사람들을 기만하고, 그들을 매어 놓아야 할 두려움을 종교라는 허울 좋은 이름 아래 은폐하여, 사람들이 마치 자신들의 구원을 위한 것인 양 자기 자신들의 예속을 위해 싸우게 만들고, 한 사람의 영예를 위해 피를 흘리고 목숨을 바치는 것을 수치가 아니라 최고의 명예인 것처럼 간주하게 만드는 것이다"(Baruch Spinoza, *Tractatus Theologico-Politicus*, Carl Gebhardt ed., *Spinoza Opera*, vol.3, Heidelberg: Carl Winter Verlag, 1925, p.7). 이 질문은 『반(反)오이디푸스』의 화두이자 또한 『천 개의 고원』의 핵심 쟁점이라고 할 수 있다. "왜 사람들은 여러 세기 동안 착취와 모욕, 예속을 감내해 왔으며, 심지어 다른 사람들을 위해서만이 아니라 그들 자신을 위해 착취와 굴종, 예속을 원하는 지경까지 이르게 되었는가? 라이히가 파시즘을 설명하기 위해 대중들의 몰인식이나 미망에 의지하는 것을 거부하고, 욕망에 의한, 욕망의 견지에서 이루어지는 설명을 요구했을 때, 그는 사상가로서 최고의 경지에 도달한다. 아니 대중들은 속지 않았다. 그 순간, 그 상황에서 그들은 파시즘을 욕망했고, 해명될 필요가 있는 것은 군중 욕망의 이러한 도착이다"(질 들뢰즈·펠릭스 가타리, 『안티 오이디푸스』, 김재인 옮김, 민음사, 2014, 64~65쪽. 번역은 약간 수정).

16 데리다, 『법의 힘』 및 자크 데리다, 『마르크스의 유령들』, 진태원 옮김, 수정 2판, 그린비, 2014 참조.

후 현대 폭력론의 공통의 과제라고 할 만하다. 이러한 이양 대립의 극복이 중요한 이유는 현대 정치철학이 역사적 맑스주의의 몰락과 파시즘(또는 '전체주의')의 유령이라는 20세기의 두 가지 정치적 유산을 물려받고 있기 때문이다. 발리바르가 지적하듯이 맑스주의가 "'프롤레타리아' 운동이자 '계급투쟁' 이론이라는 자신들의 토대 위에서 나치즘과 대결하는 데 무력했으며, 나치즘을 분석하고 나치즘이 위력적인 이유들을 이해하는 데 무능력했"[17]기 때문에 이 두 가지의 유산은 어떤 의미에서는 한 가지의 유산이라고 할 수도 있다. 그것은 맑스주의를 포함하는 해방의 정치가 어떻게 그 자신의 관점에서, 그리고 그 자신의 토대 위에서 파시즘을 물리칠 수 있는가라는 문제다.

그런데 이러한 정치적 유산을 (데리다 식으로 표현하면) 상속하는 것은 필연적으로 다수의 형태를 띨 수밖에 없다. 맑스주의가 그 본질적인 한계 때문에 파시즘과의 대결에서 무능력했다는 점을 인정한다 하더라도, 그러한 한계가 어떤 것이었는지에 대해서는 다수의 해석이 존재하기 마련이고, 또한 그러한 한계를 지양하거나 전위轉位시키려는 다수의 실천 전략들이 존재할 수 있기 때문이다. 발리바르의 독창성은, 거의 대다수의 현대 철학자들이 반反국가적인 관점, 더 나아가 반反제도적인 관점을 택하고 있는 데 반해(가령 바디우, 랑시에르, 아감벤, 네그리, 지젝 등),[18] 파시즘과의 대결이라는 문제, 더 나아가 극단적 폭력의 퇴치라는 문제를 시민권 제도의 쇄신 내지 재발명의 문제와 결부하여 사고한다

17 발리바르, 『우리, 유럽의 시민들?』, 188쪽.

는 점이다. 이것은 시민권 제도야말로 폴리테이아politeia, 곧 정치적인 것the political의 본질을 이루며, (정치적) 주체화의 핵심 메커니즘을 구성한다는 발리바르의 깊은 이론적 신념에서 비롯하는 생각이다. 반폭력의 정치가 오늘날 진보 정치의 근본 과제 중 하나를 이룬다면, 그것은 극단적 폭력의 메커니즘이 폴리테이아 또는 시민권 헌정 내부에서 정치적 주체화의 가능성을 잠식하고 있기 때문이며, 역으로 시민권의 재발명이라는 과제가 반폭력의 정치를 위한 조건을 이룬다면, 그것은 시민권의 재발명 없이 정치적 주체화를 사고하고 실천하는 일이 어렵기 때문이다. 이런 의미에서 반폭력의 문제는 발리바르 정치철학의 중핵을 이루는 문제라고 할 수 있다.

2. 극단적 폭력 개념

반폭력의 정치철학의 두 가지 이론적 핵심은 극단적 폭력과 시민다움 개념이라고 할 수 있다. 발리바르가 말하는 극단적 폭력은 몇 가지 개념적 특징을 지니고 있다.

18 현대 정치철학에서 반국가적 관점 및 메시아주의적 관점에 대한 비판적 토론으로는 Mitchell Dean and Kaspar Villadsen, *State Phobia and Civil Society: The Political Legacy of Michel Foucault*, Stanford, CA: Stanford University Press, 2016 참조. 국내의 논의로는 진태원, 「푸코와 민주주의: 바깥의 정치, 신자유주의, 대항품행」, 『철학논집』 29집, 2012; 「좌파 메시아주의라는 이름의 욕망: 알랭 바디우, 슬라보이 지제크, 조르조 아감벤의 국내 수용에 대하여」, 『황해문화』 82호, 2014를 각각 참조. 마지막 두 글은 『을의 민주주의』 후속 권에 수록될 예정이다.

1) 정치를 불가능하게 하는 폭력

극단적 폭력은 우선 **정치의 불가능성**이라는 관념과 연결되어 있다. 이 경우 정치는 "개인들과 그들이 일부를 이루는 공동체 사이의 상호관계를 설립하는 근본적인 양식, 즉 개인들을 집단화하고 역사적 집합체의 성원들을 개인화하는 (물질적이자 상징적인) 양식"으로 규정된다.[19] 이처럼 넓게 정의된 정치에는 맑스주의적인 혁명적 정치만이 아니라 자유주의적인 정치까지 포함된다.

앞서 말했듯이 발리바르에게 폭력의 문제는 일차적으로 맑스주의적인 정치, 곧 혁명의 가능성과 불가능성의 문제와 관련되어 있다. 이 문제와 관련하여 발리바르는 「게발트」에서 극단적 폭력의 문제를 다루는 맑스의 두 가지 방식 사이의 긴장을 강조한다. 한편으로 맑스는 극단적 폭력을 "'자연화'하려는 것은 아닐지 몰라도 원인과 결과의 연쇄 속으로 '통합'"[20]하려고 시도한다. 이 경우 극단적 폭력은 일차적으로 자본주의적인 생산양식이 지닌 **허무주의적인** 차원을 지칭하게 된다. 곧 맑스는 자본주의는 이전의 생산양식과 달리 "그 자체의 논리에 의해 자신들을 살 수 있게 해주는 사람들[프롤레타리아트]의 삶과 재생산 조건을 파괴하고, 그리하여 부르주아지 자신들의 존재 조건을 파괴하게 된다"[21]고 간주한다. 이는 특히 『자본』 1권의 노동일에 관한 분석이나 기

19 발리바르, 「폭력과 시민다움」, 101쪽.
20 발리바르, 「게발트」, 37쪽.
21 같은 글, 42쪽.

계와 대공업에 관한 분석에서 잘 드러나듯이 자본주의적인 착취가 경향적인 과잉 착취와 분리될 수 없다는 점과 관련되어 있으며, 이로부터 맑스는 "자본주의적 생산은 모든 부의 살아 있는 원천, 곧 대지와 노동자를 파괴함으로써만 사회적 생산과정의 기술과 결합을 발전시킨다"라는 결론을 이끌어 낸다.[22] 그리고 자본주의적 생산양식에 고유한 이러한 극단적 폭력의 경향 때문에 프롤레타리아 혁명의 필연성이 정당화된다. 그렇다면 맑스는 극단적 폭력의 문제를 적대적인 두 계급 사이의 계급투쟁의 변증법을 규정하는 본질적인 한 계기로 간주하는 셈이다.

하지만 다른 한편으로 맑스는 극단적 폭력에서 "**정치의 실재**le réel de la politique라고 불릴 수 있는 것, 즉 정치에 비극적 성격을 부여하는 예견 불가능한 것 내지 계산 불가능한 것"[23]을 발견하려고 시도한다. '정치의 실재'라는 라캉적인 정식화가 시사하는 것은 자본주의적인 극단적 폭력에 대하여 그 적대자들이 맞세우는 혁명적 폭력이 과연 극단적 폭력을 종식시킬 수 있는가라는 질문에 대해 맑스가 다분히 회의적인 견해를 지니고 있었다는 점이다. 한편으로 노동자계급의 투쟁에 압력을 받아 국가가 자본에 대하여 개혁을 강제하는 길이 있을 수 있다. 또한 시초 축적이 산출하는 과잉 착취와 극단적 폭력의 효과를 '주변부'로 수출할 수 있는 가능성도 존재한다. 이는 프롤레타리아 혁명의 불가피성이라는 생각에 전제되어 있는 자본주의적 착취의 극단화 경향이

---

22 칼 마르크스, 『자본 1-1』, 강신준 옮김, 도서출판 길, 2008, 674쪽. 발리바르, 「게발트」, 44쪽에서 재인용.
23 발리바르, 「'게발트'」, 37쪽.

다른 수단들을 통해 완화되거나 우회될 수 있는 가능성을 열어 놓는다.

그러나 더 결정적인 것은 과연 혁명의 주체로서 프롤레타리아를 구성하는 것이 가능하겠는가라는 의문이다. 맑스 자신이 『루이 보나파르트의 브뤼메르 18일』에서 보여 주었듯이 루이 보나파르트의 집권을 가능하게 한 것은 다름이 아니라 룸펜프롤레타리아의 지지였다. 자본주의에 고유한 궁핍화 과정의 산물인 프롤레타리아 또는 적어도 그 중 일부는 이러한 궁핍화 과정 및 착취에 맞서 조직적으로 저항하기보다는 자본과 그 대표자들의 지지자로 변모한 것이다. 또한 이후의 맑스주의 이론가들은 문화산업론(프랑크푸르트 학파), 이데올로기론(알튀세르), 통제 사회론(들뢰즈) 등을 통해 자본주의 사회에서 자발적 예속의 효과를 낳는 예속적 주체화 작용에 대한 분석을 제시하게 된다. 그렇다면 "노동자계급의 주체화, 곧 노동자계급의 혁명적 프롤레타리아로의 전화는 무한정하게 멀어지는 지평으로, 그럴 법하지 않은 반경향으로, 심지어 역사의 진행 과정에 대한 기적적인 예외로 나타"[24]나게 된다고 말한다고 해서 이상할 것이 없다. 더욱이 '게발트'라는 것이 마음대로 활용 가능한 도구인가라는 질문도 제기된다. 이 문제는 혁명적 계급의 조직화라는 문제와 결부되어 있다. 노동자계급을 혁명적 주체로 전화시키기 위해서는 조직화가 필수적이고 조직화를 위해서는 노동자 조직, 특히 노동자 정당이 불가결하지만, 이러한 정당이 어떻게 부르주아 국가 장치의 일부가 아닐 수 있는가, 또는 국가 장치의 전도된 거울

24 같은 글, 56쪽.

이미지에서 어떻게 벗어날 수 있는가는 매우 어려운 문제다. 그리고 실로 19세기 말 노동자계급 정당이 등장한 이래, 또한 러시아혁명을 통해 프롤레타리아가 지배계급으로 구성된 이래, 맑스주의의 역사를 지속적으로 괴롭히고 결국 붕괴에 이르게 만든 요인 중 하나가 바로 이 문제가 아니었는지 생각해 볼 수 있다.[25]

자유주의 정치의 경우 극단적 폭력이 정치를 불가능하게 만드는 문제는, 일차적으로는 자유주의 국가의 이중적인 본성에서 생겨나는 문제다. 곧 자유주의 국가는 한편으로 근대 민주주의의 보편주의적 측면을 구현하는 국가로, 보편적 인권과 시민권을 제도화하고 성원들의 사회적 권리를 보장하려는 경향을 지니고 있지만, 다른 한편으로 자유주의 국가는 부르주아의 계급적 이익을 위해 봉사하는 국가이며, 이러한 이익을 위해 언제든지 치안 기계로 전화될 수 있는 경향을 지니고 있다.

이러한 국가는 법치국가이지만 또한 치안 국가이기도 하다. 개인들과 집단들을 '시민들의 공동체'로 통합하는 국가이지만 또한 반항자, 비정상인, 일탈자 및 이방인들을 배제하는 국가이기도 하다. '사회'국가

---

25 1970년대 말에서 1980년대 초에 발리바르 연구의 중심 주제를 이루었던 것이 바로 이 문제들이다. 이 주제에 관한 발리바르의 탐구는 특히 다음 연구에 집약되어 있다. Étienne Balibar, "La vacillation de l'idéologie dans le marxisme", *La crainte des masses*, Paris: Galilée, 1997; 이 글은 다음과 같은 제목으로 국역되어 있는데, 번역에 다소 문제가 있다. 에티엔 발리바르, 「맑스주의에서 이데올로기의 동요」, 『대중들의 공포』, 서관모·최원 옮김, 도서출판b, 2007 참조. 이 시기 발리바르 이데올로기론에 관한 논의는 서관모, 「알튀세르에게서 발리바르에게로: 이데올로기의 문제 설정과 정치의 개조」, 진태원 엮음, 『알튀세르 효과』, 그린비, 2011을 참조.

이지만 또한 자본주의 시장 및 그 분군이 인구 법칙과 유기적으로 실합된 계급국가이기도 하다. 민주주의적이고 문명화된 국가이지만 또한 무력 국가이자 식민주의적·제국주의적 국가이기도 하다. 잠재적이지만 때로는 공개적인 방식으로 극단주의는 단지 주변에 위치한 것이 아니라 또한 **중심**에 위치해 있다.[26]

더 나아가 이는 근대 민주주의 정치체에 고유한 배제라는 문제와도 결부되어 있다. 이는 근대 민주주의의 병리성이나 이런저런 특수성에서 비롯하는 것이 아니라 그 보편주의와 결부되어 있기 때문에 더욱더 해결하기 어려운 문제다. 다시 말하면 근대 민주주의는 그것의 고유한 **보편주의적 원칙으로** 인해 이전의 정체에서 찾아보기 어려운 근본적인 배제를 산출한다. 이는 외연적 보편주의와 내포적 보편주의의 두 측면에서 살펴볼 수 있다.[27] 외연적 보편주의의 측면에서 보면 근대 민주주의 정치체는 단순히 약탈이나 경제적 이익이 아니라 선교나 문명화의 관점에서 식민화를 추구했지만, 식민지의 비유럽적인 인민들은 같은 국민들로 포섭되었음에도 본국의 시민들과 동일한 시민의 지위를

---

26 Étienne Balibar, "Le Hobbes de Schmitt, le Schmitt de Hobbes", *Violence et civilité*, p.328.
27 이 점에 관한 좀 더 자세한 논의는 발리바르, 『우리, 유럽의 시민들?』, 4장; Balibar, "Arendt, le droit aux droits et la désobéissance civique" 참조. 또한 이에 관한 평주로는 진태원, 「어떤 상상의 공동체? 민족, 국민 그리고 그 너머」, 『역사비평』 96호, 2011과 이 책 5장 「무정부주의적 시민성?: 아렌트, 랑시에르, 발리바르」를 각각 참조. 전자의 글은 『을의 민주주의』 후속 권에 수록될 예정이다.

누리지 못했다. 따라서 동일한 정치체 내에 법적으로 동등한 시민이기는 하되 또한 불평등한 시민들이 존재한다는 점이 바로 외연적 보편주의가 산출하는 배제의 양상이다. 하지만 좀 더 심각한 것은 내포적 보편주의의 측면인데, 발리바르가 말하는 내포적 보편주의는 「인권선언」에서 구현된 것처럼, 모든 사람들이 평등하고 자유롭다는 것, 곧 평등=자유라는 명제를 가리키며, 또한 그것과 내재적으로 연결된 인간=시민 명제, 곧 인간은 무매개적으로 시민이라는 명제를 가리킨다.[28] 문제는 근대 민주주의를 정초하는 가장 기본적인 원칙인 평등자유 명제에 따라 모든 사람은 그가 사람인 한에서 평등과 자유를 누릴 수 있으며 시민으로 존재할 수 있는 권리를 갖고 있다는 점이 성립한다고 해도 다른 한편으로 이러한 원리가 근대 국민국가 체제에서는 그가 시민으로 존재하는 한에서만, 곧 특정한 정치체에 속하는 특정한 국민적 시민으로 존재하는 한에서만 실효성을 얻게 된다는 점이다. 그런데 이렇게 되면 한나 아렌트가 『전체주의의 기원』에서 보여 준 바 있듯이 "모든 인간은 **그가 어떤 국가의 국적을 갖고 있지 않는 한에서는, 곧 그가 이러저러한 국민이 아니고, 따라서 시민으로서의 권리들을 누리지 못하는 한에서는 실제로는(잠재적으로는) 인간성을 박탈당하게 되는 것이다**".[29] 이것은 근대 보편적 민주주의에 고유한 배제 형식이며, 「인권선언」 또는 그 핵심으로서의 평등자유 명제의 아포리아를 구성하는 것이다.

---

28 이 문제에 관해서는 진태원, 「랑시에르와 발리바르: 어떤 민주주의?」, 『실천문학』 110호, 2013 참조.
29 진태원, 「어떤 상상의 공동체?」, 188쪽.

한편으로 「인권선언」은 아주 근본적으로 평등주의적인 것이이서 모든 특수한 차별받는 사람들 또는 배제된 사람들(프롤레타리아, 식민지인, 여성, 오늘날의 이주민)이 기성 질서에 맞서 투쟁할 때 이를 원용할 수 있습니다. 하지만 다른 한편으로 근대 역사에서 바로 이러한 「인권선언」의 기치 아래 이 배제들이 유지되어 왔고 또 강화되어 왔다는 사실을 확인하지 않을 수 없습니다. 우리의 평등자유의 사회에 선행했던 어떠한 신분 또는 위계 사회에서도 우리 사회에서와 같은 절대적인 배제 형식을 찾아볼 수 없습니다. 아마도 이는 다음과 같은 이유 때문일 것입니다. 곧 사회가 위계화되어 있고 '불평등한 자유'의 원리에 따라 기능할 때에는 정치 참여 또는 기본권이 부재한 사람들을 굳이 인간 종에서 배제할 필요가 없으며, 또는 그들을 열등한 인간들로 전환시킬 필요도 없을 것이기 때문입니다.[30]

극단적 폭력이 근대 민주주의 또는 근대 문명 바깥의 어떤 특정한 예외적 상황에 위치해 있는 것이 아니라 실로 **근대 민주주의 문명의 중심에 놓여 있다**고 보는 이러한 생각은 벌거벗은 생명 및 주권적 폭력에 관한 아감벤의 관념과 얼마간 공명하면서도 또한 그러한 관념과 뚜렷한 대조를 보이는데, 이 점에 관해서는 뒤에서 좀 더 부연하겠다.

---

30 Étienne Balibar, "Entretien avec Étienne Balibar", interview by Philippe Mangeot, Sophie Wahnich and Pierre Zaoui, *Vacarme*, no.51, 2010, p.12.

2) 주체의 가능성을 잠식하는 폭력

극단적 폭력이 정치를 불가능하게 하는 폭력이라면, 이는 이러한 폭력이 주체성의 가능성을 잠식하거나 와해시키는 폭력이기 때문이다. 발리바르는 이를 저항의 문제와 관련시키고 있다. 그런데 그가 말하는 저항이란 기성 질서에 반대하고 불의에 맞서 정의를 옹호하는 부정적인 또는 소극적인 의미의 저항을 넘어 "능동적 주체성과 집합적 연대가 형성되는 '장소'라는 적극적 의미의 저항"[31]을 가리킨다. 그는 이러한 의미의 저항에 대한 철학적 정식화를 스피노자에게서 찾는다. 이는 생존해 있는 모든 개인에게 포함되어 있는 "억압 불가능한 최소"라는 생각, 곧 개인성 자체는 근본적으로 관개체적transindividual 성격을 지니고 있다는 생각에 기반을 두고 있다. 다시 말하면 스피노자에게 "폭력에 저항할 수 있는 개인들의 능력을 이루는 것, 단적으로 말하면 개인의 '존재'를 구성하는 것은 개인이 항상 이미 다른 개인들(이들은 "개인 자신의 일부를 이루고" 있으며, 개인 자신 역시 다른 개인들이라는 존재의 "일부를 이룬다")과 맺고 있는 관계의 총화"[32]인 것이다.

그런데 이러한 극단적 폭력은 한 가지 방식으로만 실행되지 않는다. 발리바르는 특히 극단적 폭력의 두 가지 형태를 제시한다. 우선 그가 초객체적 폭력ultra-objective이라고 부르는 것이 존재하는데, 이는

---

31 발리바르, 「폭력과 시민다움」, 118쪽.
32 같은 글, 119쪽.

"인간 존재자들을 상품이 세계 속에서 마음대로 제기될 수 있고 도구화될 수 있는 사물의 지위로 환원"하는 폭력이며,[33] "극단적인 빈곤과 기근 및 기타의 소위 '자연적' 재앙들(전염병, 가뭄, 홍수나 지진 같은 재난 시 사회적 보호망의 부재 등. 지역에 따라서 아주 불균등하게 인명 피해 효과를 낳는 이런 현상들에는 그 명칭 말고는 '자연적인' 것이 전혀 없습니다)"을 통해 표출되는 폭력이다.[34] 또한 그가 초주체적ultra-subjective 폭력이라고 부르는 것도 존재하는데, 이는 "'악'의 세력을 일소한다는 기획의 집행자, 즉 주권적 권력의 광기에 개인과 공동체를 제물로 바"치는 폭력이다.[35] 이는 1990년대 유고슬라비아 내전이나 아프리카 내전 등을 통해 격렬한 형태로 표출된 바 있는 **증오의 이상화**를 낳는 폭력이다. 발리바르가 말하는 증오의 이상화는 자기 내부에 있는 타자성과 이질성의 모든 흔적을 제거함으로써 동일성을 순수하게 구현하려는, 심지어 자기 자신을 파괴하면서도 그것을 구현하려고 하는 맹목적이고 (구체적인 개인들 및 집단들의 의지를 넘어선다는 의미에서) **초주체적인 의지 작용**이다. 평범한 보통 사람들, 정상적인 개인 주체들로 하여금 민족이라는 이름 아래, 종교라는 이름 아래 어제까지 같이 살던 이웃에게 총부리를 겨누거나 심지어 성폭력을 통해 다른 민족 내부에 자신들의 씨앗을 남기려는 끔찍한 잔혹성을 실행하게 만드는 극단적인 폭력의 힘, 그것이 바로 발리바르가 말하는 초주체적 폭력이다.

---

33 같은 글, 129쪽.
34 발리바르, 『우리, 유럽의 시민들?』, 244쪽.
35 발리바르, 「폭력과 시민다움」, 129쪽.

이 두 가지 형태의 폭력은 인간 주체를 상품이나 사물 또는 '일회용 인간'으로 환원하거나 아니면 무의식적인 충동의 차원에서 작동하는 어떤 초주체의 의지를 집행하는 단순한 대행자(또는 자발적 예속의 주체)로 환원함으로써, 힙리적인 정치적 행위의 가능성을 잠식하는 것이다. 하지만 이 두 가지 극단적 폭력의 형태가 서로 구별되기는 하지만 분리되어 있는 것은 아니라는 점을 유념하는 것이 중요하다. 초주체적 폭력과 초객체적 폭력은 다른 여러 폭력들과 함께 하나의 체계를 형성하고 있다.[36]

3) 전환 불가능한 폭력

또한 극단적 폭력은 전환 불가능한inconversible 폭력이라는 특징을 지닌다. 폭력의 전환이나 전환 가능성이라는 관념은 근대 정치 문명에 고유한 관점으로, 발리바르는 헤겔의 역사철학에서 이러한 관념이 가장 뚜렷하게 제시되어 있다고 간주한다. 발리바르가 전환conversion이라고 부르는 것은 "폭력이 (역사적으로) 생산적인 힘으로 전화되는 것, 파괴력으로서의 폭력의 소멸과 제도들의 내적인 에너지 내지 역량으로서의 재창조를 의미"한다.[37] 헤겔에게서 폭력의 생산력으로의 전환은 역

---

36 이를 가장 절절하게 보여 주는 것 중 하나가 발리바르가 인용하는 피에르 드 세나르클랭이라는 인도주의 활동가의 아프리카 상황에 대한 보고문이다. 발리바르, 『우리, 유럽의 시민들?』, 249쪽 참조.

37 Étienne Balibar, "Une violence 'inconvertible'? Essai de topique", *Violence et civilité*, p.61.

사에서의 이성, 따라서 역사적 목지론이 핵심을 이루고 있다. 하지만 주의할 점은 역사적 목적론을 단순히 비난하거나 처음부터 기각하는 것이 아니라 그것이 무엇인지 정확히 이해하는 일이다.

발리바르에 따르면 헤겔의 역사적 목적론의 핵심은 "우연의 제거로서의 역사"[38]라는 관념이다. 역사를 우연의 제거로 이해하는 것은 사실은 고대적인 섭리론이나 운명론과 대립하는 근대적인 합리성의 한 표현이다. 왜냐하면 정확한 의미에서의 섭리나 운명이란 자연적인 필연성에 거스르거나 그것을 파열하면서 실현되는 외재적인 또는 초월적인 힘을 뜻하기 때문이다. 반면 헤겔 식의 역사적 목적론은 **역사 과정에 내재적인 필연성**을 뜻한다. 곧 겉보기에는 비합리적이거나 우연적인 것으로 보이는 여러 가지 작용이나 힘들이 사실은 어떤 내재적인 경향이나 목적의 실현 방식이었음을 보여 주려는 것이 헤겔의 역사철학이다. 그런데 헤겔에게 중요한 것은 이러한 경향이나 목적 또는 역사의 의미가 이미 시초부터 존재하고 있었다고 전제하거나 아니면 먼 장래에 이러한 목적이나 의미가 반드시 실현될 것이라고 예견하는 것이 아니다. 오히려 문제는 역사에 내재하는 목적들은 "그것들을 실현하는 데 필요한 수단들(인간, 힘, 의지, 제도)과 동일한 '현재' 내부에서 생산된다는 것"이다.[39] 다시 말하면, 역사 과정의 시초에는 역사적 필연성 내지 목적과 부합하지 않는 수많은 우연들로 가득 차 있지만, 인간의 노력이나

38 Ibid., p.73.
39 Ibid., p.74.

의지 또는 정치적 제도 등과 같은 수단들을 통해 이러한 우연성을 제거하고 역사의 목적과 부합하는 방향으로 역사가 진행되게 하는 것이 바로 우연의 제거로서의 역사가 뜻하는 바이다. 헤겔은 프랑스혁명 이후 법치국가(또는 인륜적 국가)의 구성을 통해 결국 인류가 우연의 전면적인 제거에, 곧 역사적 목적의 실현에 이를 수 있다고 보았다.

발리바르가 폭력의 전환 불가능성에 대해 말한다면, 그것은 이러한 헤겔 식의 역사적 목적론이 더 이상 유지 불가능하게 되었기 때문이다. 문제는 우리가 더 이상, 과거나 현재에 산출되었고 또한 산출되고 있는 수많은 폭력, 특히 극단적 형태를 띠는 폭력들이 **역사적 진보를 위한 불가피한 수단**이라는 생각이나, 무의미한 폭력은 존재하지 않으며 어쨌든 적어도 그러한 폭력들은 궁극적으로 역사의 진보의 밑거름이 될 수 있다는 생각을 신뢰할 수 없게 되었다는 점이다. 발터 벤야민이 「역사의 개념에 대하여」 아홉 번째 테제에서 "잔해 위에 또 잔해를 쉼 없이 쌓이게 하고 또 이 잔해를 우리들 발 앞에 내팽개치는 단 하나의 파국"으로 역사를 묘사하면서도,[40] "과거의 사람들과 우리 사이에 존재하는 비밀스러운 합의 [……] 약한 메시아적 힘"에 대해 말할 때,[41] 벤야민은 이러한 불가능성을 표현하면서 동시에 그것이 함축하는 실천적 결과를 극복할 수 있는 인식론적 수단을 (절망적으로) 찾고 있었다고 말할 수 있다.

---

40 발터 벤야민, 「역사의 개념에 대하여」, 『역사의 개념에 대하여·폭력비판을 위하여·초현실주의 외』, 최성만 옮김, 도서출판 길, 2008, 339쪽.
41 같은 글, 336쪽.

4) 합리성을 교란하는 폭력

따라서 극단적 폭력의 전환 불가능성이라는 관념에 깔려 있는 생각은 합리성 자체 내부에 환원할 수 없는 비합리성의 잔여가 존재한다는 점, 또는 좀 더 정확히 말하면 "인간화의 형식과 제도 자체에 인간에 의한 (곧 사회·문화에 의한) 인간적인 것의 생산과 인간에 의한 인간적인 것의 파괴가 공존한다는 점, 극한적으로는 서로 식별하기가 불가능하다는 점"이다.[42] 이로부터 **극단적 폭력의 현상학**이라는 생각이 나온다. 발리바르는 폭력의 현상학에서 극단적 폭력의 세 가지 측면을 강조한다. 첫 번째는 인간에게 고유한 저항 가능성이 소멸되고 인간이 사물화되는 현상이다. 그는 『일리아스』에 대한 시몬 베유의 주석에 의거하여 이를 설명한다. 베유에 따르면 극단적 폭력은

> 죽이지 않는 힘, 곧 아직은 죽이지 않는 힘 [……] 여전히 살아 있는 사람을 사물로 만드는 권력[이다]. [……] 죽지도 않는 가운데 생애 내내 사물이 되어 버리는 가장 불운한 존재들도 있다. 그들의 나날에는 어떤 놀이도 존재하지 않는다. 그들 자신의 내면에서 생겨나는 것을 위한 어떤 여지도, 어떤 빈 공간도 존재하지 않는다. 그들은 다른 이들보다 더 힘들게 살아가는 사람도, 다른 이들보다 사회적으로 더 아래쪽에서 살아가는 사람도 아니다. 그들은 다른 종류의 인간, 인간과 시체

---

42 발리바르, 「폭력과 시민다움」, 130쪽.

의 타협물이다. [······] 죽음이 끝장내기 이전에 이미 얼어붙게 만드는 그런 삶인 것이다.[43]

이처럼 살아 있는 사람을 사물처럼 만드는 폭력의 기저에 존재하는 두 번째 측면은 **죽음보다 더 나쁜 것으로서의 삶**이라는 측면이다. 이 것은 고문을 당하는 사람이 차라리 죽게 해달라고 간청하는 경우에서 대표적으로 나타나지만, 발리바르가 세네갈 출신의 철학자 아쉴 음벰베를 원용하여 지적하듯이 식민지나 포스트식민지에서 끝없이 계속되는 폭력의 상황에서 존속하는 삶의 경우에도 찾아볼 수 있다.

극단적 폭력의 현상학의 세 번째 측면은 목적합리성, 효용성을 초과하는 것으로서의 폭력이라는 측면이다. 아렌트가 『전체주의의 기원』에서 보여 준 것처럼 이는 아무런 사회적 효용성도 없고 경제적 합리성의 측면에서 본다면 무익한 낭비에 불과함에도 대대적인 비용을 들여서 유대인 대학살을 모의하고 실행하는 경우가 대표적이거니와, 합리적인 효용과 무관하게 심지어 자기 손해나 자기 파괴를 무릅쓰면서 감행되는 폭력이 나타나는 곳에서는 어디에서든 바로 극단적 폭력의 이 세 번째 측면을 찾아볼 수 있다. 여기에서 중요한 것은 "극단적 폭력이 자양분으로 삼고 재생산하는 **전능함의 환상**과, 극단적 폭력이 그 **희생자들을 무기력으로 환원하는 것**(극단적 폭력의 내재적 '목표'가 바로 이것이다) 사이에 상호 연관성이 존재"[44]한다는 점이다. 이것이 중요한 이유

---

43 발리바르, 「폭력과 시민다움」, 105쪽.

는 이러한 상호 연관성에는 "폭력의 대상을 이루는 희생자들이 폭력에 감염되는 차원"[45]이 함축되어 있기 때문이다. 이러한 차원은 우리 시대에 자살 폭탄 테러와 그것이 불러일으키는 공포감을 통해 대표적으로 나타나듯이, 제국주의적 폭력과 그에 맞선 절망적인 대항폭력 사이의 악순환과 관련되어 있으며, 또한 프리모 레비가 회고록에서 묘사한 바 있고 지그문트 바우만이나 조르조 아감벤이 나치즘에 관한 자신들의 분석에서 각자 분석한 바 있는, 도살자와 희생자 사이의 구별 불가능성이라는 문제 또는 희생자 자신을 도구로 삼아(이른바 '특수부대') 희생자를 도살하는 잔혹한 폭력의 문제와도 관련되어 있다.

따라서 극단적 폭력이 합리성을 초과하는 폭력이라면, 이는 극단적 폭력에 의해 개인의 삶과 인간의 문명을 지탱하는 가장 기본적인 삶의 규범들이 애매해지거나 식별 불가능해진다는 사실과 관련되어 있으며, 역사적 진보는 고사하고 목적합리성과도 무관한, 따라서 경제적 효용이나 이해관계와 상관없이 자행되는 폭력들이 존재한다는 사실과 연결되어 있다. 이는 극단적 폭력이 의식의 차원을 넘어서는 **무의식**의 **차원**, 특히 **환상**의 차원과 긴밀하게 연결되어 있다는 것을 짐작하게 해준다.[46]

44 같은 글, 112쪽.
45 같은 글, 112쪽.
46 이 때문에 극단적 폭력에 대한 분석에서는 정신분석(여기에는 자크 라캉과 앙드레 그린 같은 정신분석가만이 아니라 조르주 바타유, 질 들뢰즈·펠릭스 가타리, 자크 데리다같이 정신분석에 관한 탐구를 수행하는 철학자·이론가들의 작업도 포함된다)에 대한 준거가 본질적이다. 이 점에 대해서는 Étienne Balibar, "Violence: idéalité et cruauté", *La crainte des masses*[「폭력: 이상성과 잔혹」, 『대중들의 공포』]; "Une violence 'inconvertible'? Essai de topique" 참조.

물론 이때의 환상은 순전히 심리학적인 의미의 환상, 곧 주관적인(또는 더 정확히 말하면 개인적인) 망상이나 공상을 뜻하는 것이 아니라, "제도적이고 관개체적인"[47] 환상을 가리킨다. 그리고 여기에서 극단적 폭력이 합리성을 초과한다는 것이 함축하는 또 다른 의미가 드러난다. 그것은 극단적 폭력은 그 **인과관계를 분석하기가 어려운 폭력**이라는 점이다. 우리가 어떤 사태의 인과관계를 분석하기 위해서는 우선 사태의 원인이 정확히 식별될 수 있어야 하는데, 극단적 폭력의 특징은 "관찰 가능하지만 그 원인(대개 중요하고 궁극적인 원인)은 '부재하는' 효과들의 구조"라는 점이다.[48] 이 때문에 발리바르는 극단적 폭력에 대한 구조적 분석이나 인과적 설명 대신에 일종의 현상학적 기술을 제안하고 있다.[49]

3. 시민다움의 전략

시민다움에 관해서는 간략하게 몇 가지 핵심적인 윤곽만 제시해 보겠다.[50] 발리바르는 극단적 폭력을 중심으로 한 폭력에 맞서는 정치, 곧 반反폭력의 정치를 시민다움의 정치라고 부르고 있다. 이러한 반폭력의 정치는, 잘 알려져 있다시피 고전적인 부르주아 정치 또는 근대 민주주

---

47 Sauvêtre and Lavergne, "Pour une phénoménologie de la cruauté", p.227.
48 발리바르, 「폭력과 시민다움」, 129쪽.
49 하지만 이러한 폭력의 현상학이 인과관계에 대한 분석을 배제하는 것은 아니다. 다만 그것이 실증적인 차원에서 완결된 방식으로 이루어질 수 없다는 점을 가리킨다.
50 시민다움의 전략에 관한 더 자세한 논의는 이 책 7장 「정치적 주체화란 무엇인가?: 푸코, 랑시에르, 발리바르」를 참조하라.

의 정치로서의 해방의 정치와 맑스주의적인(또는 푸코적인) 변혁의 정치와 구별되는 독자적인 정치를 이루고 있다.[51] 곧 해방의 정치 또는 정치의 자율성은 「인권선언」을 비롯한 고전적인 시민혁명 내지 부르주아혁명을 정초하는 문헌들에서 잘 나타나듯이 인간 집단(인민이나 국민, 국가 또는 인류 등과 같은)이 이제는 어떠한 자연적이거나 초월적인 권위에 복종하지 않고 자기 자신의 권위 및 역량에 기초하여 자기 자신을 통치한다는 정치의 권리 선언에 준거한다는 사실을 가리킨다. 그리고 변혁의 정치 또는 정치의 타율성은 정치를 규정하는 (물질적·상징적) 조건들, 특히 지배 구조 및 권력관계들의 변혁을 중심적인 대상으로 삼는 정치를 의미한다(발리바르는 맑스와 푸코를 변혁의 정치의 대표자로 제시한다). 반면 시민다움의 정치는 "행위자들 사이의 인정과 소통, 갈등의 조절을 가로막는 극단적 폭력의 형태들을 감소시킴으로써 정치적 활동(그 실행의 '시간'과 '공간')의 가능성의 조건들 자체를 생산하는 것"을 목표로 삼는다.[52]

시민다움의 정치에 관해서 발리바르는 세 가지의 전략을 구별한다. 우선 헤겔의 지틀리히카이트Sittlichkeit 개념을 통해 고전적으로 표현된 바 있는 헤게모니의 전략이 존재한다. 발리바르가 이를 그람시의 용어법을 빌려 **헤게모니의 전략**이라고 부른 이유는, 헤겔의 지틀리

---

51 Étienne Balibar, "Trois concepts de la politique: Émancipation, transformation, civilité", *La crainte des masses*[「정치의 세 개념: 해방, 변혁, 시민 인륜」, 『대중들의 공포』] 참조.
52 발리바르, 『우리, 유럽의 시민들?』, 229쪽.

히카이트 개념이 표현하는 것이 의고적 민족주의나 심지어 유기체론적인 전체주의가 아니라 하버마스가 제안한 바 있는 헌법애국주의 Verfassungspatriotismus와 유사한 것이라고 간주하기 때문이다. 곧 지틀리히카이트를 구현하는 헤겔 식의 국가는 '시민들의 공동체'로 간주된 근대적인 국민국가다. 이러한 의미로 이해된 국민국가는 가족 및 친족과 같은 일차적 공동체에 대한 속박에서 개인들을 해방시켜 국가 자신이 조직하는 이차적 공동체(법, 공공성과 관련된)로 통합하는 것을 목표로 삼고 있다. 또는 법치국가의 헤게모니 아래 근대적 다원성을 구성하는 것을 목표로 삼는다고 할 수 있다.

따라서 발리바르가 재구성하는 헤겔의 정치철학은 오늘날 많은 헤겔 연구자들의 관점과 더 부합하는 것이라고 할 수 있지만,[53] 그럼에도 발리바르는 헤겔 식의 헤게모니 전략은 여러 가지 난점을 포함하고 있다고 본다. 가령 헤겔은 일차적 동일성에서 개인을 분리시켜 이차적 동일성을 부여하는 것이 **해방의 과정**이면서 동시에 **폭력적인 과정**(푸코적인 의미에서 규율적 폭력이면서 부르디외적인 의미에서 상징적 폭력인)이라는 점을 제대로 인지하지 못하고 있으며, 또한 근대적인 헌정국가

---

53 가령 Ludwig Siep, "Intersubjektivität, Recht und Staat in Hegels Grundlinien der Philosophie des Rechts", Dieter Henrich and Rolf-Peter Horstmann eds., *Hegels Philosophie des Rechts: Die Theorie der Rechtsformen und ihre Logik*, Stuttgart: Klett-Cotta, 1982; Jean-François Kervegan, "L'état de droit: la société civile", *L'effectif et le rationnel: Hegel et l'esprit objectif*, Paris: Vrin, 2008; Robert Pippin, *Hegel's Practical Philosophy*, Cambridge: Cambridge University Press, 2008, ch.7~8; 김준수, 「헤겔 법철학에서 법과 인륜성」, 『범한철학』 65집, 2012를 각각 참조.

는 동시에 허구적 민족성에 기반을 둔 국민적인 국가, 따라서 본래적인 배제와 차별을 함축하는 국가라는 점 역시 간과하고 있다. 아울러 헤겔식의 시민다움 개념은 공과 사의 구별에 관한 지나치게 규범적인 관점, 곧 사적 영역에 대하여 정상성을 강제하는 관점에 입각해 있다는 점 역시 중요한 한계로 지적될 수 있다.

이 때문에 발리바르는 두 개의 상이한 전략이 필요하다고 보는데, 그는 이것을 각각 **다수자 전략**과 **소수자 전략**이라고 명명한다.[54] 그중 소수자 전략의 핵심은 다수자 운동, 곧 대중운동에 고유한 미시파시즘적인 욕망을 어떻게 넘어설 수 있는가 하는 문제의식이며, 잘 알려져 있다시피 '소수 되기'라는 개념 역시 그러한 전략의 핵심을 이룬다.[55] 문제는 소수자들minorities(이들은 어원이 말해 주듯이 또한 약소자들이면서 정치적·사회적 미성년자들이기도 하다)의 확산(이것을 시사적인 용어법에 입각하여 **을Z들의 확산**이라고 표현할 수 있을 것이다[56])으로 특징지어지는 신자유주의적 세계화의 시대에 탈정체화의 작용을 특권화하는 소수 되기의 개념만으로는 정체성에 기반을 두지 않는 연대와 결합의 과정, 또는 그들의 용어법대로 하면 **이접적 종합**의 과정을 사고하기가

---

54 이에 대해서는 7장 「정치적 주체화란 무엇인가?: 푸코, 랑시에르, 발리바르」, 303~312 쪽을 참조.

55 아래로부터의 시민다움의 전략이라는 발리바르의 문제 설정에 입각하여 한국 현대 문학사를 재구성하려는 매우 독창적이고 흥미로운 시도로는 김익균, 「독서 대중과 '시민다움의 정치' 형성의 한 계기가 된 릴케 현상」, 『정신문화연구』 148호, 2017 참조.

56 '을의 민주주의'에 관한 더 자세한 논의는 11장 「을의 민주주의란 무엇인가?: 정치철학적 단상」 참조.

쉽지 않다는 점이다. 그리고 이 때문에 발리바르는 다수자 전략과 소수자 전략의 결합, 또는 좀 더 정확히 말하면 양자의 동시적인 변증화를 요구하고 있다.

4. 몇 가지 쟁점

1) 발리바르와 아감벤

이제 끝으로 간략하게 몇 가지 논평을 제시해 보자. 바깥의 정치 또는 좌파 메시아주의에 입각해 있는 현대 정치철학의 흐름의 영향으로 인해 국내외에서 법(따라서 국가)에 대한 부정적인 생각, 곧 법은 폭력 그 자체와 다르지 않다는 생각이 확산되어 있다. 아마도 이를 가장 도발적으로 표현한 사람은 조르조 아감벤이라고 할 수 있는데, 그는 충격적이게도 근대 민주주의의 가장 기본적인 원칙을 표현하는 것으로 간주되는 「인권선언」을 벌거벗은 생명들의 주권적인 포섭을 천명한 문헌으로 규정한 바 있다. 이렇게 되면 「인권선언」과 강제수용소 사이에는 직접적인 논리적·정치적 연속성이 존재하게 되며, 일체의 법은 주권적 폭력의 표현이 된다.[57] 극단적 폭력의 현상학의 차원에서 본다면 발리바르의 분석과 아감벤의 분석 사이에 몇 가지 공통점 내지 유사성이 존재하는 것이 사실이기는 하지만, 「인권선언」에 대한 해석 및 민주주의와 근

57 이 점에 관해서는 특히 아감벤, 『호모 사케르』, 3부 참조.

대 시민권 제도의 관계에 대한 분석에서 양자 사이에는 뚜렷한 대립 관계가 존재한다. 발리바르는 『폭력과 시민다움』에서 아감벤과 자신의 관점의 차이를 다음과 같이 제시하고 있다.

① 나는 정치의 가능성의 조건들(그 불가능성의 조건들과 분리될 수 없는)은 정치의 와해의 형태들로부터 사유되어야 한다고 보는 점에서는 아감벤에 동의하지만, 이러한 와해의 형태들이 유일한 모델(그것이 '수용소'이든 다른 어떤 것이든 간에)로 귀착될 수 있다고 믿지 않는다. 나는 이러한 조건들은 이질적이며, 그 조건들은 어떤 존재론이 아니라 어떤 구조의 정세적 변이에 속하는 우연적 상황들 속에서만 자신들의 효과를 산출한다고 믿는다. ② 이 때문에 내가 보기에는 '역사 개념'(좀 더 근원적으로는 역사성의 도식)을 그 목적론적 정식화들로부터 떼어 내는 것이 본질적이다. 그런데 여러 시각에서 볼 때 아감벤이 벤야민의 '테제들'에 대한 심층적인 독서로부터 발전시킨 역사성에 대한 부정적인 관점은 여전히 목적론의 지평 속에 위치해 있다. 이 관점은 '벌거벗은 생명'에 대한 주권과 그의 권력을 서양 정치의 형이상학적 운명으로 만든다(이 때문에 특히 아감벤에게는 아리스토텔레스에게서 '주권적' 역량에 대한, 그리고 비오스 폴리티코스와 시민권의 설립을 통한 조에의 '내적 배제'에 대한 최초의 인물을 판독해 내는 게 중요하다). ③ 이것과의 대비를 통해 도출되는 정치 공동체에 대한 '메시아적' 관점(호모 사케르 연작에 앞서 출간된 1990년 저작 『도래할 공동체』의 테제들과 합치하는)은 근원적으로 반反제도적이다. 나는 제도 그 자체는 극단적 폭

력에 대한 보증물이 되지 못한다는 점에 동의한다. 하지만 나는 제도가 그러한 보증물이 될 수 있는 영속적인 가능성을 포함하고 있다고 생각한다. 따라서 나는 우리가 제도적 지평에서 벗어날 수 있다고 믿지 않는데, 내가 보기에 이것은 메시아저 관점이 아니라 비극적 관점을 소묘한다. 내가 '시민다움의 전략들'이라는 이름 아래 검토해 보려는 것이 바로 이 점이다.[58]

이런 관점에서 보면 법 또는 정치제도는 양가적이다. 곧 정치의 공간을 개방하기 위한 본질적인 조건으로서의 제도는 "한편으로 (한 계급, 한 카스트, 한 관료제 내지 한 국가 장치에 의한) 권력의 독점 경향과 다른 한편으로 자유와 평등의 현실적인 획득으로서의 시민권으로의 경향 사이의 갈등"[59] 사이에 사로잡혀 있는 것이다. 그렇다면 제도 없는 정치 또는 제도 바깥의 정치를 꿈꾸는 것은 반폭력의 정치의 입장에서는 자멸적인 결과를 산출할 수밖에 없다고 해도 과언이 아닐 것이다. 그것은 제도를 더욱더 폭력의 집적으로, 치안 기계의 장으로 만드는 데 기여할 것이고 따라서 주체성의 가능성 또는 역량이 더욱더 잠식되도록 조장할 것이기 때문이다. 그렇다면 법 또는 제도 그 자체는 전적으로 폭력적인 것도 또한 전적으로 해방의 역량인 것도 아니라고 보는 것이 적절할 것이다. 폭력 또는 역량의 이중적 공간으로서의 법을 어떻게

---

58 Étienne Balibar, "Stratégies de ciivilité", *Violence et civilité*, pp.148~149.
59 Ibid., p.152.

민주화할 것인지, 또는 어떻게 민주주의를 민주회할 것인지가 문제인 것이다.

이제 발리바르의 극단적 폭력 개념에 담겨 있는 몇 가지 모호성을 지적해 두고 싶다.

2) 구조적 폭력과 극단적 폭력

극단적 폭력과 관련하여 제기될 수 있는 첫 번째 쟁점은 그것이 구조적 폭력, 특히 자본주의적인 착취 및 상품화의 폭력과 어떤 관계에 있는가 하는 점이다. 만약 극단적 폭력이 구조적 폭력과 동일한 것(또는 개념적으로 구별 불가능한 것)이라면, 우리에게는 사실상 메시아주의적인 정치의 가능성만이 남게 된다. 극단적 폭력이 구조 자체의 고유한 특성이라면, 구조 자체의 완전한 전복 내지 파괴 이외에는 다른 인간적 삶의 가능성이 존재할 수 없기 때문이다. 다른 한편으로 만약 극단적 폭력이 구조적 폭력과 별개의 것이라면, 극단적 폭력은 예외적인 상황 또는 극단적인 상황과 관련된 것으로 한정될 것이다. 나치즘이나 파시즘 또는 스탈린주의 같은 상황이나 아프리카, 중동, 남아메리카 일부 지역에서 볼 수 있는 (준)내전적인 상황이 그것이다(그런데 우리는 무엇이 파시즘이고 아닌지 사후에만 식별할 수 있다. 곧 우리가 생성 중에 있는 새로운 파시즘 속에 있는지 여부, 따라서 우리 사회가 '정상적인 사회'인지 아닌지에 대해 확실히 결정할 수 있는 수단이 우리에게는 부재한 것이다). 하지만 만약 그렇다면, 극단적 폭력이 우리에게, 곧 다행스럽게도 이러한 극단적인 상황을 모면하고 있는(또는 그렇다고 **믿고 있는**[60]) 사회에서 살아가는 우리에게 왜 문제가 되는지 이해하기가 쉽지 않을 것이다. 따라서 극단적 폭력과 구조적 폭력을 개념적으로 분명하게 구별하려는 시도는 자칫 구조적 폭력을 **정상적인 폭력**으로(어떤 의미에서는 인간의 역사 및 문명의 **불가피한 조건**으로) 간주하게 만드는 결과를 낳을 수도 있다.

따라서 극단적 폭력이 단지 예외적인 상황에서 문제가 되는 것이 아니라 보편적인 정치적 쟁점이라는 점이 입증되어야 할 텐데, 발리바르에게서 여전히 모호하게 남아 있는 점이 이 점인 것으로 보인다. 그는 극단적 폭력이 일종의 '문턱'이라고 말하고 또한 구조적 폭력과 달리 극단적 폭력은 목적합리성이 부재한 폭력이라고 말함으로써 구조적 폭력과 극단적 폭력을 식별할 수 있는 기준을 제시하고 있다. 그런데 신자유주의적인 세계경제는 지난 2008년의 위기 및 2010년 이후 유럽 재정 위기를 통해 드러났듯이, 점점 더 목적합리성의 경계를 넘어서는 비합리성 또는 광기의 차원을 보여 주는 것 같다. 여기에서 목적합

---

60 북한의 핵실험 및 미사일 발사로 인해 전쟁의 위험성이 고조되고 있는 한반도 상황은 과연 극단적 폭력의 상황과 무관한 것인지 질문해 볼 수 있다. 현 상황이 두 주요 당사자인 북한과 미국의 전략적·전술적 고려의 산물이며 따라서 어느 정도까지는 **계산된 연출**의 결과라고 해도, 극단적 폭력의 주요 특징을 계산의 합리성을 초과하는 우발적 비합리성이 산출하는 대규모 학살과 재난에서 찾을 수 있다면, 우리는 정확히 극단적 폭력의 상황에 처해 있는 것 아닌가? 더욱이 예견되는 전쟁으로 인해 가장 큰 피해를 겪을 당사자인 남한의 시민들이 이 상황을 통제하는 데 매우 무력하고 수동적일 수밖에 없다면, 이것이야말로 (정치적) **주체의 가능성을 잠식하는 상황**이라고 할 수 있지 않은가? 이런 점에서 보면 발리바르의 폭력론이 전쟁의 문제를 매우 중시하는 것은 우연이 아니다. 한반도의 전쟁과 평화의 문제를 시민다움의 정치라는 관점에서 더 숙고해 보는 것은 매우 긴급한 과제라고 생각한다.

리성과 비합리성의 경계는 어떻게 식별될 수 있는가?

또한 박근혜 정권에서 일어난 세월호 사건이나 메르스 사태를 통해(아울러 국정 역사교과서 간행 시도 및 위안부 합의에서도) 드러난 바있는 정부의 통치에서 합리성과 비합리성의 경계가 어떤 것인지, 곧 우리가 여기에서 일종의 극단적 폭력의 한 형태를 목격하고 있다고 말할수 있는 것인지 질문을 제기해 볼 수 있다.[61] 아울러 새로 들어선 문재인 정권이 이러한 폭력에 맞서는 반폭력의 정치를 온전하게 수행할 수있는지(또한 그러기 위해서는 어떤 것이 보완되어야 하는지), 그리고 혹시 현 정권이 앞으로 드러낼지도 모를 이런저런 한계들은 극단적 폭력

61 이 글이 『철학연구』에 투고되었을 때, 익명의 심사자 한 사람은 이 글에 대한 논평에서 세월호 사건이나 메르스 사태는 "명백히 합리성이 결여된 사건, 즉 극단적 폭력의 한 양상"이라는 견해를 제시한 바 있다. 그런데 이러한 견해는 내가 제기하고 싶은 문제와는 약간 초점이 다른 것이다. 아마도 내가 너무 간략하게 논의했기 때문일 것이다. 따라서 이 점에 관해 약간 부연해 보고 싶다. 나는 이 문장에서 세월호 사건이나 메르스 사태 또는 조류독감 사태 같은 어떤 특정한 사건이 극단적 폭력의 성격을 띠고 있는지 질문한 것이 아니라, 그것이 한국 정치의 제도적 구조와 어떤 관계를 맺고 있는지 질문하고 싶었다. 다시 말하면 세월호 사건이나 메르스 사태를 극단적 폭력의 사례로 보는 것 자체가 다수의 세부적 분화의 가능성을 포함하고 있다. 가령 이 사태들을 극단적 폭력의 사례로 보면서 그것을 한국 정치의 제도적 구조에서 비롯된 필연적 현상으로 이해하기보다는 박근혜 정권의 비합리적 광기나 박근혜 자신의 무지 내지 비정상적 성품 등으로 인해 생겨났다고 볼 수 있다. 또는 그러한 폭력의 원인을 박근혜 정권 배후에 있는 한국 수구 세력의 본래적 잔인성으로 간주할 수도 있다. 아니면 그것을 한국 정치의 제도적 구조 자체의 비합리성의 한 결과로 이해할 수도 있다. 우리가 이러한 관계를 어떻게 사고하느냐에 따라 이 문제를 인식하고 그 해법을 모색하는 데는 상당한 차이가 생겨난다. 만약 이 문제를 박근혜 정권의 광기와 무능력에서만 찾는다면, 새로운 정권에서는 이와 유사한 문제가 재발할 수 있는 가능성이 없을 것이다. 반면 이 문제가 한국 정치의 제도적 구조와 깊이 연관되어 있는 것이라면, 그것은 새로운 정권에서도 얼마든지 재발할 수 있는 소지를 지니고 있다. 본문에 이어지는 문장에서 내가 지적하려는 것이 이 점이었다.

의 잠재력과 어떤 연관성을 맺고 있는지 질문해 볼 수 있다.

3) 극단적 폭력의 유형들

이와 긴밀하게 연결되어 있는 질문이 극단적 폭력의 유형에 관한 질문이다. 발리바르는 여러 글에서 초객체적 폭력과 초주체적 폭력을 극단적 폭력의 두 가지 형태로 제시한 바 있다. 그런데 발리바르 자신의 주의에도 불구하고 이 두 가지 형태에 대한 개념화 또는 그것의 예시는 극단적 폭력을 예외적인 상황 또는 극단적인 상황과 관련된 폭력으로 간주하게 만드는 것으로 보인다. 따라서 이러한 위험에서 벗어나기 위해서는 이 두 가지 폭력의 형태와 다른, 또 다른 형태의 극단적 폭력의 유형화가 필요한 것은 아닌지 질문해 볼 수 있다. 또는 적어도 **일상적인 상황**이라고 부를 수 있는 상황, 곧 상당히 안정된 정치 과정을 영위하는 서구 자유주의 정치체나 그에 준하는 다른 정치체들 내부에서 극단적 폭력이 어떤 식으로 표출될 수 있는지 아니면 그 과정의 내부에서 어떤 위협으로 잠재되어 있는지 해명할 필요가 있는 것으로 보인다.

3부

을의 민주주의란
무엇인가

9장

몫 없는 이들의 몫
을의 민주주의를 위하여

1. 몫 없는 이들로서의 을

을乙이라는 용어는 최근 몇 년 사이에 우리나라에서 가장 널리 쓰이는 시사적인 용어 중 하나가 되었다. 국어사전에 따르면 을은 크게 두 가지 뜻으로 정의된다. 하나는 "둘 이상의 사람이나 사물이 있을 때, 그중 하나의 이름을 대신하여 이르는 말"이라는 뜻이고, 다른 하나는 "차례나 등급을 매길 때 둘째를 이르는 말"이라는 뜻이다. 앞의 것은 을이 계약관계에서 두 상대방 중 하나를 가리키는 용어로 사용된다는 뜻이고, 뒤의 것은 갑·을·병·정 등에서 을이 두 번째 위치를 차지한다는 뜻이다. 따라서 사전의 정의에 따르면 을이라는 말은 아주 평범한 말이다. 하지만 최근 우리 사회에서 을이라는 말은 비정규직 취업자들을 지칭하는 포괄적인 명칭으로 사용되고, 대기업의 하청 업체 직원들이나 프랜차이즈 가맹점들, 또는 재벌 기업의 횡포에 피해를 당한 여러 종류의 사람들을 지칭하는 일반적인 용어가 되었다. 을은 약자이고 피해자, 못 가진 자, 주변화된 자, 배제된 자, 또는 프랑스의 철학자 자크 랑시에르의 표현을 빌린다면 '몫 없는 이들'을 가리키는 보통명사가 된 것이다. 그런데 흥미로운 것은 이 용어가 학자들이 만들어 낸 말이 아니라 대중들 스스로 만들어 낸 말이라는 점이다. 주로 계약관계에서 당사자 중 한쪽을 지칭하기 위해 널리 통용되던 말이 사회적 약자, 몫 없는 이들 일반을 가리키는 용어로 등장하고, 이제 어느덧 하나의 개념의 지위의 문턱에 이르게 되었다는 것은 여러모로 흥미로운 점이 아닐 수 없다.

왜 평범하기 짝이 없는 을이라는 말이 이처럼 무거운 의미를 지니게 된 것일까? 내가 생각하기에 그것은 두 가지 문제와 관련이 있다. 하나는 최근 영국 사회학자인 지그문트 바우만이 제기한 '인터레그넘' interregnum의 문제와 관련되어 있다.[1] 두 개의 레그넘regnum 사이의 시대, 곧 하나의 통치 시대와 다른 통치 시대 사이, 하나의 정치체와 다른 정치체 사이, 더 나아가 하나의 문명과 다른 문명의 사이라는 문제. 사회적 약자, '몫 없는 이들'의 아우성의 표현으로서의 을은 이러한 사이의 문제, 이행의 문제와 연결되어 있다. 다른 하나는 정치적 주체에 관한 물음이다. 내가 생각하기에 정치적 주체의 문제는 현대 정치철학의 근본적인 화두 가운데 하나다. 어쩌면 화두 그 자체라고 해도 좋을 것

---

1 지그문트 바우만, 「문명, 그 길을 묻다: 세계 지성과의 대화 ⑥ 지그문트 바우만」, 『경향신문』 2014년 3월 24일; Zygmunt Bauman, "Times of Interregnum", *Ethics & Global Politics*, vol.5, no.1, 2012; "Living in Times of Interregnum", transcript of the Lecture delivered at the University of Trento, Italy, on October 25, 2013, http://wpfdc.org/images/docs/Zygmunt_Bauman_Living_in_Times_of_Interregnum_Transcript_web_I.pdf(Search Date: 6 November 2017).

이다. 현대 정치철학에서 정치적 주체의 문제가 이처럼 중요한 위치를 차지하고 있는 것은, 첫 번째 인터레그넘의 문제와 긴밀하게 결부돼 있다. 곧 이전의 통치, 이전의 정치체, 이전의 문명에서 정치의 주체로 존재했던 것들이 더 이상 정치적 주체로 기능하지 못하는 반면, 새로 나타날 정치적 주체는 누구인가, 어떤 정치적 주체가 새로운 통치와 정치체, 문명의 주체가 될 것인가의 문제는 불확실한 채 남겨져 있다. 이 문제에서 을이 의미하는 것은 무엇인가? 그것은 새로운 주체의 명칭인가 아니면 적어도 우리에게 그 주체의 방향을 가리켜 주는 실마리가 될 수 있는가? 그렇지 않다면, 을은 이제는 사라져 가는 과거의 주체의 잔영인가? 이것이 내가 두 번째로 제기하고 싶은 질문이다.

2. 인터레그넘의 시대

인터레그넘이라는 개념은 로마법에서 유래하는 용어로, 원래는 최고 권력의 공백 상태 또는 헌정의 중단 상태를 가리키는 말이다. 가령 통치하던 왕이 죽었는데, 아직 새로운 왕이 즉위하기 이전의 상태가 바로 인터레그넘에 해당한다. 이 용어에 대해 좀 더 현대적이고 포괄적인 의미를 부여한 사람은 이탈리아의 맑스주의자였던 안토니오 그람시였다. 그람시는 다음과 같이 말한다. "위기는 정확히 말하면, 낡은 것이 소멸해 가고 있는데 새로운 것이 태어날 수 없다는 사실에 놓여 있다. 이러한 인터레그넘에서는 극히 다양한 병리적 증상들이 출현하게 된다."[2] 그람시는 원래 법학 개념이었던 인터레그넘에 대하여 좀 더 포괄적인 사회적·정치적 의미를 부여하고 있다. 곧 레닌이 '혁명적 상황'을 "지배자들이 더 이상 지배할 수 없고 피지배자들이 더 이상 지배받으려고 하지 않는" 상황으로 정의했던 것을 염두에 두면서도 그람시는 그것을 진지전의 맥락에서 재해석한다. 곧 그는 기존의 사회질서를 조형하는 법적·제도적 틀이 더 이상 자신의 효력을 유지할 수 없게 되었지만, 이것을 대체해야 할 새로운 틀이 아직 형성되지 못한 상태 또는 여전히 제대로 실행되지 못하고 있는 상태를 인터레그넘의 시기로 규정한다.

바우만이 그람시의 이 개념을 되살려 말하고자 한 것은 현대 세계가 인터레그넘의 상태에 놓여 있다는 점이다. 세계화는 국민국가를 중심으로 한 기존의 세계 질서를 뒤흔들어 버렸다. 영토·국민(또는 인구)·주권이라는, 기존의 정치 질서를 특징짓는 세 가지 요소는 세계화로 인해 더 이상 효력을 발휘하지 못하게 되었다. 또는 좀 더 정확히 말하면, 국민국가에 기초를 둔 주권은 세계시장, 초국민적 자본의 힘으로 인해 반쪽짜리의 권위로 전락하고 말았다. 바우만이 간명하게 말하듯이 "정치가들은 결정을 내릴 때면, 월요일 주식시장이 재개된 뒤 과연 자신들의 결정이 제대로 실행될 기회를 얻게 될지 아니면 그릇된 결정이었다고 판명이 날지 초조하게 기다린다".[3] 따라서 오늘날 각국 정부는 한편으로 그들을 뽑아 준 유권자들로부터 압력을 받게 되지만, 다른 한편으로는 외부로부터 가해지는 시장의 압력 역시 받게 된다.

---

2 안토니오 그람시, 『옥중수고 1: 정치·사회편』, 이상훈 옮김, 거름, 1987, 312쪽. 번역은 수정. 국역본에서 '인터레그넘'은 '공백기'라고 번역되어 있다.

3 Bauman, "Living in Times of Interregnum", p.6.

바우만은 "권력과 정치의 결별"에서 인터레그넘의 핵심적인 징표를 발견한다.[4] 여기서 권력은 "실행할 수 있는 능력"을 뜻하며 정치는 "어떤 것을 실행해야 하는지 결정하는 능력"을 의미한다.[5] 국민국가의 시대에 권력과 정치는 동일한 영토의 한계 내에서 긴밀하게 결합되어 작동했다. 하지만 세계화 시대에 권력은 국민국가의 영토를 넘어서 "정치에서 자유로운 '흐름의 공간'으로 증발되어" 버린 반면, 정치는 여전히 이전과 마찬가지로 국민국가라는 지역적인 수준 또는 '장소들의 공간'에 머물러 있다. 따라서 국민국가의 정치적 제도 바깥에서 작동하고 있는 권력(특히 세계시장 및 자본의 권력)이 오늘날 사회적·개인적인 삶에 막강한 영향을 미치고 있음에도, 국민국가의 정치적 제도 및 그것이 대표하는 국민 또는 인민의 주권적 힘은 이를 전혀 제어하지 못하고 있다.

바우만과는 조금 다른 관점에서 나는 우리 역시 인터레그넘의 시기에 살고 있다고 믿는다. 바우만이 살고 있는 영국과 마찬가지로 한국 역시 세계화의 강력한 자장에 속해 있는 만큼 오늘날의 한국 사회는 그가 분석한 바와 같은 인터레그넘의 시기에 속해 있지만, 우리는 또한 또 다른 의미의 인터레그넘의 시기를 겪고 있다. 나는 이것이 특히 세월호 사건을 통해 극명하게 드러났다고 생각한다. 세월호 1주기를 맞아 2015년 4월에 출간된, 세월호에 관한 인문학자들의 성찰을 묶은 책

4 Bauman, "Living in Times of Interregnum", p.52.
5 Ibid., p.4.

에 기고한 글에서 나는 '세월호라는 이름이 뜻하는 것'을 그게 세 가지 측면에서 살펴본 바 있다.[6]

첫 번째는 세월호 사건을 통해 "가장 단단한 현실"이라고 믿었던 국가가 사실은 "너무나 허망한 어떤 것이라는 점 [……] 커다란 공백이고 검은 구멍이었다"라는 것을 많은 사람들이 깨닫게 되었다는 점이다. 국가는 당연히 국민 한 사람 한 사람의 생명을 소중히 여기고 그들의 목숨을 구조하는 것을 일차적인 의무로 여겨야 한다고 믿었던 대중들은 대한민국이라는 국가가 드러낸 이러한 계급적이고 치안 기계적인 성격에 분노하고 또한 절망했다. "가만히 있으라"라는 명령은 많은 사람들에게 국가와 국민의 관계를 가리키는 환유적 표현으로 받아들여졌던 것이다. 따라서 세월호 사건이 많은 사람들에게 큰 충격과 분노, 좌절감을 가져다준 것은, 이 사건이 **가난한 우리를 위한 국가는 없다**는, 가난한 나를 위한 국가는 존재하지 않는다는 자각, 그리고 **다음 차례는 바로 내가 될 수 있다**는 자각을 불러일으켰기 때문이다. 그것은 **국가는 그들의 편**이라는 사실에 대한 자각이었다.

세월호라는 이름이 뜻하는 두 번째 것은, 세월호 사건이 말하자면 **과소주체성**under-subjectivity의 표현이라는 점이다. 과소주체성이라는 개념이 의미하는 것은, 일차적으로 세월호 사건은 객관적 요인보다는 주체적인 요인에 의해, 더 정확히 말하면 주체성의 부재로 인해 일어난 사건이었다는 점이다.

---

6 이 글은 이 책 3장에 같은 제목으로 실렸다. 이하 인용문의 출처는 따로 밝히지 않았다.

하지만 과소주체성의 또 다른 의미, 좀 더 심층적인 의미는 이 사건에 대해 분노하고 좌절한 이들이 동질적인 이들, **하나의 동일한 주체를 이루지 못한다는 의미다.** 한편으로 본다면 세월호 사건이 이처럼 큰 사건으로 부각된 데에는 대중들의 놀라운 공감과 유대의 능력이 중요한 요인으로 작용했다. 그들은 사건이 일어난 당시부터 사건의 추이 과정을 지켜보면서 구조를 요청하는 승객들에게 안타까움을 표시하고 피해자 가족들에게 깊은 위로를 보내면서 사고를 제대로 해결하지 못하는 정부를 비난하면서 해결을 촉구했으며, 또한 사건의 진실을 제대로 보도하지 못하는 언론사들을 질타했다. 아울러 배가 침몰하고 수색이 장기화되는 과정에서도 세월호 사건을 잊지 않고 지속적으로 이 사건을 기억해야 할 사건으로서 유지시켜 온 것 역시 대중들 자신이었다. 하지만 다른 한편으로 보면 사건이 발생한지 얼마 후부터 "자식들 팔아서 한몫 챙기려고 한다, 세월호 때문에 장사가 되지 않는다, 국가에 무슨 대단한 공을 세웠다고 유공자 행세를 하려 드느냐는 비난들을 일상 속에서 입에서 입으로 옮"겼던 이들 역시 대중들이었다. 또는 적어도 그러한 비난들을 묵과하고 용인했으며, 세월호 사건을 '교통사고'로 덮고 싶어 하는 정권 및 여당에게 정치적 정당성을 부여한 것 역시 대중들이었다.

이는 그들이 생각하기에 "국가가 그들의 편이라면, 그리고 우리는 국가 없이는 하루도 살아가기 어렵다면, 내가, 우리가 살 수 있는 길은 **내가 그들에 속하는 길이다.** 실제로, 곧 경제적으로·물질적으로 그들에 속할 수 없다면, **상상적인 방식으로라도 그들에 속할 수 있어야**" 하기 때문이다. 대중들은 개인적·집단적인 경험을 통해 힘 있는 자들, 몫 있는 자들의 편에 속하는 것이 자신들의 삶을 보호받을 수 있는 안전한 길이라는 것을 (무의식적으로) 체득하고 있다. "특히 국가의 보호가 없이는 하루하루의 생계를 유지하기 어려운 사람들, 가장 몫이 없는 이들이야말로 이러한 실존적 진리를 절박하게 체득하고 있는 사람들이다. 이런 의미에서 **몫 없는 이들은 또한 가장 과소주체화된 이들**, 다시 말해 자신들의 상징적 주체성을 힘 있는 이들과의 상상적 동일시로 대체한 이들"이라고 할 수 있다.

여기에서 세월호가 뜻하는 세 번째 측면이 나온다. 그것은 "**주체적인 것으로서의 국가 또는 정치 공동체를 어떻게 (다시) 구성할 것인가라는 질문**"이다. 세월호 사건이 드러낸 것이 검은 구멍, 검은 공백으로서의 국가이고, 그러한 공백을 통해 표현된 것이 과소주체성이라면, 제기되는 문제는 주체성을 상실한 국가, 따라서 계급적인 치안 기계로서의 본성(만)을 갖게 된 국가를 어떻게 (다시) 주체화할 것인가의 문제라고 할 수 있다.

이것이 인터레그넘의 문제라면, 이는 이 문제가 해방된 지 70년이 지난 대한민국이라는 국가의 역사적 위상과 그 장래의 문제와 직결되어 있기 때문이다. 돌이켜 본다면 지난 70여 년 또는 60여 년 동안 한국인에게 유일한 문제는 먹고사는 것이었다. 해방과 전쟁이 남겨 놓은 가난 속에서 사람들에게 지상 과제는 하루하루의 생존이었으며, 먹고사는 것은 대한민국이라는 공동체 전체의 유일한 화두였다. 문제는 흔히 말하듯 이제 '먹고살 만한' 처지가 되었지만, 여전히 한국인들에게, 대한민국이라는 공동체 전체에게 유일한 화두는 먹고사는 것뿐이라는 점이다. 과거에는 그저 끼니를 때우는 것이 중요했다면, 이제 좀 더 잘 먹고 잘 사는 것이 문제가 되었다는 점이 달라졌을 뿐, 유일한 개인적·국가적 관심사는 먹고사는 것 이외의 다른 것이 없다. 이것을 우리가 **정치 공동체**라고 할 수 있을까? 먹고사는 것 이외에 공동으로 추구하는 가치가 전무한 공동체를 우리가 어떤 의미에서 '정치' 공동체라고 부를 수 있을까? 이런 방식으로 한국이라는 정치 공동체는 더 이상 유지될 수 없을 것이다. 또는 이렇게 말해 볼 수도 있다. 한국이라는 공동체는 **정치 공동체**라기보다는, 랑시에르가 정의한 의미에서 **치안 공동체**라고 말이다. 랑시에르가 『불화』에서 사용한 치안 개념은 두 가지 요소를 지니고 있다. 하나는 이를테면 반反정치적인 정치성이다. 랑시에르가 푸코에게 빌려와서 변형시키고 있는 치안police 개념은 우리가 보통 정치라고 부르는 것, 곧 "집단들의 결집과 동의, 권력의 조직, 장소들 및 기능들의 분배, 이러한 분배에 대한 정당화 체계가 이루어지는 과정들 전체"를 가리킨다.[7] 하지만 랑시에르가 이것을 정치가 아닌 치안이라고 부르는 것은, 이러한 과정들 전체는 정확히 **데모스를 정치로부터 배제하는 것**을 목적으로 삼고 있기 때문이다. 철인정치를 꿈꾸었던 플라톤의 아르케 정치archi-politique[8]에서부터 현재의 신자유주의적 자유민주주

---

7 자크 랑시에르, 『불화: 정치와 철학』, 진태원 옮김, 도서출판 길, 2015, 61쪽.
8 이것은 랑시에르가 플라톤주의적 정치철학을 규정하기 위해 『불화』 4장에서 사용한 용어다. 그는 치안의 정치철학을 플라톤의 아르케 정치, 아리스토텔레스의 유사 정치, 맑스의 메타 정치로 구별한다.

의 정체에 이르기까지 치안은 데모스를 대신하여(또는 데모스를 배제한 가운데) 통치하는 것을 목표로 삼고 있다.

다른 하나는 치안은 감각적인 것의 나눔에 뿌리를 둔다는 점이다. 치안은 무엇보다 행위 양식들과 존재 양식들 및 말하기 양식들 사이의 나눔을 정의하는 신체들의 질서이며, 이 질서는 신체들이 그것들의 이름에 따라 일정한 장소에서 일정한 과제를 부여받도록 만든다. 이 질서는 볼 수 있는 것과 말할 수 있는 것의 질서로서, 어떤 활동은 가시적인 것으로 다른 활동은 비가시적인 것으로 만들고, 어떤 말은 담론에 속하는 것으로, 어떤 말은 소음에 속하는 것으로 알아듣게 만든다. 예컨대 전통적으로 노동의 장소를, 공적 영역이라 불리는 것에 고유한 보기 및 말하기 양식에 의해 규제되지 않는 사적 영역으로 만든 것이 치안의 법이다.[9]

그러나 지난 60~70여 년 동안 존속해 온 이러한 공동체를 대체할 만한 새로운 공동체 또는 공동체의 새로운 가치들이 무엇인지, 그것들을 구현하는 공동체를 구성하기 위해 우리가 필요로 하는 제도와 운동, 절차들이 무엇인지, 또 그것을 실현할 수 있을 만한 주체 내지 행위자들이 누구인지 우리는 아직 알지 못한다. 따라서 세월호 사건에서 적나라하게 드러난 치안 기계로서의 국가의 본성은 지난 70여 년 동안 오직 먹고사는 것 하나만을 유일한 가치로 추구해 온 대한민국이라는 이상한 공동체의 역사적 성격과 무관하지 않을 것이다. 세월호가 우리에게

9 같은 책, 63쪽.

호명하는 것이 "너희가 욕망하는 나라는 무엇인가, 너희가 원하는 나라는 어떤 것인가"라고 말할 수 있는 것은 바로 이 때문이다. 따라서 우리가 세월호를 진정으로 애도하는 길은, 그 유가족들 스스로 제기하는 이 문제, 곧 대한민국이라는 정치 공동체를 (다시) 구성하는 문제를 우리가 집합적으로 제기하는 길이라고 할 수 있다. 이것이 곧 내가 생각하는 인터레그넘의 문제다.

3. 어떤 정치적 주체?

그렇다고 해도 이것이 왜 '을'의 문제로, '을의 민주주의'라는 문제로 제기되는가라는 의문이 제기될 수 있다. 짧게 말한다면, 그것은 한편으로 인터레그넘의 문제가 근본적으로 정치적 주체에 관한 문제이기 때문이며, 또한 다른 한편으로 '을'이라는 용어가 이 정치적 주체라는 문제에 관해 흥미로운 실마리를 제시해 주기 때문이다.

내가 그중에서 특별히 생각해 보고 싶은 것은, 이 용어가 대한민국이라는 국가의 과소주체적 현실, 곧 정치적 주체성의 부재에 대하여, 더 나아가 **정치적 주체성을 표현할 수 있는 한국어 용어 내지 개념의 부재에** 대하여 무엇을 뜻하는가 하는 점이다. 나는 을이라는 이 용어가 정치적 주체성을 표현할 수 있는 한국어 용어 내지 개념의 부재와 관련되어 있다고 말했다. 이 주장에 대해 다소 의아하게 생각할 사람들이 있을지 모르겠다. 왜냐하면 알다시피 우리에게는 '국민'이라는 말도 있고, '대중'이라는 말도 있으며, 또한 1970~1980년대 인문사회과학에서 널리 사용되던 '민중'이라는 말도 있기 때문이다. 그런데 어떤 의미에서 우리에게, 우리가 사용하는 한국어에서 정치적 주체성을 표현하는 용어가 부재한다고 말할 수 있는가?

우선 국어사전에서 이 용어들이 어떻게 정의되고 있는지 간략하게 살펴보자. 국어사전에 따르면 '국민'은 "한 나라의 통치권 아래에 있는 사람. 또는 그 나라의 국적을 가진 일정한 권리와 의무를 지닌 사람"으로 정의되어 있다.[10] 이러한 정의에 따르면 국민은 정치적 주체라기보다는 **통치의 대상**이라고 할 수 있다. 또한 국민은 어떤 정치 공동체에 대한 **법적 소속**을 가리키는 용어이지 정치적 주체를 가리키는 표현이 아니다. 주지하다시피 대한민국 헌법 제1조 2항은 "대한민국의 주권은 국민에게 있고, 모든 권력은 국민으로부터 나온다"라고 되어 있다. 이는 '국민'은 주권의 담지자이며, 모든 권력의 주체라는 점을 표현하는 조항이다. 따라서 헌법적인 규정에 따르면 국민은 유일한, 또는 적어도 탁월한 정치적 주체라고 할 수 있다. 하지만 우리나라 국어사전에서 국민을 이런 의미의 정치적 주체로 규정하고 있는 경우는, 내가 확인한 바로는 존재하지 않는다. 국어사전의 용법에 따를 경우 국민은 통치의 대상이거나 법적 소속을 가리키는 용어일 뿐이다.

나는 이것이 국어사전의 잘못이라고 생각하지는 않는데, 왜냐하면 국어사전은 한국어 단어들의 실제 용례를 수집해서 기록해 놓은 것

---

10 이하 이 글에서 국어사전을 인용하는 경우 고려대학교 민족문화연구원에서 편찬한 『한국어 대사전』을 참조하였다.

이기 때문이다. 따라서 국어사전은 국민이라는 용어가 한국 사회에서 어떻게 사용되고 있는지, 헌법전보다 더 정확하게 표현하고 있다고 보는 것이 옳을 것이다. 헌법상으로는 국민이 정치적 주체로 규정되어 있지만, 우리는 국민을 정치적 주체라고 간주하지 않는다. 그것이 지난 60여 년의 정치적 경험의 표현이든, 아니면 현재의 사회적 현실의 표현이든 간에, 국민을 실제로 정치적 주체라고 믿는 사람은 드물다. 특히 인문사회과학자들인 경우 더욱더 드물다. '국민이라는 노예', '국민이라는 괴물', '국민으로부터의 탈퇴' 같은 저서들의 제목이 가리키듯,[11] 인문사회과학자들, 특히 비판적 인문사회과학자들일수록, 국민을 정치적 예속과 피지배의 표현으로 간주하지 정치적 주체의 표현으로 생각하지는 않는다.

그 대신 그들 중 어떤 사람들은 '민족'이야말로 국민보다 정치적 주체에 더 가까운 용어라고 생각하며, 또 어떤 사람들은 '민중'이야말로 우리말에서 정치적 주체를 가리키는 진정한 용어라고 간주한다. '민족'의 경우는 차치해 두고 여기에서는 '민중'이라는 용어를 살펴보기로 하자.[12] 역시 국어사전에 따르면 민중은 "국가와 사회를 구성하고 있는 사람들. 보통 피지배층을 이루는 노동자, 농민 등을 이르는 말이다"라

11 김철, 『'국민'이라는 노예』, 삼인, 2005; 니시카와 나가오, 『국민이라는 괴물』, 윤대석 옮김, 소명출판, 2002; 권혁범, 『국민으로부터의 탈퇴』, 삼인, 2004. 이 저작들에 대한 비판적 고찰은 진태원, 「국민이라는 노예? 전체주의적 국민국가론에 대한 비판적 고찰」, 『민족문화연구』 51호, 고려대학교 민족문화연구원, 2009 참조.
12 '민족'에 관해서는 진태원, 「어떤 상상의 공동체? 민족, 국민 그리고 그 너머」, 『역사비평』 96호, 2011 참조.

고 정의되어 있다. 따라서 이 정의에서도 민중은 정치적 주체를 표현하지 않는다. 민중은 한편으로 국가와 사회를 "구성하고 있는 사람들", 따라서 국가와 사회의 대다수를 이루는 사람들이라고 할 수 있으며, 다른 한편으로는 국가와 사회에서 아래쪽에, 피지배층의 위치에 있는 사람들, 특히 노동자와 농민을 가리키는 말이라고 할 수 있다. "국가와 사회를 구성하고 있"다는 것, 또는 국가와 사회의 대다수를 이룬다는 것이 정치적 주체를 뜻하지는 않는다. 과거 노예제 시절이나 봉건제 시절에도 피지배자들은 국가와 사회의 대다수를 이루었지만, 그들이 정치적 주체를 이룬 것은 아니기 때문이다. 따라서 국어사전의 용법에 따를 경우 민중을 정치적 주체를 가리키는 용어로 보기는 어렵다.

그렇다면 학자들의 경우에는 민중을 정치적 주체로 간주하고 있을까? 내가 보기에는 이 경우에도 답변은 부정적이다. 지난 1920년대부터 1990년대에 이르기까지 한국에서 '민중' 개념의 계보를 검토하고 있는 글에 따르면, 신채호를 비롯한 민족주의 역사학자들은 3·1운동을 거치면서 "역사의 주역으로서의 영웅의 존재를 더 이상 거론하지 않고 그 대신 민중을 강조하게 되었다".[13] 또한 1970년대에 들어서 함석헌은 "어떠한 정치적·사회경제적 제도에 의해서도 오염되지 않은 원초적인 의미의 사람이자 민"을 가리키는 용어로 민중 내지 씨알이라는 용어를 사용하였으며, 1970년대 말에서 1980년대 초에 이르게 되면, 민중신학, 민중사학, 민중문학 등 여러 분야에 걸쳐 민중이라는 용어가 점점

---

13 이세영, 「'민중' 개념의 계보학」, 김경일 외, 『우리 안의 보편성』, 한울, 2013, 303쪽.

더 "역사를 이끌고 가는 하나의 주체로서 자기를 주장할 수 있는 단계에 있어서의 대중"이라는 의미로 사용되었다.[14] 특히 우리가 모두 알다시피 1980년대 중반 이후에는 민중이 "(신)식민지 자본주의 사회의 민족 해방과 계급 해방의 변혁 주체"로서 등장하게 되었다.

이렇게 보면 민중이라는 개념은 정치적 주체를 가리키는 용어의 자격을 지니고 있는 것으로 보인다. 하지만 여기에서 두 가지 반론이 가능하다. 첫째, 이제는 거의 누구도 역사의 주체, 변혁의 주체로서 민중이라는 개념을 신뢰하지 않는 것으로 보인다는 점이다. 실제로 1990년대 이후로 민중이라는 용어는 한국 인문사회과학에서 점점 더 사용되지 않게 되었으며, 2000년대 들어서는 거의 자취를 감추게 되었다. 최근 들어 '민중사학 이후의 민중사'라는 의제를 제기하면서 새로운 민중사의 가능성을 모색하고 있는 일군의 역사학자들이 공통적으로 지적하고 있는 것은 1980년대의 민중 개념(적어도 민중사학에서 사용된)이 "현실에서 하나의 '실체'로 존재하는 것이 아니라 지식인이 구성해낸 '개념'"이라는 점이다.[15] 따라서 이제 그들은 오히려 '일상적'이고 '다성적'인 주체로서의 새로운 민중을 재현하는 것을 자신들의 공통의 과제로 설정하고 있다. 둘째, 더 나아가 1920년대에서 1980년대에 이르기까지 역사의 주체로 설정된 민중의 실제 의미는 **저항의 주체**라는 점이다. 곧 혁명가나 활동가 또는 학자나 문인들이 호명한 민중은 엄혹

---

14 이세영, 「'민중' 개념의 계보학」, 307쪽.
15 역사문제연구소 민중사반, 『민중사를 다시 말한다』, 역사비평사, 2014, 17쪽.

한 지배의 현실에 맞서 투쟁하고 지향될 수 있는 집합적 존재로서의 민중이지, 정치적 주체로서의 민중은 아니었던 것이다. 더욱이 이러한 민중은 실제의 민중이라기보다는 당위적으로 요청된 민중에 가까웠다고 할 수 있다.

내가 저항의 주체와 정치의 주체를 구별한 것은, 저항이 정치에서 차지하는 중요성을 무시하거나 간과하기 때문이 아니다. 내가 강조하고 싶은 것은, 저항 자체에 머물러 있는 주체, 따라서 자신을 **구성과 통치의 위치**에 놓지 못하는 주체는 엄밀한 의미에서 정치의 주체에 미달한다는 점이다. 집합적으로 어떤 정치체를 구성하고 그 정치체를 통치하고 조직하는 위치에 존재하는 것만이 정치적 주체로서의 자격을 주장할 수 있다. 반면 민중은 "민중이 나라의 주인 되는"(김남주) 같은 시적 표현들이나 '민중민주주의' 같은 사회과학적 표현들에서는 지속적으로 주체의 명칭으로 호명되었지만, 민중이 주인 되는 나라, 민중이 통치하는 민주주의가 어떤 것인가에 대해서는 실제로 누구도 그려 본 적이 없다.

그런데 이러한 관점에서 본다면, 한국어에는 놀랍게도 정치적 주체를 가리키는 용어라고 할 만한 것이 존재하지 않는다. 그것은 민중도 대중도 아니며, 국민도 아니다. 북한에서는 '인민'이라는 용어가 바로 이러한 의미의 정치적 주체를 가리키는 용어로 사용된다. 북한 사회과학원에서 나온 『조선말 대사전 증보판』에 따르면 인민은 다음과 같이 정의된다. "① 나라를 이루고 사회와 력사를 발전시켜 나가는 데서 주체로 되는 사람들. 혁명의 대상을 제외하고 로동자, 농민을 비롯한 각

계각층의 모든 사람들이 다 포괄된다. ② 세계의 평화와 인류의 행복에 절실한 이해관계를 가지고 자주적으로 살아 나가기를 원하는 지구상의 모든 사람들. ③ 어떤 지방에 사는 사람들을 통털어 이르는 말."[16] 이 세 가지 정의 가운데 첫 번째 정의가 바로 징치의 주체로서 인민을 규정하고 있다. 하지만 남한에서 사용되는 말 가운데는 이러한 의미의 정치적 주체를 가리키는 용어가 부재한다.[17]

하지만 이것이 마냥 불운한 일일까? 내가 생각하기에는 반드시 그런 것은 아니다. 오히려 정치적 주체를 가리키는 용어의 이러한 부재는 어떠한 의미에서는 정치적 주체의 성격에 대해 새롭게 고찰해 볼 수 있는 실마리를 제공해 줄 수도 있을 것이다. 반면 우리가 조금 뒤에 살펴볼 정치철학자들의 논의에서 좀 더 분명히 드러나겠지만, 북한 사전에 나와 있는 인민에 대한 정의는 **대문자 인민**과 **소문자 인민**, 통치의 주체로서의 인민과 소외되고 주변화되고 배제된 이들로서의 인민 **사이의 간격과 괴리를 상상적으로 봉합**하려는 시도라고 볼 수 있다. 사전에 따르면, 북한에는 피지배자로서의 인민, 몫 없는 이들로서의 인민, 을로서의 인민은 존재하지 않는 것이다.

이 문제를 살펴보기 위해 최근 정치적 주체의 문제를 제기한 몇몇 서양철학자들의 작업을 검토해 보고 싶다. 내가 살펴보려는 철학자

---

16 북한 사회과학원, 『조선말 대사전 증보판』, 평양: 사회과학출판사, 2006.
17 알다시피 '인민'이라는 용어는 해방 이후에도 사용되다가 남과 북으로 분단된 이후 남한에서는 더 이상 공식적인 법적·정치적 용어로 사용되지 못하고 있다. 이 문제에 관해서는 김성보, 「남북국가 수립기 인민과 국민 개념의 분화」, 『한국사연구』 144호, 2009; 박명규, 『국민·인민·시민: 개념사로 본 한국의 정치주체』, 소화, 2014를 참조.

들은 이탈리아의 조르조 아감벤과 프랑스의 자크 랑시에르, 그리고 지
난 2014년 타계한 아르헨티나 출신의 영국 철학자 에르네스토 라클라
우다. 이들은 공통적으로 정치적 주체의 문제를 이탈리아어의 포폴로
popolo, 프랑스어의 푀플peuple, 영어의 피플people의 문제로 제기하고
있다.[18] 더 나아가 이들은 정치적 주체로서 포폴로, 푀플, 피플의 핵심적
인 특징은 그것의 내적 분할의 문제라고 지적하고 있다.

1) 아감벤과 포폴로

아감벤은 『목적 없는 수단』이라는 논문 모음집에 수록된 「포폴로란
무엇인가?」라는 글에서 서양어, 특히 유럽의 언어적 전통에서 '피플'
people이라는 말이 갖는 이중적 의미를 분석한 바 있다.[19] 그에 따르면
이탈리아어 포폴로, 프랑스어 푀플, 스페인어 푸에블로pueblo 같은 어
휘들은 근본적으로 중의적인 의미를 지닌 말들이다. "즉 동일한 하나의
용어가 구성적인 정치적 주체를 가리키는 동시에, 권리상은 아니라 하더라
도 사실상 정치로부터 배제된 계급도 가리키는 것이다."[20] 부연하자면, 포

---

18 이 단어들은 모두 우리말로 하면 대략 '인민'이나 '민중' 등으로 옮길 수 있을 터인데,
 이 말을 우리말로 어떻게 옮길 것인가의 문제가 내가 살펴보려는 문제의 핵심이기 때
 문에 이 글에서는 따로 번역하지 않고 그냥 음역해서 사용하겠다. 마찬가지로 국역본
 에서 인용한 경우에도 번역자가 선택한 번역어를 사용하지 않고 음역하였다.
19 조르조 아감벤, 『목적 없는 수단』, 김상운·양창렬 옮김, 난장, 2009. 이 책의 번역자들은
 이탈리아어 'popolo'를 '인민'으로 옮겼다.
20 같은 책, 38쪽.

폴로, 푀플, 푸에블로 같은 용어들은 한편으로 "총체적이면서 일체화된 정치체로서" 대문자로 된 포폴로Popolo, 푀플Peuple, 푸에블로Pueblo를 표현한다. 반면 동일한 용어들이 다른 한편으로는 "가난하고 배제된 자들의 부분적이자 파편화된 다수"[21]인 소문자 포폴로, 푀플, 뿌에블로 등을 가리킨다. 따라서 전자는 근본적으로 포함적인 반면, 후자는 본질적으로 배제적이다. "한쪽 극에는 주권과 일체화된 시민들의 완전한 국가가 있고, 다른 쪽 극에는 비참한 자·억압받는 자·정복당한 자로 구성된 ('기적의 궁전'이나 수용소 같은) 금지 구역이 있다."[22]

이러한 언어학적 고찰에 기대어 아감벤은 그 자신이 나중에 호모 사케르 연작을 통해 발전시킨 바 있는 서양의 정치 형이상학의 기본 구조를 다시 한 번 환기시킨다.

> 포폴로라는 개념에서 우리가 본래의 정치 구조를 규정하는 짝패 범주들을, 즉 벌거벗은 생명(소문자 포폴로)과 정치적 실존(대문자 포폴로), 배제와 포함, 조에zoe와 비오스bios를 손쉽게 알아볼 수 있다는 뜻이다. 포폴로라는 개념은 그 안에 근본적인 생명정치적 균열을 이미 언제나 담고 있다. 포폴로는 자신이 이미 언제나 포함되어 있는 전체에 속할 수 없는 것일 뿐만 아니라, 자신이 한 부분을 이루고 있는 전체에 포함될 수도 없는 것이다.[23]

21 아감벤, 『목적 없는 수단』, 40쪽.
22 같은 책, 40쪽.
23 같은 책, 41~42쪽.

그리고 아감벤은 역시 그가 그중에 호모 사케르 연작에서 제시한 바 있는 종말론적인 또는 오히려 메시아주의적인 정치철학(또는 정치신학)의 논지를 피력하고 있다. 곧 나치의 유대인 학살 수용소에서 난민 수용소를 거쳐 미국의 아부그라이브 수용소에 이르기까지, "우리가 살고 있는 시대는 배제된 자들인 포폴로를 근본적으로 제거함으로써 포폴로를 분할하던 분열을 메워 보려는 집요하고도 체계적인 시도에 불과"하다.[24] 특히 오늘날 "발전을 통해 빈민 계층을 제거하려는 자본주의적-민주주의적 계획은 자신의 내부에서 배제된 자들로 구성된 인민을 재생산할 뿐만 아니라, 제3세계의 모든 주민을 벌거벗은 생명으로 바꿔 놓고 있다".[25] 따라서 이것은 전 지구적인 내전의 표현이라고 할 수 있다. "서구의 근본적인 생명정치적 분열[곧 조에와 비오스의 분열]을 받아들일 수 있는 정치만이 유일하게 이런 진동을 막을 수 있을 것이며, 지구상의 포폴로와 시민 전체를 분할하는 내전을 종식시킬 수 있을 것이다."[26]

아감벤의 논의에서 우리가 알 수 있는 것은 서양어, 특히 유럽의 로망스 언어 계열에서 정치적 주체를 가리키는 용어들(포폴로, 푀플, 푸에블로, 또는 어느 정도까지는 영어의 피플)은 본질적인 중의성을 지니고 있다는 점이다. 이 용어들은 한편으로 어떤 정치체의 성원을 총체적으로 지칭하는 반면, 다른 한편으로 그중 특정한 일부, 곧 소외되고 주변

24 같은 책, 44쪽.
25 같은 책, 45~46쪽.
26 같은 책, 46쪽.

화되고 배제된 이들을 가리키기도 한다는 점이다. 아감벤에 따르면 이러한 중의성은 고대 로마에서부터 지속되어 온, 특히 프랑스혁명 이후의 근대성을 근원적으로 특징짓는 생명정치적 이원성을 반영하는 것이다. 그것은, 나치의 유대인 수용소가 상징적으로 표현하듯, 배제되고 주변화된 포폴로를 완전히 배제하고 절멸시키려는 기획을 표현한다. 따라서 아감벤의 정치적 기획은 이러한 묵시록적인 절멸의 기획, 전 지구적인 내전의 기획에 맞서 벌거벗은 생명을 정치적 주체로 또는 오히려 정치적 **탈주체**로 구성할 수 있는 가능성을 모색하려는 것이라고 말할 수 있다.

2) 랑시에르와 푀플

아감벤과 마찬가지로 랑시에르 역시 서양 정치철학의 시초에서부터 정치적 주체는 이중적으로 분할되어 있다는 점을 확인한다. 하지만 아감벤과 달리 그는 이를 시원적인 생명정치적 분할과 연결시키지 않으며, 메시아주의적인 정치적 기획과 관련시키지도 않는다. 오히려 그는 시초부터 유일한 정치적 주체는 몫 없는 이들로서의 푀플이었을 뿐이라고 주장한다.

　　랑시에르의 논점이 가장 선명하게 나타난 텍스트를 통해 그의 주장을 검토해 보자. 랑시에르는 「정치에 대한 열 개의 테제」 중 다섯 번째 테제에서 민주주의의 주체로서 푀플(랑시에르 저작의 국역본에서도 역시 이 단어는 모두 '인민'으로 번역되어 있다)을 다음과 같이 정의한다.

테제 5: 민주주의의 주체이며, 따라서 정치의 모체가 되는 주체인 퓌플
은 공동체 성원들의 총합이나 인구 중 노동하는 계급도 아니다. 퓌플
은 인구의 부분들에 대한 모든 셈에 관하여 대체보충적인 부분la partie
supplémentaire으로, 이것은 공동체 전체를 셈해지지 않는 이들의 셈과
동일시할 수 있게 해준다.[27]

다섯 번째 테제를 번역하면서 한국어판 번역자는 프랑스어 원문의
"la partie supplémentaire"를 "보충이 되는 부분"으로 옮겼지만, 나는
이것을 데리다적인 의미에서 "대체보충적인 부분"이라고 옮겨야 한다
고 생각한다.[28]

이 테제에서 퓌플은 두 가지로 정의되고 있다. 첫째, 퓌플은 "민주
주의의 주체", 따라서 "정치의 모체가 되는 주체"다. 이러한 민주주의
의 주체로서의 퓌플은 "공동체 성원들의 총합"collection des membres de
la communauté이 아니며, 인구를 구성하는 여러 개인들이나 집단들 중
에서 "노동하는 계급"classe laborieuse을 뜻하는 것도 아니다. 둘째, 민주
주의의 주체로서의 퓌플은 "인구의 부분들에 대한 모든 셈에 관하여 대
체보충적인 부분"을 뜻한다. 그리고 랑시에르는 이러한 정의를 다음과
같이 부연하고 있다. "이것은 공동체 전체를 셈해지지 않는 이들의 셈

---

27 Jacques Rancière, *Aux bords du politique*, Paris: Gallimard, 2004, pp.233~234[『정
치적인 것의 가장자리에서』, 양창렬 옮김, 전면개정판, 도서출판 길, 2013, 216쪽].

28 데리다의 '대체보충'의 의미에 대해서는 자크 데리다, 『법의 힘』, 진태원 옮김, 문학과
지성사, 2004에 수록된 '용어 해설'을 참조.

과 동일시할 수 있게 해준다." 따라서 두 번째 정의는 다음과 같은 두 가지 요소로 이루어져 있다. 피플은 공동체의 부분들 각각에 대한 셈을 대체보충하는 부분으로, 이러한 대체보충적인 부분에 의해 공동체 전체는 셈해지지 않은 이들의 셈과 동일시될 수 있다. 피플에 대한 랑시에르의 정의는 다음과 같이 이해될 수 있다.

(1) 민주주의의 역사적 기원

우선 이 테제는 그리스 민주주의의 기원에 대한 랑시에르의 해석을 포함하고 있다. 랑시에르는 기원전 500년경 도시국가 아테네에서 클레이스테네스가 이룩한 민주주의 개혁을 "민주주의에 그것의 장소를 부여하는 중대한 개혁"으로 평가한다.[29] 그 이유는 이러한 개혁을 통해 혈연에 기반을 둔 통치 체제와 단절하는 민주주의 정치가 가능해졌기 때문이다. 랑시에르가 보기에 이 개혁의 핵심은 클레이스테네스가 도입한 행정구역 재편에 있다.[30] 이전까지 아테네는 '퓔레'phyle라고 불리는, 혈연에 기반을 둔 네 개의 부족 체제로 이루어져 있었다. 클레이스테네스는 이것을 해체하고 대신 아테네 시와 그 주변 지역, 해안 지역, 내륙 지역의 세 구역으로 아테네 국가를 정비하면서 데모스demos라 불리는 촌락 공동체가 중심 단위를 이루는 10개의 부족으로 재편했다. 그리고

---

29 Rancière, *Aux bords du politique*, p.234[『정치적인 것의 가장자리에서』, 217쪽].
30 클레이스테네스의 개혁에 대한 랑시에르의 평가는 프랑스 고전학자들의 작업에 기대면서도 또한 그들의 논의에서 벗어나는 것으로 보인다. 가령 장 피에르 베르낭, 「고대 그리스의 공간과 정치적 조직」, 『그리스인들의 신화와 사유』, 박희영 옮김, 아카넷, 2005 참조.

이러한 새로운 체제에서 남성들은 18세가 되면 네모스에 등록하여 재산이나 혈연과 무관하게 참정권을 비롯한 시민의 권리와 지위를 평등하게 보장받았다. 따라서 랑시에르에 따르면 "요컨대 인민이란 출생의 원칙을 이어 가기 위해 부의 원칙을 부여하는 논리를 가로막은 인위적 고안물artifice이다".[31] 랑시에르가 피플에 대하여 제시한 정의는 이러한 역사적 사건에 대한 직접적인 재해석의 결과다.

(2) 추상적인 것으로서의 피플

그는 테제 5를 다음과 같이 부연 설명한다. "피플은, 인구를 이루는 부분들이 공동체에서 몫을 나누어 가질 자격에 대한, 그리고 이 자격에 따라 그들에게 돌아올 몫들에 대한 모든 실제의 셈과 관련해 볼 때 추상적인 하나의 대체보충이다. 피플은 셈해지지 않은 이들에 대한 셈 또는 몫 없는 이들의 몫, 곧 말하는 이들의 평등 — 이러한 평등이 없이는 불평등 자체도 사고 불가능하다 — 을 기입하는 대체보충적 존재다."[32]

이러한 재규정에서 우선 주목할 점은 피플은 "모든 실제의 셈과 관련해 볼 때 추상적인 하나의 대체보충"이라는 규정이다. 랑시에르가 말하는 "모든 실제의 셈"이란 공동체를 구성하는 각각의 부분, 곧 각각의 개인과 집단, 계층과 계급들이 그 공동체에 속함으로써 갖게 되는 몫에 대한 규정을 뜻한다. 이러한 몫은 좁은 의미의 경제적 이익이나 이러저

---

31 Rancière, *Aux bords du politique*, p.233[『정치적인 것의 가장자리에서』, 217쪽].
32 *Ibid.*, pp.234~235[같은 책, 217쪽. 번역은 수정].

러한 권리만이 아니라 각각의 부분이 지니는 정체성과 성질 및 자격도 포함하는 넓은 개념이다. 그런데 랑시에르는 푀플이 이러한 "모든 실제의 셈과 관련해 볼 때 추상적인 하나의 대체보충"이라고 말한다. "추상적"이라는 것은 무엇을 뜻할까?

그것은 푀플이라는 속성 내지 자격이 몫의 분배와 관련된 "실제의 셈"의 대상이 되지 않음을 뜻한다. 곧 푀플이라는 속성 내지 자격을 지니고 있다고 해서 어떤 몫을 더 받거나 덜 받게 되지 않는다는 의미다. 그런데 중요한 것은 푀플이 단지 "추상적인" 자격이나 속성이 아니라 "하나의 대체보충"이라는 점이다. 푀플은 공동체에 속하는 각각의 개인들이나 집단들이 지닌 이러저러한 속성이나 자격, 정체성에 덧붙여진 **추가적인** 속성 내지 자격이다. 그것은 실제의 셈의 대상이 아니고, 따라서 분배의 몫을 규정하는 데서 고려의 대상이 되지 않지만, 정치 공동체인 한에서 어떤 공동체에 속하는 모든 성원들이 항상 이미 지니고 있는 속성 내지 자격이 바로 푀플이라는 속성이다.

(3) 대체하는 보충으로서의 푀플

그렇다면 어떤 의미에서 이것이 '대체하는' 보충인가? 이것이 '대체하는' 것은 무엇인가? 랑시에르에 따르면 어떤 공동체를 구성하는 부분들, 곧 개인들이나 집단들에게 돌아갈 몫들의 분배를 규정하는 것은 아르케arkhe의 논리다. 그리스어로 '시초', '원리', '지배' 등을 뜻하는 아르케라는 말은, 랑시에르에 따르면 어떤 공동체 성원들의 속성 내지 자질과 그에 따른 분배의 몫을 규정하는 원리를 뜻한다. 이러한 원리에 따르면 가령 고귀한 혈통 출신이 사람들이 비천한 혈통 사람들에 비해 더 많은 자격을 지니고 있으며 따라서 더 많은 몫을 받는 것이 당연하다. 또 나이가 더 많거나 재산이 많은 이들, 또는 남들보다 더 유덕하거나 더 많은 지식을 지닌 사람들도 그렇지 못한 사람들에 비해 더 많은 자격을 지니고 있고, 그에 따라 더 많은 몫을 갖는 것이 당연하다. 반대로 다른 개인이나 집단에 비해 자격이 덜한 사람들, 곧 혈통이 비천하고 나이도 적고 재산도 변변찮고 유덕하지도 못하며 지식도 없는 사람들은 더 적은 몫을 가질 수밖에 없다. 또한 이러한 셈 자체에서 배제되는 사람들도 존재한다. 그리스의 경우 여성이나 노예, 외국인 등이 그들이다. 이런 의미에서 아르케의 논리는 불평등의 논리이자 배제의 논리며, 이러저러한 본성적인/자연적인 자격의 차이에 근거하여 그러한 불평등과 배제를 정당화하는 논리다. 『불화』에서 랑시에르가 사용한 용어에 따른다면, 아르케의 논리는 모든 종류의 치안 —— 우리가 흔히 정치체 내지 정치 공동체라고 부르는 것 —— 을 근거 짓는 논리다.

퍼플이라는 속성 내지 자격이 대체하는 것은 바로 이러한 아르케의 논리다. 아르케의 논리에 따르면, 가령 한국 최고의 재벌인 삼성의 이건희 회장과 이태원 전철역 앞에서 노숙하는 사람은 한국이라는 정치 공동체의 한 성원이기는 하되, 그들이 공동체에서 차지하는 몫은 엄연히 다를 수밖에 없고 달라야 마땅하다. 왜냐하면 그들 사이에는 엄청난 속성과 자격의 차이가 존재하기 때문이다. 반대로 퍼플이라는 원리에 따르면, 이 두 사람은 그들의 자격 및 따라서 그들에게 돌아갈 몫에 대한 실제의 모든 셈과 무관하게, 그러한 셈에 앞서 한 사람의 **퍼플**, 한 사람의 데모스라는 점에서는 **동등하다**(데모스라는 말의 또 다른 뜻에 따르면, 두 사람은 모두 한남동의 **주민**이라는 점에서는 똑같다). 더하지도 덜하지도 않고 양자는 모두 한 사람의 피플이며, 그런 한에서 동등한 정치 공동체의 주체로서 존재한다.[33] 그리고 이런 의미에서 이 두 사람은 정치적 주체로서의 동등한 몫을 지니고 있다. 따라서 이런 관점에 따르면 일정한 속성이나 자격의 부재 때문에 공동체의 몫의 분배 질서에서 배제된 사람들 역시 한 사람의 피플, 하나의 데모스라는 점에서는 모두 동등하며, 정치적 주체, 민주주의의 주체로서는 모두 동등한 몫을 지니고 있다. "피플은 셈해지지 않은 이들에 대한 셈 또는 몫 없는 이들의 몫, 곧 말하는 이들의 평등 —— 이러한 평등이 없이는 불평등 자체도 사고 불가능하다 —— 을 기입하는 대체보충적 존재다"라는 랑시에르의 말은 바로 이런 의미로 이해할 수 있다.

(4) 민주주의 = 몫 없는 이들의 몫

하지만 그렇다 해도 어떤 의미에서 이러한 대체보충적인 부분이 "공동체 전체를 셈해지지 않는 이들의 셈과 동일시할 수 있게 해준다"(테제 5)라고 말할 수 있는 것일까?

　　공동체 전체가 셈해지지 않은 이들의 셈과 동일시된다는 것은, 첫째, 여기서 말하는 공동체는 엄밀한 의미에서의 **정치** 공동체로, 이러한

33　그는 다른 곳에서는 이를 '대체 가능성'의 원칙이라고 부른다. Jacques Rancière, "Should Democracy Come?", Pheng Cheah and Suzanne Guelac eds., *Derrida and the Time of the Political*, Durham, NC: Duke University Press, 2009 참조.

공동체는 사회를 구성하는 각각의 부분들이 합과 동일하지 않음을 의미한다. 각각의 부분들의 속성과 자격 및 그에 따른 몫의 분배가 아르케의 논리를 따르며, 아르케의 논리는 자연적인 불평등 질서의 표현이자 정당화를 뜻하는 데 반해, 정치 공동체란 자연적으로 주어지는 것이 아니며, 아르케 논리와의 단절을 통해 형성된 '인위적 고안물'이다.

둘째, 정치 공동체가 인위적 고안물인 이유는 정치 공동체를 구성하는 성원들인 데모스 또는 피플이 자연적으로 주어진 존재자가 아니라 **인위적으로 구성된**, 또는 **발명된** 존재자들이기 때문이다. 그들이 지닌 속성(혈통, 부, 유덕함, 지식 등)의 차이에 관계없이, 능력이나 자격의 정도와 무관하게 동등한 주체들로서 존재한다는 것은 자연적인 상태에서는 있을 수 없는 일이다. 그것은 오직 그러한 평등을 서로에게 인정하고 그것을 자신들의 정치 공동체의 유일한 토대 아닌 토대로 긍정하는 정치적 주체들의 행위를 통해 비로소 가능하며, 또 지속될 수 있는 것이다. 이러한 의미에서 피플 내지 데모스라는 정치적 주체의 등장은 자연적으로 존재하는 인구 자신을 그 내부에서 분할하는 일이다. 데모스가 등장한 이후 어떤 공동체를 구성하는 인구들은 **더 이상 그 이전과 동일한 인구가** 아니다. 그 이전에 공동체를 구성하는 인구들이 아르케 논리에 따라 규정되고 몫을 분배받는 존재자들이었다면, 피플 내지 데모스의 등장 이후의 인구들은 그들의 "모든 실제적인 셈"에 앞서, 피플이라는 동등한 정치적 주체로서의 자격으로 규정되는 인구들이다. "피플은 정당한 지배의 논리를 중단시킴으로써 인구를 인구 자신으로부터 탈구시키는 대체보충이다."[24]

3) 라클라우의 포퓰리즘과 피플

마지막으로 포스트맑스주의를 처음으로 제창한 인물이자 현대 포퓰리즘 이론을 쇄신한 바 있는 에르네스토 라클라우의 피플에 대한 재규정을 살펴보자. 라클라우는 랑시에르와 마찬가지로 자신이 지향하는 민주주의를 사회를 구성하는 한 부분이 사회 전체를 대표하는 민주주의라고 규정한다. 그런데 여기서의 부분은 단순한 한 부분이 아니라 기존의 사회질서에서 억압되고 배제된 부분이다.

이를 라클라우는 플레브스와 포풀루스라는, 로마 시대의 정치적 집단을 지칭하는 두 가지 상이한 명칭을 통해 표현한다. 포풀루스가 어떤 정치 공동체의 성원 전체를 가리키는 명칭(따라서 가령 국민 공동체의 합법적인 성원들 전체로서의 '인민')이라면, 플레브스는 포풀루스의 일부분이기는 하되, 기존의 사회 현실과 정치 질서 속에서 제대로 인정받거나 요구를 충족시키지 못한 집단들을 가리키는 명칭이다. 이러한 집단들은 각자 상이한 이해관계 및 정체성을 지니고 있기 때문에, 그들이 서로 연결되지 못한다면 그들은 분산되어 있는 플레브스로 계속 머물게 될 것이다.

반대로 그들이 서로 접합된다면, 다시 말해 공동의 대의를 통해 하나의 정치적 주체로, 곧 포퓰리즘적 주체로 구성된다면, 그들은 분산된 플레브스로 머물지 않고 스스로 전체를 자임하는 부분이 될 수 있다.

---

34 Rancière, *Aux bords du politique*, p.234[『정치적인 것의 가장자리에서』, 216쪽].

이렇게 되면 기존의 포풀루스는 진정한 피플이 아닌 억압적이고 기만적인 피플로 드러나며, 반대로 기존의 사회질서에서는 부분으로 나타났던 플레브스는 진정으로 보편적인 포풀루스를 표현하게 된다.

> 따라서 주어진 것으로서의 포풀루스(현재 존재하는 대로의 사회적 관계의 총화)는 자기 자신을 허위적 총체성으로, 억압의 원천인 부분성으로 드러내게 된다. 반면 플레브스의 경우 그것의 부분적 요구는 온전하게 충족된 총체성의 지평 속에 기입될 것이며, 진정으로 보편적인 포풀루스를 구성하는 것을 열망할 수 있게 된다. 포풀루스에 대한 이러한 두 가지 관점이 엄밀하게 공약 불가능하기 때문에, 어떤 부분성, 곧 플레브스는 자기 자신을 이상적 총체성으로 인식된 포풀루스와 동일시할 수 있게 된다.[35]

랑시에르와 라클라우의 차이점은 다음과 같이 요약될 수 있다.[36]

첫째, 라클라우는 차이의 논리에 따라 분산되어 있는 개인 및 집단이 피플이라는 정치의 주체를 구성하기 위해서는 상징적 준거로서의 지도자가 필수적이라고 주장한다. 이때의 지도자는 살아 있는 현실적인 인물일 필요는 없으며, 그의 이름으로 사람들이 움직일 수 있고 결합될 수 있다면 족하다. 따라서 실제로 필요한 것은 지도자의 이름이다.

---

35 Ernesto Laclau, *On Populist Reason*, London & New York: Verso, 2005, p.94.
36 이 점에 관한 좀 더 자세한 논의는 2장 「포퓰리즘, 민주주의, 민중」 참조.

라클라우의 모국이었던 아르헨티나의 페론 대통령이나 중국의 마오쩌둥, 우리나라의 박정희 대통령 또는 노무현 대통령 등이 바로 그러한 이름의 사례가 될 수 있다.

둘째, 랑시에르는 정치를 곧 주체화subjcctivation와 동일시한다. 랑시에르가 주체화라는 말로 의미하는 것은, 가령 고대 그리스의 데모스라는 정치적 주체의 형성이나 19세기 프랑스에서 프롤레타리아라는 근대적 주체의 형성, 또는 19세기 후반 여성이라는 또 다른 주체의 형성, 20세기 말 이주자라는 새로운 주체의 형성 등이다. 랑시에르는 주체화를 **탈-정체화**dis-identification로 정의한다. 곧 치안이라고 불리는 기존의 사회질서를 통해 부여된 이런저런 정체성들을 거부하고 그러한 정체성들을 가로지르는 새로운 주체 형성을 시도하는 것이 바로 주체화이다.

랑시에르는 19세기 프랑스의 급진적인 정치가였던 오귀스트 블랑키가 사용했던 '프롤레타리아'라는 명칭을 이러한 주체화 과정의 본보기로 제시한다.[37] 블랑키는 1832년 열린 재판에서 검사가 그의 직업을 묻자 "프롤레타리아"라고 대답한다. 검사가 그것은 직업이 아니라고 반박하자, 블랑키는 "프롤레타리아는 정치적 권리를 박탈당한 우리 인민 대다수의 직업"이라고 답변한다. 여기서 검사의 생각을 지배하는 것은 치안의 논리로서 정체화의 논리다. 이러한 논리에 따르면 블랑키

---

37 랑시에르, 『불화』, 76쪽. 전체 인용문은 앞선 7장 「정치적 주체화란 무엇인가?: 푸코, 랑시에르, 발리바르」, 290쪽을 참조.

의 대답은 엉뚱한 대답일 수밖에 없는데, 왜냐하면 프롤레타리아는 직업의 명칭이 아닐뿐더러, 블랑키 자신이 노동자도 아니었기 때문이다. 반면 블랑키는 정치적 주체화의 논리를 따르고 있다. 이 논리에 따르면 프롤레타리아는 사회학적인 정체성을 지닌 어떤 집단을 가리키는 것이 아니라, "셈-바깥을 가리키는 이름, 내쫓긴 자의 이름"이다. 따라서 그것은 "천민들"parias이 아니라 "계급 질서에 속하지 않는 이들, 따라서 그 질서의 잠재적인 소멸인 이들(맑스가 말했던 모든 계급의 소멸인 계급)"을 가리킨다. 이런 의미에서 주체화 과정을 탈-정체화 과정이라고 할 수 있다.

라클라우가 차이의 논리를 넘어선 피플적인 등가성의 논리를 통해 비로소 급진민주주의 주체인 피플이 형성된다고 주장할 때, 라클라우의 주장도 랑시에르의 주장과 유사하다. 단 라클라우의 포퓰리즘 이론 및 헤게모니 이론의 궁극적인 관심사는 다양하고 이질적인 투쟁들을 어떻게 접합하고 결속시킬 것인가에 있는 데 반해, 랑시에르는 주체화라는 이름 아래 이러한 투쟁들의 고유성과 이질성을 강조할 뿐, 그것들이 어떻게 서로 연대를 형성하고 결속할 수 있을까라는 문제에는 거의 관심을 보이지 않는다. 랑시에르가 역사적인 몇몇 사례(고대 그리스의 데모스, 19세기 프랑스의 프롤레타리아, 19세기 후반 여성)를 통해 주체화 과정을 예시하는 반면, 라클라우는 이를 사회운동, 정치운동의 일반 논리로 설명하려고 하는 것이다. 다른 한편 라클라우에게 제기되는 질문은, 포퓰리즘을 통해 형성된 인민을 어떤 근거에서 민주주의적 인민이라고 부를 수 있는가 하는 것이다. 이는 다음과 같은 질문으로 바꿔 표현될 수 있다. "만약 좌파 포퓰리즘 내지 진정한 민주주의적 포퓰리즘과 같은 것이 존재한다면, 그 포퓰리즘을 우파 내지 극우파와 구별되는 **좌파 포퓰리즘**으로, **진정한 민주주의적** 포퓰리즘으로 만드는 것은 무엇인가?"

4) 을의 민주주의: 불가능한 기획?

'을의 민주주의'라는 표현은 잘 정리된 개념보다는 하나의 화두에 가까운 말이다. 을이 누구인지, 그들이 실제로 정치적 주체로, 민주주의적 주체로 구성될 수 있을지, 그들이 과연 지금까지 존재해 왔던 '역사적 대한민국'의 공동체와는 다른 새로운 공동체를 구성할 수 있을지, 아니면 을은 그냥 잠시 사용되었다가 곧 소멸하게 될 유행어인지, 따라서 인터레그넘의 시기를 건너는 새로운 정치의 주체는 다른 데서 찾아야 할지, 그것은 누구도 모른다. 하지만 내가 보기에 중요한 것은 사람들 스스로 자신들을 을이라고 지칭하고 있으며, 사회 스스로 을이라는 이 평범한 말을 심각하고 무거운 말로, 사회의 심층적 현실을 가리키는 말로 사용하고 있다는 점이다. 이러한 을들의 자기 지칭으로서의 을이라는 표현은 을의 민주주의가 몇 가지 중요한 쟁점을 포함하고 있음을 시사해 준다.

첫째, 을이라는 말은 이 사회에는 동료 시민들에게 지배되거나 모욕당하거나 무시당하는 이들이 존재한다는 것, 더욱이 그들이 다수를 이룬다는 것을 우리에게 말해 준다. 보편적 평등의 원리에 입각해 있는 민주주의의 이념에 비춰 보면, 이는 한국 사회가 더 이상 민주주의적

사회가 아니든가 아니면 적어도 신기하게 민주주의가 베꾸너거니 훼
손된 사회라는 것을 말해 준다. 을이라는 말은 한국 사회, 한국 민주주
의의 병리성을 표현해 주는 개념이다.

둘째, 갑에 의한 이러한 억압과 주변화, 소외에도 불구하고, 을들은
과소주체적 존재자들로 실존하고 행위한다는 것을 말해 준다. 왜냐하면
을들은 동등한 을들이 아니라, 을 아래의 병, 병 아래의 정 등으로 분할
되어 있으며, 을은 자신이 갑에게 당하는 것 못지않게 병 위에 군림하
며, 병은 또 다른 **자신의 을들**을 거느리고 있기 때문이다. 이것은 민주주
의적 주체화의 근본 과제가 을의 연대의 문제라는 것, 더 나아가 갑과
을 사이의 구조화된 위계 관계를 어떻게 평등한 민주주의적 관계로 전
화시킬 것인가의 문제라는 것을 말해 준다. 그러므로 우리가 을'의 민주
주의'에 대하여, 곧 을이 주체가 되는 민주주의에 대하여 말한다면, 그
것은 을을 새로운 지배자, 새로운 갑으로 구성하는 것에 대하여 말하기
위함은 아니다. 오히려 을의 민주주의라는 화두가 묻고자 하는 것은 을
이 **지배자가 아닌 주체**가 될 수 있는지, 주인이 아닌(따라서 또 다른 하인
이나 노예를 전제하지 않는) **주체**, 주권자가 아닌(따라서 또 다른 신민庶
民, 백성을 전제하지 않는) 주체가 될 수 있는지 여부다. 그것을 우리가
여전히 주체subject라고(곧 객체를 전제하는 어떤 것이라고) 부를 수 있
는지, 다시 말하면 근원적으로 양가적인 주체라는 이 용어[38]를 여전히

---

[38] 이 점에 관해서는 Étienne Balibar, *Citoyen sujet et autres essais d'anthropologie philosophique*, Paris: PUF, 2011 참조.

사용할 수 있는지도 우리가 질문해 봐야 할 것 중 하나다.

셋째, 을은 **한국 현대사의 증상**을 표현해 준다. 곧 한국 현대사에서 민民은 (간헐적인 봉기의 순간들을 제외한다면) 정치적 주체로 존재한 적이 없다는 사실, 한국이에는 역시 정치적 주체를 지칭하는 용어가 부재한다는 사실을 말해 준다. 따라서 을의 민주주의에 대해 말할 수 있고 또 말해야 한다면, 그것은 우리가 인터레그넘의 시대에 처하여, **세월호 이후, 해방 70년**의 시점을 맞이하여 민주주의 자체에 대하여, 민주주의의 주체에 대하여, 정치 공동체에 대하여 새로운 질문을 던져 보고, 평등과 자유에 기반을 둔 새로운 연대의 구성에 대해 실험해 보아야 한다고 생각하기 때문이다. 대한민국의 장래, 도래할 한국 민주주의의 성패는 여기에 달려 있을 것이다.

10장

행복의 정치학, 불행의 현상학

행복한 가정은 모두 모습이 비슷하고, 불행한 가정은 모두
제각각의 불행을 안고 있다. ― 톨스토이, 『안나 카레니나』

오늘날 이 사회에서 누가 나를 필요로 하겠는가?
― 리처드 세넷, 『신자유주의와 인간성의 파괴』

사회의 행복을 책임진다는 미명하에 모든 나라 정부들은 자
신들의 결정이 야기한, 그리고 자신들의 태만이 허용한 사
람들의 불행을 손익계산으로만 따지는 권력 남용을 저지르
고 있습니다. 그들의 책임이 아니라고 결코 말할 수 없는 많
은 사람들의 불행을 그 정부들의 눈과 귀가 보고 들을 수 있
도록 만드는 것이 이 국제 시민성의 임무입니다. 사람들의
불행은 결코 정치의 침묵하는 잔여물이 되어서는 안 됩니다.
이러한 불행은 권력을 쥐고 있는 이들에 맞서 일어서고 자신
을 주장할 수 있는 절대적 권리를 정초합니다. ― 미셸 푸코,
「통치에 맞서, 인간의 권리를」[1]

---

1 Michel Foucault, "Face au gouvernement, les droits de l'homme"(1981), *Dits et
écrits*, Quarto edition, vol. 2, Paris: Gallimard, 2001, p. 1526.

1. 들어가며: 행복 담론, 불행한 사회

이 장에서 내가 제기해 보려는 질문은 을의 민주주의의 관점에서 볼 때 행복이란 무엇인가라는 질문이다.[2] 아니, 좀 더 정확히 말하면 왜 행복의 정치학에는 내가 불행의 현상학이라고 부르고자 하는 것이 필요한가, 불행의 현상학을 전제하지 않는 행복의 정치학은 어떤 의미에서 이데올로기적 담론으로 귀착될 수밖에 없는가 하는 점이다.

주지하다시피 지난 2000년대 이래 우리나라에서는 행복, 웰빙, 힐링, 긍정심리학 등과 같은 용어들이 사회적으로 크게 유행하고 있다. 이러한 용어들은 단순히 사람들의 심리적 상태나 조건을 개선하고 치유한다는 의미로 사용될 뿐만 아니라, 웰빙 식품, 웰빙 가구, 힐링 토크, 힐링 요법 같은 표현들에서 알 수 있듯이 상품 판매를 위한 광고 효과로 활용되고 그 자체가 하나의 상품으로 널리 판매되고 있다. 실로 오늘날 "행복은 계산 가능하고, 눈으로 볼 수 있으며, 향상시킬 수 있는 실체로" 간주되고 있으며, 생명 자본과 정보통신 자본에 입각해 있는 새로운 자본주의는 "스트레스와 비참함, 질병을 물리치고 그 자리를 안락함과 행복, 건강"[3]으로 대체하려는 방향으로 나아가고 있다. 이에 따라 세계 주요 기업에서는 '최고 행복 경영자'chief happiness officer를 채용하

---

2 '을의 민주주의'에 관한 나의 구상에 관한 좀 더 상세한 논의는 앞선 9장 「몫 없는 이들의 몫: 을의 민주주의를 위하여」 참조. 또한 고려대학교 민족문화연구원에서 발행하는 『웹진 민연』(http://rikszine.korea.ac.kr/)에서 2015년 5월부터 2016년 4월까지 진행된 '을의 민주주의'에 관한 연속 기고도 참조.
3 윌리엄 데이비스, 『행복산업』, 황성원 옮김, 동녘, 2015, 9쪽.

고 전문적인 행복 컨설팅이 새로운 사업거비로 등 상허고 있으며, 심리학·신경생리학·뇌과학·의학·경제학의 학제 연구 또는 초학제 연구에 입각한 행복경제학이 최신 융합 학문 분야로 각광을 받고 있다.[4]

또한 지난 박근혜 정부 역시 2012년 대선 캠페인 단계에서부터 국민 행복을 자신들의 핵심적인 정치적 지향으로 내세운 바 있다. 박근혜 캠프의 명칭 자체가 '국민행복추진위원회'였으며, 대통령으로 당선되면 국민행복시대를 열어 가겠다는 목표를 제시한 바 있다. 이는 2000년대 이후 미국, 영국, 프랑스, 오스트레일리아를 비롯한 세계 각국 정부가 행복을 정책의 주요 의제로 채택하고 있다는 것을 반영한 것이다.[5] 사실 매년 국가별 행복도에 관한 세계적인 기관들의 발표는 국제 뉴스의 단골 주제가 되었다. 가령 경제협력개발기구OECD에서는 매년 국가 행복지수Better Life Index를 발표하고 있다. 우리나라는 2015년 OECD 회원국 36개국 가운데 삶의 만족도에서는 29위로, 젠더 불평등에서는 36위로, 사회적 불평등에서는 29개국 중 25위로 나타나 전 분야에 걸쳐 최하위권에 있는 것으로 나타났다.[6] 또한 유엔이 발표한 '2015 세계 행복보고서'에 따르면 한국은 158개국 중 47위를 차지했으며, 이는 "지난 2013년의 41위보다 6위 하락해 2013년 조사에서는 일본을 앞섰으

---

4 행복 경제학에 대한 소개로는 리처드 레이어드, 『행복의 함정』, 정은아 옮김, 북하이브, 2011; 이정전, 『우리는 행복한가』, 한길사, 2008 참조.
5 유럽 및 북미 주요 국가들의 행복 정책의 현황과 방향에 대해서는 데릭 보크, 『행복국가를 정치하라』, 추홍희 옮김, 지안, 2011 참조.
6 OECD 통계 결과 및 그에 대한 평가로는 http://www.oecdbetterlifeindex.org/topics/life-satisfaction/ 참조.

나 2015년 행복순위는 5.987점으로 46위를 차지한 일본에 뒤처"진 결과라고 한다.[7]

그런데 많은 사람들이 의아해하는 것은 이처럼 기업과 각종 언론 매체, 일상적 담론 및 국가 정책에 이르기까지 기의 모든 사람이 행복과 웰빙, 힐링 담론을 쏟아내고 있음에도 우리의 삶이 과연 더 행복해졌고 또 행복해지고 있는가 하는 점이다. 하지만 우리 모두 알고 있다시피 사정은 전혀 그렇지 못한 것으로 보인다. 각종 통계자료에 따르면, 한국인들은 OECD 국가 중에서 최장 시간의 노동에 시달리고 있으며 비정규직 비율 역시 최고 수준을 자랑(?)하고 있다. 이처럼 대부분의 국민이 매일 장기간의 노동을 감수하면서 열심히 살아가고 있지만, 그럼에도 빈부 격차는 계속 증대하고 있고, OECD 회원국 중 최고의 자살률을 보이고 있으며,[8] 젊은이들을 중심으로 '헬조선', '망한민국', '흙수저' 같이, 한국에 대한 혐오 담론이 급속히 확산되고 있다는 보도가 잇따르고 있다.[9] 이는 최근 10여 년 사이에 우리나라에 널리 확산된 웰빙, 힐링, 행복에 관한 담론들이 사실은 이데올로기적 기능을 수행하고 있는 것이 아닌가라는 의문을 품게 만든다.

---

7 「한국, 행복지수 158개국 중 47위… 1위 스위스」, 『연합뉴스』 2015년 4월 24일.
8 2015년까지 한국은 11년 연속 OECD 자살률 1위를 기록하고 있다. OECD가 발표한 「건강통계 2015」에 따르면, 2012년 기준 한국은 10만 명당 29.1명의 자살률을 기록해서, OECD 평균치인 12.0명의 두 배를 상회하는 압도적인 1위를 기록하고 있다(「한국 자살률 11년째 1위… "무섭고 참담"」, 『연합뉴스』 2015년 8월 30일).
9 이러한 혐오 담론에 대한 다면적인 고찰은 『황해문화』 90호(2016년 봄호) 특집 '헬조선 현상을 보는 눈'을 참조.

바로 그럴 만큼 그 어느 때보다 더 행복에 관한 담론이 필요하고, 국민의 행복을 증대시킬 수 있는 정책이 더욱 절실히 필요하지 않느냐는 주장이 제기될 수 있다. 하지만 수많은 행복에 관한 담론이 실제로는 이데올로기적 기능을 수행하고 있다는 점을 감안하면, 현실적 상황의 필요성만으로 행복에 관한 담론의 정당성이 입증되지는 않을 것이다. 따라서 오늘날의 사회, 곧 신자유주의적인 통치성에 따른 사회적 불평등이 어느 때보다 더 심화되고, 사람들의 삶의 불안정이 증대하는 사회에서 행복에 관한 철학적이고 인문학적인 논의를 제시하기 위해서는 행복에 관한 수많은 담론과 현실적인 상황과의 괴리가 생겨나는 이유에 관해 따져 볼 필요가 있다.

2. 불행한 나라의 행복한 젊은이들? 포스트모던 행복감의 성격

얼마 전 국내에 소개된 일본 사회학자의 저서와 최근 수행된 한국 심리학자들의 작업이 이를 살펴보기 위한 하나의 실마리가 될 수 있다. 이두 연구는 각각 일본 젊은이들과 한국 젊은이들의 행복관을 주제로 삼고 있다는 점에서 이 글의 화두에 얼마간 시사하는 바가 있을 것으로 보이며, 특히 내가 보기에는 신자유주의적인 또는 포스트모던 행복감의 성격이 어떤 것인지 좀 더 분명히 보여 준다는 점에서 의미가 있다.

후루이치 노리토시라는 일본의 젊은 사회학자(1985년생)의 책은 『절망의 나라의 행복한 젊은이들』이라는 역설적인 제목을 달고 있다.[10] 저자는 『뉴욕타임스』 도쿄 지부장이 2010년 저자에게 던진 질문에서 논의를 시작하고 있다. 그것은 "일본의 젊은이들은 이처럼 불행한 상황에 처해 있는데, 왜 저항하려고 하지 않는 겁니까?"라는 질문이었다. 여기에 대한 저자의 답변은 간단한 것이었다. "왜냐하면, 일본의 젊은이들은 행복하기 때문입니다."

『뉴욕타임스』 도쿄 지부장이 불행한 상황이라고 표현한 것은 여러 가지 객관적 지표에 근거를 둔 것이었다. 오랜 기간 지속되는 장기 불황, 저출산과 고령화로 인한 사회보장 비용의 증가, 그로 인해 생겨나는 최악의 재정 적자, 경직된 기업 조직으로 인한 취업난과 불안정 노동(프리터, 임시직)의 증가 등이 2010년대 초반 일본의 사회경제적 상황을 특징짓는 몇 가지 핵심적인 지표였다. 단적으로 1980년대까지만 해도 일본은 놀라운 경제성장 및 종신 고용을 핵심으로 하는 일본 특유의 기업 문화, 탄탄한 사회복지 정책 덕분에 젊은이들이 취직 걱정 없이 안정된 인생을 설계하는 게 가능한 나라였다. 하지만 그 이후 경제의 거품이 꺼지고 20여 년 넘게 장기적인 불황이 지속된 데다가 출산율 저하 및 인구의 고령화로 인해 젊은이들의 객관적인 상황은 점점 더 악화되어 가고 있다. 저자에 따르면 "1980년만 해도 7.5명의 현역 세대가 1명의 고령자를 부양했다. 그런데 2000년에는 4명의 현역 세대가 1명의 고령자를, 2008년에는 3명의 현역 세대가 1명의 고령자를 부양하게 됐다. 그럼에도 '현역 세대 대비 고령자의 비율'은 쉴 새 없이 상승해 버린

10 후루이치 노리토시, 『절망의 나라의 행복한 젊은이들』, 이연숙 옮김, 민음사, 2014. 일본어 원서는 2011년에 출간되었다.

것이다. 심지어 2023년에는 ?명이 현여 세대기 1명의 고딩사늘 부양하게 될 것이다."[11]

이런 상황에서 일본 젊은이들이 행복감을 느낀다는 것이 정말 사실일까? 저자는 몇 가지 지표를 제시한다. 일본 내각부가 2010년에 실시한 '국민 생활에 관한 여론조사'에 따르면 20대의 70.5%가 현재의 생활에 '만족'한다고 답변을 했다고 한다. 이러한 만족도는 30대는 65.2%, 40대는 58.3%, 50대는 53.3%로 나타난 다른 세대에 비해 훨씬 더 높은 것이다. 또한 이것은 과거의 20대가 느낀 행복감에 비해서도 더 높은 수치다. 1960년대 후반 20대의 만족도는 60% 정도였고, 1970년대에는 50%였던 데 비해, 경제 불황에 접어든 1990년대 후반부터는 계속 70%의 만족감을 보여 주고 있는 것이다.[12]

그렇다면 일본의 젊은이들은 이런 악화된 객관적 상황에서 왜 이전보다 더 큰 행복을 느끼는 것일까? 저자는 다음과 같은 답변을 제시한다.

일본에는 매일매일 생활을 다채롭게 해주고 즐겁게 만들어 주는 요소들이 갖춰져 있다. 그다지 돈이 많지 않아도 우리는 자기 처지를 어떻게 생각하느냐에 따라 그럭저럭 일상생활을 영위할 수 있다.

예컨대 유니클로나 자라에서 기본 패션 아이템을 구입해서 입고, 에이

---

11 같은 책, 276쪽.
12 같은 책, 27쪽.

치앤드엠에서는 유행 아이템을 사서 포인트를 준 다음, 맥도날드에서 런치 세트와 커피로 식사하면서 친구들과 시시껄렁한 이야기를 세 시간 정도 나눈다. 집에서는 유튜브를 보거나, 스카이프를 이용해 친구와 채팅을 즐기고 종종 화상 통화도 한다. 가구는 니토리나 이케아에서 구매한다. 밤에는 친구 집에 모여서 식사를 하며 반주를 즐긴다. 그리 돈을 들이지 않아도 그 나름대로 즐거운 일상을 보낼 수 있다.[13]

저자는 이처럼 객관적으로 열악한 상황 속에서도 자기 나름대로의 즐거움과 만족감을 추구하는 일본의 젊은 세대를 '컨서머토리' consummatory라는 용어로 지칭한다. "컨서머토리란 자기 충족적이라는 의미로, '지금 여기'라는 신변에서 가까운 행복을 소중히 여기는 감각을 말한다. [……] 어떠한 목적을 달성하기 위해 매진하는 것이 아니라, 동료들과 어울려 여유롭게 자신의 생활을 즐기는 생활 방식이라고 바꿔 말해도 좋을 듯하다. 다시 말해, 미리 '더 행복한 미래'를 상정해 두고 그것을 위해 사는 것이 아니라, '지금 아주 행복하다'라고 느끼면서 사는 것이다."[14]

저자에 따르면, 일본의 젊은이들이 자기 충족적인 행복감을 느끼고 있는 이유는 행복의 조건에 "'경제적인 문제'와 '인정의 문제'"[15] 두

---

13 후루이치 노리토시, 『절망의 나라의 행복한 젊은이들』, 26~27쪽.
14 같은 책, 136쪽.
15 같은 책, 290쪽. 번역본에는 '승인의 문제'로 되어 있지만, 여기에서는 '인정의 문제'로 바꾸었다.

…서 존재하기 때문이다. 지지는 6강의 한 절의 제목을 '빈곤은 미래의 문제, 인정은 현재의 문제'로 붙이고 있다. 이러한 제목이 뜻하는 바는 일본의 젊은이들이 현실에서 직접 대면하고 있는 문제는 빈곤의 문제보다는 인정의 문제라는 점이라는 것이다. "대다수 젊은이에게 '미래의 문제'인 경제적인 빈곤과 달리, 인정과 관련된 문제는 비교적 '쉽게 알아볼 수 있는' 형태로 모습을 드러낸다. 수많은 젊은이들에게 미래의 '빈곤'보다 현재의 '외로움'이 더 절실한 문제이기 때문이다."[16]

빈곤이 미래의 문제라는 것은, 대부분의 일본 젊은이들에게 빈곤은 현재 절실하게 다가오는 문제가 아니라는 것을 뜻한다. 현재 좋은 정규직 일자리를 갖지 못한 젊은이들이라 하더라도 선술집 아르바이트로 한 달에 30만 엔에서 40만 엔 정도의 월수입을 올리는 일은 어렵지 않다는 것이다. 더욱이 "18세부터 34세의 미혼인 젊은이들 가운데 남성의 약 70%, 여성의 약 80%가 부모와 함께 살고" 있기 때문에, 빈곤은 직접적인 체감의 문제로 다가오지 않는다. 이들에게 빈곤은 "20년 내지 30년 후부터는 부모 세대를 부양해야 하는 문제"[17]에 직면하게 될 때 구체적으로 닥칠 것이며, 이런 의미에서 빈곤은 미래의 문제라고 할 수 있다.

젊은이들이 현재 직면한 인정의 문제는 연인과의 교제 문제이며, 좀 더 넓게 본다면 친교의 문제인데, SNS가 일반화된 현 상황에서 젊은이들은 상대적으로 손쉽게 인정의 문제를 해결할 수 있다는 것이 저

---

16 같은 책, 295~296쪽.
17 같은 책, 293쪽.

자의 논지다. 트위터에 재미있는 글이나 사진 또는 동영상을 올릴 경우 곧바로 리트윗되고 팔로워 수가 늘어나는 것을 보면서 인정의 욕망을 충족시킬 수 있다는 것이다. "이처럼 실리실익을 따지지 않는 공동체가 증가하면서, 인정 욕구를 채워 주는 것들이 분산되어 우리의 정체성을 보장"해 주고, 이러한 상호 인정 덕분에 "젊은이들은 굳이 사회의 다양한 문제를 모두 해결하지 않아도 살아갈 수 있게 되었"으며, "경제적인 불만, 막연한 미래가 주는 불안도 다양한 형태의 공동체를 통해 치유될 수 있는 것이다".[18]

저자는 자신이 인터뷰한 일본 젊은이들의 이러한 행복관에 대해 특별히 부정적인 태도를 취하지 않고 있다. 그는 오히려 있는 것을 그대로 소개한다는 태도, 곧 이것이 실제 일본 젊은이들이 행복에 대해 갖고 있는 태도라는 관점을 취하고 있으며, 자신도 역시 이 부류에 속한다고 밝히고 있다. 일본 젊은이들이 보여 주는 태도는, 컨서머토리라는 명칭이 말해 주듯, 한편으로 본다면 어려운 상황 속에서도 자기 나름대로 즐길 거리와 행복의 요소들을 찾아보려는 적극적인 태도로 간주될 수 있다. 영국 사회학자인 지그문트 바우만은 이런 식으로 그날그날의 즐길 거리에 탐닉하는 신자유주의 사회의 개인들의 행복 추구 경향을 "점증하는 허무주의와 냉소주의, 그들의 근시안적인 사고, 장기적인 인생 계획에 대한 무관심, 그들의 진부하고 이기적인 욕망, 삶을 일회성 행동으로 잘게 쪼개어 각 행동이 초래할 결과에는 아무 관심도 갖지 않

18 후루이치 노리토시, 『절망의 나라의 행복한 젊은이들』, 300~301쪽.

고 최후의 흰 방울까지 짜내어 즐기려는" 태도로 비난하는 사람들에 대하여, 사람들의 이러한 태도는 "미래를 안식처나 약속의 땅이 아니라 위협으로 볼 수밖에 없는 세상에서 사는 사람들이 보이는 **합리적인 반응**"이라고 반박한다.[19] 복지국가에서 누리던 안정된 삶의 질서가 해체되고 안보에 대한 불안이 조장되고 불안정 노동에 시달리는 신자유주의적 체제 아래에서 대부분의 사람들에게 장기적인 미래 설계에 입각한 생활 방식이 불가능해진 만큼, 그들이 할 수 있는 한도 내에서 나름대로의 행복과 즐거움을 추구하는 것은 당연한 반응이라는 뜻이다.

하지만 다른 한편으로 본다면, 일본 젊은이들의 태도는 약 40여 년 전에 미국의 문화비평가 크리스토퍼 래시가 지적한 바 있는 탈정치적 태도의 전형을 보여 준다고 할 수 있다.

> 어떤 중요한 측면에서도 자신의 삶을 개선할 수 있다는 희망이 없다면 사람들은 정신적인 자기 계발이 중요하다고 스스로 확신하게 된다. 감정을 잘 표현하고, 건강에 좋은 음식을 먹고, 발레나 벨리댄스 강좌를 듣고, 동양의 지혜에 심취하고, 조깅을 하고, 사람들과 관계를 맺는 방법을 배우고, '쾌락의 두려움'을 극복한다. 이러한 행동들은 그 자체로는 해로울 것이 없지만, 이러한 행동들이 진정 중요한 것이라는 미사여구로 포장되면 사람들로 하여금 정치에서 이탈하게 만든다.[20]

---

19 지그문트 바우만, 『방황하는 개인들의 사회』, 홍지수 옮김, 봄아필, 2013, 68~69쪽.
20 Christopher Lasch, *Culture of Narcissism*, New York: Warner Books, 1979, pp.29~30.

이러한 태도는 개인주의적인 성향을 더욱 촉진하게 되며, 사회적인 문제에 대해 사람들이 점점 더 관심을 갖지 않게 만든다. 현재의 삶의 질서와 다른 대안적 질서를 사고하는 것이 불가능할뿐더러, 그런 것을 사고할 수 있다고 하더라도 과연 그것을 어떻게 실천에 옮길지 더 막막하기 때문이다. 따라서 불가능한 사회 변혁이나 개혁 대신 개인들은 자기 혼자서 할 수 있는 자기만의 치료법에 몰두하고, 그것을 통해 바깥 세상에서 얻기 힘든 **자기만의 행복의 세계**를 구축하려고 시도하는 것이다. 정신적인 자기 계발, 건강에 좋은 음식, 동양의 지혜, 벨리댄스 강좌, 조깅, 사람들과 관계 맺는 법, 감정을 다스리기같이 래시가 열거하는 이 모든 것이야말로 최근 웰빙, 힐링, 긍정심리학에서 행복을 얻는 비법으로 소개되는 그것들이 아닌가?

다른 한편 최근 발표된 부산 지역 심리학자들의 공동 연구는 또 다른 측면에서 흥미로운 결과를 담고 있다.[21] 이 연구는 부산 지역 대학생 238명에 대한 설문조사를 바탕으로 수행된 것으로, 미국인과 한국인의 행복 개념의 차이를 비교·분석하는 것을 목적으로 삼고 있다. 조사 결과, 다음과 같은 결론이 나오게 되었다. 이 연구에서는 정서적 안녕감과 심리적 안녕감, 사회적 안녕감이라는 세 가지 측면을 바탕으로 행복감을 측정했는데,[22] 우선 정서적 요인에서는 두 나라 사람들 간에 큰 차이

---

21 유나영 외, 「한국인의 행복 개념 탐색 연구: 한국 대학생을 중심으로」, 『한국민족문화』 55호, 2015.
22 행복이라는 개념을 이렇게 세 가지 측면으로 구별한 것은 1984년 미국의 심리학자 에드 디너가 행복을 '주관적 안녕감'이라는 이름 아래 정서적 측면에서 행복에 대한 조작적 개념화를 시도한 이래, 캐럴 리프 및 코리 리스를 거쳐 심리학계에서 표준화되

기 없는 것으로 나타났다. 반면 심리적 안녕감에서는 두 가지 차이점이
나타났다. 하나는 한국인들의 심리적 안녕감을 구성하는 하위 요인들
이 미국인들에게 비해 수적으로 적다는 것(자기 계발/긍정적 인생관)이
며, 두 번째는 타인과의 긍정적 관계를 심리적 안녕감의 하위 요인 중
하나로 간주하는 미국인들에 비해 한국인들은 이것을 심리적 안녕감
과 독립적인 요인으로 강조하고 있다는 점이다. 이는 한국인들이 "가족
을 불특정 타인의 범주로 생각하기보다는 타인과 분리된 하나의 독립
된 개념으로 생각하는" 데서 비롯한 것이다.[23] 또한 한국인들은 이타심
을 행복의 요인으로 더욱 강조하는 성향을 보인다고 한다.

사회적 측면에서도 중요한 차이점이 드러난다. 곧 미국인들은 개
인이 공동체에 기여하는 바가 높을수록 행복감을 느끼는 반면, 한국인
들은 자신의 사회적 지위에 대해 사회가 인정해 줄수록 행복감을 느낀
다는 것이다. 이는 곧 한국인들은 자신이 속한 집단(가문, 학벌, 직장 등)
을 사회가 인정해 줄수록, 그리고 "사회 정치 문화적 환경이 나에게 도
움이 될 수 있을 정도로 안정적일수록"[24] 행복하다고 느낀다는 것을 의
미한다.

고 있는 행복 개념에 입각한 것이다(Ed Diener, "Subjective Well-Being", *Psychological Bulletin*, vol.95, no.3, 1984; C. D. Ryff, "Happiness is Everything, or is it? Explorations on the Meaning of Psychological Well-Being", *Journal of Personality and Social Psychology*, vol.57, no.6, 1989; C. L. M. Keyes, "Social Well-Being", *Social Psychology Quarterly*, vol.61, no.2, 1998). 심리학적 행복 개념의 정의 문제에 대해서는 권석만, 『긍정심리학: 행복의 과학적 탐구』, 학지사, 2008 참조.

23 유나영 외, 「한국인의 행복 개념 탐색 연구」, 213쪽.
24 같은 글, 218쪽.

또 하나의 중요한 차이점은, 미국의 조사에서는 독립적인 척도 중 하나로 간주되지 않았던 "사회경제적 요인들(경제력, 종교, 외모, 건강, 여가)이 한국인에게는 중요한 행복의 구성 요인으로 인식된다는 것"이다.[25] 이 연구의 연구자들은, 앞서 이루어진 다른 연구들과 관련하여,[26] 이러한 차이점은 한국인들의 행복 개념에는 복福이라는 개념이 본질적인 요소로 포함되어 있다는 점을 시사한다고 결론 내리고 있다. 특히 연구자들에 따르면 설문조사 결과 17%의 참가자들이 행복한 사람보다는 복 받은 사람이 되고 싶다는 답변을 했다고 한다. 여기에서 복이란 개인에게 외재적으로 주어진 조건을 가리키는 것으로, 부유한 집안, 잘생긴 외모, 탁월한 선천적 능력 등을 가리키는 포괄적인 명칭이다. 그렇다면 한국인들(적어도 한국의 젊은이들)에게 행복은 주체적인 노력이나 태도에 달려 있다기보다는 오히려 외적인 조건이나 운에 달려 있는 것으로 간주된다는 것을 미루어 짐작할 수 있다.

이는 또 다른 통계 조사에서도 확인된다. 2014년 경향신문이 한국개발연구원KDI의 보고서를 분석한 결과에 따르면, 한국 사회에서 성공 및 출세 요인으로 '학벌과 연줄'을 꼽은 학부모의 비율이 2010년 48.1%에 이르렀다. 이는 2006년 33.8%, 2008년 39.5%에서 급증한 결과로,[27]

---

25 유나영 외, 「한국인의 행복 개념 탐색 연구」, 213쪽.

26 특히 이지선·김민영·서은국, 「한국인의 행복과 복: 유사점과 차이점」, 『한국심리학회지: 사회 및 성격』 18권 3호, 한국사회및성격심리학회, 2004 참조.

27 「'학벌사회' 수치로 입증됐다」, 『경향신문』 2014년 1월 3일. 이 기사에서 분석한 보고서는 김영철·김희삼, 『노동시장 신호와 선별에 기반한 입시 체제의 분석과 평가』, 한국개발연구원, 2013이다.

점점 더 많은 하부고기 한국 사회에서 공정한 경쟁이나 기회 균등이 존재하지 않는다고 생각하고 있음을 잘 보여 주는 결과다. 또한 통계청이 13세 이상 3만 900명을 대상으로 한 '2015년 사회조사' 결과에 따르면, "평생 노력을 하면 본인 세대에서 사회경제적 지위가 높아질 가능성이 높다고 보느냐"라는 질문에 21.8%만이 "그렇다"라고 답했다고 한다. 이는 2009년 처음 조사가 이루어질 당시 35.7%였던 답변 비율에 비해 15% 가량이 하락한 수치이다.[28]

몇 년 전 출간된 행복의 역사서에 따르면,[29] 오늘날 논의되는 행복은 근대 이후에, 곧 17~18세기 계몽주의 이후에 생겨난 개념이다. 이것은 무엇보다 근대 이전의 행복이 평범한 사람들을 뛰어넘는 재능이나 운, 미덕을 지닌 사람들에게 주어지는 어떤 것으로, 그리고 인간성의 완성의 문제와 분리될 수 없는 것으로 여겨졌던 데 비해, 근대 이후 행복은 소수의 특권적이거나 훌륭한 사람들만이 누릴 수 있는 어떤 것이 아니라, 지상에 존재하는 모든 사람이 누릴 수 있는 권리와 같은 것으로 간주된다는 사실에서 극명하게 드러난다. 이 때문에 "계몽주의자들은 실로 인간이 불행한 곳에서는 뭔가 잘못된 것이 있다고 주장했다".[30] 곧 그들은 행복을 누려야 마땅한 사람들이 불행을 겪고 있는 것은 정부의 형태나 법 제도, 신념, 사회적 관습 및 삶의 조건 등의 문제점에서 기인한 것

---

28 「국민 10명 중 2명만 '계층상승 가능'」, 『한겨레』 2015년 11월 26일.
29 대린 맥마흔, 『행복의 역사』, 윤인숙 옮김, 살림, 2008 참조. 또한 좀 더 간략하지만 역시 흥미롭고 유익한 미셸 포쉐, 『행복의 역사』, 조재룡 옮김, 열린터, 2007도 참조.
30 맥마흔, 『행복의 역사』, 31~32쪽.

이며, 이러한 문제점들을 해결할 경우 모든 사람이 행복을 누릴 수 있다고 본 것이다. 미국 독립선언서에서 사람들의 행복 추구권이 자명한 진실로 간주된 것은 이러한 계몽주의적 신념을 반영한 것이었다. 반면 오늘날 한국의 젊은이들이 부유한 집안, 잘생긴 외모, 탁월한 선천적 능력 등과 같이 외재적으로 주어지는 운으로서의 복을 행복의 핵심으로 간주한다면, 이는 우리 사회에서 **합리적인 방식**으로, 곧 **자신들의 주체적인 노력**으로 행복을 달성한다는 것은, 불가능한 것은 아닐지 몰라도 지극히 어렵다는 것을 체감하고 있기 때문이 아닌가 짐작해 볼 수 있다.

3. 소실점으로서의 행복

회고해 본다면 오늘날 때로는 과학의 이름으로, 때로는 국가정책의 이름으로, 또 때로는 대중적 담론의 형태로 제시되고 있는 행복론은 크게 세 가지 역사적 계기를 바탕으로 형성되어 왔다고 할 수 있다.

우선 이스털린 역설이라고 알려진 경제학적 '발견'이 존재한다. 미국의 경제학자 리처드 이스털린은 1974년 발표한 한 논문에서 그 당시까지 주류 경제학에서 당연한 것으로 가정되어 온 '경제성장=행복의 증대'라는 기본적인 원칙에 대해 의문을 제기한다.[31] 이 글에서 이스털

---

31 Richard Esterlin, "Does Economic Growth Improve the Human Lot? Some Empirical Evidence", Paul A. David and Melvin W. Reder eds., *Nations and Households in Economic Growth: Essays in Honor of Moses Abramovitz*, New York & London: Academic Press, 1974.

린은 1946~1970년 사이에 19개국을 대상으로 진행된 행복에 관한 설문조사 결과를 바탕으로, 한 국가 내에서는 고소득자와 저소득자 사이에 소득과 행복 사이에 정正의 상관관계가 존재하지만, 국가 간 비교에서는 소득수준이 높은 국가의 국민이 소득수준이 낮은 국가의 국민보다 평균적으로 더 행복하다는 결론을 이끌어 낼 수 없다고 주장했다. 더 나아가 그는 시계열적인 분석을 해보면 한 국가 내에서도 소득이 일정한 수준에 이르게 되면 그 이상 소득이 오른다고 해도 반드시 행복감이 더 상승하지는 않는다고 주장한 바 있다.[32] 이스털린은 그 후 비판가들과의 여러 논쟁을 거쳐[33] 2010년에는 더 확장된 연구 대상, 곧 사회주의에서 자본주의로 이행한 동유럽 국가들 및 발전도상국가들을 대상으로 진행된 연구에서 이 경우에도 역시 이스털린 역설이 존재한다는 결과를 발표했다.[34] 이스털린의 연구는 그 이후 경제성장과 국가의 행복도의 상관관계에 관한 국내적 및 국제적 연구에서, 또한 이른바 '행복경제학' 연구에서 가장 기본적인 출발점이 되었다.

그다음으로 긍정심리학의 부상을 들 수 있다. 긍정심리학의 부상

---

32 이스털린 자신은 이스털린 역설을 다음과 같이 정의하고 있다. "국가 내부 및 국가들 사이에서 어떤 일정한 시간적 지점에서 행복은 소득과 함께 직접 변화하지만, 시간이 경과되면 행복은 국가의 소득이 증대해도 증가하지 않는다"(Richard Esterlin et al., "The Happiness-Income Paradox Revisited", *Proceedings of the National Academy of Sciences*, vol.107, no.52, 2010, p.22463).

33 이스털린 역설을 둘러싼 논쟁에 대한 좀 더 상세한 소개는 문진영, 「이스털린 역설에 대한 연구: 만족점의 존재 여부를 중심으로」, 『한국사회복지학』 64권 1호, 2012; 김균, 「이스털린 역설과 관계재」, 『사회경제평론』 42호, 2013 참조. 또한 장덕진, 「우리는 왜 행복하지 않은가」, 『황해문화』 91호, 2016 참조.

34 Esterlin et al., "The Happiness-Income Paradox Revisited".

은 크게 두 가지 계기로 이루어졌다고 할 수 있다. 우선 미국 일리노이대 심리학과 교수인 에드 디너가 1984년 발표한 논문에서 행복을 과학적으로 연구하기 위한 토대로 행복에 대한 조작적 정의를 제시한 것이 첫 번째 계기다. 이 논문에서 그는 주로 철학적 논의의 대상이 되어 온 행복에 대해 과학적인 정의를 제시하고자 시도한다. 그에 따르면 행복에 대한 과학적 정의는 세 가지 계기로 이루어져 있다. 첫째, 행복은 주관적인 것으로 "개인의 경험에 놓인 것"이다.[35] 비록 안락함, 건강, 덕 또는 부유함 같은 것이 주관적 행복[36]에 영향을 미칠 수는 있지만, 그것은 "주관적 안녕감SWB의 내재적이고 필수적인 부분은 아니다".[37] 둘째, 주관적 안녕감은 부정적 척도의 부재만이 아니라 긍정적 척도를 포함하고 있다. 셋째, 주관적 안녕감의 측정은 한 개인의 삶의 모든 측면에 대한 "포괄적 평가"로 이루어진다.[38] 이러한 관점에서 그는 주관적 안녕으로서의 행복을 구성하는 두 가지 요소를 강조한다. 하나는 긍정적 정서와 부정적 정서로 이루어진 정서적 요인으로, 행복감·즐거움·만족감·자존감·고양감·환희감 등과 같은 긍정적 정서를 자주 경험하면서 슬픔·우울함·불안·분노 등을 덜 경험할수록 주관적 안녕감의 수준이 높다고 한다. 두 번째는 인지적 요인으로 주로 '삶의 만족도'라고 불리는 것이다. 이는 개인이 설정한 기준과 비교하여 삶의 상태를 평가

---

35 Diener, "Subjective Well-Being", p.543.
36 그는 자신이 정의하는 과학적 의미의 행복을 SWB, 곧 'Subjective Well-Being'의 약자로 표현한다.
37 Ibid., p.543.
38 Ibid., p.544.

하는 의식적이고 인지적인 판단을 가리킨다. 곧 개인은 자신이 설정한 기준에 비춰 전체적이거나 부분적으로 자신의 삶에 대해 긍정적으로 평가할 때 만족감을 느낀다는 것이다. 그 이후 정서적 요인과 인지적 요인을 평가하는 척도들이 개발되고, 캐럴 리프나 코리 키스 등에 의해 새로 심리적 안녕감과 사회적 안녕감이라는 요인이 추가되면서 오늘날 표준화된 심리학적 행복 개념이 구성되었다.

하지만 긍정심리학에는 이와 결합되어 있지만 약간 다른 흐름도 존재한다. 미국의 심리학자인 마틴 셀리그먼이 1998년 미국심리학회 회장으로 당선되면서 처음 긍정심리학이라는 용어를 제안할 때 목표로 내세운 것은, 그 당시까지 지배적이었던 심리적 병리나 질병 중심의 심리학에서 벗어나 좀 더 긍정적인 측면에 초점을 맞추고 인간의 잠재력이나 자아의 목표 실현에 도움을 줄 수 있는 적극적인 심리학을 구성해 보자는 것이었다.[39] 에드 디너와 같이 주관적 안녕을 중시하는 관점이 쾌락주의적-공리주의적 입장에 가깝다면, 이 후자의 입장은 자기실현적-목적론적 입장에 가깝다고 할 수 있다. 곧 이들은 개인들이 자신들의 잠재적 능력과 긍정적 성품, 덕성을 충분히 발휘함으로써 개인적으로나 사회적으로 가치 있는 삶을 살아가는 것이 행복한 삶이라고 간주한다. 가령 셀리그먼 같은 사람은 다음과 같은 행복 공식을 제안한다. "H=S+C+V". 여기에서 H는 '영속적인 행복의 수준'을 가리키고, S는

---

39 좀 더 자세한 논의는 마틴 셀리그먼, 『긍정심리학』, 김인자 옮김, 물푸레, 2006, 2장; 권석만, 『긍정심리학』 참조.

'이미 설정된 행복의 범위', C는 '환경', 그리고 V는 '덕목'을 가리킨다.[40]

　세 번째 역사적 계기로 간주될 수 있는 것이 『스티글리츠 보고서』다. 지난 2008년 2월 세계 경제위기가 일어나기 직전 당시 프랑스 대통령이었던 니콜라 사르코지의 제안으로 형성된 (조지프 스티글리츠를 위원장으로 하는) '경제 실적과 사회 진보의 계측을 위한 위원회'가 제출한 『스티글리츠 보고서』에서 경제성장과 국가 발전을 측정하기 위한 표준적인 지표로서 GDP 대신 포괄적인 삶의 질을 측정할 수 있는 새로운 측정 방식을 도입할 것을 제안한 이래,[41] 세계 각국 정부는 행복의 증대를 국가정책의 주요 의제로 설정했으며, OECD와 유엔을 비롯한 국제기구에서도 각 나라별 행복도를 측정하여 매년 그 결과를 발표하고 있다. 아울러 이 보고서는 경제학, 심리학, 사회학을 비롯한 초학제적인 행복학 연구의 새로운 동력을 제공해 주었으며, 행복에 관한 좀더 폭넓은 정의를 제시하고 있다. 가령 2011년 이후 OECD가 각 국가의 삶의 질을 측정하기 위해 채택하고 있는 지표의 개념적 요소는 다음과 같이 구성되어 있다.[42]

40 셀리그만, 『긍정심리학』, 85쪽 이하.

41 Joseph Stiglitz et al., *Mismeasuring Our Lives: Why GDP doesn't Add up*, New York: New Press, 2010; 아마티아 센·조지프 스티글리츠·장 폴 피투시, 『GDP는 틀렸다: '국민총행복'을 높이는 새로운 지수를 찾아서』, 박형준 옮김, 동녘, 2011 참조.

42 OECD, *How's Life: Measuring Well-Being*, OECD, 2011. 우성대, 「행복의 정치경제학을 위한 연구: 웰빙과 삶의 질, 그리고 행복의 문제를 중심으로」, 『한국동북아논총』 73호, 2014, 298쪽에서 재인용.

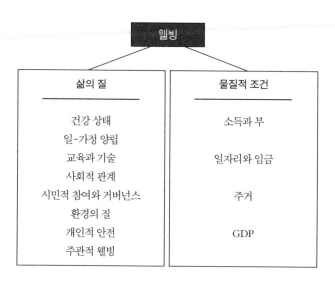

이러한 개념적 틀은 긍정심리학에서 제안하는 주관적 웰빙, 곧 주관적 안녕감을 포함하는 것은 물론이거니와 물질적 자원 및 생활 조건, 사회적 관계 등을 웰빙의 포괄적인 요소로 간주하고 있다. 그리고 GDP는 전체적인 웰빙 중에서 물질적 조건에 속하며, 그것도 그 일부 요소로 간주되고 있다.

행복에 관한 새로운 학문적 연구에 입각하여 각 나라별 행복지수를 측정하려는 노력, 그리고 이러한 지수에 따라 부족한 점을 보충하고 긍정적 측면을 강화하기 위한 정책 개발의 노력 자체를 문제 삼을 이유는 없다. 이러한 노력이 사회복지를 확충하고 젠더 불평등을 개선하고 국민 개개인의 삶의 질을 개선하려는 의지에 입각해 있으며, 더 나아가 성장 중심의 발전주의 경제 대신 국민의 행복을 증대시킬 수 있는 대안적 경제 질서를 추구하는 만큼, 더욱이 행복지수를 측정하려는 시도 자체가 끊임없이 새로운 지표와 척도를 개발하여 기존 지수의 문제점을 개선하려는 노력에 입각하고 있는 만큼, 이것 자체를 거부하거나 단순한 이데올로기로 치부할 수는 없을 것이다.[43]

하지만 이러한 지표 자체가 물신화되어 마치 그것이 행복을 평가하는 절대적인 척도인 것처럼 간주되고, 다른 여러 가지 통계 수치들과 마찬가지로 정책과 사회적 여론을 지배하는 근본 기준으로 작용하고 있다는 점은 문제가 아닐 수 없다. 곧 이 다양한 부류의 행복론들이 은폐하거나 전치轉置하는 것, 따라서 이것들이 지닌 근본적인 이데올로기적인 성격(은폐 내지 전치야말로 이데올로기의 판별적 기능이라면)은 마치 행복을 인식하고 평가하기 위한 **단일하고 객관적인 척도가 존재하는 것처럼** 간주하는 것, 그리고 그러한 척도에 입각한 행복론에 반대하는 것은 마치 행복의 정치를 부정하는 것처럼 간주하는 것이라고 할 수 있다. 그러나 내가 보기에 이는 오늘날(곧 이른바 탈근대사회에서) 행복의 정치의 조건은 불행의 현상학에 있다는 것을 간과하는 일이다.

더 나아가 자본주의, 특히 신자유주의적 자본주의가 산출하는 구조적 문제점들을 개인의 탓으로 돌리거나 개인의 해결 과제로 전가하고 있다는 점이 최근의 행복론, 행복 정책, 행복 자본주의가 지닌 이데올로기적 측면이라고 할 수 있다. 실로 독일의 사회학자인 울리히 벡은『위험

---

43 여기에 관해서는 보크,『행복국가를 정치하라』참조. 국내의 논의로는 장덕진,「우리는 왜 행복하지 않은가」이외에 이재열,「사회의 질, 경쟁 그리고 행복」,『아시아리뷰』4권 2호, 서울대학교 아시아연구소, 2015 등 참조.

사회』에서 "우리가 어떻게 살아가느냐가가 바로 체제 모순에 대한 전기적傳記的 해법"이 되어 버렸다고 말한 바 있다.[44] 이것이 뜻하는 바는, 현대 사회에서 살아가는 개인들은 사회 체계가 만들어 낸 문제점과 모순들에 대해 개인들 스스로 해법을 찾아내도록 강제되고 있다는 점이다.

이것은 특히 소비주의라고 불리는 현재 자본주의의 한 가지 특성과도 관련되어 있다. 행복을 소수의 사람들만이 누릴 수 있는 행운이나 유덕함의 결과가 아니라 모든 사람이 마땅히 누려야 할 권리로 간주하는 근대적인 행복 개념의 역설 중 하나는 행복이 이처럼 보편적인 권리로 확산되면서 동시에 불행감이 가중된다는 점이다. 이러한 역설은 특히 바우만이 지적하듯이 다음과 같은 사정에서 기인한다. "소비자 사회에서 '정상적인 삶'이란 소비자의 삶이고, 소비자들은 공개적으로 전시되는, 만족과 생생한 경험의 기회들 가운데서 선택하느라 바쁘다. '행복한 삶'은 많은 기회를 거의 또는 전혀 놓치지 않고 붙잡는 것으로 정의된다."[45] 따라서 소비사회에서 개인의 행복의 정도는 선택할 수 있는 자유(및 능력)로 측정되며, 가능한 최대 다수의 선택을 할 수 있는 능력을 보유한 사람들이 원칙적으로 가장 행복한 사람들에 속한다고 할 수 있다. 그런데 영국의 진보 저널리스트인 제러미 시브룩이 지적한 것처럼 "가난한 이들은 부자들과 다른 문화 속에 살지 않는다".[46] 가난한 사람들이 아무리 자기의 분수에 맞는 생활을 하려고 하고, 자기 주변 사

---

44 울리히 벡, 『위험사회』, 홍성태 옮김, 새물결, 2006, 267쪽.
45 지그문트 바우만, 『새로운 빈곤』, 이수영 옮김, 천지인, 2010, 73쪽.
46 같은 책, 78쪽에서 재인용.

람들의 생활수준에 맞춰 살아가려고 해도, 매 순간 신문과 방송, 인터넷 등에서는 끊임없이 새로운 상품과 욕망의 대상들이 소개되고, 이것들을 아낌없이 향유하는 능력자들의 라이프스타일이 전달된다. 그리고 이는 능력자가 아닌 사람들에게 상대적 박탈감과 결핍감을 끊임없이 조장하게 된다. 바우만이 적절하게 명명하듯이 소비사회의 행복은 "남보다 한 발 앞설 것one-upmanship을 요구한다".[47] 따라서 이는 행복이 모든 사람이 누릴 수 있고 누려야 하는 **권리** 개념이 되었지만, 실제로 행복을 누릴 수 있는 능력과 조건은 모든 사람에게 갖춰져 있지 않다는 점, 더 나아가 이러한 능력이나 조건이 구조적으로 불평등하게 배분된다는 점에서 유래하는 역설이라고 할 수 있다. 우리가 누구나 알고 있듯이 이 사회는 **갑과 을로 나뉜 사회**, 20 : 80, 또는 10 : 90, 심지어 1 : 99로 분할된 사회인 것이다.

하지만 행복의 정치와 관련하여 가장 근본적인 물음은 다음과 같은 것이다. 사람들은 누구나 행복을 원하며, 근대 이후 행복의 궁극적인 판단자는 행복의 주체인 각각의 개인(또는 인간을 넘어서는 각각의 개체)이 되었다. 그런데 이제 행복에 대한 단일한 포괄적인 정의를 제시하기는 어려워진 것으로 보인다. 만약 행복을 포괄적으로 정의하려고 하면, 행복을 구성하는 요소는 끊임없이 확장될 수밖에 없다. 에드 디너는 처음에 행복을 주관적 안녕감이라고 정의하면서 여기에서 정서적 요인과

---

47 Zygmunt Bauman, "Happiness in a Society of Individuals", *Soundings*, vol.38, 2008, p.26.

인지적 요인을 제안한 바 있지만, 그 뒤 이러한 요인에 사회적 요인이 추가되었으며, 경제학을 비롯한 사회과학에서 행복학이 새로운 탐구 주제가 되면서 행복을 구성하는 요소는 점점 더 확장되는 것으로 보인다. 하지만 이렇게 행복에 대한 점점 확장되는 정의가 제시되면 우리는 각각의 행복의 주체들이 누릴 수 있고 또 마땅히 누려야 하는 행복을 좀 더 완벽하게 정의할 수 있는 것일까? 뒤에서 이야기할 것처럼, 오늘날 행복의 주체가 점점 더 확장되고 더 나아가 그 주체들이 행복의 척도라고 간주하는 것이 점점 더 다양화되고 이질화되어 가고 있는 만큼 이는 불가능한 것처럼 보인다. 그렇다면 오늘날 행복의 정치나 행복학은 사람들의 행복이 무엇인지, 사람들을 어떻게 행복하게 만들 수 있는지에 대해 더 많은 경험적 연구와 설문조사, 통계자료를 제시하고 있지만, 행복 그 자체는 점점 더 멀어지는 소실점인 것으로 보인다. 그리고 그것은 어찌 보면 당연한 일일 것이다. 왜냐하면 행복의 궁극적인 판단자가 행복의 주체 자신이고 따라서 행복이 근원적으로 주관적인 것이라면, 행복학이나 행복의 정치가 할 수 있는 일은 행복을 포괄적으로 정의하고 최대다수의 최대의 행복을 가능하게 하는 일이라기보다는, **기껏해야**(이는 물론 아주 중요한 일이다) **행복의 조건을 마련하는 일**이기 때문이다.

4. 불행의 현상학을 위하여: 몇 가지 가설

서두에서 말했듯이 나는 오늘날 행복에 관한 문제에서 철학자 또는 인문학자에게 중요한 과제는 행복 자체에 관한 연구보다는 오히려 일차적으로 불행의 현상학이 아닌가 생각하고 있다. 내가 불행의 현상학이라고 부를 때 현상학이라는 말이 지칭하는 것은, 에드문트 후설이 제안했던 원래의 현상학의 의미보다는 조금 더 느슨하고 포괄적인 사태다. 곧 그것은 하이데서의 '세계내존재'(또는 '세계 안에 있음')In-der-Welt-sein와 더불어 메를로퐁티의 '지각의 현상학', 아렌트의 '활동적인 삶'은 물론이거니와 알튀세르의 이데올로기론 역시 지칭할 수 있는 용어다. 간단히 말하면, 우리가 현상학이라고 부르는 것은 세계 안에 존재하는 주체 또는 그에 상당하는 존재자의 경험의 조건과 형식 및 양태에 관한 탐구를 가리킨다. 결과적으로 불행의 현상학이란, 세계 안에 존재하는 주체들이 불행을 겪는 조건과 형식 및 그 양태들에 대한 탐구를 뜻한다고 할 수 있다.

행복의 정치를 위해 불행의 현상학이 필요한 첫 번째 이유는, 오늘날 인간을 비롯한 행복(이나 불행)의 주체는 두 가지 측면에서 색다른 위치에 놓여 있기 때문이다. 한편으로 오늘날 행복의 '주체'는 과거 어느 때보다 더 크게 확장된 것으로 보인다. 아리스토텔레스에게 행복의 주체가 누구일까 생각해 본다면, 그것은 아마도 넓게 봐서 자유인, 곧 남성 시민일 것이고, 좁게 보면 철학적인 시민일 것이다. 하지만 오늘날 행복의 주체는 좁게 보면 인간일 것이며, 넓게 본다면 동물, 더 나아가 그 바깥의 생명체들까지 포함할 것이다. 이것은 모든 인간이 권리상 평등하고 자유로운, 따라서 각자 동등한 존엄성과 행복 추구권을 지니고 있는 주체라는 생각이 「인권선언」 및 「미국 독립선언서」 이후 오늘날 우리가 살아가는 사회의 가장 기본적인 원칙으로 받아들여지는 데서 나오는 귀결이다. 그리고 최근에는 그 범위가 생물학적 인간의 지평을 넘어 확대되고 있는 것으로 보인다. 곧 어떤 이들에게는 내가 키우는 강아지와 고양이 등의 행복이 다른 사람의 행복 못지않게 중요한 것으로 간주된다. 아마 이 범위는 앞으로 점점 더 넓어질 것이다. 가령 어떤 사람들에게는 자신의 자동차, 오토바이, 자전거 또는 이런저런 종류의 기계들(로봇 등)이 생명체 못지않은 소중한 개체들로, 따라서 그 행복과 불행을 돌보아야 할 존재자들로 간주될 것이다.

하지만 행복의 주체의 이러한 확장은 동시에 불행의 주체의 확장이기도 하다. 또는 다른 말로 하면, 우리가(적어도 철학자나 인문학자가) 그의 행복에 관심을 기울이고 해명해야 할, 하지만 어떤 이유로 인해 그러한 행복을 경험하지 못하는 주체들이 그만큼 확장된다는 뜻이다. 따라서 어떤 이유로 이 주체들이 불행을 겪게 되는지, 그것의 구조적·인간학적·제도적 이유는 무엇인지 따져 보는 것이 행복의 철학을 위한 조건이 될 것이다.

그런데 이런 관점에서 보면 행복이나 불행의 주체가 과연 누구인가 또는 그 주체들 사이에 선험적인 동일성이 존재하는가는 그 어느 때보다 더 불확실한 것으로 보인다. 이러한 불확실성은 이렇게 확장된 행복이나 불행의 주체가 서로 환원 불가능한 차이들에 따라 분리된다는 데서 생겨난다. 가령 만성적인 실업 상태에 빠져 있는 빈민 가정과 열렬한 환경운동가, 종교적인 문제로 테러를 당하는 무슬림 신자, 성적인 문제로 폭언과 무시, 따돌림을 당하는 성적 소수자에게 행복과 불행이 동일한 형식과 내용을 지닐 것으로 보기는 어려울 것이다(또는 이러한 차이에도 불구하고 그것들이 수렴하는 경향을 지닌다면, 그것이야말로 해명해 봐야 할 중요한 현상일 것이다). 그렇다면 오늘날에는 그 어느 때보다 더 확장된 행복(과 불행)의 주체가 존재하지만, 그 주체들 사이에는 더욱더 수렴 불가능한 이질성이 존재한다고, 그리고 이러한 이질성 자체가 불행의 또 다른 요인이 된다고 생각해 볼 수 있다.

따라서 불행의 현상학이 필요한 두 번째 이유는, 톨스토이가 지적한 것처럼, 행복은 모두 비슷한 데 반해 불행은 각각 다르다는 사실에서 유래한다. 왜 그럴까? 그것은 역설적이게도 **불행한 이들에게만** 행복이 절실한 질문이 되기 때문이다. 그리고 사람들을 불행하게 만드는 요인들은 오늘날 그 어느 때보다 더 다양하고 이질적이기 때문이다. 그렇다면 오히려 행복보다는 불행이야말로, 행복의 철학보다는 불행의 현상학이야말로 철학적으로, 인문학적으로 더 흥미로운(또는 더 절실한) 문제가 아닐까 생각해 볼 수 있다.

행복을 정의하는 일은 쉽지 않지만, 불행을 정의하는 것은 상대적으로 쉬운 일이다. 우리는 불행을 자신이 **원하지 않는 일을 하거나 원하지 않는 상태에 있도록 강제되는 것**이라고 잠정적으로 정의해 볼 수 있다. 곧 불행은 욕망의 좌절, 그것도 직간접적인 강요된 좌절과 거의 등가적인 의미라고 이해할 수 있다. 욕망의 이러한 좌절이 구조적인 성격을 지닐 때 그것은 단순히 불행을 넘어 불의의 문제가 된다. 불행과 불의를 구별하는 이 문턱, 이 경계에 대한 탐색 역시 불행의 현상학의 중요한 화두다.

다른 식으로 말해 본다면, 오늘날 행복의 정치를 위해 필요한 것,

따라서 불행의 현상학의 대상을 이루는 첫 중 하나는 바로 내적 배제의 문제다. 내가 내적 배제라고 부르는 것은 유럽 학자들, 특히 프랑스 철학자들 및 사회학자들이 과거에 빈곤poverty이라고 불리던 것의 개념적 한계를 보완하기 위해 새롭게 사용하고 있는 사회적 배제라는 용어와 아울러, 인종이나 민족, 종교, 성적 정체성에 따른 차별과 배제까지도 포함하는 상징적 배제라는 용어를 아우르는 상당히 포괄적인 의미의 개념이다.[48] 내적 배제에 대하여 가장 간명한 정의를 제시해 준 사람은 프랑스 철학자인 에티엔 발리바르이다. 그는 내적 배제를 다음과 같이 정의한다. "내적 배제의 형식적 특징은, 배제된 이가 진정으로 통합될 수도 없고 실질적으로 제거될 수도 없다는 점, 심지어 단도직입적으로 공동체 바깥으로 내몰릴 수도 없다는 점이다."[49] 이러한 의미에서 내적인 배제를 당하는 사람들은, 과거의 경우 이단자들이나 종교적 소수자들이었을 터이고, 또한 여성이나 19세기의 프롤레타리아, 그리고 20세기 초의 흑인 및 20세기 후반부터 21세기 초의 이주자들이 대표적일 것이다.

하지만 이처럼 특수한 부류의 사람들만이 내적 배제라는 범주에

---

48 내적 배제의 문제에 관해서는 에티엔 발리바르, 『우리, 유럽의 시민들?』, 진태원 옮김, 후마니타스, 2010; Étienne Balibar, *La proposition de l'égaliberté*, Paris: PUF, 2010; 자크 랑시에르, 『불화: 정치와 철학』, 진태원 옮김, 도서출판 길, 2015; Robert Castel, *La montée des incertitudes: Travail, protections, statut de l'individu*, Paris: Seuil, 2009를 각각 참조.

49 Étienne Balibar, "Arendt, le droit aux droits et la désobéissance civique", *La proposition de l'égaliberté*, Paris: PUF, 2010, p.221.

포함되는 것은 아니다. 경쟁적인 사회적 질서의 위계에서 바닥에 위치해 있는 사람들, 곧 을의 지위에 놓이도록 구조적으로 강제되는 사람들, 2등 시민, 2등 국민으로 내몰릴 수밖에 없는 사람들 역시 이러한 내적인 배제 상태에 저해 있는 것이다. 따라서 내적 배제는 단순히 빈곤함을 의미하는 것이 아니라 "인간답게 살기 위해 누려야 할 적정한 수준으로부터 멀리 밀려나 있는 상태"[50]를 뜻하며, 행복을 누릴 수 있는 조건 바깥에 놓이도록 강제되는 상황을 가리킨다. 문제는 오늘날 누구도 굶어 죽는 사람은 없다고 하는, 또는 시인 박노해가 말하듯이 "[분쟁 지역에서 고통받는] 69억 인구에 비춰 보면 국내엔 더 이상 가난한 사람이 없다. 아직 부자가 되지 못한 사람이 있을 뿐이다"[51]라고 할 수 있는 대한민국에서 행복의 바깥, 행복의 타자로서 내적 배제의 문제는 사라지지 않고 있으며, 체계적으로 재생산되고 확대되고 있다는 점이다.[52] 전국불안정노동철폐연대를 이끄는 주요 활동가 중 한 사람인 김혜진은『비정규사회』라는 책에서 이 상황을 다음과 같이 표현한 바 있다. "비정규직은 고용 형태만을 의미하지 않는다. 그 고용 형태로 말미암아 삶이 불안정해지고 희망을 잃은 채 불안에 떨며 노동해야 한다는 것을 의미한다. 비정규직이 확대되면서 노동자들은 권리를 빼앗긴 이등 국민이 되

---

50 신명호,『빈곤을 보는 눈』, 개마고원, 2013, 77쪽.

51 같은 책, 29쪽에서 재인용.

52 사실 경제학자 장하성에 따르면 한국은 OECD 국가 가운데 저임금노동자 비율이 두 번째로 높고 "월 임금이 100만 원 이하인 노동자가 전체 임금노동자 1874만 명의 3분의 1을 넘는다"라고 한다. 저자의 말마따나 이것은 "믿기지 않는 숫자다"(장하성,『왜 분노해야 하는가: 분배의 실패가 만든 한국의 불평등』, 헤이북스, 2015, 310쪽).

고 있다."[53]

　그렇다면 불행의 현상학이 묻고자 하는 것은 이처럼 **내적인 배제의 상황에 놓인 을을 위한 행복의 정치는 어떻게 가능한가**라는 질문이라고 할 수 있다. 앞선 9장에서 지적한 것처럼, 을이라는 용어는 최근 몇 년 사이에 우리 사회에서 가장 유행하는 시사적인 용어가 되었다. 주로 계약관계에서 당사자 중 한쪽을 지칭하기 위해 사회에서 널리 통용되던 말이 사회적 약자, 못 없는 이들 일반을 가리키는 용어로 등장하고, 이제 어느덧 하나의 개념의 지위의 문턱에 이르게 되었다는 것은 여러모로 흥미로운 점이다.

　왜 이들이 자신을 을이라고 부를까? 그것은 갑이 존재하기 때문이다. 그리고 자신들이 갑에 의해 모욕당하고, 착취당하고, 부당하게 취급당하고 있다고 생각하기 때문이다. 우리 사회에서 갑과 을은 수없이 많이 존재한다. 땅콩 과자 서비스를 제대로 못한다고 항공기를 회항하고 직원을 모욕 준 재벌이 있는가 하면, 대학 발전을 위한다는 명목 아래 교수와 학생 등을 모욕하는 사학 재벌도 존재한다. 또한 프랜차이즈 가맹점을 상대로 부당한 요구를 가하는 업체들이 존재하고, 하청 업체 직원들을 노예처럼 부려먹는 원청 업체도 존재한다. 그런가 하면 비정규직 직원들을 상대로 '갑질'을 하는 수많은 정규직 직원들도 존재한다. 더 나아가 을이 존재한다면, 또한 을의 을, 곧 병도 존재하고, 정도 존재하고, 그 아래 **수많은 더 작은 을들**도 존재할 것이다.

53　김혜진, 『비정규사회』, 후마니타스, 2015, 76~77쪽.

따라서 을에 대해서만 이야기하는 것은 불충분하며, 병에 대해서도, 정에 대해서도, 그 아래 수많은 이름 없는 몫 없는 이들에 대해서도 이야기해야 한다고, 이의를 제기하는 것은 정당하다. 그럼에도 우리가 을의 불행의 현상학에 대해, 을의 행복의 정치학에 대해, 곧 을의 민주주의에 대해 말할 수 있고 또 말해야 한다고 믿는다면, 이때의 을이 환유적인 명칭이기 때문이다. 곧 을은 갑과 병 사이에 존재하는 누군가, 병과 정, 그 아래 존재하는 다른 약자들에 대해 또 다른 갑으로 군림하는 누군가를 지칭하기보다는 **몫 없는 이들 일반, 내적인 배제 상황에 놓여 있는 사람들**을 가리키는 명칭인 것이다. 어떻게 이 몫 없는 이들의 불행에 대한 현상학을 구성할 수 있을까? 그리고 이것에 근거를 둔 행복의 정치학은 어떻게 가능한가? 근대적인 행복의 정치학이 '최대 다수의 최대 행복'이라는 공리주의적 원칙에서 출발했다면, 아마도 탈근대적인 행복의 정치학의 실마리는 바로 여기서 찾을 수 있을지도 모른다.

11장

을의 민주주의란 무엇인가?
정치철학적 단상[1]

1. '을의 민주주의'에 관해 말하기

이 장에서는 을의 민주주의라는 화두에 대해 말해 보고자 한다. 9장과 10장의 문제의식을 조금 더 심화하고 을의 민주주의라는 화두를 본격적으로 개념화해 보자는 뜻에서 이 문제를 더 논의해 보고 싶다. 아마 몇 가지 단상 이상을 제시하기는 어렵겠지만, 이 문제는 거듭 제기해 볼 만한 가치가 있다.

을의 민주주의라는 문제를 제기하는 첫 번째 이유는, 최근 갑과 을이라는 용어가 한국 사회의 주요한 사회적 문제들을 표현하는 담론으로서 대중적으로 널리 사용되고 있기 때문이다. 재벌 기업과 하청 업체

---

1 이 글은 2016년 10월부터 시작된 촛불집회의 과정에서 구상되어 2017년 봄·여름에 걸쳐 여러 차례의 학술대회, 토론회, 강연회에서 발표되고 조금씩 다듬어진 글이며, 이 글 자체가 아직 미완성인 포괄적인 작업의 단편이다. 여러 차례의 발표 과정에서 좋은 논평과 문제 제기, 제안을 해준 분들에게 감사드린다.

들 간의 불공정한 관계, 프랜차이즈 가맹점들에 대한 본사의 횡포, 다양한 업종의 알바생들에 대한 착취, 대학원생들에 대한 교수들의 갑질, 비정규직 노동자들에 대한 착취와 차별, 여러 분야의 소수자들(여성, 성소수자, 장애인, 이주노동자, 다문화가정 등)에 대한 혐오와 폭력 등을 표현하기 위해 '갑질', '을의 눈물' 등과 같은 방식의 담론이 쓰이고 있다. 흥미로운 것은 이 용어가 학자들이 만들어 낸 말이 아니라 **대중들 스스로 만들어 낸 말**이라는 점이다. 그것은 사실 을들의 외침이라고 할 수 있다. 나는 갑에 의해 억압당하고 착취당하고 모욕당하고 무시당하는 을이라는, 우리는 갑질의 공통적인 피해자인 을이라는, 나는, 우리는 더 이상 이러한 폭력을 참을 수 없다는, **익명적인 을들의 고통**의 소리들이다. 따라서 주로 계약관계에서 당사자 중 한쪽(채무자나 피고용인 등)을 지칭하기 위해 통용되던 이 말은 사회적 약자, 몫 없는 이들 일반을 가리키는 용어로 등장하고 우리 시대의 대표적인 **정치적 언표** 중 하나가 되었으며, 이제 나를 비롯한 지식인들에게 성찰을 강제하고 있다.

을의 민주주의라는 문제를 논의하려는 또 다른 이유는 진보 정치의 상황과 관련이 있다. 다른 글에서 논의한 바 있듯이,[2] 1980년대 말에서 1990년대 초 국내 학계는 커다란 인식론적 전환을 경험한 바 있다. 그 이전까지 국내 진보 인문사회과학계의 논의를 주도하던 맑스주의 및 민중 담론이 동구 사회주의권의 몰락을 계기로 급속히 위축되고 그

2 진태원, 「'포스트' 담론의 유령들: 애도의 애도를 위하여」, 『민족문화연구』 57호, 고려대학교 민족문화연구원, 2012 참조. 이 글은 『을의 민주주의』 후속 권에 수록될 예정이다.

대신 '포스트'라는 접두어가 붙은 여러 담론, 곧 포스트모더니즘, 포스트구조주의, 포스트맑스주의, 포스트식민주의 같은 담론이 짧은 시간 내에 국내 학계에 널리 확산되었다.

맑스주의와 민중민주주의론에서 포스트 담론으로의 이러한 이행은 한편으로 전자의 담론들에 내재한 모순과 난점으로 인한 인식론적·실천적 필연성을 지니고 있었지만, 다른 한편으로는 자유주의에 대한 이론적·실천적 투항이라는 성격도 지니고 있었다. 왜냐하면 1980년대 말에서 1990년대 초는 역사적 사회주의 체제가 몰락한 시기이면서 동시에 신자유주의적 세계화가 전개된 시기, 곧 진영(정치체제라는 의미에서 진영이든, 국가 대 반反국가 내지 반정부 조직, 이른바 '운동권'의 대립이라는 의미에서 진영이든) 중심의 계급투쟁에서 말하자면 '계급 없는 계급투쟁', 또는 더 정확히 말하면 —— 개인적 실존 자체가 계급투쟁의 장이 되었다는 의미에서, 사회의 계급적 모순을 주로 을이라고 불리는 사람들이 개인적 실존 속에서 감당하고 있다는 의미에서 —— 실존적 계급투쟁으로 이행하게 된 시기였지만, 이는 한편으로 '민주화'라는 이름 아래, 다른 한편으로는 '문화'와 '개성'이라는 이름 아래 제대로 인식되거나 문제화되지 못했다.

그 결과 맑스주의는 인문사회과학의 보편적 담론에서 일부 좌파 경제학자들의 '경제학 담론'(이른바 '맑스 경제학' 내지 '경제학 비판')으로 축소되었고, 역으로 포스트 담론은 이데올로기로서의 포스트주의, 곧 "자유주의 세력의 헤게모니를 정당화하거나 더 나아가 새로운 문화 담론을 제시한다고 하면서도 실제로는 자본주의의 새로운 소비 담론을 뒷받침하는 이데올로기로 전락"하게 되었다.[3] 이러한 과정에서 다음과 같은 질문들이 제대로 제기되지 못했다. "역사적 맑스주의의 몰락이라는 '현실' 앞에서 새로운 종류의 계급투쟁, 새로운 종류의 적대를 어떻게 설명할 것인가? 왜 맑스주의는 이러한 적대와 갈등을 설명하지 못했고 또 여전히 설명하지 못하는가? 그러한 한계를 극복하기 위해서는 어떠한 이론적·실천적 해법들이 모색되어야 하는가?"[4]

내가 보기에 을의 민주주의라는 화두는 이러한 질문들을 제기하기 위한 한 가지 방식이 될 수 있다. '현실 사회주의' 체제가 붕괴하고 신자유주의적 세계화가 전개된 이래 소수 거대 기업들의 부와 권력은 막대하게 증대한 반면 전 세계의 민주주의는 크게 후퇴했으며, 우리가 을이라고 부르는 사회적 약자들은 실업과 빈곤, 혐오와 무시의 위험 속에서 불안정한 삶을 영위하고 있다. 더욱이 기존 자유주의 정치체제가 대다수 을들의 삶을 보호하지 못하고 그들의 고통과 불안정성을 제대로 대표하지도 못하기 때문에 유럽에서는 정치에 대한 실망과 혐오 속에서 오히려 기존 정치체제를 엘리트 집단들의 독점 체제라고 비난하는 극우파 정당들이 세력을 얻는 현상들이 나타나고 있다. 또한 우리나라에서는 김대중·노무현 정권이 더 많은 민주화에 대한 대중들의 열망에도 불구하고 신자유주의의 확산과 심화에 스스로 앞장섬으로써 그 이후 이명박·박근혜로 이어지는 수구 세력의 집권을 조장하게 되었다. 이에

3 진태원, 「'포스트' 담론의 유령들」, 32쪽.
4 같은 글, 20쪽.

따라 한국 사회의 과두적 지배 체제가 더욱 공고히 되었고, 이는 불평 등을 심화하고 민주주의의 가장 기본적인 토대 자체를 잠식하는 결과 를 낳았다.

따라서 어떤 민주주의냐를 따지기 이전에, 또는 바로 더 **많은 민주 주의를 위한 조건**으로서 민주주의 자체를 회복하는 일이 오늘날 한국 사 회의 진보를 위한 결정적인 쟁점이 되었다. 이런 의미에서 "오늘날 좌파 적 기획과 우파적 기획 사이의 커다란 차이는 좌파적 기획만이 모든 종 류의 민주주의의 급진화를 유지할 수 있다는 사실에 뿌리를 두고 있"[5] 다는 샹탈 무프의 발언은 경청할 만한 가치가 있다. 그것은 "오늘날에 는 민주주의를 급진화할 수 있기 위해서는 민주주의를 다시 회복하는 게 필수적"[6]이라는 뜻을 담고 있다. 이는 **민주주의의 민주화**를 오늘날 좌파 정치의 핵심 화두로 제시하고, 시민다움civilité의 정치 또는 반反폭 력의 정치라는 기획에 따라 **정치의 가능성을 잠식하는** 극단적 폭력의 감 축과 퇴치를 주장하는 발리바르의 작업과도 통하는 문제의식이다.[7]

그런데 오늘날 좌파적 관점에서 급진적 민주주의 또는 민주주의의

---

5 샹탈 무페·히로세 준, 「포데모스 혹은 좌파포퓰리즘에 대한 두 개의 시선」, 『진보평론』 68호, 2016, 128쪽.

6 같은 글, 129쪽.

7 이는 물론 에르네스토 라클라우나 샹탈 무프와 에티엔 발리바르의 정치철학이 동일하 다는 뜻은 아니다. 이 글에서는 자세히 논의하기 어렵지만 양자 사이에는 주목할 만한 쟁점들이 존재한다. 발리바르의 '민주주의의 민주화'의 문제 설정에 대해서는 이 책 4장 「민주주의의 민주화의 두 방향: 최장집과 에티엔 발리바르」를, 그의 시민다움의 정치에 대해서는 8장 「극단적 폭력과 시민다움: 에티엔 발리바르의 반폭력의 정치에 대하여」를 참조하라.

민주화 기획을 추구하려고 할 경우 곧바로 직면하게 되는 문제가 **정치적 주체** 또는 **정치적 주체화**의 문제다. 신자유주의적 세계화 속에서 부와 권력이 소수에게 독점되는 과두제 체제가 더욱 강화됨으로써, 자본의 영향력은 더 이상 좁은 의미의 자본과 노동의 관계에만 한정되지 않는다. 자본의 힘은 일자리만이 아니라 주거와 환경, 교육, 건강, 노후 생활에 이르기까지 사회의 모든 성원들, 특히 을 내지 을의 을(병, 정……)에 속하는 사람들의 삶에 영향을 미치고 있다(일부 경제학자들이나 사회학자들이 '일상생활의 금융화'라고 부른 것도 이와 다르지 않다). 반면 노동자계급은 예전과 같은 진영을 구축하지 못하고 있으며(노조 조직률이 10% 남짓하고 '통합진보당 사태'를 겪은 우리나라에서는 더욱더) 현실 사회주의의 몰락 이후 더 이상 설득력 있는 정치적·규범적 대안도 마련하지 못하고 있다.

따라서 '1 : 99'라는 구호가 말해 주듯이, 극소수의 과두제 지배자들에 맞서 **최대 다수의 주체들을 주체화하는 전략** 또는 **민주주의의 급진화**[8] 내지 **좌파 포퓰리즘**[9] 전략이 오늘날 좌파 정치 내지 진보 정치의 가장 중요한 과제라는 주장은 설득력이 있다. 하지만 이러한 전략이 과연

---

8 '민주주의의 급진화'라는 주제에 대해서는 『급진민주주의리뷰 데모스』 1호(2011) 참조. '민주주의의 급진화'라는 제목이 붙은 이 학술지에는 조희연, 서영표, 김진업, 이승원, 장훈교 등의 주제 논문이 실려 있다.

9 좌파 포퓰리즘에 관해서는 Ernesto Laclau, *On Populist Reason*, London & New York: Verso, 2005; Íñigo Errejón and Chantal Mouffe, *Podemos: In the Name of the People*, London: Lawrence & Wishart, 2016 참조. 아울러 유럽과 중남미, 한국의 포퓰리즘에 관한 국내 논의로는 진태원 엮음, 『포퓰리즘과 민주주의』, 소명출판, 2017 참조.

주체 내지 주체화의 문제를 충분히 고민하고 있는지 의문을 제기할 수 있다. 급진민주주의 내지 좌파 포퓰리즘의 전략적 목표는 그 자체로는 존재하지 않는 인민 내지 민중을 구성하는 것인데, 이러한 인민 내지 민중이 해방적이거나 민주주의적인 주체인지(곧 포퓰리즘을 좌파적인 포퓰리즘으로 만드는 것이 무엇인지) 여부가 불확실할뿐더러,[10] 이러한 다수자 전략에서 소수자들의 위상이 무엇인지도 불분명하기 때문이다. 이는 (뒤에서 살펴보겠지만) 오늘날 99를 이루는 다수가 사실은 **소수자/약소자들의 다수**라는 점을 감안하면, 앞의 경우처럼 내용상으로만이 아니라 **형식화**에서도 급진민주주의의 요구에 미치지 못한다. 을의 민주주의라는 우리의 화두는 이 문제에 대해 더 좋은 답변을 제시해 주지는 못할지 몰라도, 적어도 더 정확하게 문제를 제기하도록 도와줄 수 있다.

마지막으로 을의 민주주의라는 화두는 2016년 10월부터 2017년 3월까지 전국을 뒤덮었던 촛불집회 및 그 결과로 수립된 문재인 정부에 대한 평가라는 문제와 관련되어 있다. 2017년 5·18 광주민주화운동 37주년 기념사에서 문재인 대통령은 "새롭게 출범한 문재인 정부는 광주민주화운동의 연장선 위에 서 있"다고 강조하면서 "마침내 5월 광주는 지난 겨울, 전국을 밝힌 위대한 촛불혁명으로 부활했습니다"라고 말했다. 더 나아가 그는 "촛불은 5·18 광주의 정신 위에서 국민주권의 시대를 열었습니다. 국민이 대한민국의 주인임을 선언했습니다"라는 점을 역설했다.

---

10 이 점에 관해서는 이 책 2장 「포퓰리즘, 민주주의, 민중」 참조.

5·18, '촛불혁명', 국민주권. 이 세 개의 단어를 연결하고 더 나아가 이것들 사이의 등가성을 선언한 이 기념사는 여러모로 감회가 깊은 것이었다. 특히 지난 이명박·박근혜 정권 동안 5·18 항쟁의 의의가 (의도적으로) 축소되거나 폄훼되고 그것이 상징하듯 한국 사회의 인권과 시민권이 크게 후퇴했다는 점을 고려하면, 이번 기념사는 남다른 울림을 준다. 이 기념사의 핵심을 이루는 단어는 내가 보기에는 '국민주권'이다. 법적인 측면에서 본다면, 국민주권이라는 단어는 이미 오래전부터 우리 헌법의 첫머리에 기입되어 있었다. 하지만 다른 한편에서 본다면, "대한민국의 모든 권력은 국민으로부터 나온다"라고 선포한 헌법 조문은 오랫동안 유명무실한 조문으로 남아 있던 것이 사실이다. 국민이 주권자라는 것은 **통치자를 선출할 수 있는 권리를 갖고 있다**는 의미로만 제한되어 있었던 반면, 대통령이나 국회의원은 **국민의 대표자가 아니라 국민을 다스리는 통치자**들로 인식되었으며 또 스스로 그렇게 처신해 왔기 때문이다. 따라서 촛불이 "국민주권의 시대"를 열었고 "국민이 대한민국의 주인임을 선언"했다는 말은 국민이 단순히 피통치자에 머물지 않고 통치자를 **통제**하거나 적어도 **실질적으로** 감시할 수 있는 시대가 되었다는, 그러한 시대가 되어야 한다는 말로 이해할 수 있다. 그리고 아직 정권 초기이지만, 문재인 정부는 여러 측면에서 '국민주권의 시대'를 열어 놓는 정권이 되기 위해 노력하는 것으로 보인다.

하지만 이러한 노력이 충분한 성과를 거두기 위해서는 '국민주권'이라는 개념에 대해 좀 더 숙고해 볼 필요가 있다. 왜냐하면 국민주권이라는 말은 일종의 **허구**이기 때문이다. 주권의 주체로서 '인민' 내지

'국민'과 같은 것은 실물로 존재하는 어떤 것이 아니며, 그것의 실물 내지 실체가 있다면 그것은 그 **실천적 효과 속에서만** 현존한다. 더욱이 국민은 동질적인 개인들의 집합이 아니며, 계급들로 분할되고 성과 젠더로 구별되고 지역·출신·학벌 등으로 나뉜다. 특히 우리가 정치 공동체 안에 존재하고, 사회적 관계 속에서 살아가는 이상 국민은 지배자와 복종하는 자, 권력을 가진 자와 못 가진 자, 몫을 가진 이들과 몫 없는 이들, 갑과 을로 분할된다. 따라서 **주권자로서의 국민**이라는 범주에는 갑의 위치에 있는 국민과 을의 위치에 있는 국민, 1%의 국민과 99%의 국민의 차이가 기입되어 있지 않으며, 오히려 **그것을 감춘다.** 이러한 은폐가 우연적인 사태이거나 단순한 이데올로기적 효과가 아니라, **보편적 평등을 표현하는** 국민주권 개념의 **구조적 특성에서** 기인한다는 점에서 이는 더욱 문제적이다. 더욱이 주권자로서의 국민은 다른 주권자 국민들과 맞서는 범주일 뿐만 아니라, 한국 내에 있는 국민 아닌 이들을 시민 아닌 이들로, 따라서 한나 아렌트의 통찰에 따르면 (적어도 잠재적으로는) 인간 아닌 이들로 배제하는 개념이다.[11]

그렇다면, '국민주권의 시대를 열겠다'는 새 정권의 의지에 주목하고 그것에 힘을 실어 주되, 그것에 내재적인 아포리아를 을의 민주주의라는 화두를 통해 살펴보는 것도 무익하지는 않을 것이다. 그것은 국민

---

11 아렌트의 '인권의 역설'에 관해서는 한나 아렌트, 『전체주의의 기원』, 이진우·박미애 옮김, 한길사, 2006 중 특히 1권 9장을 참조. 이에 관한 평주로는 Étienne Balibar, "Arendt, le droit aux droits et la désobéissance civique", *La proposition de l'égaliberté*, Paris: PUF, 2010과 이 책 5장 「무정부주의적 시민성?: 한나 아렌트, 자크 랑시에르, 에티엔 발리바르」를 참조.

주권 개념만이 아니라 민주주의에 내재한 여러 쟁점들을 새롭게 살펴볼 수 있는 기회를 제공해 줄 것이다.

2. 을을 위한, 을에 의한, 을의 민주주의

'을의 민주주의'는 간단히 말하면, 링컨 대통령의 말로 잘 알려져 있는 "for the people, by the people, of the people", 곧 "국민(인민)을 위한, 국민(인민)에 의한, 국민(인민)의"라는 경구의 의미에 대한 재해석의 시도, 또는 그것을 새로운 방식으로 선언하려는 시도라고 생각해 볼 수 있다. 이때 을의 민주주의는 우선 을을 위한 민주주의로 이해될 수 있다. 흔히 말하듯 우리 사회가(아울러 세계의 많은 지역과 국가가) 신자유주의적으로 재편되면서 빈부 격차가 심화되고 민족주의적 또는 국민주의적 배타성과 충돌이 강화되고 있으며, 사회 대부분의 사람들, 곧 우리가 을이라고 부르는 사람들은 사회적 안전 메커니즘의 약화와 해체 속에서 각자도생의 생존경쟁 논리를 강요받으면서 불안정한 노동과 삶을 영위하고 있다. 따라서 이러한 신자유주의적 사회질서가 평등한 자유의 이념 위에서 시민들의 공동선을 추구하는 것을 존재 이유로 삼고 있는 민주주의 공동체의 원리와 충돌할 수밖에 없다는 점은 이미 많은 사람들이 여러 가지 방식으로 보여 준 바 있다.[12]

---

12 지나치는 김에 몇 가지 문헌만 언급해 둔다면, 리처드 세넷, 『신자유주의와 인간성의 파괴』, 조용 옮김, 문예출판사, 2002; 콜린 크라우치, 『포스트민주주의』, 이한 옮김, 미지북스, 2008; Pierre Dardot and Christian Laval, *La Nouvelle raison du monde: Essai*

그렇다면 을의 민주주의란, 이러한 신자유주의적 질서에 따라 세계와 사회가 재편되면서 생겨난 많은 을들을 보호하고 배려하기 위한 정책을 추구하는 민주주의라고 규정해 볼 수 있다. 여기에서는 그들이 자유로운 개인으로서 각자 존엄과 행복을 추구할 수 있고 시민으로서의 평등을 보장받을 수 있는 여러 가지 제도적인 대안이나 정책을 모색하는 것이 중요한 과제가 된다. 가령 다양한 형태의 비정규직 노동에 시달리는 노동자들을 위한 정책, 최악의 실업난에 시달리는 청년들을 위한 실업 대책, 결혼과 출산을 기피하는 젊은이들을 위한 주거·육아·복지 제도 확충, 질병과 가난의 이중고에 시달리는 빈곤 노인들을 위한 정책, 차별·모욕·배제에 시달리는 성적 소수자들·여성들·이주자들을 위한 인권 보호 정책 등이 을을 위한 정책의 사례들이 될 것이다. 우리 사회가 민주공화국의 이념에 걸맞은 사회가 되기 위해 이런 정책들은 실로 매우 중요하고 긴급한 시행을 요구하는 것들이다.

하지만 만약 을의 민주주의가 이것에 그치게 된다면, 그때 을의 민주주의는 을을 그냥 약소자의 처지, 피통치자·피억압자의 처지에 놓아 두게 되며, 따라서 (용어 모순적이게도) 일종의 후견적인paternalistic 민주주의를 벗어나지 못할 것이다. 그리고 알다시피, 약소자로 머물러 있는 약소자들을 위해 '윗분들'이 알아서 대안을 마련하고 정책을 집행하는 일은 극히 드물다. 따라서 우리가 좀 더 근본적인 의미에서 을의 민

sur la société néolibérale, Paris: La Découverte, 2009[『새로운 세계 이성: 신자유주의 사회에 관한 시론』, 오트르망 옮김, 그린비, 근간]; 지그문트 바우만, 『방황하는 개인들의 사회』, 홍지수 옮김, 봄아필, 2013 참조.

주주의에 대해 말하기 위해서는, 어떻게 그들을 위한 정치를 할 것인가를 묻는 데 그치지 않고, 여기서 더 나아가 을에 의한 민주주의, 을의 민주주의는 어떤 것인지 질문해 봐야 한다.

여기서 을에 의한 민주주의는, 정확히 말하면 을이 의지와 목소리가 **잘 대표된 민주주의**라고 할 수 있을 것이다. 현대 민주주의는 대부분 대의민주주의 체제로 운영되고 있고, 따라서 민주주의가 잘 작동하기 위해서는 국민(인민)의 의지를 잘 대표하고 그 목소리를 정책과 제도에 잘 구현할 수 있는 대표자들을 공정하게 선출하며 그들을 잘 감시·통제하는 것이 중요하다.[13] 반대로 현대 민주주의에 대한 많은 비판과 불만이 제기된다면, 이는 이러한 대표자들이 국민 전체, 특히 대다수 을의 의지와 이해관계를 대표하기보다는 권력자나 재벌을 비롯한 소수의 갑의 이해관계와 의지를 구현하고 집행하기 때문이다. 더욱이 세계화 시대 국민국가는 세계시장의 압력에 항상적으로 노출됨으로써, 을의 이해관계와 의지가 입법 및 정책 과정에 반영되기는 더욱 어려워졌다. 따라서 어떻게 을에 의한 민주주의, 을의 목소리와 이해관계를 **대표할 수 있는 민주주의**를 실행할 수 있는가 하는 문제는 오늘날 더욱더 중요한 문제가 되었다.

더 나아가 '을의 민주주의', 곧 약소자로서 을을 배려하고 보호하

---

13 대의 문제에 관한 국내 학자들의 논의로는 홍철기, 『『대표의 개념』과 『선거는 민주적인가』: 정치적 대표와 대의민주주의의 미래』, 『진보평론』 61호, 2014; 이관후, 「왜 '대의민주주의'가 되었는가?: 용례의 기원과 함의」, 『한국정치연구』 25집 2호, 2016; 「한국정치에서 대표의 위기와 대안의 모색: 정치철학적 탐색」, 『시민과세계』 28호, 2016 등을 참조.

는 정책과 제도만이 아니라, 또한 을의 이해관계와 의지를 잘 내표할 수 있는 대표자들을 선출하고 통제하는 과정만이 아니라, 을들 자신이 직접 정치에 참여하고 영향을 발휘할 수 있는 방안을 고민하고 모색하는 것이 '을의 민주주의'의 근본적인 관심사라고 생각해 볼 수 있다. 그렇다면 좁은 의미의 '을의 민주주의'는 주체로서의 을들이 직접 참여하는 민주주의라고 정의하는 게 적절할지 모른다. 과연 그런 것인지 뒤에서 더 살펴보기로 하자.

아무튼 이렇게 되면 을은 누구인가라는 질문이 중요해진다. 을은 누구인가? 우리가 서두에서 언급했던 것처럼, 다양한 형태의 비정규직 노동자들, 이주자들, 성적 소수자들, 여성들, 청소년들, 소규모 자영업자들, 교수의 각종 뒤치다꺼리를 감당해야 하는 대학원생들, 빈곤 노인들, 또는 모든 것이 서울 중심으로 이루어지는 나라에서 늘 손해와 차별을 감수해야 하는 지방 도시 및 농어촌에 사는 사람들 등이 을인가?

만약 이들이 을이라면, 이들은 '을을 위한 민주주의'의 대상이라고 할 수 있겠지만, 민주주의의 주체라고 할 수는 없을 것이다. 또한 이들이 각자 이해관계의 주체로서 압력 집단이 되어 각종 정책과 입법 과정에 영향력을 행사한다면 이들을 을에 의한 민주주의의 행위자라고 할 수는 있겠지만, 역시 이들을 민주주의의 주체라고 할 수는 없을 것이다. 그런데 이해관계의 주체로서의 을들은 항상 자신보다 더 강한 다른 갑들의 이해관계에 밀릴 수밖에 없고, 따라서 약소자로 남게 될 것이다. 더욱이 자신의 이해관계를 표현할 만한 길을 처음부터 차단당한, 이해관계의 주체로서도 인정받지 못하는 수많은 을들, 그리하여 을이라는 개념을 통해서도 제대로 재현되거나 대표되지도 못하는 이들이 존재할 것이다. 이들이 이처럼 을로, 병으로, 정으로 남아 있는 한, 민주주의는 보편적인 민주주의, 모든 국민의 민주주의가 아니라 다수의 을을 배제한 배제의 민수수의로 남게 될 것이다. 따라서 '을의 민주주의'라는 화두는, 이해관계의 경쟁에서 밀려나고 차별받고 배제당하는 을들이 민주주의의 주체로 인정받고 구성되는 길은 무엇인지 묻지 않을 수 없다. 정치적 대표의 과정을 포함하여 이러한 을들의 이해관계와 의지를 광범위하게 대표하고, 이들을 민주주의의 주체로 구성하고 주체화할 수 있는 길은 무엇인가?

3. '정치적 주체'로서의 을: 몇 가지 개념적 비교

그러므로 다시 을이란 무엇인가라는 질문을 다시 한 번 던져 볼 필요가 있다. '을'이라는 말은, 얼핏 보기에는 자명한 대상을 지칭하는 것 같다. 앞서 말했듯이 재벌 가족의 횡포에 시달리는 직원들, 프랜차이즈 가맹점주들, 그 알바생들, 하청 업체 직원들, 비정규직 노동자들, 성적 소수자들 등이 바로 을들 아닌가? 하지만 우리가 생각하기에 이는 이론적 성찰의 소재로서의 을이지, 이론적 작업을 통해 개념화된 것으로서의 을은 아니다. '을'이라는 단어가 단순한 시사적 용어에서 이론적 개념으로 발전하기 위해서는 다음과 같은 질문들을 제기하고 그것에 대답해야 할 것으로 보인다.

1) 을은 계급 개념인가, 그렇다면 그것과 전통적인 계급 개념의 차이는 무엇
   인가?

을이 다양한 형태의 피지배 집단들을 가리킨다는 것은 분명해 보인다.
하지만 이것을 사회과학적 계급 개념과 어떻게 관련시킬 수 있을지는
매우 불분명해 보인다. '을'은 노동자계급이 아니며, 빈민 계급도 아니
고, 더욱이 중간계급도 아니다. 하지만 그렇다고 해서 '을'이 **사회적 실
재성**을 결여한 가공적인 용어에 불과한 것은 아니다. 오히려 이 용어
는, 신자유주의적 세계화로 인한 사회경제적 불평등의 심화를 나타내
는 여러 가지 표현들, 곧 '20 : 80', '10 : 90', 또는 '1 : 99' 같은 표현들이
지칭하는 사회적 현실을 정확히 가리키는 기호인 것으로 보인다. 따라
서 '을'이라는 용어는, 최근 촛불집회에서 주권의 주체로 호명되고 있
는 **'국민'**nation이라는 개념이 **담지 못하는 계급적 함의**, 곧 지배자와 피지
배자 사이의 사회경제적·정치적 불평등 관계를 표현하는 용어인 것으
로 보인다. 그렇다면 그 자체로는 전통적인 계급 개념이 아니지만 다양
한 형태의 계급적 불평등과 차별을 표현하는 을이라는 용어가 의미하
는 것은 무엇인가?

　　다른 식으로 질문해 본다면, 을이라는 용어는 계급에 관한 전통적
인 표상/재현representation 방식(리프리젠테이션에 관해서는 뒤에서 좀
더 논의하겠다)을 어떻게 해체하는가? 을이라는 용어 자체는, 계급적
불평등의 현실, 따라서 계급투쟁의 현실(이것의 완화된 표현이 '갑질'일
것이다)을 표현하되, 전통적인 계급 표상/재현 양식을 해체하는 가운데

그렇게 하는 것으로 보인다. 요컨대 을이라는 용어가 표현하는 것은 **계급(들) 없는 계급투쟁**의 현상, 적어도 우리가 갖고 있는 계급 표상/재현 양식으로 적절히 설명되지 않는 계급투쟁의 현상이 아닌가?

2) 을은 민중의 다른 이름인가?

이러한 질문은 바로 을과 민중의 관계에 대한 질문으로 이어진다. 다양한 종류의 피억압자들을 지칭한다는 점에서 을은 한국 인문사회과학계에서 오랫동안 사용되어 온 민중이라는 용어와 매우 가까운 것으로 보인다. 또는 을은 민중이라는 개념의 시사적인 표현인 것으로 보인다.

하지만 을과 민중 사이에는 꽤 중요한 차이점이 존재하는 것으로 보인다. 우선 을이라는 용어는 (적어도 그 현행적 용법을 고려해 볼 때) 민중이라는 개념과 달리 **저항**의 주체나 **변혁**의 주체로 제시되지 않는다. 오히려 을은 피해자, 피착취자, 피억압자, 피차별자 등과 같이 **수동적으로 피해를 겪는 존재자들**을 지칭하는 용어로 주로 쓰인다. 을이라는 용어가 사회적으로 널리 쓰임에도 불구하고 인문사회과학 연구자들이 이 용어에 별로 주목하지 않거나 매력을 느끼지 못하는 이유 중 하나가 여기에 있을 터이다. 하지만 다른 한편으로 보면 을의 이러한 용법은, 민중이라는 개념에 담긴 가상적 측면 및 그 한계를 드러내 주지 않는가? 우리가 보기에는 특히 두 가지 측면이 중요한 것 같다. 곧 한국 인문사회과학에서 표준화된 민중이라는 개념은 피억압자, 피착취자들 사이의 연대나 통일성을 선험지요로 전제하는 것 아닌가? 너 나아가 민중이라는 개념은 피억압자, 피착취자로서의 민중, 수동적 피해자로서의 민중과 능동적인 저항과 변혁의 주체로서의 민중 사이의 거리를 이상적으로 최소화하거나 제거해 온 것은 아닌가?

반면 을이라는 용어는, 그 통일성이 문제적일 뿐만 아니라, 1980년대 진보적인 인문사회과학이 이상화한 변혁의 주체로 자처하지도 않는 이질적이고 다양한, 또한 사회의 거대 다수를 형성하는 약소자들을 지칭하고 있다. 그럼에도 이들은 스스로 자신들을 갑과 대립하는, 갑에게 착취당하고 모욕당하고 지배당하는 을이라고 부름으로써 자신들을 정치적 집합체로서 정체화하고 있다. 하지만 그렇다고 해서 을이 반드시 진보적인 것은 아니다. 18년간의 박정희 군사독재를 지지했던 것은 다수의 을이었고, 그로부터 30여 년이 지난 뒤 이명박·박근혜 정권이 연속적으로 집권할 수 있게 해준 동력은 다름 아닌 박정희의 유령을 호명했던 을들의 욕망이었다.

아마도 을은 민중의 다른 이름이고, 을의 민주주의는 민중민주주의의 다른 이름이라고 할 수도 있을 것이다. 그러나 그때의 민중은, 우리가 상상해 온 민중보다 훨씬 더 이질적이고 다양한, 더욱이 훨씬 더 분할되고 갈등적인 집합체일 것이며, 을의 민주주의로서 민중민주주의는 하나의 해답이라기보다는 훨씬 더 까다롭고 복잡한 문제에 대한 명칭일 것이다.

3) 을은 소수자, 서발턴, 프레카리아트 등으로 표현될 수 있는가?

을과 민중의 이러한 차이점은 또 다른 질문을 낳는다. 2000년대 들어서 한국 인문사회과학에서 꽤 널리 쓰이는 용어들이 소수자, 서발턴, 프레카리아트 같은 용어들이다. 을은 이러한 이론적 용어들의 시사적인 표현인가?

하지만 내가 보기에는 을이라는 용어는 이 용어들과도 꽤 의미 있는 차이점을 지닌 것 같다. 우선 프레카리아트라는 개념은 주지하다시피 노동자계급을 지칭하는 '프롤레타리아트'proletariat라는 맑스주의적 개념과 '불안정한'을 의미하는 '프리케리어스'precarious라는 단어를 결합하여, 현대사회의 많은 노동자들이 다양한 형태의 불안정 노동(임시직, 기간제, 파견, 외주 등) 업무에 종사하면서 불안정한 삶을 살아가고 있다는 점을 표현하기 위해 만들어진 용어다.[14] '을'이라고 지칭되는 많은 부류의 사람들이 이러한 불안정 노동에 종사하고 있다는 점을 감안하면 을과 프레카리아트는 서로 겹치는 점이 많다고 할 수 있다. 하지만 을이라는 용어는, 주로 노동관계의 특성을 지칭하는 프레카리아트라는 개념에 비해 이러한 불안정 노동자들은 **동시에 모욕당하고 차별당하고 때로는 혐오의 대상이 된다는 특성**, 곧 사회적 인정 관계 내지 상징적 위계 관계에서 종속적인 위치에 속해 있다는 특성도 지닌다는 점을

---

14 가이 스탠딩, 『프레카리아트: 새로운 위험한 계급』, 김태호 옮김, 박종철출판사, 2014; 이광일, 「신자유주의 지구화 시대, 프레카리아트의 형성가 '해방의 정치'」, 『마르크스주의연구』 10권 3호, 2013 참조.

표현해 주는 것으로 보인다.

을이라는 용어는 인문사회과학에서 광범위하게 사용되는 '소수자'라는 용어와도 일정한 차이점을 지니고 있다. 사실 영어의 마이너리티minority나 프랑스어의 미노리테minorité라는 용어에 비하면 우리말의 '소수자'라는 용어는 의미 범위가 상당히 제한적인 편이다. 영어나 프랑스어에서 이 용어들은 우리말로 '미성년'이라는 말을 포함하고 있으며, 또한 '약소자'라는 뜻도 담고 있다. 칸트가 유명한 「'계몽이란 무엇인가?'라는 질문에 대한 답변」(1784)의 서두에서 계몽이라는 개념을 정의할 때 등장하는 것이 바로 '미성숙'으로서의 '미성년'이라는 의미이며,[15] 이것은 영어나 프랑스어로는 'minority' 또는 'minorité'로 번역된다. 또한 마이너리티나 미노리테는 '약소자'라는 뜻도 담고 있는데, 프랑스 철학자 자크 랑시에르가 '해방'émancipation을 정의하면서 이를 미노리테에서 탈출하는 것이라고 정의할 때 염두에 둔 것이 이러한 다층적인 의미이다.

해방이란 소수파/약소자/미성년minorité에서 탈출하는 것이다. 그렇지만 누구도 자기 스스로의 힘을 통하지 않고서는 사회적 소수파/약

---

15 "계몽이란 우리가 마땅히 스스로 책임져야 할 미성년 상태로부터 벗어나는 것이다. 미성년 상태란 다른 사람의 지도 없이는 자신의 지성을 사용할 수 없는 무능력이다"(임마누엘 칸트, 「계몽이란 무엇인가에 대한 답변」, 이한구 편역, 『칸트의 역사철학』, 서광사, 1992, 13쪽). 독일어 원문은 다음과 같다. *"Aufklärung ist der Ausgang des Menschen aus seiner selbstverschuldeten Unmündigkeit. Unmündigkeit ist das Unvermögen, sich seines Verstandes ohne Leitung eines anderen zu bedienen."*

소자/미성년에서 탈출할 수 없다. 노동자들을 해방하는 것은 노동을 새로운 사회의 정초 원리로 보이게 만드는 것이 아니라, 노동자들을 소수파/약소자/미성년의 상태에서 탈출하도록 만드는 것이자, 그들이 정말 사회에 속해 있음을 승인하고, 그들이 정말 공통 공간 속에서 모두와 소통하고 있음을 증명하는 것이다. [……] 도래할 사회를 지배할 대항 권력을 정초하는 것보다는 능력을 증명하는 것 ── 그것은 또한 공동체를 증명하는 것이기도 하다 ── 이 중요하다. 스스로 해방된다는 것은 이탈을 감행하는 것이 아니라, 공통 세계를 함께 나누는 자로서 자신을 긍정하는 것, 비록 겉모습은 다르지만 우리가 상대와 같은 게임을 할 수 있음을 전제하는 것이다.[16]

이렇게 확장된 의미로 이해된 마이너리티 또는 미노리테는 '소수자'라는 용어가 담을 수 없는 여러 가지 쟁점을 표현해 준다(가령 최근 화제가 된 선거 연령의 문제가 그렇다).

그렇다고 해도 '을'이라는 용어는 마이너리티나 미노리테로 환원되지는 않는 것으로 보인다. 왜냐하면 '을'이라는 용어는 마이너리티나 미노리테라는 용어에 비해, 소수자나 약소자는 수적으로 소수가 아니라 사실은 압도적 다수라는 것('1 : 99'에서 '99'라는 숫자가 표현하는 것)을

---

16 Jacques Rancière, *Aux bords du politique*, Paris: Gallimard, 2004, pp.90~91[『정치적인 것의 가장자리에서』, 양창렬 옮김, 전면개정판, 도서출판 길, 2013, 92~93쪽. 번역은 다소 수정]. 특히 번역문에서는 'minorité'를 '소수파'로만 번역했지만, 내가 보기에 저 단어에는 '약소자'나 '미성년'이라는 뜻이 포함되어야 한다.

보여 주기 때문이다. 이는 사실 신자유주의적 세계화가 산출하는 수요 현상 중 하나는 **소수자들/약소자들의 다수화 현상**이라는 점을 드러내 준 다는 점에서 중요한 함의를 지닌다. 곧 신자유주의적 사회화는 노동자 계급 조직을 비롯한 사회적 연대 조직을 약화시키거나 해체하고 더 나 아가 개인들이 속해 있는 소속 관계를 불안정화함으로써(비정규직화, 조 기 정년, 프리랜서, 자영업 등이 그러한 사례들일 것이다) 대다수 개인들을 단자화啙子化하고 불안정한 존재자들로 만든다. '을'은 수적으로는 압 도적인 다수를 차지하고 있지만, 사실 자신들의 독자적인 조직과 네트 워크로 연결되지 못한 단자적이고 불안정한 소수자들/약소자들이다.[17]

이런 시각에서 보면 '을'이라는 용어는 서발턴subaltern이라는 개념 과 매우 비슷한 의미를 지닌다고 할 수 있다. 이탈리아의 맑스주의 이 론가였던 안토니오 그람시가 고안해 낸 이래 인도 서발턴 역사학 연구 자들 및 가야트리 스피박 같은 문예이론가들이 발전시킨 서발턴이라 는 개념은, 한편으로 지배 엘리트 집단과 대비되는 대다수의 피지배 집 단을 가리키면서 다른 한편으로는 스스로 자신을 표현하거나 주체화 하지 못하는 정치적 무능력을 표현하기 때문이다.[18]

---

17 바우만, 『방황하는 개인들의 사회』; Robert Castel, *La montée des incertitudes: Travail, protections, statut de l'individu*, Paris: Seuil, 2009; 에티엔 발리바르, 「보편 적인 것들」, 『대중들의 공포』, 서관모·최원 옮김, 도서출판 b, 2007을 각각 참조.

18 라나지트 구하, 『서발턴과 봉기』, 김택현 옮김, 박종철출판사, 2008; 가야트리 스피박, 「서발턴은 말할 수 있는가?」, 로절린드 모리스 엮음, 『서발턴은 말할 수 있는가』, 태혜숙 옮김, 그린비, 2013; 존 베벌리, 「혼종이냐 이분법이냐?: 하위주체와 문화연구에서 다루 는 '민중'의 범주에 관하여」, 『하위주체성과 재현: 라틴아메리카 문화이론 논쟁』, 박정 원 옮김, 그린비, 2013을 각각 참조.

하지만 을이라는 용어는 서발턴 개념과도 일정한 차이를 지니고 있다. 인도 역사학자들과 가야트리 스피박이 이론화한 서발턴 개념은 두 가지 난점을 안고 있는 것으로 보인다. 첫째, 이 개념은 일정한 역사적 시기의 흔적을 깊이 포함하고 있다. 곧 이 개념은 국민 대다수가 문맹자 농민이었던 식민지 시기 또는 포스트식민 초기 시기의 인도 상황(대략 1960년대까지의 시기)을 표현하고 있다. 반면 그 이후 인도는 급속한 산업화 과정 및 사회적 분화 과정을 겪었으며, 원래 서발턴 개념의 주요 지시체였던 문맹자 농민들은 더 이상 인구의 대부분을 차지하지 않게 되었다. 이에 따라 서발턴 역사학자들 중 일부는 '피통치자' governed라는 푸코적인 개념으로 서발턴 개념이 지닌 역사적 한계를 극복하려고 시도하고 있다.[19] 둘째, 서발턴 개념은 지배 엘리트와 대비되는 피지배 집단, 특히 자신을 표현하거나 주체화할 수 없는 집단들의 일반적 상황에 초점을 맞춘 개념으로, 피지배 집단 내의 이질성과 차이, 따라서 갈등적 상황을 표현하는 데 난점을 지니고 있다.

반면 을이라는 용어는 서발턴이라는 용어가 지닌 이러한 난점들을 반드시 수반하지 않는 것으로 보인다. 을이라는 용어 자체는 을과 병, 정…… 같은 내재적 분할과 또 다른 위계 관계를 그 자체 안에 포함하고 있기 때문이다. 을이라는 용어는 **본질적으로 복수적이며 내적으로 분할된** 용어라고 할 수 있다. 탄핵 정국에서 '촛불집회'와 대결하는 또 하

---

19 Partha Chatterjee, *The Politics of the Governed: Reflections on Popular Politics in Most of the World*, New York: Columbia University Press, 2004.

나의 대중 집회로 주목을 빈은 이른바 '메국기집회'이빌토 을의 이러한 복수성과 내적 분할을 잘 드러내는 사례라고 할 수 있다.

심지어 여기서 한 걸음 더 나아가 을이라는 범주, '몫 없는 이들'이 라는 개념에 제대로 포함되지도 않는 존재자들을 떠올려 볼 수 있다. 2016~2017년 겨울 조류독감AI 파동으로 인해, 또 몇 해 전에는 구제역 파동으로 인해, 살아 있는 채로 매몰되거나 살처분당한 수천만 가축들 이야말로, 가장 대표적인 을이면서 역설적으로 을이라는 범주에 포섭 되지 못하고 그 지위를 인정받지도 못하는, 따라서 그야말로 **역설적인** **을**이라고 부를 수 있는 존재자들이 아닌가? 어떤 사람들은 자연 환경, 생태계 자체 역시 이러한 역설적인 을에 포함시킬 것이고, 어떤 사람들 은 또 다른 AI, 곧 인공지능과 로봇의 문제에도 역설적인 을의 문제가 함축되어 있다고 생각할 것이다.

4) 을은 다중인가?

현대 인문사회과학에서 정치적 주체를 표현하기 위해 광범위하게 사 용되는 또 다른 용어로 다중multitude이라는 개념을 들 수 있다. 이탈리 아의 철학자인 안토니오 네그리와 그의 미국인 제자인 마이클 하트의 공동 저작인 『제국』, 『다중』, 『공통체』[20]를 통해 국내에도 잘 알려져 있

---

20 안토니오 네그리·마이클 하트, 『제국』, 윤수종 옮김, 이학사, 2001; 『다중: 제국이 지배 하는 시대의 전쟁과 민주주의』, 정남영·서창현·조정환 옮김, 세종서적, 2008; 『공통체: 자본과 국가 너머의 세상』, 윤영광·정남영 옮김, 사월의책, 2014.

는 이 용어는, 그 저자들에 따르면 근대 서양 정치철학에서 정치적 주체를 지칭해 온 몇 가지 주요 개념들과 차이를 지닌 개념이다. 이들에 따르면 우선 다중은, 주권 개념과 한 쌍을 이루며, 통일성과 환원을 특징으로 하는 '인민'people 개념 —— 님한의 힌법이나 정치저 원리에서는 '국민' 개념에 해당하는 —— 과 구별된다.

> 인민은 하나(일자)이다. 물론 인구는 수없이 다양한 개인들과 계급들로 구성되어 있다. 그러나 인민은 이 사회적 차이들을 하나의 정체성으로 종합하고 환원한다. 이와 달리 다중은 통일되어 있지 않으며 복수적이고 다양한 상태로 남아 있다. 정치철학의 지배적 전통에 따르면, 이것이 바로 인민이 주권적 권위로서 지배할 수 있고 다중이 그럴 수 없는 이유이다. 다중은 **독특성들**의 집합으로 구성되어 있다. 그리고 여기서 독특성은 그 차이가 동일성으로 환원될 수 없는 사회적 주체, 차이로 남아 있는 차이를 뜻한다.[21]

또한 다중은 '대중'mass 개념과도 차이를 지니는데, 이는 대중 개념이 근본적으로 수동적이고 지도를 받아야 하는, 지리멸렬하고 공통성이 없는 개인들의 집합을 가리키기 때문이다. 이들에 따르면 대중은 다른 측면이며, 동질적이고 분산된 개인들의 집합으로 해체된 인민을 가리킨다.

21 네그리·하트, 『다중』, 135쪽.

더 나아가 다중은 맑스주의에서 말하는 노동자계급과도 구별되는 개념이다. 노동자계급이 주로 산업 노동자 집단이나 생산적 노동에 종사하는 사람들을 가리키는 명칭인 데 반해, 이들에 따르면, 다중은 "프롤레타리아 개념에 그 가장 풍부한 규정, 즉 자본의 지배 아래에서 노동하고 생산하는 모든 사람들이라는 규정을 부여"하는 개념이다.[22] 특히 이들은 종래의 물질노동과 구별되는 비물질노동, 곧 "서비스, 문화 상품, 지식, 또는 소통과 같은 비물질적 재화를 생산하는 노동"[23]이 포스트모던 자본주의에서 종래의 물질노동에 대해 '질적 헤게모니'를 차지하게 되면서, 좁은 의미의 산업 노동자 계급을 넘어서는 새로운 계급 주체, 실로 공산주의의 주체로서의 다중이 등장할 수 있게 되었다고 주장한다.

이렇게 본다면 '다중'은 을이라는 용어와 상당히 가까운 의미를 지닌다고 할 수 있다. 을은 정치 공동체의 성원 전체 및 그 통일성을 가리키는 인민(또는 국민)과 동일하지 않으며, 오히려 그 내부의 이질성과 다양성을 표현한다. 또한 을은 당연히 넓은 의미의 노동에 종사하는 사람들일 것이며, 그중 상당수는 네그리와 하트가 비물질노동이라고 부르는 종류의 노동을 수행하는 사람들일 것이다.

하지만 내가 보기에 을이라는 용어와 다중 개념의 중요한 차이점은, 앞에서도 지적했던 것처럼 을이라는 용어가 이질성과 다양성을 넘어서 갈등성을 자신의 본질적 요소로 포함하는 데 반해 네그리와 하트

---

22 같은 책, 143쪽.
23 네그리·하트, 『제국』, 382쪽.

가 이론화한 다중 개념에서는 이러한 내적 갈등과 분할을 찾아보기 어렵다는 점이다. 실로 다중 개념은 근본적으로 **목적론적인** 개념이며, 따라서 현대 철학에서 사용되는 주체화의 문제를 사고하기 어렵게 만드는 (불가능하게 하지는 않을지 몰라도) 개념이다.

네그리와 하트는 『제국』에 대한 비평가들에 대해 답변하는 대목에서 다중 개념이 함축하는 두 개의 시간성을 구별한다. 하나는 영원성으로서의 다중으로, 이러한 다중은 그것이 없이는 "우리의 사회적 존재를 생각할 수 없"[24]는 다중, 곧 사회의 **존재론적 토대로서의** 다중이다. 이러한 다중은 강한 의미의 **정치적 주체로서의** 다중, 곧 사회를 형성하고 유지하고 이끌어 가는 다중, 따라서 자율적인 사회적·정치적 역량을 지닌 주체로서의 다중이다. 다른 하나는 "역사적 다중, 아니 정확히 말해서 '아직 아닌' 다중"이다. 이러한 다중은 첫 번째 영원성의 다중에 걸맞은 다중으로 아직 구성되지 않은 다중, 따라서 정치적으로 구성되고 형성되어야 하는 다중을 가리킨다. 문제는 두 가지 시간성에 따라 구별되는 다중은, 내적 갈등과 분할의 문제에서 비껴 나 있는 다중이라는 점이다. 두 번째 다중은 항상 이미 첫 번째 다중에 의해 규정되어 있는 다중, 곧 목적론적 발전 경향 속에서 포착된 다중이다. 이 때문에 이들은 다음과 같이 말한다.

이 두 유형의 다중은 개념적으로 구별될 수 있을지언정, 실제로는 분

---

24 네그리·하트, 『다중』, 272쪽.

리될 수 없다. 다중이 이미 우리의 사회적 존재 속에 잠재되어 있지 않고 내재되어 있지 않다면, 우리는 다중을 하나의 정치적 기획으로 상상할 수조차 없을 것이다. 그리고 마찬가지로, 우리가 오늘날 다중을 실현하기를 바랄 수 있는 것은 다중이 이미 하나의 실재적인 잠재력으로 존재하기 때문이다.[25]

이런 질문을 던져 보자. 태극기집회에 참여하는 사람들은 다중인가 아닌가? 탄핵 정국의 와중에서 탄핵에 집요하게 반대하고, 헌법재판소에서 탄핵 결정이 내려진 이후에도 여전히 탄핵에 불복하면서 계엄령을 내려 달라고 호소하는 이들은 다중인가 아닌가? 또한 2012년 대선 당시 박근혜 후보에게 투표를 했던 51%의 유권자들은 다중인가 아닌가? 만약 이들이 다중이라면, 보수적이거나 심지어 반동적인 정치 세력도 다중에 속한다고 할 수 있는 것인가? 그리고 만약 그렇다면 어떻게 해방의 주체로서의 "다중이 이미 하나의 실제적인 잠재력으로 존재"하고 있다고 말할 수 있을까?

만약 이들이 다중이 아니라면, 아마도 수구 보수 세력을 지지하지 않고 적어도 자유주의적인 세력 이상을 지지하는 사람들만이 다중이라고 불릴 자격이 있다고 할 수 있다. 그런데 네그리와 하트가 말하는 '공산주의의 주체'로서, 맑스의 프롤레타리아를 계승하는 해방의 주체로서의 다중에 걸맞은 개인과 집단을 추출하려면 그 지표는 훨씬 더 엄

---

25 같은 책, 272쪽.

정해야 할 것이다. 그렇다면, 가령 2012년 대선에서 문재인 후보를 지지한 48%의 사람들 전체가 다중은 아닐 것이며, 아마도 그중의 일부, 구 통합진보당이나 오늘날의 소수 진보 정당, 곧 정의당이나 노동당 또는 녹색당을 지지하는 사람들만이 진정한 의미의 다중이라고 할 수 있을 것이다. 그렇다면 나머지 대다수는 다중이 아닐 터인데, 어떻게 다중을 사회의 존재론적 토대라고 할 수 있을까?

따라서 다중이 사회의 존재론적 토대로 간주될 수 있으려면 다중은 필연적으로 다수의 보수적인 또는 더 나아가 수구 반동적인 세력을 포함해야 한다. 반대로 다중이 "이미 하나의 실제적인 잠재력으로 존재하는" 해방의 정치적 주체로 존재하려면, 다중은 상당히 축소된 범위의 개인들 및 집단들로 한정될 수밖에 없으며, 따라서 사회의 존재론적 토대로 간주될 수 없다. 내가 보기에, 네그리와 하트가 가능한 한 최대로 다중의 외연을 확장하면서도 이들을 해방의 주체, 공산주의의 주체라고 부를 수 있는 것은 목적론적 추론의 가상 때문이다. 그리고 이러한 목적론적 추론의 가상은 정치적 분석이 분석하고 설명해야 할 대상 자체를 말소시켜 버린다. 그것은 곧 갑과 을의 대립을 넘어서 **을들 내부의 이질성과 다양성, 그리고 갈등성**이라는 문제이며, 랑시에르, 라클라우, 발리바르 및 현대의 여러 정치 이론가들이 푸코에서 유래하는 **주체화** subjectivation라는 개념을 갖고 씨름하는 문제가 바로 이것이다.[26]

---

26 현대 정치철학에서 주체화의 문제에 대해서는 7장 「정치적 주체화란 무엇인가?: 푸코, 랑시에르, 발리바르」 참조.

4. 아포리아로서의 을의 민주주의

만약 을이라는 용어가 현대 인문사회과학의 주요 개념들과 이러한 차별성을 지니고 있다면, 을을 주체로 하는 민주주의란 과연 무엇인가? 그리고 그것은 지금까지의 민주주의와 어떤 차이점을 지니는가라는 질문들이 제기될 수 있다.

나는 우선 을의 민주주의가 매우 아포리아적인 개념이라는 점을 지적해 두고 싶다. 아니, 더 정확히 말하면, 을의 민주주의는 **민주주의 자체가 매우 아포리아적**이라는 점을 드러내 준다는 점에서 의미가 있다고 해야 할 것이다. 아포리아aporia는 알다시피 아ά+포로스πόρος, 곧 '길이 없음', 따라서 더 이상 진전이 불가능한 논리적 궁지를 가리키는 고대 그리스 철학의 개념이었다. 이 개념을 현대 철학의 주요 개념으로 만든 이는 다름 아닌 자크 데리다였으며, 그를 준거로 삼아 현대 정치철학의 쟁점들을 숙고하기 위한 유사초월론적 토대로 아포리아 개념을 활용한 이는 에티엔 발리바르였다.[27] 고대 그리스 철학의 용법과 달리 이들의 성찰에서 아포리아는 단순히 부정적인 것을 의미하지 않는다. 그것은 기존의 개념들과 이론·실천의 한계를 나타내기 위한, 따라

---

27 발리바르가 아포리아의 문제를 진지하게 검토하기 시작한 것은 1980년대 초 스피노자에 관한 연구를 통해서였던 것으로 보인다. 에티엔 발리바르, 『스피노자와 정치』, 진태원 옮김, 수정 2판, 그린비, 2014 참조. 그 이후 역사적 맑스주의에 대한 탈구축, 관국민적 시민성 개념에 대한 모색, 극단적 폭력과 시민다움을 중심으로 한 폭력론에 관한 연구, 시민 주체 및 공산주의에 관한 탐구에서 늘 아포리아는 발리바르 사유의 유사초월론적·방법론적 지침으로 작용하고 있다.

서 그것을 돌파하기 위한 극한의 노력을 표현하는 개념이었다. 물론 이러한 돌파의 노력이 아무런 성공의 보장이 없는 모험적인 기획이라는 점이 중요한데, 왜냐하면 아포리아는 철학적으로는 우리의 합리성 자체, 정치적으로는 정치 공동체 자체가 토대가 없는 것임을 긍정하는 데서 시작되는 개념이기 때문이다.[28] 을의 민주주의는 민주주의의 아포리아적인 성격에 근거하고 있으며, 이를 뚜렷하게 부각시켜 준다.

1) 을을 잘 대표하는 것으로서의 을의 민주주의

을의 민주주의에 관하여 일차적으로 을을 잘 대표하는 민주주의라고 정의해 볼 수 있다. 그리고 다시 '을을 잘 대표하기'에 대하여 다음과 같은 제도적 함의를 제시해 볼 수 있다. 가령 최근 많은 논의의 대상이 되는 경제 민주화를 생각해 볼 수 있다. '경제 민주화'라는 표제 아래 우리 사회 극소수 파워 엘리트 집단을 대표하는 재벌 체제를 해체하고, 그 대신 사회의 대다수를 이루는 을의 경제적 이해관계 및 지위를 강화하는 여러 가지 법적·제도적 대안들을 고려해 볼 수 있다. 여기에는 재벌 지배 구조를 개혁하고 소수 주주의 이익을 보호하는 것에서부터 산업적 시민권을 강화하는 방안에 이르기까지 여러 제안이 포함될 수 있다.

---

28 랑시에르의 정치철학은 한편으로 본다면 아포리아에 기반을 둔 작업이지만, 다른 한편에서는 그 아포리아를 봉쇄한다. 그의 데리다 비판은 이를 잘 보여 주는 사례다. 랑시에르의 데리다 비판에 대한 검토는 을의 민주주의 2권에 수록될 「대체보충, 자기면역, 아포리아: 자크 랑시에르와 자크 데리다의 민주주의론」 참조.

또한 정치적 대표의 틀 자체를 개혁하는 방안도 생각해 볼 수 있다. 보수 양당 체제가 독점해 온 정치적 대표의 틀을 해체하고 다수의 진보 정당의 원내 진출을 통해 을의 정치적 이해관계와 지위를 보장할 수 있는 방안은 을의 민주주의의 주요 내용을 구성할 것임에 틀림없다. 흔히 지적되는 연동형 비례대표제를 비롯하여 선거 연령 인하, 결선투표제 도입, 지방자치제도의 정비 등이 이러한 대안에 포함될 것이다.

아울러 포괄적인 의미에서 사회적 민주화라고 부를 수 있는 것의 법적·제도적 방안도 모색해 볼 수 있다. 우리가 사회적 민주화라고 부르는 것은, 사회경제적 구조나 정치적·법적 제도를 통해 완전히 포괄되지 않는, 하지만 대다수의 을들이 삶 속에서 겪는 억압과 차별, 착취 등을 개혁하는 과정을 지칭한다. 가령 여성이나 비정규직 노동자, 장애인, 성적 소수자, 청소년 등에 대한 차별과 억압, 착취를 법적으로 금지하고 그들을 보호하거나 그들의 피해를 지원하는 방안을 마련하는 것은 매우 중요한 일이다. 하지만 그들을 보호하거나 지원하는 일을 넘어, 그들을 예외적이거나 비정상적인 존재자들, 피해자들이 아니라 **정상적인 주체들**로, 민주주의의 **중심적인 구성원들**로 재현하는/대표하는represent, 그리고 구성하는 것은 더욱 중요한 일이다. 그런데 이렇게 되면 '대표하기'가 무엇을 의미하는가 하는 것이 중요한 문제로 제기된다.

2) 을을 대표한다/재현한다는 것은 무엇인가?

촛불집회 이후 직접민주주의 내지 참여 민주주의가 언론 및 학계의 중요한 화두로 떠올랐다. 헌정사에서 유례가 없는 현직 대통령 탄핵을 성취하고 새로운 정권을 출현시키는 데 촛불집회의 힘이 결정적인 역할을 수행한 만큼 이는 당연한 결과라고 할 수도 있다. 그런데 문제는 직접민주의니 참여 민주주의를 주장하는 논객들이 대개 이를 **대의민주주의와의 대립**의 관점에서 거론한다는 점이다. 곧 진정한 민주주의를 실현하기 위해서는 대의민주주의 대신 참여 민주주의를 추구해야 하며, 설령 대의민주주의가 필요하다 하더라도 그것을 될 수 있는 한 최소화해야 한다는 주장들이 자주 제기된다. 그런데 이것은 매우 조야한 주장이라고 하지 않을 수 없다. 흔히 말하듯 현대 국가처럼 복잡하고 다원적인 정치조직을 국민들의 직접적인 참여로 통치하거나 운영한다는 것은 기술적으로 불가능하며 더욱이 효율적이지 못하다는 반론을 예상해 볼 수 있다.

하지만 내가 보기에 더 중요한 것은 대표의 문제를 그 자체로 살펴보는 일이다. 참여 민주주의 내지 직접민주주의에 대한 요구 뒤에 존재하는 것은 두 가지 생각이다. 첫째, 현재 한국의 정치체제의 성격상 대표자들은 국민, 특히 을로서의 국민의 의지나 목소리를 대표하기보다는 자신들이 속한 정당이나 권력 질서의 이해관계에 충실한 이들이며, **이들 자신이 갑으로서의 통치자 내지 지배자에 불과하다**는 생각이다. 둘째, 따라서 갑으로서의 대표자들에게 정치권력을 부여하는 대의민주주의보다 **을로서의 국민이 직접 정치에 참여하는 것이 바람직하다**는 것이다. 이러한 생각은 우리가 앞에서 간략하게 제시했던 좁은 의미의 '을의 민주주의', 곧 을들 자신이 정치적 주체로서 직접 참여하는 민주주의라는 관념과도 부합하는 일이 아닌가?

　이런 생각은 대표(또는 재현)의 과정 이전에 이미 정치적 주체로서의 국민, 더 나아가 을들이 현존해 있다는 관념을 전제한다. 그런데 과연 국민 내지 인민은 대표/재현의 과정에 앞서 미리 현존해 있는가? 가령 프랑스의 예를 들어 보자. 프랑스혁명 및 더 나아가 근대 민주주의 헌정의 이념적 기초를 제공한 「인간의 권리와 시민의 권리에 대한 선언」 (1789) ── 이것은 프랑스 헌법의 전문前文으로 사용된다 ── 에도 불구하고, 프랑스 제헌헌법에서는 재산의 유무(일정한 납세액)에 따라 능동 시민과 수동 시민을 구별했고, 전자에 해당되는 25세 이상의 성인 남성들에게만 선거권을 부여했으며, 피선거권은 더 많은 세금을 납부하는 사람들에게만 부여했다. 1848년 이후에야 성인 남성들은 보편적 선거권을 얻게 되었다. 또한 여성의 경우는 20세기에 들어서야 비로소 참정권을 얻게 되었으며, 미국에서 흑인들이 어떤 험난한 과정을 거쳐 정치적 권리를 얻게 되었는가 하는 것은 잘 알려져 있다. 더욱이 우리나라에서는 아직도 만 19세 이하의 젊은이들은 정치적으로 존재하지 않는 존재들이다. 이주노동자들과 같이 우리나라 국적을 갖지 못한 사람들은 말할 나위도 없다. 이는 대표/재현의 과정 이전에는 정치적 주체란 존재하지 않음을 잘 보여 준다. 더욱이 주권자로서 또는 정치적 주체로서의 국민 내지 인민은 처음부터 동일하게 존재해 온 이들이 아니라 대표/재현의 과정에 따라 역사적으로 끊임없이 변형되거나 확장되어 온 것이라는 점 역시 분명하다.

　따라서 미국의 한 연구자가 적절하게 말한 바 있듯이 "대표의 반대 말은 **참여**가 아니라 **배제**"[29]라는 점을 유념해야 한다. 적절한 대표의 제도나 실천이 없다면 정치적 주체들이 존재할 수 없으며, 사회적 약자들인 을들과 을의 을들은 대표가 없다면 정치적으로 존재하지 않게 되거나 아니면 자신의 목소리를 들리게 하게 위해 늘 목숨을 건 필사적인 싸움을 전개하는 수밖에 없다. 더욱이 참여 민주주의와 대의민주주의를 단순히 대립시키는 것은, 기존에 존재하는 대의 제도의 모순과 문제점을 그대로 용인하는 결과를 낳을 수도 있다. 대표제란 **본성상** 과두제적인 메커니즘이며, 대표자들은 **원래** 유권자나 국민의 의사를 표현하기보다는 자신들의 이해관계를 관철하기 마련이라면, 그것을 애써 개선하거나 개혁할 필요가 없기 때문이다. 그렇다면 을의 민주주의를 위해서는 참여와 대표를 대립시킬 것이 아니라, 더 많은 참여를 위해 더 잘 대표할 수 있는 제도와 실천 방안을 모색하는 것이 옳을 것이다.

사실 우리가 '대표하기' 내지 '대의하기'라고 부르는 개념, 곧 영어로는 리프리젠트represent 내지 리프리젠테이션representation이라는 용어들로 표현되는 개념은 꽤 복잡한 의미를 지니고 있다. 이 용어는 다음과 같은 기본적인 의미를 지닌다.

① 재현하기: 리프리젠테이션의 기본적인 의미는 '표상' 내지 '재현'이라고 할 수 있다. 이때 표상으로서의 재현再現은, 인식하는 주관 바깥에 이미 그 자체로 성립해 있는 또는 현존하는 어떤 사물이나 대상을

---

29 David Plotke, "Representation is Democracy", *Constellations*, vol.4, no.1, 1997. 강조는 인용자.

가능한 한 있는 그대로, 정확하게 다시-제시할re presentation을 의미한다. 이런 의미의 재현은 첫째, 재현 과정에 앞서 미리 그 자체로 성립해 있는 사물이나 대상의 현존을 전제하며, 둘째, 재현 작용 자체는 이러한 사물이나 대상을 있는 그대로, 정확하게 잘 묘사하거나 제시하는 것을 목표로 삼는다는 것을 전제한다.

② 대표하기: 이것의 정치적 표현이 '대표'라고 할 수 있다. 인식론적 의미의 '재현'과 마찬가지로 현대 민주주의의 핵심적인 활동으로서 대표는, 선거를 통해 선출된 대표자들이 자신을 선출해 준 피대표자들, 곧 주로 유권자들의 목소리나 욕망, 이해관계를 잘 대변하는 것을 목표로 삼는다. 따라서 정치적 활동으로서의 '대표' 역시 '재현'과 마찬가지로, 대표 과정에 앞서 이미 그 자체로 성립해 있는 피대표자들 내지 유권자들이라는 사물 내지 대상의 현존을 전제하며, 이러한 사물 내지 대상을 가능한 한 정확하게 다시-제시하는 것, 그들의 이해관계, 욕망, 목소리를 있는 그대로 다시-들려주는 것을 목표로 삼고 있다.

③ 재-현하기: 그런데 포스트 담론의 주요한 이론적 기여는, 재현에 관한 통상적 생각과 달리 재현 과정과 독립해서 이미 성립해 있는 사물 그 자체는 존재하지 않으며, 따라서 재현 과정이란 리프리젠테이션이라는 말의 원래 뜻과 달리 이미 존재하는 것을 있는 그대로 제시하는 것이 아니라, **사물이나 대상 자체를 구성하는 과정**이라는 것을 보여주었다는 점에서 찾을 수 있다. 따라서 이런 의미의 재현은 오히려 재-현이라고 표현할 수 있다. 이때의 재-현은, 재현 과정을 통해 기존에 존재하는 사회적 범주들이나 대상을 **변형하고 재구성하는 과정**, 이를 통해

이전까지 보이지 않고 들리지 않았던 것을 보이게 하고 들리게 만드는 **변형적인 현시 과정**이라고 할 수 있다. 랑시에르는 『불화』에서 이처럼 ('치안' 체제 안에서) 보이지 않고 들리지 않는 것을 보이게 하고 들리게 만드는 것을 정치라는 개념의 가장 기본적인 의미로 규정한 바 있다. 그렇다면 민주주의적 대표/재현은, 유권자들의 이해관계나 욕망, 목소리를 있는 그대로 전달한다, 대표한다는 소극적인(때로는 기만적이기까지 한) 목표에 만족할 수 없으며, 그러한 대표/재현은 적극적인 변형적 현시로서의 재-현 작용까지 포함해야 할 것이다.

3) (비)주권적 (비)주체로서의 을?

하지만 우리가 화두로 제안하는 '을의 민주주의'는 이러한 재-현의 차원에 머무를 수는 없다. 이러한 재-현 과정 자체는 **주체의 문제**를 그냥 방치해 두기 때문이다. 우리가 재현을 단순한 '다시-제시하기'로 이해하지 않고 '재-현'으로 이해하게 되면, 주체의 문제, 특히 '정치적 주체'의 문제가 첨예하게 제기된다. 그런데 만약 현대 사회체제의 성격상 부재하지만, 정의상 존재해야 하고 또 존재하는 것으로 간주된 주권적인 주체가 사실은 **허구적인 개념**에 불과하다면, 곧 **주권자로서의 국민** 같은 것은 현존하지 않는다면 또는 항상 부재하는 원인으로서만 현존한다면 어떻게 되는가?

사실 현대 자유민주주의 체제에서 인민주권 내지 국민주권 개념은 두 가지 역할을 수행하는 것으로 보인다. 첫째, 그것은 권력의 정당성의 궁극적 기초 역할을 수행한다. "모든 권력은 국민으로부터 나온다"는 것은, 국민 내지 인민이라는 주권자의 허락이나 승인 없이는 어떠한 정치권력도 성립하거나 유지될 수 없음을 의미한다. 둘째, 하지만 역으로 이러한 정당성의 궁극적 기초로서의 국민은 항상 부재하는 이상, '국민'은 기존 권력 또는 그러한 권력을 산출하고 재생산하는 체제를 정당화하는 이데올로기적 근거로 활용되기도 한다. 때때로 일정한 사건들을 통해 이러한 유령 같은 주권자가 출몰하는 일이 벌어지기도 하지만, 홀연히 나타났다가 다시 어느덧 사라질 수밖에 없는 것이 바로 주권자로서의 인민 내지 국민인 이상 그것은 늘 자신의 대리자를 정당화하는 역할('연기') 이상을 수행할 수 없는 것으로 보인다.

바로 그렇기 때문에, 어떤 사람들은 주권의 주체는 '국민'을 넘어서 '인민'으로 또는 '민중'으로 대체되어야 한다고 주장할 것이다. 요컨대 국민주권이 아니라 인민주권 내지 민중주권을 실현하는 것이 진정한 민주주의에 더 가까이 다가가는 것이며, 을의 민주주의란 을을 주권의 주체로서의 인민 내지 민중으로 세우는 것을 목표로 한다고 주장할 수 있다.

그런데 최근 몇몇 철학자들이 공통적으로 제기하는 바와 같이, 여기에서 '인민' 내지 '민중'이라는 개념이 포함하는 내적 분할의 문제가 생겨난다. 9장에서 자세히 논의한바, 영어의 피플이나 프랑스어의 푀플 또는 스페인어의 푸에블로 같은 단어들은 공통적으로 두 가지 대조적인 의미를 지닌다. 곧 이 용어들은 한편으로 어떤 국가 내지 정치체의 합법적 성원이라는 의미, 따라서 우리말의 '국민'에 더 가까운 의미를 가리킨다(라틴어로는 포풀루스라는 개념에 해당하는 것). 하지만 다른 한편으로 이 용어들은 라틴어의 플레브스라는 말이 역사적으로 뜻했던 것처럼 '몫 없는 이들'로서의 을을 지칭하기도 한다. 이런 후자의 의미에서 본다면 피플, 푀플, 푸에블로는 공동체의 합법적인 성원이면서 **또한** 그 안에서 착취당하고 모욕당하고 차별받는 이들을 의미하는 것이다.

따라서 인민 내지 민중이 주권자가 되는 민주주의는 아마도 피플, 푀플, 푸에블로가 지니는 이러한 내적 차이와 위계 관계를 해체하거나 제거하는, 또는 적어도 줄이거나 최소화하려는 민주주의라고 할 수 있을 것이다. 하지만 문제는 바로 여기에 있을 것이다. 이러한 내적 차이와 위계 관계를 해체하거나 축소한다는 것은 무엇인가? 그리고 그것은 어떻게 가능한가? 가령 이런 질문을 던져 볼 수 있을 것이다. 을의 민주주의가 국민주권을 인민주권이나 민중주권으로 대체하는 것을 목표로 한다면, 현행 헌법에서 "대한민국의 모든 권력은 국민으로부터 나온다"라고 표현되어 있는 것을 새로운 헌법에서는 "대한민국의 모든 권력은 민중으로부터 나온다"로 바꿀 수 있을까? 요컨대 **인민 내지 민중으로서의 을은 헌법 속에 권력의 주체, 주권의 주체로서 명기될 수 있을까?** 만약 그것이 불가능하다면, 인민 내지 민중으로서의 을은 계속해서 더 나은 대표/재현의 대상으로 머물러야 하는 것일까? 아니면 **을들이 (법적) 주권의 주체로 존재하지 않지만 정치의 주체가 될 수 있는 또 다른 길을 모색해 볼 때가 된 것인가?** 가령 대의민주주의의 기본적인 법적 틀인 의회제 대표와 독립적인 또 다른 대표의 체계를 조직할 수 있으며, 또한 조직해야 하는 것인가? 그렇다면 이것의 헌법상의 지위는 어떤 것인가? 아니면 이것은 헌법 밖의 체계이자 조직으로 넘어가 히는가?

더 나아가 이런 질문을 던져 볼 수도 있다. 만약 이 주권자가 사실은 **주권자로 존재하기를 원하지 않거나 그것을 두려워한다면,** 어떻게 할 것인가? 실제로 우리가 촛불 정국에서 대선 정국으로 이행하면서 관찰했고, 또한 새로운 정권이 들어선 이후 관찰하고 있는 것은, 몇 달 동안 촛불집회에 참여했던 사람들이 계속 운동을 지속할 수 없으며 또 그럴 의사도 없다는 점이다. 이들은 이제 **자신들을 대신해서** 정치를 수행할 대표자를 뽑고 싶어 하며, 자신들은 정치의 장에서 물러나 일상으로 돌아가고 싶어 한다. 그리고 사실 또 그렇게 하지 않을 수 없다. 하지만 스스로 통치할 수 있는 역량의 부재 때문이든 아니면 스스로 통치자가 되는 것에 대한 두려움 때문이든, 또 아니면 민주주의 정치가 지닌 무정부주의적 본성(랑시에르가 말하듯 '아르케 없음'an-arkhe이라는 존재론적 의미에서) 때문이든, **주체가 주체 되기를 거부한다면,** 그때 민주주의는, 특히 을의 민주주의란 무엇인가?

내가 보기에 이러한 질문들은 '을'이라는 주체가 지닌 본질적인 특성들로 인해 불가피하게 생겨나는 질문들이며, 바로 이 점이 을의 민주주의를 민중민주주의나 인민민주주의와 다른 것으로 만든다. 민중민주주의나 인민민주주의라는 이름 아래에서는 불가능한 또는 제기되지 않고 제기하려고 하지도 않는 질문들, 아마도 민주주의의 본성과 한계에 대한 핵심 질문들을, '을의 민주주의'는 열어 놓는 것이다.

참고문헌

Agamben, Giorgio, *Homo Sacer*, trans. Daniel Heller-Roazen, Stanford, CA: Stanford University Press, 1998[『호모 사케르』, 박진우 옮김, 새물결, 2008].

_____, *State of Exception*, trans. Kevin Attell, Chicago: University of Chicago Press, 2005[『예외상태』, 김항 옮김, 새물결, 2010].

Albertazzi, Daniele and Duncan McDonnell eds., *Twenty-First Century Populism: The Spectre of Western European Democracy*, New York: Palgrave Macmillan, 2008.

Althusser, Louis, *Sur la reproduction*, Paris: PUF, 1995[『재생산에 대하여』, 김웅권 옮김, 동문선, 2007].

Arditi, Benjamin, *Politics on the Edges of Liberalism: Difference, Populism, Revolution, Agitation*, Edinburgh: Edinburgh University Press, 2007.

_____, "Populism is Hegemony is Politics? On Ernesto Laclau's *On Populist Reason*", *Constellations*, vol.17, no.3, 2010.

Arendt, Hannah, "Karl Jaspers: Citizen of the World", *Men in Dark Times*, New York: Harcourt, 1968[「칼 야스퍼스: 세계 국가의 시민?」, 『어두운 시대의 사람들』, 홍원표 옮김, 인간사랑, 2010].

_____, *On Revolution*, London & New York: Penguin Books, 1965.

_____, *The Human Condition*, introduction by Margaret Canovan, 2nd ed., Chicago: University of Chicago Press, 1998(1st ed., 1958)[『인간의 조건』, 이진우·태정호 옮김, 한길사, 1996].

_____, *The Origins of Totalitarianism*, new ed., New York: Harcourt, 1973(1st ed., 1951)[『전체주의의 기원』, 전 2권, 이진우·박미애 옮김, 한길사, 2006; *Elemente und Ursprünge Totaler Herrschaft*, Frankfurt a.M.: Europäischer Verlagsanstalt, 1955].

Audard, Catherine, *Qu'est-ce que le liberalisme?*, Paris: Gallimard, 2009.

Badiou, Alain, *L'éthique: Essai sur la conscience du mal*, Paris: Hatier, 1994[『윤리학』, 이종영 옮김, 동문선, 2001].

Balibar, Étienne, "Arendt, le droit aux droits et la désobéissance civique", *La proposition de l'égaliberté*, Paris: PUF, 2010.

_____, *Citoyen sujet et autres essais d'anthropologie philosophique*, Paris: PUF, 2011.

_____, "(De)constructing the Human as Human Institution: A Reflection on the Coherence of Hannah Arendt's Practical Philosophy", *Social Research*, vol.74 no.3, 2007.

_____, *Droit de cité*, Paris: PUF, 2002[『정치체에 대한 권리』, 진태원 옮김, 후마니타스, 2011].

_____, "Droits de l'homme et droits du citoyen. La dialectique moderne de l'égalité et de la liberté", *Les frontières de la démocratie*, Paris: La Découverte, 1992.

_____, "Entretien avec Étienne Balibar", interview by Philippe Mangeot, Sophie Wahnich and Pierre Zaoui, *Vacarme*, no.51, 2010.

_____, "Historical Dilemmas of Democracy and Their Contemporary Relevance for Citizenship", *Rethinking Marxism*, vol.20, no.4, 2008.

_____, "Is a Philosophy of Human Civic Rights Possible?: New Reflections on Equaliberty", *The South Atlantic Quarterly*, vol.103, no.2~3, 2004.

_____, *La crainte des masses*, Paris: Galilée, 1997[『대중들의 공포』, 서관모·최원 옮김, 도서출판b, 2007].

_____, "La Forme nation: historie et idéologie", Étienne Balibar and Immanuel Wallerstein, *Race, nation, classe: les identités ambiguës*, Paris: La Découverte, 1988.

_____, "L'antinomie de la citoyenneté", *La proposition de l'egaliberté*, Paris: PUF, 2010[축약 영어판: "Antinomies of Citizenship", *Journal of Romance Studies*, vol.10, no.2, 2010].

_____, "La proposition de l'égaliberté"(1989), *La proposition de l'égaliberté*, Paris: PUF, 2010[「'인간의 권리'와 '시민의 권리': 평등과 자유의 현대적 변증법」, 『인권의 정치와 성적 차이』, 윤소영 옮김, 공감, 2003].

_____, *La proposition de l'égaliberté*, Paris: PUF, 2010.

_____, "La vacillation de l'idéologie dans le marxisme", *La crainte des masses*, Paris: Galilée, 1997[「맑스주의에서 이데올로기의 동요」, 『대중들의 공포』, 서관모·최원 옮김, 도서출판b, 2007].

_____, "Le Hobbes de Schmitt, le Schmitt de Hobbes", *Violence et civilité*, Paris: Galilée, 2010.

_____, "Lénine et Ghandi", *Violence et civilté*, Paris: Galilée, 2010.

_____, *Les frontières de la démocratie*, Paris: La Découverte, 1992.

_____, "Les universels", *La crainte des masses*, Paris: Galilée, 1997[「보편적인 것들」, 『대중들의 공포』, 서관모·최원 옮김, 도서출판b, 2007].

_____, *L'Europe, l'Amérique, la guerre*, Paris: La Découverte, 2003.

_____, *Nous, citoyens d'Europe?*, Paris: La Découverte, 2001[『우리, 유럽의 시민들?』, 진태원 옮김, 후마니타스, 2010].

_____, "On the Politics of Human Rights", *Constellations*, vol.20, no.1, 2013.

_____, "Philosophy and the Frontiers of the Political: A biographical-theoretical interview with Étienne Balibar", *Iris*, vol.2, no.3, 2010.

_____, "Stratégies de ciivilité", *Violence et civilité*, Paris: Galilée, 2010.

_____, "The Infinite Contradiction", *Yale French Studies*, no.81, 1995.

_____, "Trois concepts de la politique: Émancipation, transformation, civilité", *La crainte des masses*, Paris: Galilée, 1997[「정치의 세 개념: 해방, 변혁, 시민 인륜」, 『대중들의 공포』, 서관모·최원 옮김, 도서출판b, 2007].

_____, "Une violence 'inconvertible'? Essai de topique", *Violence et civilité*, Paris: Galilée, 2010.

_____, *Violence et civilité*, Paris: Galilée, 2010[부분 번역: 『폭력과 시민다움』, 진태원 옮김, 난장, 2012].

_____, "Violence et politique: quelques questions"(1992), *Violence et civilité*, Paris: Galilée, 2010.

_____, "Violence: idéalité et cruauté", *La crainte des masses*, Paris: Galilée, 1997[「폭력: 이상성과 잔혹」, 『대중들의 공포』, 서관모·최원 옮김, 도서출판b, 2007].

Balibar, Étienne and Sandro Mezzadra, "Borders, Citizenship, War, Class: A Discussion with Étienne Balibar and Sandro Mezzadra", *New Formations*, no.58, 2007.

Balibar, Étienne et al., "Philosophie et politique: la Turquie, l'Europe en devenir",

Rue Descartes, no.85~86, 2015.

Bauman, Zygmunt, "Happiness in a Society of Individuals", *Soundings*, vol.38, 2008.

_____, "Living in Times of Interregnum", transcript of the Lecture delivered at the University of Trento, Italy, on October 25, 2013, http://wpfdc.org/images/docs/Zygmunt_Bauman_Living_in_Times_of_Interregnum_Transcript_web_I.pdf(Search Date: 6 November 2017).

_____, "Times of Interregnum", *Ethics & Global Politics*, vol.5, no.1, 2012.

Benhabib, Seyla, *The Rights of Others*, Cambridge: Cambridge University Press, 2004[『타자의 권리: 외국인, 거류민 그리고 시민』, 이상훈 옮김, 철학과현실사, 2008].

Birmingham, Peg, *Hannah Arendt and Human Rights*, Bloomington, IN: Indiana University Press, 2006.

Bowring, Finn, "From the Mass Worker to the Multitude", *Capital & Class*, no.83, 2004.

Brennan, Timothy, "The Empire's New Clothes", *Critical Inquiry*, vol.29, no.2, 2003.

Camfield, David, "The Multitude and the Kangaroo: A Critique of Hardt and Negri's Theory of Immaterial Labour", *Historical Materialism*, vol.15, no.1, 2007.

Canovan, Margaret, "Populism for Political Theorists?", *Journal of Political Ideologies*, vol.9, no.3, 2004.

_____, *The People*, Cambridge: Polity Press, 2005[『인민』, 김만권 옮김, 그린비, 2015].

_____, "Trust the People! Populism and the Two Faces of Democracy", *Political Studies*, vol.47, no.1, 2002.

Castel, Robert, *La montée des incertitudes: Travail, protections, statut de l'individu*, Paris: Seuil, 2009.

Chatterjee, Partha, *The Politics of the Governed: Reflections on Popular Politics in Most of the World*, New York: Columbia University Press, 2004.

Chaui, Marilena, "La plèbe et le vulgaire dans le Tractatus Politicus", Humberto Gianini et al. eds., *Spinoza et la politique*, Paris: Harmattan, 1997.

Dardot, Pierre and Christian Laval, *La Nouvelle raison du monde: Essai sur la société néolibérale*, Paris: La Découverte, 2009[『새로운 세계 이성: 신자유주의

사회에 관한 시론』, 오트르망 옮김, 그린비, 근간].

_____, "Néolibéralisme et subjectivation capitaliste", *Revue Cité*, no.41, 2010.

Dean, Mitchell and Kaspar Villadsen, *State Phobia and Civil Society: The Political Legacy of Michel Foucault*, Stanford, CA: Stanford University Press, 2016.

Deleuze, Gilles and Félix Guattari, *Mille Plateaux*, Paris: Minuit, 1980[『천 개의 고원』, 김재인 옮김, 새물결, 1999].

Deranty, Jean-Philippe and Emmanuel Renault, "Democratic Agon: Striving for Distinction or Struggle against Domination and Injustice?", Andrew Schaap ed., *Law and Agonistic Politics*, Aldershot, UK: Ashgate, 2009.

Derrida, Jacques, *De la grammatologie*, Paris: Minuit, 1967.

_____, "'Il faut bien manger' ou le calcul du sujet", Jean-Luc Nancy ed., *Cahiers confrontation, vol.20: Après le sujet qui vient*, Paris: Aubier, 1989.

_____, *Voyous*, Paris: Galilée, 2003.

Derrida, Jacques and Maurizio Ferraris, *A Taste for the Secret*, Cambridge: Polity Press, 2002.

Diener, Ed, "Subjective Well-Being", *Psychological Bulletin*, vol.95, no.3, 1984.

Errejón, Íñigo and Chantal Mouffe, *Podemos: In the Name of the People*, London: Lawrence & Wishart, 2016.

Esterlin, Richard, "Does Economic Growth Improve the Human Lot? Some Empirical Evidence", Paul A. David and Melvin W. Reder eds., *Nations and Households in Economic Growth: Essays in Honor of Moses Abramovitz*, New York & London: Academic Press, 1974.

Esterlin, Richard, et al., "The Happiness-Income Paradox Revisited", *Proceedings of the National Academy of Sciences*, vol.107, no.52, 2010.

Foucault, Michel, "Entretien avec D. Trombadori"(1978), interview by Duccio Trombadori, *Dits et écrits*, Quarto edition, vol.2, Paris: Gallimard, 2001.

_____, "Entretien avec Michel Foucault", interview by Alexandro Fontana and Pasquiale Pasquino, *Dits et écrits*, Quarto edition, vol.2, Paris: Gallimard, 2001.

_____, "Face au gouvernement, les droits de l'homme", *Dits et écrits*, Quarto edition, vol.2, Paris: Gallimard, 2001.

_____, *Histoire de la sexualité I, La Volonté de savoir*, Paris: Gallimard, 1976[『성

의 역사 1: 지식의 의지』, 이규현 옮김, 나남, 2010].

_____, *Histoire de la sexualité III, Le souci de soi*, Paris: Gallimard, 1984 [『성의 역사 3: 자기에의 배려』, 이영목 외 옮김, 나남, 2004].

_____, *Naissance de la biopolitique*, Paris: Gallimard/Seuil, 2004 [『생명관리정치의 탄생』, 오트르망 옮김, 난장, 2012].

_____, "Qu'est-ce que la critique? Critique et Aufklärung", *Bulletin de la société française de philosophie*, vol.84, no.2, 1990 [「비판이란 무엇인가?」, 정일준 엮음, 『참을 수 없는 자유의 열망』, 새물결, 1999].

_____, *Sécurité, territoire, population*, Paris: Gallimard/Seuil, 2004 [『안전, 영토, 인구』, 오트르망 옮김, 난장, 2011].

_____, *Surveiller et punir*, Paris: Gallimard, 1975 [『감시와 처벌』, 오생근 옮김, 나남, 2004].

_____, "The Subject and Power" (1982), Paul Rabinow and Nikolas Rose eds., *The Essential Foucault*, New York: New Press, 2003.

Fraisse, Geneviève, *Muse de la Raison. Démocratie et exclusion des femmes en France*, Paris: Gallimard, 1995.

Gündoğdu, Ayten, "'Perpexities of the Rights of Man'", *European Journal of Political Theory*, vol.11, no.1, 2011.

Habermas, Jürgen, "Die postnationale Konstellation und die Zukunft der Demokratie", *Die Postnationale Konstellation*, Frankfurt a.M.: Suhrkamp, 1998.

Hirschman, Albert O., *A Propensity to Self-Subversion*, Cambridge, MA: Harvard University Press, 1998.

_____, "Social Conflicts as Pillars of Democratic Market Societies", *A Propensity to Self-Subversion*, Cambridge, MA: Harvard University Press, 1998.

Ignatieff, Michael, *Human Rights as Politics and Idolatry*, Princeton, NJ: Princeton University Press, 2001.

Ingram, James, "What Is a 'Right to Have Rights?' Three Images of the Politics of Human Rights", *American Political Science Review*, vol.102, no.4, 2008.

Janvier, Antoine and Alexis Cukier, "La question politique de l'émancipation: Entretien avec Jacques Rancière", Alexis Cukier, Fabien Delmotte and Céecile Lavergne eds., *Émancipation, les métamorphoses de la critique sociale*,

Bellecombe-en-Bauges: Éditions du Croquant, 2013.

Kaltwasser, Cristóbal Rovira, "The Ambivalence of Populism: Threat and Corrective for Democracy", *Democratization*, vol.19, no.2, 2012.

_____, "The Responses of Populist to Dahl's Democratic Dilemmas", *Political Studies*, vol.62, no.3, 2013.

Kervegan, Jean-François, "L'état de droit: la société civile", *L'effectif et le rationnel: Hegel et l'esprit objectif*, Paris: Vrin, 2008.

Keyes, C. L. M., "Social Well-Being", *Social Psychology Quarterly*, vol.61, no.2, 1998.

Laclau, Ernesto, *On Populist Reason*, London & New York: Verso, 2005.

Lacroix, Justine, "Human Rights and Politics, 1980-2012", Books & Ideas.net, 2012, http://www.booksandideas.net/Human-Rights-and-Politics.html (Search Date: 6 November 2017).

Lasch, Christopher, *Culture of Narcissism*, New York: Warner Books, 1979.

Laveau, Georges, *A quoi sert le Parti communiste français?*, Paris: Fayard, 1981.

Lechte, John and Saul Newman, "Agamben, Arendt and Human Rights: Bearing Witness to the Human", *European Journal of Social Theory*, vol.15, no.4, 2012.

Lefort, Claude, *Essais sur le politique*, Paris: Seuil, 1986[『정치적인 것에 대한 시론』, 홍태영 옮김, 그린비, 2016].

_____, *L'invention démocratique*, 2nd ed., Paris: Fayard, 1994(1st ed., 1981).

March, Luke, "From Vanguard of the Proletariat to Vox Populi: Left-Populism as a 'Shadow' of Contemporary Socialism", *SAIS Review*, vol.27, no.1, 2007.

Marchart, Oliver, "In the Name of the People: Populist Reason and the Subject of the Political", *Diacritics*, vol.35, no.3, 2005.

Menke, Christoph, "The 'Aporias of Human Rights' and the 'One Human Right': Regarding the Coherence of Hannah Arendt's Argument", *Social Research*, vol.74, no.3, 2007.

Mény, Yves and Yves Surel eds., *Democracies and the Populist Challenge*, London: Palgrave, 2002.

Moffitt, Benjamin and Simon Tormey, "Rethinking Populism: Politics, Mediatisation and Political Style", *Political Studies*, vol.62, no.2, 2014.

Monod, Jean-Claude, "La force du populisme", *Esprit*, January 2009.

Montag, Warren, *Bodies, Masses, Power: Spinoza and His Contemporaries*, London & New York: Verso, 1998.

Moreau, Pierre-François, "La place de la politique dans l'Ethique", Chantal Jaquet et al., *Fortitude et servitude. Lectures de l'Ethique IV de Spinoza*, Paris: Kimé, 2003.

Mudde, Cas, *Populist Radical Right Parties in Europe*, Cambridge: Cambridge University Press, 2007.

_____, "The Populist Zeitgeist", *Government and Opposition*, vol.39, no.4, 2004.

Mudde, Cas and Cristóbal Rovira Kaltwasser eds., *Populism in Europe and the Americas*, Cambridge: Cambridge University Press, 2012.

Negri, Antonio, *Spinoza subversif: Variations (in)actuelles*, Paris: Kimé, 1994[『전복적 스피노자』, 이기웅 옮김, 그린비, 2005].

Negri, Antonio and Michale Hardt, *Labor of Dionysus: A Critique of the State-Form*, Minneapolis: University of Minnesota Press, 1994.

Nielsena, Rasmus Kleis, "Hegemony, Radical Democracy, Populism", *Distinktion: Scandinavian Journal of Social Theory*, vol.7, no.2, 2006.

Ober, Josiah, *Mass and Elite in Democratic Athens: Rhetoric, Ideology, and the Power of the People*, Princeton, NJ: Princeton University Press, 1991.

OECD, *How's Life: Measuring Well-Being*, OECD, 2011.

Panizza, Francisco ed., *Populism and the Mirror of Democracy*, London & New York: Verso, 2005.

Passavant, Paul A., "From Empire's Law to the Multitude's Rights: Law, Representation, Revolution", Paul A. Passavant and Jodi Dean eds., *Empire's New Clothes: Rereading Hardt & Negri*, New York: Routledge, 2004.

Pippin, Robert, *Hegel's Practical Philosophy*, Cambridge: Cambridge University Press, 2008.

Plotke, David, "Representation is Democracy", *Constellations*, vol.4, no.1, 1997.

Raaflaub Kurt A. ed., *Social Struggles in Archaic Rome: New Perspectives on the Conflict of the Orders*, Berkeley, CA: University of California Press, 1986.

Rancière, Jacques, *Aux bords du politique*, Paris: Gallimard, 2004(1st ed., 1990)[『정치적인 것의 가장자리에서』, 양창렬 옮김, 전면개정판, 도서출판 길, 2013].

_____, "Biopolitique ou politique?", *Et tant pis pour les gens fatigués*, Paris: Éditions Amsterdam, 2009.

_____, "Dix thèse sur la politique", *Aux bords du politique*, Paris: Gallimard, 2004[「정치에 대한 열 개의 테제」, 『정치적인 것의 가장자리에서』, 양창렬 옮김, 전면 개정판, 도서출판 길, 2013].

_____, *La haine de la démocratie*, Paris: Fabrique, 2005[『민주주의는 왜 증오의 대 상인가?』, 허경 옮김, 인간사랑, 2011].

_____, *La leçon d'Althusser*, new ed., Paris: Fabrique, 2011(1st ed., 1974).

_____, *La mésentente: Politique et philosophie*, Paris: Galilée, 1995[『불화: 정치와 철학』, 진태원 옮김, 도서출판 길, 2015].

_____, *Le partage du sensible*, Paris: Fabrique, 2000[『감성의 분할』, 오윤성 옮김, 도 서출판b, 2008].

_____, *Moments politiques: Interventions 1977~2009*, Paris: Fabrique, 2011.

_____, "Should Democracy Come?", Pheng Cheah and Suzanne Guelac eds., *Derrida and the Time of the Political*, Durham, NC: Duke University Press, 2009.

_____, "The Aesthetic Dimension: Aesthetics, Politics, Knowledge", *Critical Inquiry*, vol.36, no.1, 2009.

_____, "Who Is the Subject of the Rights of Man?", *The South Atlantic Quarterly*, vol.103, no.2~3, 2004.

Rosanvallon, Pierre, *Le Peuple introuvable: Histoire de la représentation démocratique en France*, Paris: Gallimard, 2002.

Ryff, C. D., "Happiness is Everything, or is it? Explorations on the Meaning of Psychological Well-Being", *Journal of Personality and Social Psychology*, vol.57, no.6, 1989.

Sauvêtre, Pierre and Cécile Lavergne, "Pour une phénoménologie de la cruauté: Entretien avec Étienne Balibar", *Tracé. Revue de Sciences humaines*, no.19, 2011.

Schaap, Andrew, "Enacting the Right to Have Rights: Jacques Rancière's Critique of Hannah Arendt", *European Journal of Political Theory*, vol.10, no.1, 2011.

Siep, Ludwig, "Intersubjektivität, Recht und Staat in Hegels Grundlinien der Philosophie des Rechts", Dieter Henrich and Rolf-Peter Horstmann eds.,

Hegels Philosophie des Rechts: Die Theorie der Rechtsformen und ihre Logik, Stuttgart: Klett-Cotta, 1982.

Spinoza, Baruch, *Tractatus Theologico-Politicus*, Carl Gebhardt ed., *Spinoza Opera*, vol.3, Heidelberg: Carl Winter Verlag, 1925.

Stiegler, Barbara, "Qu'y a-t-il de nouveau dans le néo-libéralisme?", Fabienne Brugère and Guillaume Le Blanc eds., *Le nouvel esprit du libéralisme*, Lormont: Le Bord de l'Eau, 2011.

Stiglitz, Joseph et al., *Mismeasuring Our Lives: Why GDP doesn't Add up*, New York: New Press, 2010.

Taggart, Paul, *Populism*, Buckingham: Open University Press, 2000.

Vatter, Miguel, "The Quarrel between Populism and Republicanism: Machiavelli and the Antinomies of Plebeian Politics", *Contemporary Political Theory*, vol.11, no.3, 2012.

Žižek, Slavoj, *The Sublime Object of Ideology*, London & New York: Verso, 1989[『이데올로기의 숭고한 대상』, 이수련 옮김, 새물결, 2013].

SAIS Review, vol.27, no.1, 2007. Special Issue: Populism

강성현, 「진상 규명 어떻게 해야 하나: 과거사와 세월호 참사 진상 규명을 둘러싼 쟁점과 평가를 중심으로」, 『역사비평』 109호, 2014.

구하, 라나지트, 『서발턴과 봉기: 식민 인도에서의 농민 봉기의 기초적 측면들』, 김택현 옮김, 박종철출판사, 2008.

권석만, 『긍정심리학: 행복의 과학적 탐구』, 학지사, 2008.

권지희 외, 『촛불이 민주주의다』, 해피스토리, 2008.

권혁범, 『국민으로부터의 탈퇴』, 삼인, 2004.

그람시, 안토니오, 『옥중수고 1: 정치·사회편』, 이상훈 옮김, 거름, 1987.

김균, 「이스털린 역설과 관계재」, 『사회경제평론』 42호, 2013.

김남주, 「아버지, 우리 아버지」, 『불씨 하나가 광야를 태우리라』, 시와사회, 1994.

김성보, 「남북국가 수립기 인민과 국민 개념의 분화」, 『한국사연구』 144집, 2009.

김은중, 「라틴아메리카 포퓰리즘에 대한 정치철학적 재해석」, 『이베로아메리카연구』 23권 2호, 서울대학교 라틴아메리카연구소, 2012.

김익균, 「독서 대중과 '시민다움의 정치' 형성의 한 계기가 된 릴케 현상」, 『정신문화연구』 148호, 2017.

김정한, 「알튀세르와 포스트맑스주의: 라클라우와 지젝의 논쟁」, 진태원 엮음, 『알튀세르 효과』, 그린비, 2011.

_____, 「폭력과 저항: 발리바르와 지젝」, 『사회와철학』 21호, 2011.

김준수, 「헤겔 법철학에서 법과 인륜성」, 『범한철학』 65집, 2012.

김철, 『'국민'이라는 노예』, 삼인, 2005.

김혜진, 『비정규사회』, 후마니타스, 2015.

네그리, 안토니오·마이클 하트, 『공통체: 자본과 국가 너머의 세상』, 윤영광·정남영 옮김, 사월의책, 2014.

_____, 『다중: 제국이 지배하는 시대의 전쟁과 민주주의』, 정남영·서창현·조정환 옮김, 세종서적, 2008.

_____, 『전복적 스피노자』, 이기웅 옮김, 그린비, 2005 [*Spinoza subversif: Variations (in)actuelles*, Paris: Kimé, 1994].

_____, 『제국』, 윤수종 옮김, 이학사, 2001.

노재봉, 「민족주의 연구: Populism(민중주의) 논고」, 『국제문제연구』 8권 1호, 서울대학교 국제문제연구소, 1984.

니시카와 나가오, 『국민이라는 괴물』, 윤대석 옮김, 소명출판, 2002.

다르도, 피에르·크리스티앙 라발, 『새로운 세계 이성: 신자유주의 사회에 관한 시론』, 오트르망 옮김, 그린비, 근간 [*La Nouvelle raison du monde: Essai sur la société néolibérale*, Paris: La Découverte, 2009].

데리다, 자크, 「데리다와의 대화: 자가-면역, 실재적이고 상징적인 자살」, 지오반나 보라도리, 『테러 시대의 철학』, 김은주 외 옮김, 문학과지성사, 2004..

_____, 『마르크스의 유령들』, 진태원 옮김, 수정 2판, 그린비, 2014.

_____, 『법의 힘』, 진태원 옮김, 문학과지성사, 2004.

데이비스, 윌리엄, 『행복산업』, 황성원 옮김, 동녘, 2015.

들뢰즈, 질·펠릭스 가타리, 『안티 오이디푸스』, 김재인 옮김, 민음사, 2014.

_____, 『천 개의 고원』, 김재인 옮김, 새물결, 1999 [*Mille Plateaux*, Paris: Minuit, 1980].

라클라우, 에르네스토·샹탈 무페, 『헤게모니와 사회주의 전략』, 이승원 옮김, 후마니타스, 2012.

랑시에르, 자크, 『감성의 분할』, 오윤성 옮김, 도서출판 b, 2008 [*Le partage du sensible*,

Paris: Fabrique, 2000].

_____, 「민주주의는 왜 증오의 대상인가?」, 허경 옮김, 인간사랑, 2011 [*La haine de la démocratie*, Paris: Fabrique, 2005].

_____, 『불화: 정치와 철학』, 진태원 옮김, 도서출판 길, 2015 [*La mésentente: Politique et philosophie*, Paris: Galilée, 1995].

_____, 「정치에 대한 열 개의 테제」, 『정치적인 것의 가장자리에서』, 양창렬 옮김, 전면개정판, 도서출판 길, 2013 ["Dix thèse sur la politique", *Aux bords du politique*, Paris: Gallimard, 2004].

_____, 『정치적인 것의 가장자리에서』, 양창렬 옮김, 전면개정판, 도서출판 길, 2013 [*Aux bords du politique*, Paris: Gallimard, 2004 (1st ed., 1990)].

레이어드, 리처드, 『행복의 함정』, 정은아 옮김, 북하이브, 2011.

르봉, 귀스타브, 『군중심리』, 이상돈 옮김, 간디서원, 2005.

르포르, 클로드, 『정치적인 것에 대한 시론』, 홍태영 옮김, 그린비, 2016 [*Essais sur le politique*, Paris: Seuil, 1986].

마르크스, 칼, 『자본 1-1』, 강신준 옮김, 도서출판 길, 2008

맥마흔, 대린, 『행복의 역사』, 윤인숙 옮김, 살림, 2008.

메를로퐁티, 모리스, 『휴머니즘과 폭력』, 박현모 외 옮김, 문학과지성사, 2004.

모스코비치, 세르주, 『군중의 시대』, 이상률 옮김, 문예출판사, 1996.

무페, 샹탈·히로세 준, 「포데모스 혹은 좌파포퓰리즘에 대한 두 개의 시선」, 『진보평론』 68호, 2016.

문진영, 「이스털린 역설에 대한 연구: 만족점의 존재 여부를 중심으로」, 『한국사회복지학』 64권 1호, 2012.

바디우, 알랭, 『윤리학』, 이종영 옮김, 동문선, 2001 [*L'éthique: Essai sur la conscience du mal*, Paris: Hatier, 1994].

바우만, 지그문트, 「문명, 그 길을 묻다: 세계 지성과의 대화 ⑥ 지그문트 바우만」, 『경향신문』 2014년 3월 24일.

_____, 『방황하는 개인들의 사회』, 홍지수 옮김, 봄아필, 2013.

_____, 『새로운 빈곤』, 이수영 옮김, 천지인, 2010.

박명규, 『국민·인민·시민: 개념사로 본 한국의 정치주체』, 소화, 2014.

박영균, 「촛불의 정치경제학적 배경과 정치학적 미래」, 『진보평론』 37호, 2008.

발리바르, 에티엔, 「'게발트': 맑스주의 이론사에서 본 폭력과 권력」, 『폭력과 시민다움: 반폭력의 정치를 위하여』, 진태원 옮김, 난장, 2012.

_____, 「구조주의와 현대 프랑스 철학의 종말: 에티엔 발리바르와의 대담」, 『전통과현대』 15호, 2001.

_____, 「국민 우선에서 정치의 발명으로」, 『정치체에 대한 권리』, 진태원 옮김, 후마니타스, 2011.

_____, 『대중들의 공포: 맑스 전과 후의 정치와 철학』, 서관모·최원 옮김, 도서출판 b, 2007 [*La crainte des masses*, Paris: Galilée, 1997].

_____, 「맑스주의에서 이데올로기의 동요」, 『대중들의 공포』, 서관모·최원 옮김, 도서출판 b, 2007 ["La vacillation de l'idéologie dans le marxisme", *La crainte des masses*, Paris: Galilée, 1997].

_____, 「민족 형태: 역사와 이데올로기」, 『이론』 6호, 1993.

_____, 「민주주의적 시민권인가 인민주권인가?: 유럽에서의 헌법 논쟁에 대한 성찰」, 『정치체에 대한 권리』, 진태원 옮김, 후마니타스, 2011.

_____, 「반폭력과 인권의 정치」, 『마르크스의 철학, 마르크스의 정치』, 윤소영 옮김, 문화과학사, 1995.

_____, 「보편적인 것들」, 『대중들의 공포』, 서관모·최원 옮김, 도서출판 b, 2007.

_____, 「비동시대성: 정치와 이데올로기」, 『알튀세르와 마르크스주의의 전화』, 윤소영 옮김, 이론, 1993.

_____, 「스피노자, 반오웰: 대중들의 공포」, 『스피노자와 정치』, 진태원 옮김, 수정 2판, 그린비, 2014.

_____, 『스피노자와 정치』, 진태원 옮김, 수정 2판, 그린비, 2014.

_____, 『우리, 유럽의 시민들?: 세계화와 민주주의의 재발명』, 진태원 옮김, 후마니타스, 2010 [*Nous, citoyens d'Europe?*, Paris: La Découverte, 2001].

_____, 「인간 시민권의 철학은 가능한가?」, 『월간 사회운동』 69호, 2006, http://www.pssp.org/bbs/view.php?board=journal&nid=2654 (검색일: 2017년 11월 6일).

_____, 「'인간의 권리'와 '시민의 권리': 평등과 자유의 현대적 변증법」, 『인권의 정치와 성적 차이』, 윤소영 옮김, 공감, 2003 ["La proposition de l'égaliberté" (1989), *La proposition de l'égaliberté*, Paris: PUF, 2010].

_____, 「정치의 세 개념: 해방, 변혁, 시민 인륜」, 『대중들의 공포』, 서관모·최원 옮김, 도서출판 b, 2007 ["Trois concepts de la politique: Émancipation, transformation, civilité", *La crainte des masses*, Paris: Galilée, 1997].

_____, 『정치체에 대한 권리』, 진태원 옮김, 후마니타스, 2011 [*Droit de cité*, Paris: PUF, 2002].

_____,「철학의 대상: 절단과 토픽」,『알튀세르와 미□□ㅅ주이이 {선회}』, {□□뱅 옮김},
이론, 1993.

_____,「폭력: 이상성과 잔혹」,『대중들의 공포』, 서관모·최원 옮김, 도서출판 b,
2007["Violence: idéalité et cruauté", *La crainte des masses*, Paris: Galilée, 1997].

_____,「폭력과 시민다움: 정치적 인간학의 한계에 대하여」,『폭력과 시민다움』, 진태
원 옮김, 난장, 2012.

_____,『폭력과 시민다움』, 진태원 옮김, 난장, 2012[*Violence et civilité: Wellek
Library Lectures et autres essais de philosophie politique*, Paris: Galilée, 2010의
부분 번역].

배경식,「민중과 민중사학」, 역사비평 편집위원회 엮음,『논쟁으로 읽는 한국사 2』, 역사
비평사, 2009.

번스타인, 리처드 J.,『한나 아렌트와 유대인 문제』, 김선욱 옮김, 아모르문디, 2008.

베르낭, 장 피에르,「고대 그리스의 공간과 정치적 조직」,『그리스인들의 신화와 사유』,
박희영 옮김, 아카넷, 2005.

베르네르, 에릭,『폭력에서 전체주의로』, 변광배 옮김, 그린비, 2012.

베버, 막스,「직업으로서의 정치」,『'탈주술화' 과정과 근대: 학문, 종교, 정치』, 전성우 옮
김, 나남, 2002.

베벌리, 존,「혼종이냐 이분법이냐?: 하위주체와 문화연구에서 다루는 '민중'의 범주에
관하여」,『하위주체성과 재현: 라틴아메리카 문화이론 논쟁』, 박정원 옮김, 그린비,
2013.

벡, 울리히,『위험사회』, 홍성태 옮김, 새물결, 2006.

벤야민, 발터,「역사의 개념에 대하여」,『역사의 개념에 대하여·폭력비판을 위하여·초
현실주의 외』, 최성만 옮김, 도서출판 길, 2008.

_____,「폭력비판을 위하여」,『역사의 개념에 대하여·폭력비판을 위하여·초현실주의
외』, 최성만 옮김, 도서출판 길, 2008.

벤하비브, 세일라,『타자의 권리: 외국인, 거류민 그리고 시민』, 이상훈 옮김, 철학과현실
사, 2008[*The Rights of Others*, Cambridge: Cambridge University Press, 2004].

보크, 데릭,『행복국가를 정치하라』, 추홍희 옮김, 지안, 2011.

북한 사회과학원,『조선말 대사전 증보판』, 평양: 사회과학출판사, 2006.

비르노, 빠올로,『다중: 현대의 삶 형태에 관한 분석을 위하여』, 김상운 옮김, 갈무리,
2004.

샤츠슈나이더, E. E.,『절반의 인민주권』, 현재호·박수형 옮김, 후마니타스, 2008.

서관모, 「알튀세르에게서 발리바르에게로: 이데올로기의 문제 설정과 정치의 개조」, 진태원 엮음, 『알튀세르 효과』, 그린비, 2011.

서병훈, 『포퓰리즘: 현대 민주주의의 위기와 선택』, 책세상, 2008.

세넷, 리처드, 『뉴캐피털리즘』, 유병선 옮김, 문예출판사, 2009.

_____, 『불평등사회의 인간존중』, 유강은 옮김, 문예출판사, 2004.

_____, 『신자유주의와 인간성의 파괴』, 조용 옮김, 눈예출판사, 2002.

센, 아마티아·조지프 스티글리츠·장 폴 피투시, 『GDP는 틀렸다: '국민총행복'을 높이는 새로운 지수를 찾아서』, 박형준 옮김, 동녘, 2011.

셀리그만, 마틴 『긍정심리학』, 김인자 옮김, 물푸레, 2006.

스탠딩, 가이, 『프레카리아트: 새로운 위험한 계급』, 김태호 옮김, 박종철출판사, 2014.

스피박, 가야트리, 「서발턴은 말할 수 있는가?」, 로절린드 모리스 엮음, 『서발턴은 말할 수 있는가』, 태혜숙 옮김, 그린비, 2013.

신명호, 『빈곤을 보는 눈』, 개마고원, 2013.

아감벤, 조르조, 『목적 없는 수단』, 김상운·양창렬 옮김, 난장, 2009.

_____, 『예외상태』, 김항 옮김, 새물결, 2010[*State of Exception*, trans. Kevin Attell, Chicago: University of Chicago Press, 2005].

_____, 『호모 사케르』, 박진우 옮김, 새물결, 2008[*Homo Sacer*, trans. Daniel Heller-Roazen, Stanford, CA: Stanford University Press, 1998].

아렌트, 한나, 『인간의 조건』, 이진우·태정호 옮김, 한길사, 1996[*The Human Condition*, introduction by Margaret Canovan, 2nd ed., Chicago: University of Chicago Press, 1998(1st ed., 1958)].

_____, 『전체주의의 기원』, 전 2권, 이진우·박미애 옮김, 한길사, 2006[*The Origins of Totalitarianism*, new ed., New York: Harcourt, 1973(1st ed., 1951)].

_____, 「칼 야스퍼스: 세계 국가의 시민?」, 『어두운 시대의 사람들』, 홍원표 옮김, 인간사랑, 2010["Karl Jaspers: Citizen of the World", *Men in Dark Times*, New York: Harcourt, 1968].

_____, 「폭력론」, 『공화국의 위기』, 김선욱 옮김, 한길사, 2011.

안윤모, 「미국 민중주의의 기원: 제퍼슨, 페인, 잭슨의 경우」, 『미국사연구』 13권, 한국미국사학회, 2001.

_____, 『미국 민중주의의 역사』, 이화여자대학교 출판부, 2006.

안태환, 「라클라우의 포퓰리즘 담론의 시각으로 본 차베스 체제」, 『이베로아메리카연구』 23권 2호, 서울대학교 라틴아메리카연구소, 2012.

알튀세르, 루이, 『재생산에 대하여』, 김웅권 옮김 동문선, 2007[Sur la reproduction, Paris: PUF, 1995].

역사문제연구소 민중사반, 『민중사를 다시 말한다』, 역사비평사, 2014.

우성대, 「행복의 정치경제학을 위한 연구: 웰빙과 삶의 질, 그리고 행복의 문제를 중심으로」, 『한국동북아논총』 73호, 2014.

유나영 외, 「한국인의 행복 개념 탐색 연구: 한국 대학생을 중심으로」, 『한국민족문화』 55호, 2015.

이관후, 「왜 '대의민주주의'가 되었는가?: 용례의 기원과 함의」, 『한국정치연구』 25집 2호, 2016.

_____, 「한국 정치에서 대표의 위기와 대안의 모색: 정치철학적 탐색」, 『시민과세계』 28호, 2016.

이광일, 「신자유주의 지구화 시대, 프레카리아트의 형성가 '해방의 정치'」, 『마르크스주의연구』 10권 3호, 2013.

이성형, 『라틴아메리카 영원한 위기의 정치경제』, 역사비평사, 2002.

이세영, 「'민중' 개념의 계보학」, 김경일 외, 『우리 안의 보편성』, 한울, 2013.

이재열, 「사회의 질, 경쟁 그리고 행복」, 『아시아리뷰』 4권 2호, 서울대학교 아시아연구소, 2015.

이정전, 『우리는 행복한가』, 한길사, 2008.

이지선·김민영·서은국, 「한국인의 행복과 복: 유사점과 차이점」, 『한국심리학회지: 사회 및 성격』 18권 3호, 한국사회및성격심리학회, 2004.

이희재, 「'포퓰리즘'의 잃어버린 뜻을 찾아서」, 『프레시안』 2013년 7월 26일, http://www.pressian.com/article/article.asp?article_num=50130725185620(검색일: 2017년 11월 6일).

장덕진, 「우리는 왜 행복하지 않은가」, 『황해문화』 91호, 2016.

장하성, 『왜 분노해야 하는가: 분배의 실패가 만든 한국의 불평등』, 헤이북스, 2015.

정병기, 「서유럽 포퓰리즘의 성격과 특징」, 『대한정치학회보』 20집 2호, 2012.

정인경, 「새로운 주체성에 대한 탐구」, 『진보평론』 37호, 2008.

정인경·박정미 외, 『인민주의 비판』, 공감, 2006.

조정환, 『미네르바의 촛불』, 갈무리, 2009.

지젝, 슬라보예, 『이데올로기의 숭고한 대상』, 이수련 옮김, 새물결, 2013.

_____, 『잃어버린 대의를 찾아서』, 박정수 옮김, 그린비, 2009.

_____, 『폭력이란 무엇인가』, 정일권 외 옮김, 난장이, 2011.

진태원, 「관계론, 대중들, 민주주의: 에티엔 발리바르의 스피노자론」, 『시와 반시』 71호, 2010.

_____, 「국민이라는 노예? 전체주의적 국민국가론에 대한 비판적 고찰」, 『민족문화연구』 51호, 고려대학교 민족문화연구원, 2009.

_____, 「대중들의 역량이란 무엇인가?: 스피노자 정치학에서 사회계약론의 해체 II」, 『트랜스토리아』 5호, 박종철출판사, 2005.

_____, 「대체보충, 기입, 자기면역: 데리다와 랑시에르의 민주주의론」, 『프랑스철학회 2012년 가을학회보』, 2012.

_____, 「라깡과 알뛰쎄르: '또는' 알뛰쎄르의 유령들 I」, 김상환·홍준기 엮음, 『라깡의 재탄생』, 창비, 2002.

_____, 「랑시에르와 발리바르: 어떤 민주주의?」, 『실천문학』 110호, 2013.

_____, 「'비판적 사유의 미국화'란 무엇인가」, 『황해문화』 85호, 2014.

_____, 「생명정치의 탄생: 푸코와 생명권력의 문제」, 『문학과사회』 75호, 문학과지성사, 2006.

_____, 「수구 세력이 반역을 독점하게 만들지 말자」(옮긴이 후기), 에티엔 발리바르, 『정치체에 대한 권리』, 진태원 옮김, 후마니타스, 2011.

_____, 「스피노자와 알뛰세르에서 이데올로기의 문제: 상상계라는 쟁점」, 『근대철학』 3권 1호, 2008.

_____, 「스피노자의 현재성: 하나의 소개」, 『모색』 2호, 갈무리, 2001.

_____, 「어떤 상상의 공동체? 민족, 국민 그리고 그 너머」, 『역사비평』 96호, 2011.

_____, 「자크 랑시에르와 에티엔 발리바르: 어떤 민주주의?」, 『실천문학』 110호, 2013.

_____, 「좌파 메시아주의라는 이름의 욕망: 알랭 바디우, 슬라보이 지제크, 조르조 아감벤의 국내 수용에 대하여」, 『황해문화』 82호, 2014.

_____, 「'포스트' 담론의 유령들: 애도의 애도를 위하여」, 『민족문화연구』 57호, 고려대학교 민족문화연구원, 2012.

_____, 「폭력의 쉬볼렛: 벤야민, 데리다, 발리바르」, 『세계의문학』 135호, 2010.

_____, 「푸코와 민주주의: 바깥의 정치, 신자유주의, 대항품행」, 『철학논집』 29집, 서강대학교 철학연구소, 2012.

진태원 엮음, 『알뛰세르 효과』, 그린비, 2011.

_____, 『포퓰리즘과 민주주의』, 소명출판, 2017.

최원, 「인셉션인가, 호명인가?: 슬로베니아 학파, 버틀러, 알뛰세르」, 진태원 엮음, 『알뛰세르 효과』, 그린비, 2011.

최장집, 『민주주의의 민주화』, 후마니타스, 2007.

_____, 『민주화 이후의 민주주의』, 후마니타스, 2002.

_____, 『민중에서 시민으로: 한국 민주주의를 이해하는 하나의 방법』, 돌베개, 2009.

최장집 외, 『어떤 민주주의인가』, 후마니타스, 2007.

칸트, 임마누엘, 「계몽이란 무엇인가에 대한 답변」, 이한구 편역, 『칸트의 역사철학』, 서광사, 1992.

캐노번, 마거릿, 『인민』, 김만권 옮김, 그린비, 2015 [*The People*, Cambridge: Polity Press, 2005].

크라우치, 콜린, 『포스트민주주의』, 이한 옮김, 미지북스, 2008.

포쉐, 미셸, 『행복의 역사』, 조재룡 옮김, 열린터, 2007.

푸코, 미셸, 『감시와 처벌』, 오생근 옮김, 나남, 2004 [*Surveiller et punir*, Paris: Gallimard, 1975].

_____, 「비판이란 무엇인가?」, 정일준 엮음, 『참을 수 없는 자유의 열망』, 새물결, 1999 ["Qu'est-ce que la critique? Critique et Aufklärung", *Bulletin de la société française de philosophie*, vol.84, no.2, 1990].

_____, 『생명관리정치의 탄생』, 오트르망 옮김, 난장, 2012 [*Naissance de la biopolitique*, Paris: Gallimard/Seuil, 2004].

_____, 『성의 역사 1: 지식의 의지』, 이규현 옮김, 나남, 2010 [*Histoire de la sexualité I, La Volonté de savoir*, Paris: Gallimard, 1976].

_____, 『성의 역사 3: 자기에의 배려』, 이영목 외 옮김, 나남, 2004 [*Histoire de la sexualité III, Le souci de soi*, Paris: Gallimard, 1984].

_____, 『안전, 영토, 인구』, 오트르망 옮김, 난장, 2011 [*Sécurité, territoire, population*, Paris: Gallimard/Seuil, 2004].

_____, 『푸코의 맑스』, 이승철 옮김, 갈무리, 2000.

하버마스, 위르겐, 『이질성의 포용』, 황태연 옮김, 나남, 2000.

홍윤기, 「한국 "포퓰리즘" 담론의 철학적 검토」, 『시민사회와 NGO』 4권 1호, 한양대학교 제3섹터연구소, 2006.

홍철기, 「『대표의 개념』과 『선거는 민주적인가』: 정치적 대표와 대의민주주의의 미래」, 『진보평론』 61호, 2014.

후루이치 노리토시, 『절망의 나라의 행복한 젊은이들』, 이연숙 옮김, 민음사, 2014.

「국민 10명 중 2명만 '계층상승 가능'」, 『한겨레』 2015년 11월 26일.

『급진민주주의 리뷰 데모스』1호, 2011.

「'학벌사회' 수치로 입증됐다」,『경향신문』2014년 1월 3일.

「한국 자살률 11년째 1위… "무섭고 참담"」,『연합뉴스』2015년 8월 30일.

「한국, 행복지수 158개국 중 47위… 1위 스위스」,『연합뉴스』2015년 4월 24일.

『황해문화』90호, 2016. '헬조선 현상을 보는 눈' 특집.

출전 모음

1장 「김남주 이후」,『실천문학』113호, 2014.

2장 「포퓰리즘, 민주주의, 민중」,『역사비평』105호, 2013.

3장 「세월호라는 이름이 뜻하는 것: 폭력, 국가, 주체화」, 김동춘 외,『팽목항에서 불어
오는 바람』, 현실문화, 2015.

4장 「최장집과 에티엔 발리바르: 민주주의의 민주화의 두 방향」,『민족문화연구』56
호, 2012.

5장 「무정부주의적 시민성?: 한나 아렌트, 자크 랑시에르, 에티엔 발리바르」,『서강인
문논총』37집, 2013.
보론「개인—보편적이면서 독특한」,『문예중앙』128호, 2011.

6장 「대중의 정치란 무엇인가?: 다중의 정치학에 대한 스피노자주의적 비판」,『철학
논집』19권, 2009.

7장 「정치적 주체화란 무엇인가? 푸코, 랑시에르, 발리바르」,『진보평론』63호, 2015.

8장 「극단적 폭력과 시민다움: 에티엔 발리바르의 반폭력의 정치학에 대하여」,『철학
연구』118호, 2017.

9장 「몫 없는 이들의 몫: 을의 민주주의를 위하여」,『황해문화』89호, 2015.

10장 「행복의 정치학, 불행의 현상학」,『황해문화』93호, 2016.

11장 「'을의 민주주의'를 위한 정치철학적 단상」,『황해문화』96호, 2017.

찾아보기